◎ 高等院校素质教育系列教材 ◎

心理学基础
——原理与应用
（第六版）

王有智 欧阳仑 ◎ 主编

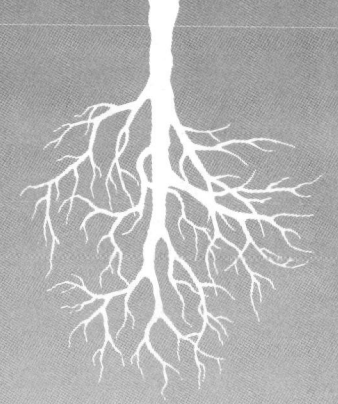

Xinlixue Jichu
Yuanli yu Yingyong

首都经济贸易大学出版社
Capital University of Economics and Business Press
·北京·

图书在版编目(CIP)数据

心理学基础:原理与应用/王有智,欧阳仑主编. -- 6 版. -- 北京:首都经济贸易大学出版社,2018.8

(高等院校素质教育系列教材)

ISBN 978 - 7 - 5638 - 2414 - 4

Ⅰ.①心… Ⅱ.①王… ②欧… Ⅲ.①心理学 Ⅳ.①B84

中国版本图书馆 CIP 数据核字(2015)第 205683 号

心理学基础——原理与应用(第六版)
王有智 欧阳仑 主编

责任编辑	田玉春
封面设计	砚祥志远·激光照排 TEL:010-65976003
出版发行	首都经济贸易大学出版社
地　　址	北京市朝阳区红庙(邮编100026)
电　　话	(010)65976483　65065761　65071505(传真)
网　　址	http://www.sjmcb.com
E - mail	publish@cueb.edu.cn
经　　销	全国新华书店
照　　排	北京砚祥志远激光照排技术有限公司
印　　刷	北京市泰锐印刷有限责任公司
开　　本	710 毫米×1000 毫米　1/16
字　　数	488 千字
印　　张	26.75
版　　次	2003 年 8 月第 1 版　**2018 年 8 月第 6 版**　2018 年 8 月总第 16 次印刷
印　　数	82 001 ~ 89 000
书　　号	ISBN 978 - 7 - 5638 - 2414 - 4/B · 58
定　　价	45.00 元

图书印装若有质量问题,本社负责调换
版权所有　侵权必究

第六版前言

《心理学基础——原理与应用》自出版以来,在长达15年的教学实践中不断创新和完善,先后已修订五版印刷15次,得到了全国各地读者和使用单位师生的赞誉和厚爱。特别在2018年4月,教育部对陕西师范大学本科教学审核评估中,本教材得到评估专家的高度肯定和良好评价,为人才培养和学科建设做出了较大贡献。这些积极肯定鞭策激励我们更加努力地修订完善本教材。此次修订是在第五版基础上对教材章节内容、课后习题、拓展阅读和参考文献等进行了较大精简和更新。修订的基本原则是,积极适应心理学课程教学改革实际需要,着力体现教师主导、学生主体的教改思想,理论内容精简压缩,应用练习适当增加,尽力反映教育部关于《中学教师专业标准(试行)》(教育部,教师〔2012〕1号)、《中小学教师资格考试暂行办法》(教育部,教师〔2013〕9号)等相关文件精神,使教材内容和结构体例更加完善和实用。本次修订主要做了以下工作:

1. 精简压缩章节理论内容,更新增补"拓展阅读"部分。由于师范院校公共心理学课程设置的调整,心理学基础课程在部分高校的课时压缩,原教材内容量较大,给实际教学带来一定压力,因而本次修订在保持第五版结构不变基础上,统筹全书18章内容,对章节理论阐述部分进行了精简,删减篇幅约占全书的1/4。同时又更新增补了"拓展阅读"部分,以标题形式反映了近五年来的相关研究成果,供学生课外选择阅读,拓宽和加深对教材内容的理解,促进学生的自主学习和研究性学习。

2. 努力加强实际应用部分,调整扩展"课后习题"形式和内容。为了体现教育部2013年8月发布的《中小学教师资格考试暂行办法》规定"教师资格考试实行全国统一考试",以及中小学教师和中等职业学校文化课教师资格考试笔试科目《教育知识与能力》中的相关内容,结合学生学习实际状况,调整了课后习题形式。由原来的名词解释、单项选择题、简述题和论述题,调整为单项选择题、辨析题、简述题、论述题和材料分析题五种题型,扩展了单项选择题的数量,增补了材料分析题,以考察和强化学生对重要原理知识的迁移和实际应用能力,同时使学生能够顺利适应国家教师资格考试。

3. 教材内容与课程在线平台内容动态协调。与本教材配套的电子教材(精缩版)、教学大纲、课件、习题及参考资料等资源全部在线,教材立体化建设逐渐完善。登陆陕西师范大学网络课堂:http://bb.snnu.edu.cn/,选心理学基础课程(该网站需选课注册后享用)。

本教材修订是陕西师范大学"教学名师领航计划"项目成果之一。王有智负责组织、策划、编辑、审核并统稿,基础心理学专业和心理健康教育专业的杨淑婷、田金艳、吕喆、徐涛、李雪雯等研究生做了大量资料搜集、文字编校和课后习题编写工作。修订过程中还参考借鉴了国内外同行专家的相关文献和研究成果,在此表示由衷感谢!

对陕西师范大学教务处、陕西师范大学心理学院、首都经济贸易大学出版社对教材修订的鼎力支持,致以衷心感谢!

限于我们的视野和水平,书中难免有疏漏之处,欢迎读者不吝指正。

王有智
2018 年 8 月

目 录

第一章　绪论 ··· 1
　第一节　心理学的研究对象 ······························· 2
　第二节　意识与无意识 ····································· 6
　第三节　心理学研究的任务和意义 ····················· 8
　第四节　心理学研究的原则和方法 ···················· 10
　第五节　心理学的过去、现在和未来 ················· 15

第二章　心理行为的神经生理基础 ······················ 31
　第一节　人类心理的实质 ································ 31
　第二节　神经系统 ··· 33
　第三节　大脑的结构与功能 ····························· 42
　第四节　高级神经活动学说及其新发展 ·············· 48
　第五节　内分泌系统和神经—体液调节 ·············· 55

第三章　青少年心理发展 ·································· 61
　第一节　心理发展概述 ··································· 61
　第二节　心理发展的主要理论 ·························· 65
　第三节　青少年心理发展的特点 ······················· 74
　第四节　青少年心理发展中的问题与对策 ··········· 82

第四章　感觉知觉与观察力的培养 ······················ 92
　第一节　感觉知觉概述 ··································· 92
　第二节　感觉与知觉的基本特性 ······················· 96
　第三节　观察力的培养 ·································· 103

第五章　记忆与记忆力的提高 ···························109
　第一节　记忆概述 ··109
　第二节　记忆类型分析 ··································114

    第三节 记忆的基本过程 ……………………………… 119
    第四节 遗忘规律与记忆力的提高 ………………… 124

第六章 思维想象与问题解决 ………………………………… 133
    第一节 思维想象概述 ………………………………… 133
    第二节 思维想象的类型 ……………………………… 138
    第三节 思维想象的过程 ……………………………… 142
    第四节 思维想象的个别差异 ………………………… 147
    第五节 问题解决 ……………………………………… 150
    第六节 思维与想象的培养和训练 …………………… 152

第七章 注意与注意力的培养 ………………………………… 164
    第一节 注意概述 ……………………………………… 164
    第二节 注意的理论 …………………………………… 168
    第三节 注意的品质及培养 …………………………… 172

第八章 情绪情感及其调控 …………………………………… 182
    第一节 情绪情感概述 ………………………………… 182
    第二节 情绪情感的类型 ……………………………… 186
    第三节 情绪理论 ……………………………………… 188
    第四节 情绪情感的培养与调控 ……………………… 194

第九章 意志及其品质的培养 ………………………………… 202
    第一节 意志概述 ……………………………………… 202
    第二节 意志与行为 …………………………………… 205
    第三节 意志行为中的挫折 …………………………… 208
    第四节 意志品质及其培养 …………………………… 213

第十章 个体行为动力分析 …………………………………… 221
    第一节 需要 …………………………………………… 221
    第二节 动机 …………………………………………… 228
    第三节 动机理论及其应用 …………………………… 233

第十一章 能力结构与培养 …………………………………… 241
    第一节 能力概述 ……………………………………… 241
    第二节 能力理论 ……………………………………… 245

第三节　能力的测量 …………………………………… 250
　　第四节　能力的培养 …………………………………… 253
第十二章　**气质类型特征及其应用** ……………………… 262
　　第一节　气质的理论研究 ……………………………… 262
　　第二节　气质对个体心理和实践活动的影响 ………… 268
第十三章　**性格及其培养** ………………………………… 276
　　第一节　性格概述 ……………………………………… 276
　　第二节　性格理论 ……………………………………… 279
　　第三节　性格的测定（人格的测定）………………… 284
　　第四节　良好性格的培养 ……………………………… 290
　　第五节　人格的基本特性及其形成发展 ……………… 292
第十四章　**学习心理与辅导** ……………………………… 299
　　第一节　学习心理概述 ………………………………… 299
　　第二节　学习理论简介 ………………………………… 305
　　第三节　影响学习的心理因素及其辅导 ……………… 310
第十五章　**品德心理与教育** ……………………………… 325
　　第一节　品德心理概述 ………………………………… 325
　　第二节　品德形成与发展的理论 ……………………… 329
　　第三节　品德的教育培养 ……………………………… 335
第十六章　**交往心理与良好人际关系的形成** …………… 344
　　第一节　人际交往概述 ………………………………… 344
　　第二节　人际交往的心理分析 ………………………… 349
　　第三节　人际交往障碍及其解决对策 ………………… 353
　　第四节　提高人际交往魅力 …………………………… 360
第十七章　**心理健康教育与维护** ………………………… 371
　　第一节　心理健康概述 ………………………………… 371
　　第二节　学生心理健康常见问题及其影响因素 ……… 375
　　第三节　心理健康教育 ………………………………… 379
第十八章　**教师心理** ……………………………………… 391
　　第一节　教师的职业角色 ……………………………… 391

第二节　教师的心理品质 ………………………………… 395
第三节　教师的专业成长 …………………………………… 399
第四节　教师的职业倦怠与心理健康 …………………… 403
参考文献 …………………………………………………… 417

第一章

绪 论

学习目标

理解心理科学的研究对象、学科性质、历史发展、各学派基本状况,以及研究的任务、意义、原则和方法,初步认识心理科学在西方等国家的发展状况和趋势,能对我国心理学的现状和未来发展有正确的估计。

法国作家雨果说过:"世界上最广阔的莫过于海洋,比海洋更广阔的莫过于天空,比天空更广阔的莫过于人的精神世界。"人的精神世界不但是世界上最广阔、最复杂的,也是最抽象、最难以把握和难以控制的。心理学就是有针对性地直接研究人的心理现象或精神现象的学科。在19世纪70年代以前,人们对心理现象的研究和探索只停留在现象描述和主观臆测的水平上,自1879年德国心理学家冯特(Wilhelm Wundt)在莱比锡大学建立了世界上第一个心理学实验室开始,才形成了注重实验、实证的科学心理学的传统。从此,人们把1879年作为科学心理学诞生的一年,把冯特称为科学心理学的创始人。

图 1-1 威廉·冯特

威廉·冯特(Wilhelm Wundt,1832~1920),德国生理学家、心理学家、科学心理学创始人。

科学心理学自诞生至今100多年来,对人类更好地认识自己、发展自己、健康地生活,以及积极地适应自然与社会发挥了极大的促进作用。

第一节 心理学的研究对象

一、心理学研究什么

心理学是研究人的心理现象及其活动规律的科学。凡是人的精神现象,诸如人们眼睛看到的、耳朵听到的、脑子想到的,不论过去的、现在的、未来的……只要属于精神现象,都可以归之为心理现象或心理活动,简称心理。但是,单纯的现象描述还不能成为科学,心理学要成为一门科学,就必须把握心理现象发生、发展和变化的规律。基础心理学主要研究一般正常人共同的心理规律。

人的心理活动的共同规律可分为心理过程与人格两大方面(见图1-2)。

心理活动 { 心理过程 { 认知过程:感觉、知觉、记忆、思维、想象等 情绪情感过程:喜、怒、哀、乐、憎、爱、惧等 意志过程:采取决定、执行决定 人格(个性) { 人格倾向(个性倾向):需要、动机、兴趣、理想、价值观、世界观等 人格心理特征(个性心理特征):能力、气质、性格等

图1-2 心理活动结构图

(一) 心理过程

心理过程包括认知过程、情绪情感过程和意志过程三个方面。

就认知过程而言,是指人由表及里、由现象到本质地反映客观事物的特性与联系的心理活动。人通过感官接触外界事物,产生对事物的感觉和知觉;把感知的事物特性与联系和个人的活动体验保留在头脑中,作为知识和经验积累下来,这就是记忆;人不仅要认知事物的表面现象,还要认知事物的本质和事物发展变化的规律,不但要直接依靠感知觉认知具体事物,还要依靠判断、推理间接地、概括地认知事物的本质和规律,这就是思维。在感知、记忆、想象和思维过程中,人必须把自己的心理活动有选择地指向和集中在一定对象上,这就是注意。

人对客观事物的认知总是根据事物能否满足自身物质和精神上的需要而产生一定的态度体验,这就是情绪情感过程。

人为了满足某种需要,在一定动机激励下自觉确定目标,克服内外部困难并力求实现目标的复杂心理过程,就是意志过程。

认知过程、情绪情感过程、意志过程三者密切联系,相辅相成。认知过程是一切心理活动的基础,认知深刻则情绪情感深刻,认知肤浅则情绪情感肤浅。在认知基础上、在情绪情感激励下,人才可能形成意志过程。已经形成的对某一事物的肯

定或否定的情绪情感过程,必然会促进或阻碍人的认知过程。意志过程对认知过程、情绪情感过程的影响更是显而易见。

（二）人格

由于每个人的生活条件和经历不同,其心理活动必然具有各自的特点。例如,人的能力有高有低,人的脾气有急有慢,人的性格有开朗和内向之别等,这些在一个人身上经常地、稳定地表现出来的心理特点就是人格心理特征。与此同时,人们在各自的生活中,还形成了自己的追求,诸如需要、动机、兴趣等,心理学把这些心理活动称为人格倾向。它是人所具有的意识倾向,决定着人对现实的态度以及对认知活动对象的选择。人格心理特征和人格倾向共同构成一个人的人格（个性）。人的个性是丰富多彩、各不相同的,正如俗语所说"人心不同,各如其面"。

心理过程反映了人们共性的心理规律,人格体现了个性心理规律。心理过程和人格都属于心理学研究的对象,二者联系密切:一方面,人格是在心理过程中不断重复、强化而逐渐形成的,已经形成的人格又制约影响着心理过程的发生、发展和进行的方式;另一方面,人格也只有通过心理过程,才可能在人的行为活动中表现出来。

二、心理学的学科性质

心理学属于自然科学与社会科学之间的中间科学,或称边缘学科。人既是自然实体,又是社会实体。从心理现象的发生发展、生理机制等方面,可以清楚地看到心理学的自然科学属性;从作为社会实体的人、从心理活动受到社会历史生活条件的制约等方面,又体现出心理学较强的社会科学属性。所以,绝大多数心理学家都认为心理学属于中间科学。

三、心理学的研究领域及分类

目前,心理学的研究领域和分支越分越细,大约有140多个分支,可以概括为三个方面:①以研究领域分,基础心理学所包括的各个大小领域,都可确定为一个分支,诸如感觉心理学、知觉心理学、记忆心理学、思维心理学、情绪心理学、人格心理学,或更具体的时间知觉心理学、定势心理学、应激心理学、气质心理学等等;②以研究对象的主体分,诸如新生儿心理学、婴幼儿心理学、儿童心理学、小学生心理学、青年心理学、妇女心理学、老年人心理学、聋哑人心理学等等;③以应用范围分,诸如教育心理学、医学心理学、体育运动心理学、文艺心理学、军人心理学、航空心理学、航天心理学、工程心理学、组织管理心理学、交通心理学、商业心理学、司法与犯罪心理学、网络心理学等。随着社会发展和人类的进步,人们的活动领域越来越广阔和复杂,心理学在不同活动领域和范围中的应用,将进一步构成越来越多的心理学分支。下面简要介绍心理学的主要研究领域及其在社会中的地位和作用。

（一）普通心理学

普通心理学（General Psychology）也称基础心理学，它主要研究正常人心理现象的一般规律。其内容主要涉及心理的实质和结构问题，研究心理过程发生发展和人格形成变化的一般原理和规律，探讨心理学研究的方法论和具体研究方法，是心理学最基本、最重要的基础领域。学习基础心理学，有助于从宏观上准确把握心理学的相关知识，是学习心理学的入门学科。

（二）实验心理学

实验心理学（Experimental Psychology）就是在实验控制条件下对心理和行为进行研究的心理学。其内容通常包括两个部分：一是阐述实验方法和实验设计，论述心理学实验的一般原理；二是阐述实验法在一些专门领域中的应用。科学的实验方法能使我们对人的心理现象进行客观研究，深化对心理活动规律的认识。

（三）生理心理学

生理心理学（Physiological Psychology）是心理学基础研究的重要组成部分，主要研究心理现象的生理机制。基于现代脑科学研究成果及现代技术方法，生理心理学主要研究神经系统，特别是脑的结构和功能、感知、学习和记忆、动机和情绪等心理活动的机制，以及内分泌系统对行为的调节作用等。这些研究对揭示心理现象与神经过程的关系、科学地解释心理现象的产生机制、指导临床实践都有重要意义。

（四）教育心理学

教育心理学（Educational Psychology）是研究学校教育情境中学与教的心理活动规律的学科。其研究的问题主要包括学生道德品质的形成、知识技能的掌握与心理的个别差异性，以及影响教学活动的心理因素、行为习惯和教师心理等。教育心理学的研究直接关系到教育改革、人才培养及选拔等。

（五）发展心理学

广义的发展心理学（Developmental Psychology）是探索人类心理发生发展的基本过程及其规律的学科，也可称为"毕生发展心理学"。狭义的发展心理学是指儿童心理学，探讨的是儿童各个年龄阶段的心理特点和儿童心理发展的过程和规律。

（六）社会心理学

社会心理学（Social Psychology）主要研究个体和群体的社会心理现象。个体社会心理现象指个人受他人和群体制约的思想、感情和行为，如人际知觉、人际吸引、社会促进和社会抑制、顺从等；群体社会心理现象指群体本身特有的心理特征，如群体凝聚力、社会心理气氛及群体决策等。

（七）医学心理学

医学心理学（Medical Psychology）研究的是医学领域中的心理学问题，即研究心理因素在人体健康和疾病及其相互转化过程中的作用机制。

（八）积极心理学

积极心理学（Positive Psychology）是在美国心理学界兴起的一个新的研究领域。其倡导者为心理学家塞里格曼（Seligman）等人。自1997年塞里格曼提出了"积极心理学"思想以来，越来越多的心理学家开始涉足此研究领域，并逐渐形成了一场积极心理学运动。积极心理学主要对最理想的人类机能进行科学的研究，其目标是发现能使个体、团体和社会良好发展的因素，并运用这些因素来增进人类的健康、幸福，促进社会的繁荣。在2004年初出版的《现代心理学史》第八版中，世界著名心理学史专家、美国心理学家舒尔兹把积极心理学称为当代心理学的最新进展之一。

（九）进化心理学

进化心理学（Evolutionary Psychology，简称EP）产生于20世纪80年代末期，90年代有了较大发展，是当代西方心理学中出现的一种新的研究取向、心理科学的一种新范式。进化心理学运用进化论对人心理的起源和本质等问题进行研究，认为人是由生理和心理构成的有机整体，人的生理机制和心理机制是自然选择和进化设计的产物，都受进化规律的制约。进化决定了人们怎样去行动、思维和学习，进化使人的行为与世代以来形成的促进生存的方式相一致。因此，科学的进化论应成为心理学研究的重要理论依据之一。进化心理学的主要创始人有戴维·巴斯（David Buss）、杰罗姆·巴科（Jerome H Barkow）、考斯米兹（Leda Cosmides）、图比（John Tooby）等人，其国际组织是1989年成立于美国的人类行为和进化协会（Human Behavior and Evolution Society），学术刊物为《进化与人类行为杂志》（Journal of Evolution and Human Behavior）。进化心理学的基本观点有：①过去（尤指人类的种系进化史）是理解心理机制的关键。人类进化过程中的身体结构、心理活动和生存策略等印记是探索心理机制的基础。②心理是适应的产物。适应机能和方法的分析是理解某些心埋特征和机制产生的重要途径。③心理机制是在解决适应问题过程中演化形成的策略。机制的组织特性是模块性，模块的基本逻辑由遗传程序决定，活动方式是自然选择。模块性可解释心理的复杂性和灵活性，它是进化心理学的核心假设和基本特色。④社会行为是心理机制和环境相互作用的结果。机制对环境影响高度敏感，是社会行为的前提，环境影响机制表现的方式、强度及频率。

在心理学的各分支中，基础心理学是一切心理学的主干，实验心理学是各分支心理学的实验科学基础，社会心理学和生理心理学是心理科学的两大支柱。随着社会的发展，心理学在应用方面的分支将会越来越多，人类有多少活动领域，就会出现多少个心理学分支。

第二节 意识与无意识

意识,既是心理学的专有名词,也在生活中常常被人们所使用,诸如:"这件事我没有意识到";"他是有意识地捣乱";等等。作为科学概念,我们需要对其定义、作用和它在心理科学研究中的地位加以界定。

一、什么是意识

意识(Consciousness)是指人所特有的反映现实的最高形式,是人对现实的一种有目的、有组织的反映。也可以说,意识就是人的心理,是人自觉的、有目的的高级心理部分,其中,语言和思维是意识活动中的核心元素。意识使人的心理区别于动物心理(即使是高等动物,如灵长类动物充其量也只具有意识的萌芽)。

二、意识的作用

意识对人类生存和社会生活具有重要作用,具体表现为以下三个方面:

第一,意识可以通过人主观上的选择性注意,减少不断输入的刺激量,对没有意义的刺激不予理睬。

第二,意识可以使人通过知觉的组织规范,把纷繁复杂的客观事物分为主体和客体,并把客体状况形成一定的空间模式;还可以根据主体连续不断的经验,把经历的事件过程形成一定的时间模式。

第三,意识可以使人充分利用过去的记忆对当前输入的信息进行对照分析,并做出最佳的判断和选择;还可通过对事物因果关系和发展规律的分析,想象出当前尚不存在的情境和发展变化的可能性,计划未来的行动,用预期的目标指导行动方向。

三、意识在心理科学中的地位变化

1879年,在冯特建立科学心理学之初,意识曾经是心理学研究的中心问题之一。构造主义心理学家认为,心理学的任务在于研究人心理的内在结构,揭示人心理和意识内容的个别元素——最小的组成单位,研究各个别元素构成意识内容的基本规则和方式,并认为可用内省方式研究意识。

20世纪初,美国华生(John Watson)创立的行为主义心理学派兴起,主张心理学研究必须坚持客观性原则,以人的外部行为表现作为研究对象,把对意识的研究完全排除在心理学研究的范围之外。

20世纪50年代中期至60年代,迅速发展的西方现代心理学流派——认知心理学,对行为主义心理学派放弃研究人的内部心理过程——意识提出批评,认为心理学的研究对象主要是内部心理过程和意识。用信息加工的观点和术语,诸如输入、编码、储存、操作和提取等,都可以直接表述人的高级心理——意识现象。

除认知心理学强调研究人的意识以外,其他学科的进展也起到了推动意识研究的作用。1929年,汉斯·伯格(Hans Berger)发明了脑电图仪,通过脑电变化,研究人的意识活动的发展变化。20世纪60年代美国斯佩里(Sperry)关于裂脑人的研究,对人意识研究起到了极大的促进作用。20世纪中期以来,心理学家对吸毒引起的迷幻、催眠现象进行的大量研究,也说明了人的意识的变化状态。人本主义心理学对个体的潜能和价值予以充分肯定,个体被看做唯一可以通过意识执行其意志和愿望的实体,个人意识经验因而受到特别重视。认知神经科学研究将人的认知过程和脑神经机制、临床病理学发现进行了综合研究,这对推动意识研究具有重要意义。

随着社会的发展,对意识的研究不只有心理学家,还有众多学科的科学家都对其表现出浓厚的兴趣。目前,对意识的研究是开放式的。可以预测,随着人类知识的更新和深入,将会出现更多的突破和创新。

四、无意识

(一)什么是无意识

无意识(Unconsciousness)是个体未曾觉察到的心理活动过程,是相对于意识而言的。例如,在生活历程中,人接受了许多外界刺激物的影响,但人自己并未觉察甚至认为没有留下什么印象,然而,在一定条件下它们又会以一定的方式再现出来,如在梦境中出现,或在催眠状态下出现。无意注意、无意识记、无意想象等就属此类现象。

(二)弗洛伊德对无意识的研究

精神分析学派创始人弗洛伊德(Sigmund Frued)认为,无意识包括大量的观念、愿望、念头和想法等,这些念头、想法往往是社会道德、伦理规范所不能容许的,是被压抑在无意识之中的,个体既不能说又不能做,但它并没有消失。如果将人类的全部意识活动比做一座冰山,意识只是露出水面的冰山一角,占人类意识活动的很小一部分。大部分意识活动属于无意识部分,就像淹没在水下的冰山的大部分。他认为人大量的意识活动都属于无意识,如无意注意、无意想象、无意识记……人们能觉察到的心理活动微乎其微。凡是在日常生活中不自觉的、不由自主的生理、心理现象都是无意识。例如,在暗室里,对光线微小的变化眼睛瞳孔已经有所感应而变化,人可能并未感觉到;天气骤冷,人的毛孔紧缩,人可能尚未感觉到(意识到);人掌握的一些技巧动作,譬如武术中的擒拿术讲"彼不动、我不动,彼既动、我先动",说明武术家根据对方的动作,已经熟练地、自动化地做出相应动作反应,本人并未完全意识到。

第三节　心理学研究的任务和意义

一、心理学研究的任务

学习和研究心理学的基本任务就是探索和揭示人类心理现象发生、发展的变化规律。尽管人的心理现象是抽象的、复杂的，但总是有规律可循的，可以找出这种心理现象的出现和这个人所处的社会环境、个人经历、文化程度、生理状况等方面的必然的关联。例如不同的社会生活实践必然会造就人的不同心理特点：一个人如果生活在养尊处优、娇生惯养、挥霍无度的环境中，就很有可能产生好逸恶劳、自私自利、贪图享受的心理特点；如果生活在艰难困苦、勤劳朴素、有团队精神的环境中，很有可能与周围人一样具有勤奋劳动、团结奋斗的习惯和特点。

影响人心理的因素是多方面、多层次的，可概括为以下三个方面：

第一，环境因素。环境因素既包括自然地理环境，诸如是山区还是平原，是沿海还是内陆，是江南还是西北；也包括社会经济环境，诸如是经济发达地区还是贫瘠落后地区，是交通发达、信息畅通地区还是偏僻闭塞地区，个人生活的家庭小环境是富裕宽敞，还是贫困狭小；人际关系也属于重要的社会环境因素，是生活与成长在团结、和睦、温馨幸福的家庭中，还是在离异、争吵、混乱、钩心斗角的分裂家庭中，还有如学校教育、社会风俗、时尚、规范、制度、文学和艺术等，也都属于社会环境因素。

第二，生理因素。包括身体健康状况，身材高低、胖瘦，伤痛，饮食和睡眠情况等。生理变化在很大程度上导致青少年的心理变化。例如，青少年身体发展越来越与成人相同，促使他们产生大量类似成人的新需要，渴求完全独立自主，要求绝对受别人尊重，渴望与同辈人广泛交往，强烈希望获得异性的亲密情感等。还有，饮食对人心理的影响也相当重要，饮食中的蛋白质不足会导致视力、记忆力下降，生长发育迟缓甚至停滞等。

第三，心理因素。一个人心理上原有的情况、特点、倾向都可以对当前心理现象的发生、发展和变化产生一定影响。例如，同样是与人交往，有的人襟怀坦荡、真诚热情、与人为善，而有的人心胸狭窄、谎话连篇、居心叵测；同样是面临传染性疾病的流行，有的人能认真对待，注意个人和环境卫生，积极地采取一切防护措施，也有人惊慌失措、忧心忡忡、惶惶不可终日，这与人的认识、态度和人格都直接相关。

心理学的任务不但要探索、揭示影响人心理现象发生、发展和变化的一般规律，这是基础心理学的研究任务，还要研究在特殊环境、特定群体、特殊情况下人们心理现象发生、发展和变化的特殊规律，这是心理学各分支学科要研究的特殊任务。

二、心理学研究的意义

（一）理论意义

科学地描述和解释人的心理现象，可以帮助我们建立并坚持辩证唯物主义观点。心理学在研究人脑对客观现实反映过程中所取得的成果，科学地揭示了心理与脑的关系、心理与客观现实的关系，论证了物质第一性、精神第二性这一辩证唯物主义哲学的基本原理，有力地批驳、抨击了形形色色的唯心主义思想观点。科学地、正确地解释人类心理现象，有利于建立科学的世界观和正确的人生观。

（二）实践意义

揭示并运用心理现象的规律有利于我们预测和控制心理现象的发生和发展，从而为人类实践活动服务。

1. 可以使心理因素对行为活动产生最佳影响，提高社会劳动生产率。在现代化生产中，人的心理因素所起的作用越来越显著。例如，通过电脑遥控技术进行自动化的生产过程，操作者必须保持最佳的情绪状态才可能保持机械系统的高速精确运行，并能及时捕捉信息、排除故障。特别是汽车、火车、飞机驾驶员和宇航员的工作，对心理素质的要求更高，驾驶员只有全神贯注，保持良好情绪状态，才能确保行驶的效率与安全。

2. 可以提高人们的心理健康水平，增强身心健康。在心理学的众多分支中，医学心理学、心理健康教育、心理咨询与辅导和心理治疗等都是为人们的身心保健服务的。例如，人们在社会生活中总是不可避免地接受暗示，或主动地进行自我暗示。如果我们掌握了暗示的规律，能充分地利用积极的暗示，避免消极的暗示，则能提高心理健康水平。

3. 可以使教育工作者更好地了解学生的心理规律和特点，提高教育教学质量。譬如，利用儿童心理发展规律可以因势利导培养儿童多方面能力，促进儿童发展；利用注意规律可以更好地组织课堂教学；利用记忆规律可以帮助学生掌握最佳记忆方法，提高学习效率；利用学生的人格特点和规律可以有针对性地帮助学生，取得预期教育效果。

4. 可在选拔和培训人才、提高企业管理水平、增强法制效果等方面发挥重要作用。在竞技运动员的培训、选拔和群众性体育运动的开展方面，体育运动心理学发挥了不可替代的作用，特别在竞技项目中，当运动员的体能和技术都达到较高水平的情况下，运动员的心理素质状况决定着比赛的成功与否。近年来，部队、企业、党政机关在选拔专门人才时已将心理测验作为必要的测试手段，加强了选拔人才的科学性。管理心理学、法制心理学等也受到企业界、司法界的广泛关注，已从以往科普层面上升到从更深的内涵上研究心理学的原理与应用的层面。

第四节 心理学研究的原则和方法

一、心理学研究方法的理论基础

从方法论的角度看,科学研究的方法一般可概括为三个层次。最低层次的方法就是具体研究方法,譬如观察法、实验法、测量法、个案法和作品分析法等。把具体的研究方法加以抽象概括,就是第二个层次的方法,叫做工具性方法论,譬如归纳法、演绎法、类比法等,这是着眼于思维操作过程的一个层次。最高层次的方法就是哲理性方法论,譬如唯物主义或唯心主义、辩证唯物主义的方法或机械主义的方法等,它们决定着整个研究方法的指导思想。

辩证唯物主义与历史唯物主义既是科学心理学研究方法的理论基础,又是选择具体研究方法的指导思想。心理学只有坚持这一指导思想,才能科学地确定心理学研究的对象、任务和方法,才能正确地掌握人心理现象发生、发展和变化的根本规律。

二、心理学研究应遵循的基本原则

(一)客观性原则

客观性原则就是坚持实事求是的态度,对任何事物必须按照它的本来面貌实实在在地去考察。

根据客观性原则的要求,在设计心理学研究方法时,应该注意以下几个问题:

第一,要选择一定的外部行为活动作为指标。人的有些心理现象是难于直接观察的,只能通过一些外部行为活动进行间接地分析。例如,研究学生的思维应根据研究的需要选定活动项目,或是解数学题,或是完成其他的智力操作任务等;研究学生的人格表现,就要设计一定的游戏、学习或交往活动,从而观察学生在活动中的人格表现。

第二,要控制一定的外部条件。心理现象受一定的外部条件制约,心理学研究有很大一部分是要确定心理现象与外部条件的关系。例如,一定的心理现象依存于什么样的外部条件,一定外部条件的变化会引起心理现象怎样的变化。在研究过程中,只有控制一定的外部条件,才能确定外部条件与相应心理现象之间的必然联系,如对什么人、在什么条件下、用什么样的刺激、会引起什么样的应激反应等。

第三,要确定观察心理现象的生理指标。人的生理变化直接影响心理变化,心理变化也必然影响生理变化,二者相互影响的规律和过程是十分复杂的。揭示心理变化与其生理机制之间的因果关系,对了解和把握心理现象的规律是十分重要的。

第四,对心理学研究中所获得的材料和数据必须进行科学的处理和全面的分析。任何一项结论都必须具有充分的事实依据,杜绝任何主观的臆想和猜测。

(二)发展性原则

人的心理是人脑对客观现实的反映,周围客观现实在不断地运动、变化,人脑也在不断地运动、变化,人的心理必然也是不断运动、变化和发展的。所以,在研究心理现象时,不能凝固地、呆滞地看问题。

(三)系统性原则

系统性原则是指在心理学研究中要坚持整体、系统的观点,既要对人的心理现象进行多层次、多水平、多角度的系统分析,又要对各种心理现象及其形成因素之间的相互联系、相互作用的关系进行系统的整体研究。

三、心理学研究的主要方法

心理学研究方法主要有观察法、实验法、测量法,此外还有谈话法、作品分析法、问卷法和模拟法等。在研究中选用哪一种方法,主要取决于研究的目的和任务。

(一)观察法

观察法(Observation Method)是心理学研究中常用的方法之一,又称自然观察法、客观观察法,是在自然情况下有目的、有计划地观察被试的外部行为活动表现,从而推断、分析其心理活动规律的方法。观察者根据自己的观察目的提出观察的具体任务,拟定观察实施计划,并详细记录被观察者在不同情况下的具体表现,再据此分析被观察者的心理规律。进化论的创始人达尔文(C. R. Darwin)研究动物、植物的演化过程主要用的就是观察法。他的心理学著作《一个婴儿的生活概述》的资料获得的方法也主要是观察法。我国现代心理学家陈鹤琴的《一个儿童发展的程序》,运用的也主要是观察法。

观察法具有以下特点:

第一,观察法是在自然条件下进行的。观察者不改变被观察者日常生活的条件,对其行为活动也不进行干涉,使被观察者不对自己作为观察对象有所觉察,观察者只是作为旁观者等待某种心理现象的出现,是比较自然和真实的。

第二,观察法是有准备、有目的、有计划地进行的。它不同于在日常生活中随时随地的、偶然的、片断的观察,要求观察者必须具备一定的知识和技能。例如,如何识别和记录被观察者的某些外部活动,如何正确地分析和说明外部行为活动和心理现象的关系等,有时候还需要借助一定的仪器和设备,像照相机、录像机、录音机、单向玻璃等。

第三,观察法根据观察的目的和任务不同,可以确定不同的观察内容。这种方法可以有选择地在一定时间内只观察那些与研究任务有关的某些活动,记录那些与心理活动有关的表现。例如,通过学生在课堂教学中的学习活动,观察其注意力的表现;通过学生选择阅读课外读物的活动,观察其兴趣;通过学生参加游戏活动的表现,观察其性格特点;等等。这种方法可以对被观察者进行全面的观察,在一定时间内把被观察者的全部行为活动、具体动作,乃至语言、表情等全面记录下来,再从中综合分析被观察者的心理现象。此外,这种方法还可以对某个或某些被观察者连续进行较长时间(几年、十几年乃至几十年)的观察,以求全面、系统地研究其心理活动的发展变化规律,这叫追踪观察,或叫个案观察法。

观察法也有它的局限性。首先,在自然条件下很难控制偶然因素的干扰,对某种现象也难以重复观察,进而降低了观察结果的可检验性;其次,观察者处于被动地位,只能消极地等待被观察现象的发生,研究的进程较为缓慢;最后,观察的结果多以描述形式呈现,免不了要受到观察者个人主观因素的影响,使得结果出现偏差。

(二) 实验法

实验法(Experimental Method)是有目的地创设、改变或控制某些条件,主动地引起或改变被试的某种心理现象,从而对其进行分析研究的方法。实验法的创立和采用,是心理科学发展史上的转折点,也是科学心理学诞生的标志,是心理学研究方法的一次革命。它不仅推动了心理学成为一门独立的学科,而且促进了现代心理学的飞速发展。目前,许多心理学实验研究的科学成果已被广泛地应用到教育、医疗、工程、航空、航天及体育活动等领域中,还与控制论、信息论、系统论、耗散结构论、科学学和创造学相互结合,在许多新的科学领域中显示出心理实验的真正价值。

实验法有以下几个特点:

第一,研究者处于完全主动的地位,可以有目的、有计划地引起、控制或改变某种心理现象的出现,不需要消极地等待它的发生。

第二,实验者可以控制偶然因素的干扰,排除与研究对象、研究任务无关的因素的影响,使研究过程保持正常的、稳定的状态。

第三,研究者可以通过控制、改变各种条件,多次重复地进行同一种或类似的实验,验证条件与现象之间的函数关系,从而科学地把握某种心理现象发生、发展和变化的规律。

可见,实验法的主要优点是:对实验条件能够严格控制,实验结果有较高的精确度。但是其局限性也是显然的:人的复杂心理现象,如性格、应激等,如果在实验室进行实验,既不容易创造条件,也不利于身心健康;由于实验室的特殊环境,也容易引起被试的紧张、失常、戒备的心态,这些对研究工作是不利的。

前面谈的实验法着重讲的是实验室实验。还有另一种实验法即自然实验法,是在日常生活中不影响被试正常活动的前提下,适当控制条件,在比较自然的情况下进行的实验。它兼有实验和观察两种方法的优点。这一方法主要在儿童心理学、教育心理学等研究中采用,生态效度较高。

(三)测验法(测量法)

测验法(Measurement Method)是根据一定的法则,用数量对人的态度(行为倾向)加以确定,通过人的态度(行为倾向)的数量指标来推测人的心理特点。

1. 测验法的特点。测验法有以下三个特点:

(1)间接性。测验法所测的只是人的行为倾向,人的心理状况是无法直接测量的,只能根据人的行为倾向指标间接地推断人的心理特点。

(2)相对性。测验结果只是人与人之间相对而言,不能武断地认为这个高、那个低,或这个优、那个差。

(3)客观性。测量工具、测量方法、测量分数的解释和统计分析都是统一的、标准化的,因而,心理测验是科学的、可靠的。

2. 测验法的分类。测验法的分类比较复杂,可按以下不同标准进行分类:

(1)按照测验功能可分为:①能力测验,即测量人完成某种活动的心理能力,可测其实际能力,也可测其潜在能力,智力测验更重视后者;②人格测验,即测验人的人格倾向和气质、性格特征;③学绩测验,即测量人在一定时间内完成学习任务的绩效。

(2)按照测验对象可分为个体测验和团体测验、儿童测验和成人测验等。

(3)按照测验方式可分为文字性测验和非文字性测验、问卷式测验和仪器操作式测验。

(4)按照测验的应用范围和目的任务可分为人才选拔测验、教育质量评价测验和临床诊断、治疗测验等。

心理测验法在20世纪初起源于欧洲,开始只是作为心理实验法的一个组成部分,随着两种研究方法的不断发展、心理学应用范围的不断扩大,各自发展成为独立的方法乃至成为独立的学科分支——实验心理学和心理测量学。20世纪六七十年代以后,随着控制论、信息论、人工智能等新学科、新领域的发展,心理实验和心理测验又在更高的层次上完成了新的结合。目前,虽然心理测验作为一门学科或一种研究方法还有待进一步完善,但由于它的可操作性强,在应用方面还是得到了越来越广泛的社会认可。如在选拔专门人才方面,宇航员、飞行员、运动员的选拔等都对心理测验的重视程度越来越高;在临床诊断方面,这一方法也引起医学界的高度重视。

(四)谈话法(访谈法)

谈话法(Interview Method)是通过和被试面对面的交谈,引导其以自我陈述的方式谈出个人的意愿、感受和体验,从而分析其心理特点的方法。谈话法的实施需要具有以下几个条件:①要明确谈话的目的,有步骤地为获得某些素材而进行调查访谈,事前要拟定提要,并对被试的回答进行预测,事后要进行认真的分析研究;②主试必须经过专业训练,且具有一定的交谈技巧,主试者既要语言清晰、和颜悦色,又要坚持达成谈话目标,还要能灵活处理谈话对象的意外行为表现和突如其来的发问;③还需有一定的技术装备,如录音机、录像机等,谈话中最好不要进行当面记录。

由于谈话法的运用比较方便,因而被研究者广泛运用。但是,由于它的依据只是被试的口头回答,往往不够精确和可靠,只能作为参考。因此,研究中常把它作为辅助方法与其他方法配合应用。

(五)作品分析法(或劳动产品分析法)

作品分析法(Work Analysis Method),也叫劳动产品、活动产品分析法。人的任何活动都会在客观现实中留下痕迹,不同的人在进行同样的活动中,甚至同一个人在进行多次同一活动中,由于不同的人格、不同的认知和情绪,就会留下不同的痕迹。例如,作文、日记、绘画、书写、手工,甚至扫过的地、擦过的玻璃窗子,都可以在一定程度上反映出人的心理特点。用这种方法可以揭示被试对待此项活动的态度,以及被试对此项活动的技能和熟练程度、知识范围和活动中注意力的集中情况等。

作品分析法作为一种辅助方法,通常与观察法、实验法、测验法结合应用,一般很少单独采用它进行心理学研究。

(六)模拟法

模拟法(Simulant Method)也可理解为是一种类比的方法。模拟法一般有两种情况,过去常用的是情景模拟,即模拟客观环境、社会情景。例如:幼儿园孩子玩的"过家家"就是对社会、家庭情景的模拟;"飞行训练弹射塔"就是对飞机起飞的情景模拟;天文馆里还有对夜晚星空、星际运行状况的模拟;等等。还有一种是对人脑活动规律的模拟,即人工智能,是根据人脑活动规律设计的自动控制机器。按照信息论的原理,可在信息的输入、编码、贮存、提取、控制及反馈等系统方面,模拟人脑的活动与功能。它既可以促进自动控制机器的发明和改进,又可以增进对人脑机能的更进一步理解。自动控制机器可以模拟人的高级思维乃至行为活动,这就是机器人。新的一代机器人可以从事下棋、救火、检票等活动,其原理就是对人脑智能的模拟,这已成为现代科学中具有广阔前途的领域。

心理学研究方法除上面几种以外,还有很多。例如:自我观察法(也叫内省法、自我体验法、主观体验法),可以是主试引导被试以自我陈述的方式分析心理活动规律,也可以是主试本身靠自我体验来参悟心理活动规律和特点的方法;数量统计分析法,在搜集和处理由实验、观察所得研究资料时进行的定量分析的方法。这些方法都很重要,一般要与其他方法协同配合才能更好地发挥作用。

第五节 心理学的过去、现在和未来

一、心理学是一门古老而年轻的学科

德国心理学家艾宾浩斯(H. Ebbinghaus)曾说过:心理学有一个悠久的过去,但却仅有一段短暂的历史。人们对心理现象的探索已经有几千年的历史了。远在公元前四世纪,古希腊哲学家亚里士多德(Aristotle)就写过一本心理学专著《心灵论》,认为人有灵魂,甚至动物、植物也都有灵魂,人的灵魂只不过比动物、植物高级罢了。恩格斯在《费尔巴哈与德国古典哲学的终结》一书中指出:在远古的时候,人们在还没有关于自己身体构造的任何概念,还不会解释睡梦的时候,就有了一种观念,以为他们的思维与感觉并不是他们身体的活动,而是一种什么独特的东西——灵魂的活动,这种灵魂留在身体以内,在人死后就离开身体了。在中国,心理学也同样有着悠久的历史渊源。春秋战国时候的庄周在睡梦中梦见自己变成了一只蝴蝶,睡醒后自己怀疑:到底是我庄周曾做梦变成蝴蝶呢? 还是我本来就是蝴蝶,现在变成了庄周? 表面上看,庄周似乎把梦中的事和醒来的事搞得糊涂颠倒,实际上他是在探索自我认知、自我意识。孔丘主张"性相近也,习相远也""唯上智与下愚不移"。孟轲主张人性善,"人无有不善,水无有不下"。荀况主张人性恶,"人之性恶,其善者伪也",等等。这些论述、争辩的核心问题,仍然是人的心理、人的精神现象。但是,当时在方法上只靠不充分的观察和描述,不能摆脱主观的臆测和想当然的推论,心理学还不能够成为一门独立的学科,只能从属于哲学或其他学科。

心理学是一门年轻的学科,是因为科学心理学从建立起至今才有刚刚130多年的历史。1879年,德国的心理学家冯特在莱比锡大学建立了世界上第一个心理学实验室,提出了"实验心理学"这一学科名称,从此才逐渐形成了注重实验的科学心理学的传统。为了及时地总结、交流心理科学的研究成果,冯特还创办了一份心理学专业杂志。国际心理学界都公认,1879年冯特开创了心理学的新纪元,从此,心理科学才开始了独立的历史,结束了它从属哲学的过去。他本人也被公认为科学心理学的奠基人,是世界上第一个专业心理学家。

这里简要谈一下我国心理学的研究和发展情况。虽然心理学在中国有着悠久的历史渊源,但由于我国长期停滞在封建社会,科学技术的发展受到极大的限制,心理学思想也只能停留在一些学者的片断论述和个别领域中的应用方面。19世纪末,西方的科学心理学逐渐传入我国,在这方面做出贡献的有我国早期的留美学生颜永京,他在1889年将美国哈瑞(Haren)所著的《心灵哲学》翻译出版。著名学者王国维于

1907年翻译出版了丹麦人哈夫汀(Hoffding)所著的《心理学概论》,曾再版多次,影响较大。1905年,我国留日学生陈榥参考日本的心理学著作并结合中国实例,编写出版了《心理易解》,这是中国人自己编写的第一本心理学书。当时在清政府推行的"废科举、兴学校"的新教育制度影响下,京师大学堂(师范馆)由日籍教师讲授心理学,苏州师范、南通师范和湖北师范也陆续开设了心理学课程。

1911年辛亥革命以后,心理学在我国得到进一步传播。我国现代著名教育家蔡元培曾对我国心理学的发展做出了重大贡献。他于1907年至1911年在德国莱比锡大学学习,曾聆听冯特的心理学课。蔡元培回国后出任国民政府首任教育总长,1917年任北京大学校长。在他的支持下,北京大学哲学系建立了我国第一个心理学实验室,负责人是陈大齐。

五四运动前后是我国心理学发展的关键时期。一批专攻心理学的留美归国学者,如陈鹤琴、廖世承、张耀翔、唐钺、陆志伟等分别在北京大学、北京高等师范学校、南京高等师范学校讲授心理学。1920年,南京高等师范学校建立了心理系,此后,复旦大学(1922年)、北京大学(1926年)、清华大学(1926年)、燕京大学(1927年)、辅仁大学(1929年)也先后建立了心理系或教育心理系。在20世纪30年代,还建立了心理学会并创办了心理学刊物。

新中国成立后,1951年中国科学院设立了心理研究室。清华大学、燕京大学、辅仁大学的心理系、心理专业并入北京大学哲学系,成立了当时国内唯一的心理学专业。其他大学的心理系、心理专业分别并入高等师范院校,成立了心理学教研室或并入教育系。为了适应新社会的要求,我国的心理学工作者以辩证唯物主义为指导,批判了心理学中的一些唯心主义观点。1953年心理学界、医学界掀起了学习巴甫洛夫学说的高潮。在学习苏联心理学和巴甫洛夫学说的基础上,我国心理学工作者着手中国心理学的研究和建设。1955年正式成立中国心理学会,1956年中国科学院心理研究室改为心理研究所,出版了《心理学报》《心理科学通讯》《心理学译报》。1956年在国务院科学规划委员会领导下,心理学作为基础学科还制订了发展规划。与此同时,全国师范院校普遍开设了心理学课程,医学院校和体育院校也有相当一部分开设了心理学课程,从事心理学教学和研究的人数空前,成绩也比较显著。

1958年8月在极"左"思潮的影响下,全国掀起了一场扼杀心理学的批判运动,一些人打着所谓"彻底批判心理学的资产阶级方向"的旗号,以"生物学化""抹杀人的阶级性"为借口,把心理学打成"伪科学"。在其后的几年间,心理学工作者发表了几十篇文章,纠正了1958年"批判"中的偏差和混乱,为我国心理学发展创造了条件,中国心理学会会员发展至1 056人,出版了《儿童心理学》(朱智贤,1962年)、《普通心理学》上册(曹日昌,1963年)、《教育心理学》(潘菽,1964年),心理学研究开始走向繁荣。十年动乱期间,心理学再次受到批判,被认为是"伪科学"

"唯心主义",我国的心理学研究和发展遭受严重挫折。

1978年党的十一届三中全会以后,心理学才开始走上顺利发展的道路。在改革开放方针指引下,我国心理学遵循为社会主义现代化建设服务的方向,不断地繁荣昌盛,取得了令人瞩目的成绩。

二、心理学学派简介

由于心理学研究对象的抽象性和复杂性,心理学家们都试图从不同角度、不同途径来研究心理现象,在建构理论体系时产生了明显的对立和分歧,形成心理学所特有的学派林立的局面。

(一)构造主义

构造主义(Structuralism)创始人是冯特,主要代表人物是冯特的学生铁钦纳(E. B. Titchener)。冯特受自然科学研究的影响,认为心理学是研究人的直接经验的科学,像化学要研究化学元素一样,心理学也要研究人心理的元素(研究心理现象中最具体、最微小的元素)。例如,感觉、意象、感情都属于元素,感觉是知觉的元素、意象是观念的元素、感情是情绪、意志的元素,一切复杂的心理现象都是由这些心理元素构成的。构造主义强调通过实证了解人们的直接经验,以及要依靠被试对自己直接经验的观察和描述。其主要贡献在于实验心理学的实证方法。

(二)格式塔心理学

在20世纪初,德国出现了以反对冯特构造主义学派为旗帜的格式塔心理学派(Gestalt Psychology)。格式塔在德语里是"整体""形态"的意思,其创始人主要是韦特海默(Max Wertheimer)、柯勒(Wolfgang Kohler)和考夫卡(Kurt Koffka)。他们反对把意识、心理分解成为元素,批评构造主义是"砖头和泥浆组成的心理学",强调心理现象是一个整体,一种有组织的完整结构,部分相加不等于整体,整体不能还原为部分,整体先于部分而存在,并制约着各个部分的性质和意义。例如,人通过视觉、听觉、嗅觉、味觉、触觉组成了对某种美味佳肴的总体印象,这个印象就是知觉,是各种感觉对这一类食物集中的、有机的组合反映,而不是杂乱无章的堆砌。格式塔心理学派也重视心理学实验,特别是关于知觉的实验,其主要贡献也在知觉理论方面。此外,格式塔心理学派在思维、学习等方面也开展了大量实验研究。

(三)机能主义

机能主义学派(Functionalism)起源于美国,美国心理学家詹姆士(William James)是其先驱。为适应美国资本主义迅速发展的需要,深受达尔文进化论思想影响的詹姆士,以适者生存、自然选择的原理为理论基础,认为人就是在适应社会环境中成长的,心理学研究意识,不能像构造主义那样去研究元素,而应该研究心理在适应社会环境中的作用、功能。在1890年发表的《心理学原理》一书中,他提出了机能主义的概念,反对把意识分割为元素,认为意识是个整体,是一套连续不断的意识流。

詹姆士的继承者杜威(John Deway)和安吉尔于20世纪初在芝加哥大学建立起了机能主义学派,也称为芝加哥学派。他们认为意识是川流不息、永远变化的、连续不断的过程,意识的作用就是使个人不断地适应环境,所以心理学应把意识的作用和功能作为研究对象。机能主义的这个突出特点,使美国心理学面向社会生活实际,在发展心理学、教育心理学和其他应用分支领域得到广泛认可。

(四)行为主义

美国心理学家华生于1913年发表了《行为主义者所看到的心理学》,宣告行为主义学派(Behaviorism)的诞生。行为主义的主要特点有:①反对把主观体验到的知觉和意识作为心理学的研究对象,主张把行为作为唯一的研究对象,用刺激—反应模式解释行为;②在研究方法上强调绝对的客观性的实验方法,认为用内省方法研究意识是不客观的、不科学的,只有用客观的方法才是科学的;③否认先天素质的作用,认为行为完全可以通过学习和训练予以绝对控制,主张环境决定论。华生曾说:给我一打健全的婴儿和我可用以培育他们的特殊环境,我可以保证随机塑造出任何一个,不问他的才能、倾向、本领和他父母的职业及种族如何,而把他训练成为我所选定的任何类型的特殊人物,如医生、律师、艺术家、商人或乞丐、小偷(《行为主义》,1924年)。由于华生对行为的理解过于简单化,且否定了内部心理活动过程,在20世纪30年代以后,新行为主义逐渐占主导地位,代表人物斯金纳(B. F. Skinner)研究提出的操作性条件反射等理论在学习心理、教学心理方面被广泛采用。20世纪50年代以后,行为主义作为一个学派已销声匿迹,但作为一种研究取向,它仍在心理学中活跃着。

图1-3 约翰·华生

约翰·华生(Watson John Broadus,1878~1958),美国心理学家,行为主义创始人,在推进心理学研究客观化和应用心理学发展方面发挥了巨大作用,1915年当选为美国心理学会主席,1957年美国心理学会授予他金质奖章,以表彰他为发起行为主义革命所做出的卓越贡献。

(五)精神分析

精神分析学派(Psychoanalysis)的创始人是奥地利医生弗洛伊德。精神分析学派重视对异常心理和行为的分析研究,把无意识、潜意识作为精神分析理论的核心,认为人的一切行为活动根源都在于人心灵深处的原始本能冲动——欲望和动机,特别是性欲冲动。如果由于社会习俗、道德、法律规范使人的本能欲望受到压抑,使人产生恐惧或忧虑,使欲望和冲动由意识状态转为无意识(潜意识)状态,则是导致患精神病的重要原因。认为通过释梦或让病人自由联想等方法,既可发现病人潜意识中的问题,也可使其得到精神宣泄,达到治疗目的。精神分析学派重视欲望、动机和无意识的研究,对心理科学做出了贡献,它在文学、艺术、法律、医疗工作中也有一定影响。但是,该学派过分夸大无意识的作用,把性本能视为支配人类一切行为的动机(泛性论)等观点是错误的。

20世纪30年代,出现了新精神分析,也称做精神分析社会文化学派。它仍然坚持以潜意识为基础的人格学说,但强调社会文化因素对人格的重要影响。20世纪六七十年代,精神分析心理学又有了新的进展——出现了自身心理学,认为自身是人格结构的核心,本能和自我都从属于自身这一整体,心理障碍起源于自身发展的障碍。

图1-4 西格蒙德·弗洛伊德

西格蒙德·弗洛伊德(Sigmund Freud,1856~1939),犹太人、奥地利精神病医生、精神分析学派的创始人。他提出的精神分析学说、治疗技术和方法,不仅在心理学和精神病学领域,也在艺术创造、教育和社会等方面产生了重大影响。

(六)人本主义心理学

继行为主义和精神分析之后,人本主义心理学(Humanistic Psychology)作为心理学的第三势力兴起于20世纪50年代,其创始人是美国心理学家马斯洛(Abraham Maslow)和罗杰斯(Carl Ransom Rogers),也称做现象学心理学。人本主义心理学反对行为主义环境决定论和精神分析生物还原论的思想,主张心理学的研究应以正常人为对象,研究那些真正属于正常人心理活动的各层面的问题。例如,人的本性、潜能、经验、价值和创造力等。在研究方法上，它并不崇尚自然科学的实验方法，而是采用整体分析法和现象学方法。人本主义学者特别强调蕴藏在人性中的无限潜力，坚持以人的价值和人格发展为重点，强调人未来发展的可能性及其乐观前景，将自我实现、自我选择和健康人格作为人生追求的目标。

人本主义心理学对心理治疗领域做出了突出贡献，发展出了来访者中心疗法，强调以当事人为中心，动员主体内在的潜能进行自我理解，从而产生自我指导的行为，达到治疗的目的。在教育领域，强调人的因素和以学生为中心的教学模式，主张意义学习和自发的经验学习，促进学生学会学习并增强适应性，倡导学生的自我评价。

20世纪60年代以来，从人本主义心理学派中又兴起了一个新的学派——超个人心理学，也称做心理学的第四势力。它不仅关注个人及其潜能的充分实现，而且更加关注超越个人的经验和精神生活，主张研究方法的多元性，发展了新的心理治疗技术，拓展了心理学的应用领域。

（七）认知心理学

20世纪50年代末和60年代初，在西方现代心理学领域又掀起了一种新的思潮——认知心理学（Cognitive Psychology）。1967年，美国心理学家奈瑟尔（Ulric Neisser）的专著《认知心理学》的发表，标志着这一心理学体系正式形成。

认知心理学受到系统论、控制论和信息论的影响，把人脑看做是物理符号系统，认为人的心理过程即信息加工的过程。结合计算机科学和语言学的研究成果，认知心理学将研究的重点放在注意、知觉、记忆、思维和语言等认知过程方面，研究人们对信息的获得、贮存、提取和应用的过程。这种符号加工理论虽然成功地解决了以往困惑心理学的诸多问题，但却未能把握认知系统所展示的多样性、复杂性和精致性特点，因而无法真正掌握认知过程的本质。20世纪80年代初，认知心理学的联结主义理论应运而生，它的出现有望对符号主义无法解释的问题提供新的诠释和证明。目前，联结主义在认知心理学的研究中正呈现兴盛的势头。

在19世纪末至20世纪初的心理学学派纷争中，由于各学派在对心理学的研究对象、研究领域、研究方法上的严重分歧，各自都进行了自己的实验、实证，又提出了各自的见解和理论，并且相互之间不断地批评，从而使我们可以了解他们从某个方面都为心理学做出了独特的贡献，丰富了心理科学的宝库，同时也可以作为心理科学发展的宝贵经验和教训。

三、心理学的现状与发展趋势

（一）西方心理学的现状与发展趋势

我国心理学无论在研究内容和研究方法上都受到西方心理学的很大影响，因此，对西方心理学的现状和发展趋势进行一番概括的了解，是十分有意义的。

1. 对西方心理学发展的总结与归纳。如何概括地介绍西方心理学的现状和发展趋势，叶浩生教授的看法值得借鉴。他把西方心理学的现状与发展趋势归纳为六个方面：①

（1）重实证研究，轻理论建设。实证主义作为西方心理学的方法论之一，在历史上起过极其重要的作用。实验心理的缔造者冯特把实证主义的原则与德国的理性主义相结合，使心理学脱离哲学而独立，建立了区别于传统思辨哲学的"自然科学化"的以实证为主的科学心理学。起初的行为主义大师们重实证，但并未绝对轻理论，从斯金纳开始出现了抛弃理论而专注研究实证的倾向，把研究工作只局限于一些琐碎的问题，而对社会生活中人们关心的问题却无能为力。

（2）重应用研究，轻基础研究。在美国心理学会中，应用心理学家占多数，基础研究却越来越不受重视。

（3）认知心理学方兴未艾。从20世纪50年代以后，认知心理学一直在实验心理学中居于主导地位，但有人认为认知研究有一种脱离心理学而成为包括哲学、心理学、语言学、人工智能、计算机科学、人类学和神经科学等学科的综合性的独立学科的倾向。

（4）人本主义心理学向心理学各个领域渗透。人本主义心理学强调人的价值和尊严，强调对人类生活意义关心的观点，不断地对认知心理学、行为主义和精神分析产生影响。

（5）学派对立与学派交融并存。在西方心理学界，一方面各种学派继续对立，西方心理学史上大大小小学派多得不可胜数，并且派中有派；另一方面又在互相渗透，互相交流融合，除上面提到的人本主义观点向各领域渗透外，认知研究也被许多学派所接受。

（6）心理学分裂加深与心理学统一的呼声高涨。

2. 西方心理学研究的最新动向。除了上述对西方心理学发展的概括外，我们还应该看到西方心理学的一些最新动向：②

（1）对东方心理学思想日益关注。由于东西文化的交流，东方的很多宝贵的心理学思想，如儒家心理学思想、道家心理学思想、释家心理学思想、瑜伽心理学思想，乃至中国古代兵家的心理学思想等，开始引起西方心理学家极大的关注。如注重自我内心修养、以静制动、无为而治、天人合一等，都在西方心理学界有所传播。

（2）开始重视心理学理论建设。自心理学独立以来形成了注重实验的传统，但由于理论建设的贫乏，也束缚了心理学的发展。西方心理学界的有识之士现已开始重视学科的理论建设，像美国心理学家查普林（J. P. Chaplin）和克拉威克

---

① 叶浩生.对西方心理学发展的几点看法[J].心理学动态,1997(4).
② 汪凤炎.述评现代西方心理学发展的三个新动向[J].江西师范大学学报,1997(1).

(T. S. Krawiec)的著作《心理学的体系和理论》就代表了重视理论的趋向。

（3）开始对实验心理学进行反思，主要认为它的课题琐碎，不能解决社会生活中的主要问题等。

（4）积极心理学运动兴起。20世纪末，由美国心理学家赛里格曼发起，兴起了积极心理学运动，这是当代心理学的最新进展之一，其主要特点如下：①

第一，积极心理学是对传统心理学的修正。传统心理学把心理学科变成了"类医学"的学科，给心理学披上了白大褂，以为心理学的主要任务就是"矫治""修补"工作。然而，这些工作是用快餐式工作方式应对心理问题，结果是治标不治本，不能从根本上解决心理问题。据美国的一项统计表明，现在人们的物质生活提高了，接受的教育和获得的自由更多了，患各种心理疾病的人却比以前增加了数十倍，并且具有低龄化趋势，人们称之为心理学的困惑。积极心理学更多的关注人们的积极情绪体验、积极的人格特质，使人们在生活、工作中充满信心，始终保持乐观、向上、进取的情绪和人格。

第二，积极心理学是学科发展的需要。心理学的研究对象应是健康的、正常的人，应该引导人们面向未来，积极乐观地生活，对人生、对世界充满信心，而不应仅仅限于矫治和修正人们出现的心理问题，应特别重视人们的积极情绪体验在人生活中的作用。积极心理学提出了积极情绪的"扩展—建构"理论，认为个体相对离散的积极情绪有利于增强某一时刻的思想和行为能力，并对指导自己思想和行为的资源产生影响，强调人们应该满意地对待过去、幸福地接受现实、乐观地面对将来。积极心理学使心理科学受到大多数人的欢迎，具有强大的生命力。

第三，积极心理学是当前社会发展的必然要求。社会发展的历史证明，当一个社会处于稳定发展、繁荣昌盛的时期，它必然特别关注人的良好道德品质、幸福生活、创造性、人与人之间的和谐关系等个人层面和集体层面的品质，这些积极品质的发展，又必然进一步促进社会的繁荣昌盛，二者相互促进，相辅相成。

（二）当前俄罗斯心理学的现状与发展趋势②

苏联学者对心理学的研究曾做出了重要的贡献。苏联解体后，伴随着俄罗斯社会政治的变革，其心理学也发生了相应的变化，具体表现在以下几个方面：

1. 继承了苏联心理学的遗产。苏联心理学曾经是世界心理科学的重要组成部分，具有其鲜明的特点。从20世纪90年代以后，随着社会的变革，心理学也发生了相应的变化，学术空气较为自由了，允许对苏联心理学的观点理论进行修正和批评。但总的看来，俄罗斯心理学还是继承了苏联心理学的传统。例如，在方法论方面仍然坚持以马克思列宁主义为其哲学基础，当然摆脱了过去的一些片面的、教

---

① 任俊,叶浩生.积极心理学:实现心理学价值回归的新视野[N].光明日报,2004-11-30.
② 王光荣.当前俄罗斯心理学发展的现状和趋势[J].心理科学进展,2002(1).

条主义的认识，增加了一些创造性的研究。过去苏联心理学的一些重要学派，例如，维果斯基学派、鲁宾斯坦学派等，仍然在俄罗斯心理学中有着不可动摇的地位。一些重要的理论原理仍然被俄罗斯心理学视为本国优秀的成果而备受重视，如活动理论、系统理论、人学理论等。

2. 加强了对维果斯基心理学思想的研究。维果斯基是杰出的苏联心理学家，社会文化历史学派（亦称维列鲁学派）创始人之一，终其短暂的一生，为后世留下了186种计200万字的著作，其科学遗产已成为世界心理学理论辉煌灿烂的一部分。其主要著作如《高级心理机能的发展》《心理学危机的历史内涵》《思维与语言》《儿童心理发展问题》《心理学文集》（六卷）《教育心理学》等，他的著作已被译成英、法、德、意、日等多国文字。俄罗斯国内学习和研究维果斯基心理学思想的学术气氛不断升温，与近年来国际上出现的"维果斯基现象"遥相呼应，研究的论文、专著出版数量呈逐年上升趋势。所以有人说："不了解维果斯基，就不可能了解今日俄罗斯心理科学的发展。"

3. 形成了对心理现象的统一认识。俄罗斯心理学界形成的对心理现象的统一认识包括以下五点：

（1）承认心理的反映特性。心理现象是人对客观现实的主观反映，是客观世界物质现象的映像，是客观世界和人对其反映的统一。

（2）承认人心理的积极性特点。心理是人的生物和人的文明进化最重要的因素。

（3）心理是连续性和非连续性的统一。任何心理过程的发展都可以区分出一定阶段性、周期性，而这些阶段和周期又是按一定的程序具有连续性和非连续性的统一。

（4）形成了心理的系统观。人的一切活动都是由心理系统决定的。

（5）重视人格、意识、活动和交往的统一。这是在苏联"维列鲁学派"理论基础上的发展，把作为实践和理论活动的意识主体的人提到心理学研究的中心，把人的心理列入活动的人和周围世界关系系统的先决条件。

4. 出现了轻基础建设、重应用研究的倾向。苏联心理学从来以重视理论研究、概括性强、强调基础研究、体系严整为标志而独树一帜，以辩证唯物主义为指导和严肃的态度、深刻的哲理分析为特色。由于社会的变迁，计划经济方式的崩溃，俄罗斯心理学家为了在市场经济制约下求得发展，不得不转向应用心理学领域的研究，基础理论研究受到冷落，很少有人对普通心理学的问题和规范再感兴趣了。

5. 产生了许多新出现的分支学科。俄罗斯心理学界产生的新的分支包括：

（1）人学。这是一门研究人的综合学科，包括哲学、伦理学、心理学、社会学、教育学等学科，其研究对象就是人。在人学研究中，心理学占有十分重要的地位，心理学家洛莫夫被推选为人学研究委员会主席。

(2) 命运心理学。苏联时期,对宗教、僧侣、庙宇的活动采取了严厉的限制措施,物极必反,苏联解体后,出现群众性的信仰危机,人们对宗教的信仰达到狂热的程度,不少人求圣水、追圣物,甚至有人在教堂长跪不起……1996年俄罗斯心理研究所召开了从心理学观点看人生意义的学术研讨会,有人提出"命运"的课题。此后,乌拉尔心理学家把命运作为心理学的主要研究课题,出版了《命运心理学》两卷集的论文集。

(3) 主体心理学。主体性教育思想最初是由维果斯基提出来的,其含义是教育过程不仅是教师和学生双主体的积极作用,而且也应该包括学生群体这一小环境的主体积极作用。随着俄罗斯民主化运动的发展,主体心理学已成为全俄心理学研究的共同课题。

除上述分支外,还有政治心理学、经济心理学、冲突心理学、信息心理学、创造心理学和管理心理学等分支也都纷纷兴起和发展。社会实践的需要决定心理学研究的课题,心理学发展的新趋势是实用化——更多地选择实践和应用方面的研究课题。

(三) 中国心理学的现状与展望

20世纪70年代末到80年代初,我国心理学教学机构和科研机构相继恢复,心理学工作者从干校、农村、基层陆续归队。中国心理学会和地方心理学会为了适应我国心理学恢复和发展的需要,举办了各种形式的心理学进修班、讲习班,讲授我国心理学经历的坎坷道路和心理科学的基础知识、基本原理和具体研究方法,介绍国际上心理科学的发展状况和当代心理科学的新成果、新方法。这些活动对我国广大心理学工作者尽快地适应国家发展,对提高心理学工作者的业务水平,迅速恢复我国心理学的教学和研究工作,起到了极其有益的作用。1979年11月,中国心理学会在天津召开了全国心理学第三届学术会议,成立了普通心理与实验心理、工业心理、生理心理专业委员会(原仅有教育心理、医学心理、体育运动心理专业委员会)。在这前后,《心理学报》《心理科学通讯》也相继恢复出版。

中国的心理学经过几年恢复以后,从20世纪80年代初进入顺利发展阶段。在改革开放方针的指引下,我国心理学界遵循为社会主义现代化服务的方向,在基础研究和应用研究方面都取得了令人瞩目的成绩。普通心理学和实验心理学在我国的迅速发展,对推动我国心理学的恢复和发展发挥了极为重要的作用。我国理论心理学和心理学史的研究也十分活跃,在心理学的基本理论问题和中国古代心理学思想研究方面取得了不少收获。发展心理学和教育心理学也取得显著成绩。此外,工程心理学和管理心理学、医学心理学和心理测量学、生理心理学、比较心理学、体育运动心理学、社会心理学和法制心理学等都得到了迅速发展,并取得了累累硕果。在心理学研究和教学工作迅速发展的基础上,我国心理学书籍的出版也呈现一派繁荣景象。

根据国际心理学发展与我国国情和心理科学的特点，我国心理学研究应从以下几个方面努力，才能不断繁荣昌盛。

1. 必须坚持以辩证唯物主义和历史唯物主义为指导。我国心理学工作者在几经坎坷之后，对辩证唯物主义和历史唯物主义更是坚信不疑，认识到这是我国心理学得以顺利发展的前提，是科学心理学的指导思想。

2. 必须紧密结合我国国情。近年来，我国心理学工作者特别强调"心理学研究的中国化"①问题。心理学是一门建立于西方的现代科学，一直充满西方色彩。我国的老一辈心理学家把西方心理学成熟的理论、体系、方法介绍到中国来，为我们提供了借鉴、仿效的参考，但是，这些理论、概念、方法和工具并不能从根本上解决中国人的心理和社会问题。特别在当前，社会各界对心理学的需求日益增强，迫使我们意识到，只有建立适合中国人实际的心理学理论、概念、方法和工具才是发展中国心理学的必由之路。

要建立中国化的心理科学，首先，要明确我们的研究对象主要是中国人的心理规律和特点，主要解决的问题是在中国发生的问题，所以，必须系统地了解中国的历史、中国的文化、中国的社会变迁和社会特点。西方的心理学理论、概念、方法和工具，只能提供借鉴和参考，决不能生搬硬套。

其次，我们需要认真、系统地学习和掌握西方心理学的理论、模型、方法和工具，树立实证科学的思想体系和从事心理科学研究的规范。但必须特别注意，西方人常常自觉与不自觉地把他们的理论、概念和模型看成是全人类的理论、概念和模型。事实证明，这些理念只能作为借鉴和参考，中国心理学必须适合中国的国情。

最后，要走开拓创新之路。中国有着悠久的文明史，文化底蕴博大精深，特别是近40多年来，我们走出了一条社会主义市场经济的强国富民之路，正在完成中华民族的伟大复兴。心理学工作者既是时代的建设者、受益者，又是国家开拓创新的见证人，我们必须提出自己的心理学理论、假设和模型，建设和发展中国心理学。

3. 既要广泛开展应用研究，又要重视基础研究。历史证明，按照我国社会主义建设的实际需要来发展心理学，是心理学繁荣昌盛的必由之路。多少年来，我国的心理学工作者在教育、医疗、管理、工程、体育运动、商业、航空、法律、军事等方面发挥着积极作用，受到各行各业的普遍欢迎，但仍需要继续努力开展工作。在重视应用研究的同时，基础研究也不容忽视，这是学科赖以生存和发展的根本。

4. 大力培养心理学专业人才。随着我国社会主义现代化建设的进展，各行各

---

① 王登峰，侯玉波. 心理学研究的中国化[N]. 光明日报，2004-12-21.

业都向心理学提出各自的要求,我们急需一批高质量的心理学专业人才。我们应当鼓励有志青年学习钻研心理学,要下大力气培养具有良好基础训练和专业知识并能解决实际问题的心理学人才,以适应我国心理学发展的需要。

5. 实验研究和理论研究相辅相成。在心理学的发展历史上,有些人由于受西方心理学重实证研究、轻理论建设的影响,片面地认为凡是不进行实证研究的就不是科学。也有一些心理学工作者由于受设备条件等限制,只是在空洞抽象的概念上推敲和思辨。我们既不同意一切都要实证,把研究的重点放在琐碎的脱离社会、脱离生活的狭小课题上,亦步亦趋地跟着西方心理学跑,也不同意脱离实际、只靠思辨空谈理论。

6. 面向社会,积极开展宣传和普及工作。心理学与每个人的生活都息息相关。随着新时代中国特色社会主义的伟大进程,心理学在中国人生活中的位置越来越重要。心理学工作者应坚持不懈地开展心理学知识的宣传工作,帮助广大群众解决心理问题、提高生活质量,这不仅是心理学工作者应尽的义务,也是推动心理学前进的强大动力,可以为心理学的发展开辟广阔的天地。

填表存查

学完本章,请您用铅笔填答下列问题(如果同意,在题后括号中打"√")。待本课程整体学完以后,再回顾修改以下,看看自己有哪些变化?为什么?

一、你对心理学的认识

过去认为:

1. 占卜打卦之流(　) 　　2. 烦琐无用之谈(　)

3. 奇谈怪论(　) 　　　　4. 一门科学(　)

5. 一无所知(　) 　　　　6. 有所了解(　)

7. 有学习价值(　)

学过本章之后:

1. 多少有点意思(　) 　　2. 可能有些用处(　)

3. 有强烈学习愿望(　) 　4. 将信将疑(　)

5. 比预想的缺乏趣味(　)

二、联系本专业实际,你认为心理学与你所学专业

1. 关系密切,应努力学习(　)

2. 关系不大,学学看(　)

3. 无关,用不着学(　)

4. 说不准(　)

三、联系个人生活、学习实际,你认为心理学

1. 十分有益,应努力学习(　)

2. 学学看( )

3. 用不着学( )

4. 说不准( )

四、对心理学在中国发展的正确估计

1. 前途无量,大有可为( )

2. 说不清( )

3. 没有什么发展前途( )

五、你对学习心理学的期望

1. 想把它作为第二专业( )

2. 想把它作为知识储备( )

3. 学校规定,不得已而为之( )

六、你认为中国心理学的发展最重要的是要强调(可选一项,也可多项,但要排序)

1. 坚持辩证唯物主义观点( )

2. 密切联系中国国情( )

3. 大力培养人才( )

4. 积极学习国外( )

5. 实证研究与理论研究相结合( )

……

(欢迎增加新内容!)

课后习题

一、单项选择题

1. 人的心理活动主要分为( )。
A. 认知过程、情绪情感过程和意志过程   B. 人格倾向和人格心理特征
C. 心理过程和人格   D. 感觉、知觉、记忆、思维和想象

2. 心理学研究应遵循的基本原则有客观性原则、系统性原则和( )。
A. 科学性原则   B. 社会性原则   C. 持续性原则   D. 发展性原则

3. 有目的地创设、改变或控制某些条件,主动引起或改变被试的某种心理现象,从而对其进行分析研究的方法是( )。
A. 观察法   B. 实验法   C. 测量法   D. 谈话法

4. 下列心理现象中属于认知过程的是( )。
A. 情绪   B. 需要   C. 想象   D. 兴趣

5. 对心理现象的分析必须在各个因素的前后联系、相互作用关系中进行整体研究,这属于心理学研究原则中的(   )。
   A. 客观性原则　　B. 发展性原则　　C. 系统性原则　　D. 教育性原则
6. 以刺激—反应的关系为主要研究内容的心理学流派是(   )。
   A. 精神分析　　B. 行为主义　　C. 完形心理学　　D. 认知主义
7. 强调心理学应该研究无意识现象的心理学流派是(   )。
   A. 构造心理学　　B. 人本主义　　C. 精神分析　　D. 进化心理学
8. 在实际生活情境中,通过创设或改变条件引起被试某些心理和行为反应,从而对其心理活动进行分析研究的方法是(   )。
   A. 观察法　　B. 实验室实验法　　C. 自然实验法　　D. 调查法
9. 信息加工心理学也称为(   )。
   A. 格式塔心理学　　B. 积极心理学　　C. 机能心理学　　D. 认知心理学
10. 科学心理学的创始人是(   )。
    A. 冯特　　B. 韦伯　　C. 费希纳　　D. 艾宾浩斯
11. 人本主义心理学号称"第三势力",主张以正常人为研究对象,研究目的是了解人性潜能,追求自我实现。这一流派的代表人物是(   )。
    A. 皮亚杰　　B. 柯勒　　C. 马斯洛　　D. 奈瑟尔
12. 积极心理学是心理学界兴起的一个新研究领域,其倡导者是(   )。
    A. 罗杰斯　　B. 皮亚杰　　C. 华生　　D. 塞利格曼
13. 研究教育教学过程中教育者和受教育者心理活动的产生和变化规律的心理学分支学科是(   )。
    A. 生理心理学　　B. 教育心理学　　C. 神经心理学　　D. 社会心理学
14. 根据一定的法则,用数量对人的态度(行为倾向)加以确定,通过分析这些数量指标来推测人的心理特点,这种研究方法是(   )。
    A. 观察法　　B. 访谈法　　C. 个案法　　D. 测验法
15. 通过分析学生的作文、日记、绘画、书法,甚至拖过的地、擦过的玻璃窗等,也可了解学生的一些心理特点,这种方法属于(   )。
    A. 调查法　　B. 测验法　　C. 作品分析法　　D. 自然实验法
16. 行为主义学派的主要特点是(   )。
    A. 分析心理的基本元素　　　　B. 研究心理在适应环境中的机能
    C. 从整体角度研究心理现象　　D. 研究刺激和反应之间的关系
17. 试图找到构成心理的基本元素的心理学派是(   )。
    A. 格式塔心理学　　B. 构造主义　　C. 机能主义　　D. 行为主义
18. "话犹在耳""历历在目"形容的心理活动是(   )。
    A. 认知过程　　B. 情感过程　　C. 意志过程　　D. 动机过程

19. 机能主义心理学派的创始人是( )。
A. 詹姆士　　　B. 斯金纳　　　C. 华生　　　D. 韦特海默
20. 下列研究方法中能够揭示变量之间因果关系的是( )。
A. 观察法　　　B. 调查法　　　C. 个案法　　　D. 实验法

二、辨析题(判断正误,并说明理由)
1. 无意识就是没有意识。
2. 心理测验与学业测验一样,随着测验次数的增加,测验分数愈来愈高。
3. 实验法最为严谨,因此要摒弃其他研究方式只采用实验法。
4. 情绪情感过程是一切心理活动的基础。
5. 只有通过心理过程,人格才能在人的行为活动中表现出来。

三、简述题
1. 如何理解心理学的学科性质?
2. 说明心理过程的结构成分及其关系。
3. 说明影响心理发生发展的主要因素。
4. 实验法、观察法各有哪些特点?
5. 简要介绍现代心理学的主要流派。

四、论述题
1. 联系实际,说明学习心理学的理论和实践意义。
2. 举例说明个人心理活动的结构。

拓展阅读

1. [美]菲利普·津巴多,等.津巴多普通心理学[M].王佳艺,译.北京:中国人民大学出版社,2008.
2. [美]本杰明·B.莱希.心理学导论[M].吴庆麟,等,译.上海:上海人民出版社,2010.
3. 彭聃龄.普通心理学[M].北京:北京师范大学出版社,2004.
4. 黄希庭.心理学导论[M].北京:人民教育出版社,2007.
5. 叶奕乾,何存道,梁宁建,等.普通心理学[M].上海:华东师范大学出版社,2010.
6. 叶浩生.西方心理学的历史与体系[M].北京:人民教育出版社,2010.
7. 任俊.积极心理学[M].上海:上海教育出版社,2006.
8. [美]戴维·迈尔斯.心理学[M].黄希庭,译.北京:人民邮电出版社,2013.
9. 许波,车文博.当代心理学发展的一种新取向——进化心理学[J].心理科学,2004(1).

10. 叶浩生.有关进化心理学局限性的理论思考[J].心理学报,2006(5).

11. 李北容,宋斌,申荷永.积极想象的理解与应用[J].心理科学进展,2012(4).

12. 沈旭东.认知心理学原理下高中化学教学难点的归因分析——以"中和滴定误差分析"为例[J].现代中小学教育,2017(1).

13. 方方,蒋毅,李兴珊,刘勋,杨炯炯,周雯.认知心理学:探索人类的智能[J].中国科学院院刊,2012(S1).

14. 任俊,李倩.积极心理学:当前的困扰与未来的走向[J].上海师范大学学报(哲学社会科学版),2014(2).

15. 黄静茹.中国积极心理学研究发展现状[J].西南石油大学学报(社会科学版),2013(2).

第二章

心理行为的神经生理基础

学习目标

理解和掌握人类心理的实质、神经元的结构和功能,理解大脑的结构与功能、心理活动产生的基本方式和高级神经活动学说及其新发展。

第一节 人类心理的实质

人的心理是怎样产生的?迄今为止,我国心理学界对心理实质的普遍共识是,人的心理是人脑对客观现实的反映。这是辩证唯物主义解释心理实质的基本观点。科学心理学的研究表明,心理的物质基础一方面是人脑和神经系统,这是心理现象赖以产生和存在的器官;另一方面是客观现实,包括自然现实、社会现实、人工现实等,这是人心理内容的源泉和影响心理发展的重要因素。

一、心理是人脑的机能,脑是心理的器官

古人发现,心脏与人的生命密切相关,于是认为心脏是主管心理活动的。孟子曰心之官则思;汉字中与精神活动有关的文字,其部首结构大多都带有"心"字旁;成语中有"胸有成竹""胸无点墨""胸中甲兵"等,都以为心脏主管精神活动,心理活动或智慧就藏在胸腔里。随着科学技术的发展,生理学、解剖学知识的进步,人们逐渐认识到心脏主管血液循环、脑主管神经系统的活动,认识到与心理活动直接相联系的是脑,脑是一切智慧和精神活动的物质基础,是人心理产生的器官。

从动物神经系统的进化来看,随着动物由低级向高级的演化发展,脑在全身所占比重越来越大。低级的多细胞腔肠动物水母、水螅的神经系统缺乏中枢组织,只有网状神经散布在全身。当动物发展到软体动物和昆虫,开始出现了节状神经,有了相对的神经中枢,虽然此时还没有脑,但其适应环境的多样性与灵活性已大大提高。从鱼类开始,两栖动物、爬行动物、鸟类和哺乳动物等脊椎动物有了管状神经

中枢,并开始有了真正的脑。凡管状神经中枢都可分为脑和脊髓两大部分。随着动物进化阶段的提高,脑占身体的比重愈来愈大。成年人的脑约重 1 400 克,占体重的 1/50 左右。猩猩脑重 400 克,占其体重的 1/225。虽然大象脑重达 5 000 克,但也只占其体重的 1/500。可见,脑的比重越大,动物发展的水平越高,这也正是人为万物之灵的物质基础。脑的重量在动物发展的历程中固然十分重要,但更重要的是脑的结构和功能。

二、客观现实是人的心理内容的源泉

客观现实既包括日月山川、田野草木等自然界的事物,也包括人类社会的政治、经济状况、人类的社会生活实践、人与人之间复杂多变的关系等。它们都或直接或间接,或深或浅,或长期或短暂地影响着人的心理现象的发展变化。人脑只是反映者,它的作用从本质上说就是反映,它是产生人心理的器官。如果只有反映者,没有被反映者,人类的心理现象仍然无从产生。也就是说,单单具有人脑这方面的物质基础还不够,还必须具有人类赖以生存的物质世界,才可能产生人类的心理现象。例如,婴儿出生以后,就基本具备人的生理基础条件,但是如果他从小就脱离开人类的社会生活环境,在野兽窝里长大,他就只能具有人的形体,而不可能具有人的心理。到目前为止,从野兽窝里救出的孩子有记载的就有 30 多个,其中在印度加尔各答城西南山里发现狼孩的记载比较详细:当地人在山里发现一小群狼,其中有三只大狼,两只小狼,还有两个外貌像人的"怪物",当地人称他们为"森林之神"。美籍传教士辛格组织人捕获了这两个"人形怪物",发现是两个裸体女孩,大的七八岁,小的约两岁。辛格把她们抚养在孤儿院里,尽力帮助她们恢复人性,从而了解她们如何生活的具体历程。但是,辛格没有成功,小女孩不久就死了,大女孩取名叫卡玛拉,虽然也活到十七八岁,但是始终没有能恢复正常人应有的心理和智慧,十七八岁才仅仅具有相当于四岁儿童的智力。因为在她的生命历程中,从出生到七八岁这个人生的关键时期,她与人类的社会生活实践隔绝了。可见,人的心理是人脑对客观现实的反映,没有人类的脑就不可能有人类的心理,但有了人类的脑而脱离人类的生活实践,同样也不可能有人类的心理。

关于心理活动的研究可分为两种不同的水平:一种是行为水平,即研究心理活动的结构和内容,以及心理活动对客观条件与主体活动的依存关系;另一种是生理学水平,即研究心理活动的神经生理机制。人的一切心理活动都要通过脑和神经系统的活动来实现。正如列宁曾经所说:没有物质的意识是不存在的,没有神经系统的意识也是不存在的。严格来讲,在心理学领域无论提出哪一种理论模型,都需要由神经生理学来加以验证,以提高其科学性,增强其说服力。因此,生理学水平的研究对科学地阐释心理活动的产生、发展有着重要的意义,它影响着科学心理学的发展水平。

第二节 神经系统

神经系统是产生心理活动的重要物质基础,其构成主要有两类细胞:一是神经胶质细胞;二是神经细胞。神经胶质细胞分布在神经细胞周围,它没有传导神经冲动的功能,但对神经细胞起支持、营养和保护等作用,是神经系统必不可缺的组成部分。神经细胞是神经系统的基本结构和功能单位,整个神经系统的活动是由一系列神经细胞的活动来实现的,因而通常把神经细胞也称为神经元。

一、神经元的结构与功能

神经元是具有胞体和突起的特殊类型的细胞,其主要结构包括细胞体(Cell Body)、树突(Dendrites)和轴突(Axon)三部分(见图2-1)。细胞体由细胞核、细胞质和细胞膜构成,是神经元的代谢和营养中心,具有接受信息、整合信息的功能。树突是从细胞体周围发出的分支,短而密,呈树枝状,其功能为接受神经冲动(由刺激引起而沿神经纤维传导的电位活动),再将冲动传至细胞体。树突分支多,可以扩大接受面积,得到更多的信息。轴突是从细胞体发出的一根较长的分支,它是圆柱形的细长突起,每个神经元只有一个轴突。轴突具有传导神经冲动的功能,可将冲动传递给另一神经元或所支配的细胞。各种神经元轴突粗细长短均不相同,一般较粗的轴突传导速度较快,反之较慢。轴突的周围包以髓鞘,具有绝缘作用,可防止神经冲动向周围扩散,以保证传导的准确性,是个体行为分化的重要物质条件。从细胞体发出的树突和轴突通常也称为神经纤维。按照神经元与其邻近其他神经元的距离而定,神经纤维的长短不一。在脑中的神经元密集,其神经纤维甚短,长度仅及几千分之一厘米,下肢部位的神经元稀疏,其纤维长达61厘米~

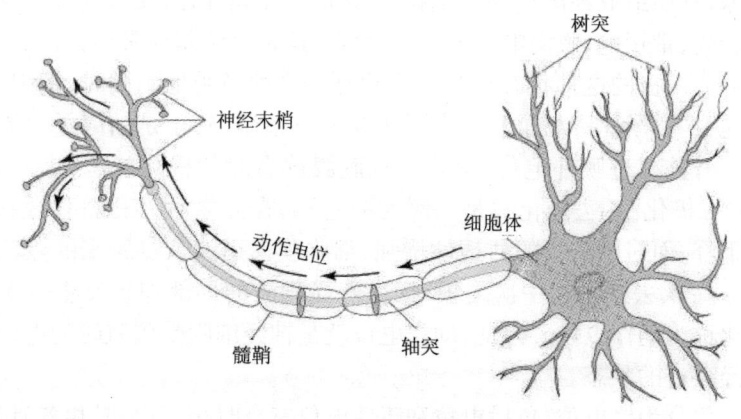

图2-1 神经元模式图

91厘米。根据不同的标准,神经元可分为多种类型。

按照神经元突起的数目,把神经元可分为:①单极神经元,即只有一个胞突,仅见于胚胎时期;②假单极神经元,由胞体发出一个突起后分为两支,一支伸向脑和脊髓,为中央突,相当于轴突,另一支伸向感受器,为外围突,相当于树突,这类神经元主要位于脊神经节和脑神经节;③双极神经元,由胞体发出一个轴突、一个树突,如耳蜗神经节神经元;④多极神经元,由胞体发出一个轴突和多个树突,中枢内的神经元多属此类。

按照神经元的功能,把神经元可分为:①感觉神经元,也叫传入神经元,它们接受刺激并将之转变为神经冲动,再将冲动传至中枢神经(脊髓和脑);②运动神经元,也叫传出神经元,它们将中枢发出的冲动传导到效应器(肌肉和内分泌腺),支配效应器官的活动;③联络神经元,也叫中间神经元,是介于感觉神经元与运动神经元之间起联络作用的。

二、神经兴奋及其传导

(一)神经兴奋

兴奋是神经、肌肉以及腺体等组织的一种重要特性。当任何一种刺激(机械的、热的、化学的或电的)作用于神经时,神经元就会由较安静的状态转为较活动的状态,这种现象就叫神经兴奋。神经兴奋表现为一系列可逆的电位变化(可恢复至原来状态)。这种电位变化与神经细胞膜内外离子的分布及膜对离子的通透性有关。一般情况下,神经细胞膜内外两侧的离子分布不均匀,细胞膜内液中含有大量带正电荷的钾离子(K^+)和带负电荷的氯离子(Cl^-)及生物大分子(A^-),而细胞膜外液中含有大量带正电荷的钠离子(Na^+)和带负电荷的氯离子(Cl^-)。由于细胞膜对不同离子的通透性不同,在静息状态下,膜对钾离子通透性较大,对钠离子通透性较差,从而造成钾离子外流,钠离子又被挡在膜外,致使膜内外出现电位差,膜外电位较高,带正电,膜内电位较低,带负电,这种电位差通常称为静息电位。膜内外两侧分为两极的这种状态称为极化状态。当神经受到刺激时,细胞膜的通透性迅速变化,钠离子比钾离子和氯离子更易通过细胞膜,于是钠离子内流,使膜内电位迅速上升并高过膜外电位,解除了细胞膜静息时的极化状态,这一过程称为"除极"或"去极化"。去极化只是一瞬间的过程,在此之后,细胞膜对钠离子的通透性开始下降,而对钾离子的通透性增强,细胞膜又迅速恢复原来的极化状态,这叫"复极"。一次去极化和一次复极,标志着受刺激的局部神经发生一次兴奋,这一电位变化称为动作电位。因此,动作电位就是神经细胞受刺激时的电位变化,它代表着神经兴奋的状态。

动作电位分为锋电位、负后电位和正后电位三个时相,每个时相各有其生理意义。锋电位是动作电位的基本部分,它由膜的去极化引起,持续0.5毫秒左右。负后电位是去极化的残余部分,始于锋电位下降到基线前的一段时间,强度只有锋电位的 1/20,持续 12 毫秒~20 毫秒。继负后电位之后,电位偏向正的一面,即正后电位,强度只有锋电位的 1/500,持续 80 毫秒或更长。以上三个时相表现出神经兴奋的三种不同水平:锋电位表现出神经的兴奋性处于不应期,在此期之初,无论用多么大的刺激强度均不能引起神经的这个部位发生第二次兴奋(绝对不应期),或在绝对不应期之后,给予强烈刺激才可引起再一次兴奋(相对不应期);负后电位表现出神经的兴奋性处于超常期,刺激极易引起神经的兴奋;正后电位表现出神经的兴奋性处于低常期,兴奋性降低(见图 2-2)。

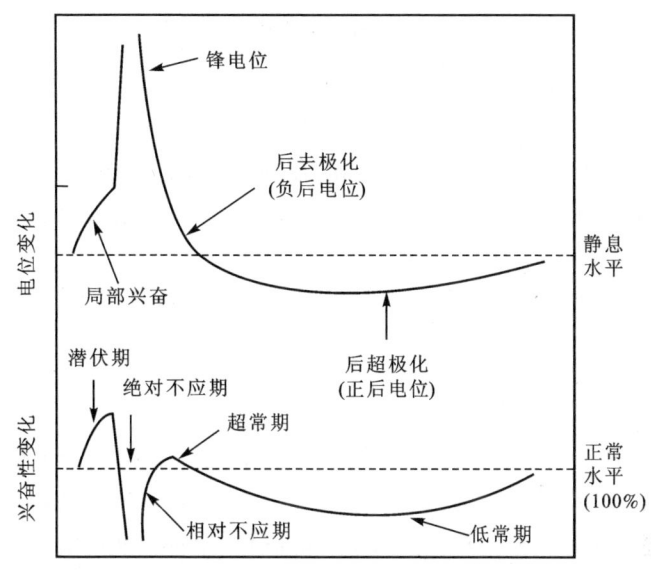

图 2-2 动作电位

(二)神经兴奋的传导

当动作电位产生时,神经纤维受刺激的局部就出现电位变化,膜内为正电位,膜外为负电位,但邻近未受刺激的部位仍处于极化状态,即膜内为负膜外为正。这样,膜内外受刺激部位与未受刺激部位就存在电位差,于是已兴奋的神经段与未兴奋的神经段之间因电位差的存在而发生电荷移动,形成局部电流。局部电流又使邻近未兴奋段的神经膜内电位升高而膜外电位降低,即产生去极化。这种作用反复进行下去,就使兴奋很快地传遍整个神经纤维,此即神经兴奋的传导(见图 2-3)。

神经兴奋的传导也叫电传导,是生物电的传导,它与一般的电流传导不同。神经兴奋传导的最大速度不过每秒 120 米,慢的每秒只有几米,电流传导速度每秒可达 30 万公里。神经兴奋传导具有如下特点:

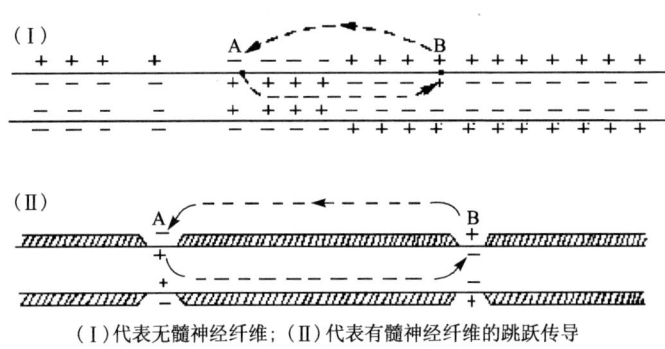

（Ⅰ）代表无髓神经纤维；（Ⅱ）代表有髓神经纤维的跳跃传导

图2-3 局部电流学说模式图

1. 遵守全或无法则。刺激达到一定强度，神经则产生一个完全的反应——"全"；刺激达不到一定强度则不反应——"无"。

2. 兴奋在单个神经纤维上是双向传导，在神经系统内是单向传导。

3. 神经纤维具有相对不疲劳性，以每秒50～100次的连续电刺激作用于神经9～12小时，神经纤维仍然保持传导能力。

4. 多条神经纤维同时传导不同兴奋，可互不干扰，具有绝缘性，这对准确传递信息意义重大。

三、神经元之间的联系

神经系统的基本结构和功能单位是神经元，但单个神经元并不能单独完成神经系统的功能活动，而是由许多神经元共同完成的。由于各神经元之间没有细胞质相连，它们之间的联系只是靠彼此接触，即通过一个神经元的突起或胞体与另一个神经元发生接触，并进行信息的传递，神经元与神经元之间的接触部位就称为突触。其联系方式有多种，最常见的有三类：轴突—胞体型、轴突—树突型、轴突—轴突型。近年来，又发现了其他类型的突触联系，如树突—树突型、树突—胞体型、树突—轴突型、胞体—树突型、胞体—轴突型、胞体—胞体型。由此可见，一个神经元可以以突触的形式与许多神经元发生联系，影响许多神经元的活动，也可接受许多神经元的影响。因此，突触是信息传递和整合的关键部位。

每个突触包括突触前膜、突触间隙与突触后膜三部分。突触前神经元轴突末端形成许多膨大的小体，称突触小体，内含大量的突触小泡和线粒体，突触小泡内含有能在突触前膜与后膜之间进行传递的物质，即神经递质。线粒体内含有合成递质的酶，为合成新递质提供所需要的能量ATP。突触前膜就是指突触小体的前端膜（靠突触间隙的那一部分细胞膜）。突触后膜是突触后神经元与突触前膜相对应的那部分细胞膜，突触后膜上面有许多突触受体。突触间隙是指突触前膜与突触后膜之间的空隙，宽20nm～30nm。突触的结构模式如图2-4所示。

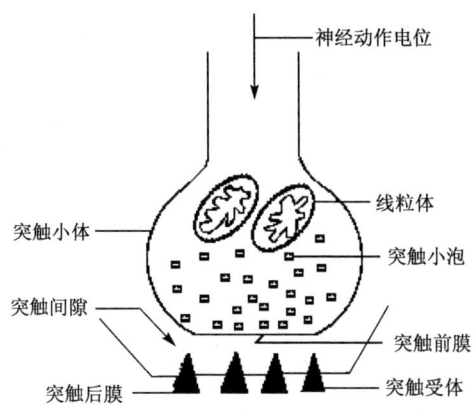

图 2-4　突触结构模式图

突触是如何传递信息的呢？当突触前神经元传来的冲动到达突触小体时，促使一定数量的突触小泡与突触前膜紧密融合并出现破裂口，小泡内的神经递质就释放到突触间隙，并作用于突触后膜，与后膜上的突触受体结合，引起突触后神经元的电位变化。如果这种作用足够强时，就可引起突触后神经元发生兴奋或抑制反应。突触就是这样将信息从一个神经元传至另一个神经元，成为神经系统内进行通信、联络、调节活动的基础，也是神经系统内各部分与各感觉器官相互作用的必要条件。

突触后神经元究竟发生兴奋还是抑制，取决于突触小泡释放递质的性质和与不同突触受体的结合。突触前神经元兴奋时，由突触小泡释放出具有兴奋作用的神经递质（如乙酰胆碱、去甲肾上腺素、5-羟色胺等），这些递质可使突触后神经元产生兴奋。突触前神经元兴奋时，由突触小泡释放出具有抑制作用的神经递质（如多巴胺、甘氨酸等），这些递质不易使突触后神经元发生兴奋，表现出抑制性的效应。另外，同一递质有时在不同的部位由于结合的受体不同，对突触后神经元产生的影响也可能不同，有时起兴奋性影响，有时起抑制性影响，因而不能简单地将某些递质划入兴奋性或抑制性递质，也不能简单地依此来判断突触后神经元的兴奋或抑制，要视其作用效果而定。

四、神经网络

神经元与神经元通过突触建立了广泛的联系，构成了极端复杂的神经网络，从而保证实现对信息的接收、传递和处理的功能。据估计，大脑皮层每个神经细胞可有 30 000 个突触。芝加哥大学神经学家赫里克（J. Herrick）推算，100 万个皮层细胞两两组合，就可得到 $10^{2\,783\,000}$ 种组合，可见神经网络的复杂程度。

具体来说,神经网络的基本联系方式主要有三种:

一是辐射式,即一个神经元的轴突通过它的末梢分支与许多神经元建立突触联系。这种联系可以使一个神经元的兴奋引起多个神经元的同时性兴奋或抑制。传入神经元主要按照辐射式建立突触联系。

二是聚合式,即许多神经元的神经末梢共同与一个神经元建立突触联系。在这种联系方式下,许多神经元可能都是兴奋的或都是抑制的,也可能有的引起兴奋,有的引起抑制,它们聚合起来共同决定着突触后神经元的活动状态。这种联系表现了神经兴奋在时间和空间上的整合作用。传出神经元主要按照聚合式建立突触联系。

三是环式,即一个神经元发出的神经冲动经过几个中间神经元,又传回至原发冲动的神经元。它使神经冲动在这个回路内往返传递,形成时间上的多次加强。

以上神经元的各种联系方式,是神经系统协调反射活动的基础。

五、周围神经系统

人体内的神经元数目极其庞大,它们通过突触联系在一起,从而构成了异常复杂的机能系统,即神经系统。由于结构和机能的不同,通常把神经系统分为周围神经系统和中枢神经系统两部分(见图2-5)。周围神经系统由脑神经、脊神经和植物性神经三部分组成。

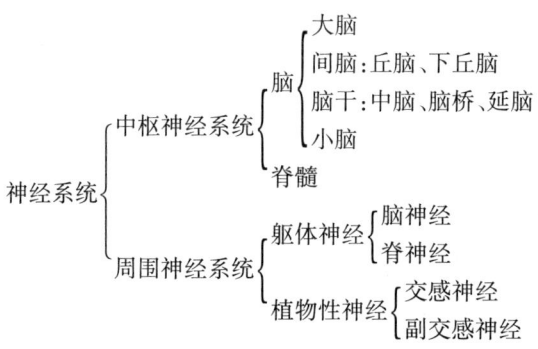

图2-5 神经系统的结构

(一)脑神经

从脑部发出的神经共12对,按顺序依次为:①嗅神经;②视神经;③动眼神经;④滑车神经;⑤三叉神经;⑥外展神经;⑦面神经;⑧听神经;⑨舌咽神经;⑩迷走神经;⑪副神经;⑫舌下神经。其中第①②⑧对脑神经为感觉神经,第③④⑥⑪⑫对为运动神经,第⑤⑦⑨⑩对是混合性神经。脑神经大多由脑干发出,除第⑩对迷走神经分布到胸腹腔内脏器官,其他脑神经主要分布在头面部(见图2-6)。

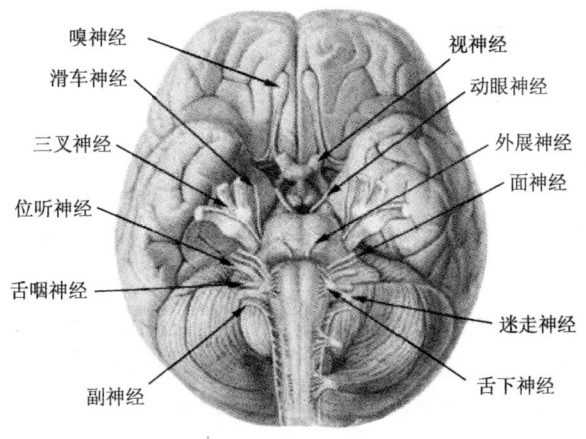

图2-6 12对脑神经

（二）脊神经

从脊髓发出的神经共31对,其中颈神经8对、胸神经12对、腰神经5对、骶神经5对、尾神经1对。脊神经由脊髓前根和后根神经纤维混合组成。脊髓前根纤维属运动性,后根纤维属感觉性,它们在椎间孔处混合外出,混合后的脊神经兼有感觉和运动机能。从机能上看,脊神经可分为四种纤维:①一般躯体感觉纤维,分布于皮肤、骨骼肌、关节的感受器;②一般内脏感觉纤维,分布于内脏、心血管和腺体;③一般躯体运动纤维,分布于骨骼肌,执行躯体运动功能;④一般内脏运动纤维,支配平滑肌、心肌和腺体的活动。

脑神经和脊神经把中枢神经系统与全身的感官和运动器官联系起来,主要接受来自各种组织的神经冲动,并将冲动传至中枢神经系统,产生各种感觉,然后将中枢的神经冲动再送至肌肉等组织,对全身的活动进行反馈调节。

（三）植物性神经

植物性神经是由分布于平滑肌、心肌和腺体等内脏器官的运动神经纤维所构成。由于它主要支配内脏器官的活动,故又叫内脏神经。同时也由于这种神经所控制的心跳、呼吸等活动往往自发产生作用,不受个人意志的支配,因而也称之为自主神经。但现代生物反馈的研究表明,人通过特殊训练可以随意控制内脏的活动,如调节体温、血压和心跳等,所以把植物性神经称为自主神经是不妥当的。植物性神经可分为交感神经和副交感神经,这两者在功能上具有拮抗作用。交感神经通常在个体应付紧急情况时发挥作用,副交感神经则在个体处于松弛状态时发挥作用,抑制体内各器官的过度兴奋,使它们获得必要的休息。交感神经和副交感神经的拮抗性质使个体活动有张有弛,维持体内生理变化的均衡,保证个体活动的正常进行。

六、中枢神经系统

中枢神经系统包括脑与脊髓。脊髓位于脊柱管内,脑位于颅腔内,两者以椎体交叉的最下端和第一颈神经的最上端为界。在中枢神经系统内,由神经元的胞体聚集而成的神经组织,呈灰色,称为灰质;由神经元的神经纤维(轴突)聚集而成的神经组织,呈白色,称为白质。灰质和白质是实现中枢神经系统功能的基础。

(一)脊髓

脊髓是中枢神经系统的低级部位,是由许多神经元聚集而成的柱状结构。它上接延髓,下端变细为丝。按脊神经的出入可把脊髓也分为相应的31节,31对脊神经就是由不同的脊椎发出的。脊髓表面以前后两条纵沟分为对称的两半。从横切面看,脊髓中央是"H"形的灰质,灰质的外面是白质。

灰质两侧前端呈角状膨大,称前角,含有大量运动神经元的细胞体,其轴突组合成脊神经的前根,直接支配骨骼肌的运动。灰质两侧后端狭长突出,称为后角,内含感觉细胞,主要接受脊神经后根传入的感觉冲动,再由此传至中枢。在每侧的前后角之间还有一侧角,交感神经节前纤维的胞体多聚集在此。与前角、后角、侧角相对应,每侧灰质周围的脊髓白质又分为前索、后索、侧索三个神经索,各神经索内都有许多上行和下行的纤维束,它们是联系脊髓和脑的传导通路。脊髓横切面如图2-7所示。

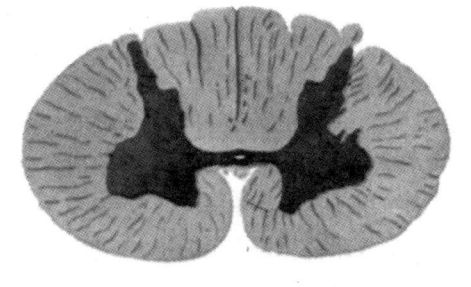

图2-7 脊髓横切面

从以上结构分析来看,脊髓的主要功能有两个:①脊髓是脑与周围神经联系的桥梁,具有传导的功能。来自躯干、四肢及大部分内脏的各种刺激,只有经过脊髓才能传导到脑,脑发出的活动指令也只有经过脊髓才能传导到上述各部,支配其活动。②脊髓具有反射功能,可完成一些简单的反射活动,如膝跳反射、跟腱反射等,这些反射的调节中枢就在脊髓。当然,正常情况下脊髓的反射活动总是受脑的支配的。

(二)脑

人脑的结构(见图2-8)主要包括大脑两半球、小脑、中脑、间脑(丘脑、下丘脑)、脑桥和延脑,其中延脑(延髓)在脑的最下部,是脑和脊髓相连接的部分。人脑的结构是高度复杂、高度完善和高度精密的物质,脑的每个部分各有其不同的结构与功能。

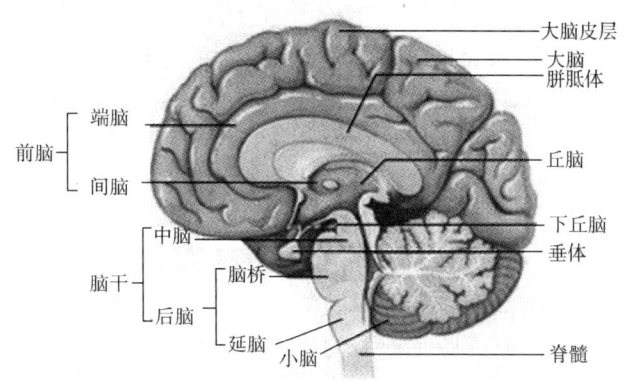

图 2-8　人脑结构内侧图

1.脑干的结构与功能。延脑、脑桥和中脑统称为脑干,脑干上承大脑半球,下连脊髓,呈不规则的柱状形,它是大脑与脊髓之间的联络通路。在脑干部位,由脊髓传至脑的神经冲动,呈交叉方式进行,来自脊髓右边的冲动,先传至脑干左边,再传入大脑;来自脊髓左边的冲动,先传至脑干右边,再传入大脑。脑干具有多方面的功能,主要是维持个体生命,如心跳、呼吸、消化、体温及睡眠等重要生理活动。这些功能是由下列脑干的四个重要结构来承担完成的。

(1)延脑。延脑也称做延髓,位于脑的最下部位,上端以一横沟与脑桥相隔,下端与脊髓相连,是一个狭长结构。它的腹面两侧各有一纵的隆起,叫锥体,是由大脑皮层发出的下行锥体束构成,其中大部分纤维在锥体下方左右交叉,形成锥体交叉。延脑与个体的基本生命活动有密切关系,它支配呼吸、吞咽、心跳和消化等活动,因而延脑又叫"生命中枢"。

(2)脑桥。脑桥在延脑上方,位于延脑与中脑之间。脑桥腹面两侧隆起的脑桥臂是连接小脑的横行纤维,可以将神经冲动传至小脑的两侧半球,使之发挥协调身体两侧肌肉活动的功能。脑桥是中枢神经与周围神经之间传递信息的必经之地,它对人的睡眠也具有调节控制的作用。

(3)中脑。中脑在脑桥上方、丘脑底部,是整个脑的中点。其腹面两侧有由大量下行纤维束构成的隆起,叫大脑脚,其中有黑质、红核,与调节身体姿势和随意运动有关。中脑背面有四个灰质圆丘,称四叠体:上面的一对叫上丘,是视觉反射中枢;下面的一对叫下丘,是听觉反射中枢。

(4)网状结构。在脑干中央有一广泛区域,其间神经纤维纵横交织成网状,并散布着各种神经细胞集团,这个灰白质交织的区域就叫网状结构或网状激活系统。网状结构按功能可分为两个系统:上行网状系统对保持大脑皮层的兴奋性有重要作用,调节控制觉醒、注意、睡眠等不同层次的意识状态;下行网状系统对脊髓运动神经元有易化或抑制的作用,可加强或减弱肌肉的紧张状态。

2.小脑的结构与功能。小脑位于脑干的背后,分左右两半球,且灰质在外、白质在内。小脑与脑干有复杂的纤维联系,并和大脑、脊髓也有联系。它的作用主要是协助大脑共同控制肌肉的运动,维持身体的平衡与动作的协调。

3.间脑的结构与功能。间脑位于脑干上部,在中脑与大脑半球之间。间脑是人脑中重要的神经中枢,属于人脑的高层部分。间脑的主要结构包括丘脑和下丘脑。

(1)丘脑。丘脑位于间脑的背侧部,是一对卵圆形灰质块,内部被白质形成的"Y"形内髓板分为三部分:前核(与内脏活动有关)、内侧核(是躯体和内脏感觉的整合中枢)、外侧核(是躯体感觉通路的最后一个中继站)。丘脑后下方有一小突起,称为内侧膝状体,是听觉传导束至皮层的中继站;其外侧也有一小突起,称为外侧膝状体,是视觉传导束的中继站。除嗅觉外,来自全身的各种感觉传导束都在丘脑处更换神经元,然后再传至大脑皮层的一定部位,所以丘脑是皮层下感觉中枢。此外,丘脑还具有控制情绪的功能。

(2)下丘脑。下丘脑位于丘脑下方,也叫丘脑下部,它体积虽小,但功能极强。下丘脑的前下方有视神经汇合而成的视交叉,后方有对突起叫乳头体。视交叉与乳头体之间为灰结节,它向下以漏斗状连接脑垂体。下丘脑是植物性神经的较高级中枢,与内脏活动有密切关系,它还主管内分泌系统,维持正常的新陈代谢,调节体温,并与饥饿、渴和性等生理性动机密切相关,在情绪活动中占有重要地位。

第三节　大脑的结构与功能

大脑是中枢神经系统的最高级部位和心理活动的主要器官,在心理学研究中,大脑具有特别重要的研究价值。

一、大脑的结构

(一)大脑的外部结构

大脑分为左、右两个半球,大脑半球呈卵形,其表面布满深浅不同的沟或裂,其中有三条大而明显的沟裂,即中央沟、外侧裂和顶枕裂,这些沟裂将大脑半球分为额叶、顶叶、枕叶和颞叶等几个区域。在每一叶内,沟裂间隆起的部分称为回。如额叶内有额上回、额中回、额下回、中央前回,顶叶内有中央后回、角回,颞叶内有颞上回、颞中回、颞下回、颞横回等。每侧大脑半球有三个面,即背外侧面、内侧面和底面,以上各脑叶均向半球内侧面和底面延伸。大脑半球的表面由灰质覆盖着,称大脑皮质或皮层,它的总面积约为2 200平方厘米。皮质的厚薄不一,中央前回最厚,约4.5毫米,距状裂最薄,约1.5毫米。皮质分为旧皮质和新皮质,其中96%为新皮质。新皮质细胞从上到下(或从外到内)分为六层,即分子层、外颗粒层、锥体细胞层、内颗粒层、节细胞层和多型细胞层,其中颗粒细胞接受感觉信号,锥体细胞传出运动信息。

(二) 大脑的内部结构

大脑半球的内部是由大量神经纤维组成的髓质,其中埋藏着一些灰质核团即基底神经节。髓质内的神经纤维负责大脑回间、叶间、两半球之间以及皮质和皮质下组织间的联系,其中特别重要的联系纤维结构有胼胝体和内囊。胼胝体在脑半球底部,主要传递两半球之间的信息,对两半球的协同活动有重要作用。内囊是大脑皮质与下级中枢信息联系的"交通要道"。在大脑内侧面深处的边缘,还有一些结构,它们在结构和功能上密切相关,从而构成一个统一的功能系统,称为边缘系统。边缘系统的位置并不十分确定,一般认为包括由扣带回、海马回和海马沟形成的边缘叶及其附近皮质和皮质下结构如丘脑、下丘脑、杏仁核及中脑背侧等在内的部分。它的主要功能是调节内脏、内分泌、性、摄食、学习、记忆及情绪等活动。

二、大脑皮质的分区与功能

大脑皮质是统一调节生理活动和心理活动的最高神经中枢,其不同区域的功能有所不同,从19世纪开始,学者们就对这一问题进行了广泛的研究。1909年,布鲁德曼(Brodmann)根据皮质细胞的类型及纤维的疏密把大脑皮质分为52个区,并用数字给予表示。根据前人研究成果,按照功能的不同,目前一般都将大脑皮质分为以下几个大的功能区(见图2-9)。

(一) 感觉区

皮质感觉区包括躯体感觉中枢、视觉中枢、听觉中枢、嗅觉中枢和味觉中枢。感觉区接受来自各种感觉器官的神经冲动,并对这些信息进行整合加工。躯体感觉中枢位于中央沟后面的一条狭长区域内,它接受由皮肤、肌肉和内脏器官传入的感觉冲动,产生触压觉、温度觉、痛觉、运动觉和内脏感觉等。躯干、四肢在体感区的投射关系是左右交叉、上下倒置的,头面部在感觉区的投射是正立的。身体各部位投射面积的大小取决于该部位在机能方面的重要程度。视觉中枢位于枕叶距状裂两侧,它接受眼睛输入的神经冲动而产生视觉。由于视神经在视交叉处非完全交叉,因而视觉中枢交叉控制着两只眼睛。若两半球视觉中枢遭到破坏,即使眼睛功能正常,人也将完全丧失视觉而全盲。听觉中枢位于颞横回处,它接受由耳朵传入的神经冲动而产生听觉。因听神经交叉不完全,听觉也带有双侧性。若两半球听觉中枢受损,即使耳朵功能正常,人也将完全丧失听觉而全聋。

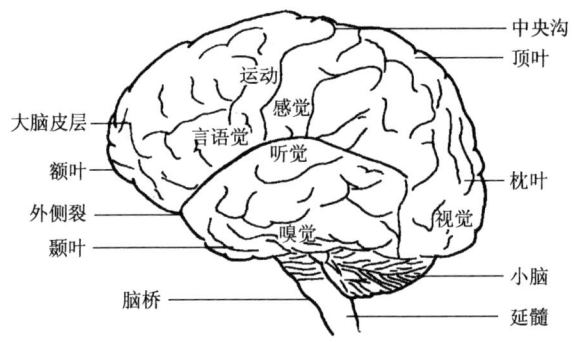

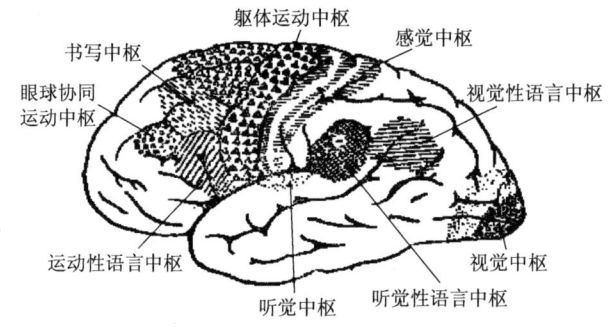

图 2-9 大脑皮质功能区

(二) 运动区

皮质运动区主要位于中央前回,其主要功能是发出动作指令,支配调节身体的姿势、位置及身体各部的运动。运动区与躯干、四肢运动的支配关系也是左右交叉、上下倒置的,而与头面部运动的关系是双侧的、正置的,身体不同部位在运动区所占面积的大小不决定于各部位的实际大小,而取决于它们动作的精细复杂程度,如手指在运动区就占了很大面积。

(三) 语言区

大脑皮质内主管语言活动的神经中枢称为语言区或语言中枢。对一般人来说,语言区主要位于大脑左半球,由左半球较广泛的区域组成。到目前为止,所发现的语言区主要有:运动性语言中枢、听觉性语言中枢、阅读中枢和书写中枢等。运动性语言中枢在左半球额叶的后下方,靠近外侧裂和中央前回下部,也叫布洛卡区,它控制说话时舌头和颚的运动。此区受损,病人不会讲话,发生运动性失语症。听觉性语言中枢在颞叶上方、颞上回后部,也叫威尼克区,它与理解、记忆口头语言有关。这个区域损伤,将引起听觉性失语症,病人不能理解口语,也不能重复刚刚听过的句子。阅读中枢也叫视觉性语言中枢,位于角回,与视觉中枢配合理解书面语言。损伤此区将出现失读症,病人不能理解书面语言,看不懂文字材料。书写中枢位于额中回后部,与运动中枢的某些部分配合协调书写文字,此区损伤将出现失写症。

(四)联合区

人类大脑皮质除了有上述明显不同的功能区外,还有范围更广、具有整合或联合功能的一些脑区,即皮质联合区。联合区是大脑皮质上发展较晚的区,它和各种高级心理活动有密切的关系。动物进化水平越高,联合区在皮质上所占面积就越大。人类皮质联合区约占皮质总面积4/5左右。联合区不接受任何感受信息的直接输入,也很少直接支配身体的运动。它的主要功能是对信息的整合加工,信息加工的高级阶段大都在联合区进行,一些高级心理活动都与它有关。

根据联合区在皮质上的分布和功能,将它分为感觉联合区、运动联合区和前额联合区。感觉联合区位于感觉区附近的广大脑区,它从感觉区接受信息,并进行高水平的知觉组织和记忆等活动。感觉联合区受损将引起各种形式的"不识症"。运动联合区位于运动区的前方,又叫前运动区,负责精细活动的协调。如果一个钢琴家的运动联合区受损,他将不能有韵律地弹动自己的手指。前额联合区位于运动区和运动联合区前方,它与注意、记忆及问题解决等高级心理活动有密切的关系。

三、大脑两半球功能的不对称性

大脑两半球在正常情况下是协同活动的,进入任何一侧半球的信息都会迅速地经过胼胝体传达到另一侧,而做出统一的反应。自从20世纪60年代美国神经心理学家斯佩里创立了割裂脑研究技术以来,提供了在切断胼胝体中断左右脑之间联系的情况下,分别对大脑两半球功能进行研究的重要资料。其他许多研究者还采用一侧电休克技术、双耳分听技术、速示技术、脑成像、解剖分析等,对大脑左右半球的不同功能及其原因进行研究分析。大量研究表明,大脑左右半球不仅在解剖结构上不完全一样,而且在语言活动及有关的高级心理活动方面表现出明显偏于一侧的现象。概而言之,大脑两半球的功能既有相互配合的统一性,又有相互独立的特殊性,在高级心理活动方面一侧半球起着另一侧半球所起不到的"优势"作用。这就是大脑两半球功能的不对称性,也叫单侧化、一侧化。从目前研究的资料来看,这种不对称性主要有以下几点。

(一)两半球在语言功能方面的不对称性

许多研究资料表明,在语言功能方面左半球占有显著的单侧化优势。电生理学研究证明,人在进行语言作业时,左脑 α 节律减少,标志左脑半球活动增强,而在进行非语言作业(空间形象作业如拼彩色木块等)时,右脑 α 节律减少,标志右半球活动增强。研究者采用韦达(Wada)技术(一侧脑麻痹法),将快速作用的巴比妥类药物注入左侧或右侧颈内动脉,发现惯用手不同,语言优势半球则有个别差异,但无论左利手、右利手,左半球语言优势是肯定的。临床资料也表明,无论是左利还是右利,左右脑损伤均可发生失语,但左脑损伤发生失语者更为多见。以上研究表明,在语言功能方面,左半球有明显的单侧化优势,且右利者比左利者单侧化程度高。

（二）两半球在信息加工方面的不对称性

两半球在信息加工方面的不对称性可以从以下三方面来认识：

1. 两半球对听觉信息加工的差别。采取两耳分听技术,即通过耳机同时给被试的两耳输入不同的声音刺激,让被试辨认、回忆这些声音,观察其对两耳的声音是否能同样正确地回忆出来。例如,一耳听到语言性刺激说话声,另一耳听到非语言性刺激音乐声,两耳同时给予刺激,结果发现,右耳对语言信息占优势,左耳对非语言信息占优势,根据听觉信息向大脑皮质传导的机制,一侧听觉信息大部分传给对侧听觉皮质,说明左半球皮质对听觉性语言信息加工存在优势和右半球皮质对听觉性非语言信息加工存在优势。电生理学的研究也证实了这一看法,莫尔费(Molfess)发现,语言听觉刺激的诱发电位幅度是左脑大于右脑,而非语言听觉刺激的诱发电位幅度则是右脑大于左脑。这些研究说明,两半球对听觉信息加工是有差别的。

2. 两半球对视觉信息加工的差别。采用速示器将视觉刺激(文字材料、非文字材料图形、空间分辨)闪现(100毫秒~150毫秒)在视野的右边或左边,观察对刺激认识的程度。经过国内外反复测试表明,文字材料呈现在右视野、非文字材料呈现在左视野比较容易认识,说明左半球对文字材料、右半球对非文字材料的加工占优势。

3. 两半球在分析和整体认知方面的差别。研究认为,左半球在认知方面属于分析性的,它不单纯依赖于环境信息,还根据自己的感知判断进行认知,其抽象性、逻辑性强;右半球在认知方面重视信息的整体性,依赖环境信息,根据刺激的整体或完形来做出判断,表象信息加工、直觉思维和发散思维突出。例如,在识别图形、照片、画像时,左脑反应时长,右脑反应时短,左脑通过分析比较细节特征辨认,右脑从大的轮廓方面辨认。

（三）两半球在情绪方面的不对称性

研究认为,大脑两半球在对情绪及其有关行为的调节功能上是不同的。右脑半球在情绪的识别、表达和有关行为的控制上具有优势,右脑与消极情绪的调节处理有关,左脑与积极情绪的调节处理有关,右脑控制着整个情绪的基调。

（四）性格特征与左右脑半球的活动相关

美国心理学家研究发现,乐观开朗和抑郁忧伤的性格特征分别取决于大脑左右两半球的活动模式。研究认为,大脑左半球前回的皮质活动超过右半球者,往往乐观愉快,在各种场合下待人接物兴致勃勃。与此相反,右半球活动超过左半球者,与人交往时常常忧虑犹豫、畏缩不前。研究还对近百名妇女的大脑活动进行分析评定,其中左右两半球活动最为明显的各有 15 名,她们的性格特征表现为:左半球活动明显者,对周围持积极观点,易欢欣振奋、热情洋溢、喜欢合群,有强烈自信心,也能发现自身价值;右半球活动明显者倾向于对人对事高度消极、疑虑伤感、视周围世界充满艰难困苦。当然,这方面的研究还有待详尽深入。

从以上论述来看,大脑两半球功能的不对称性是客观存在的,它对进一步认识大脑的功能、开发大脑潜力、进行全脑教育等有重要的理论意义。

四、大脑皮质的生物电活动

生物电是指细胞和组织在有效刺激作用下所产生的电位变化,它可以沿着神经纤维不断传播。大脑皮质由 140 亿~170 亿个神经细胞组成,皮质也具有生物电活动。大脑皮质的生物电活动有两种类型:一种是在无任何明显外界刺激情况下,大脑皮质经常具有的持续的、节律性电位变化,称为自发脑电活动或自发电位;另一种是在感觉传入冲动的激发下,大脑皮质一定部位产生的较为局限的电位变化,称为诱发脑电活动或诱发电位。大脑皮质的电活动可以通过脑电仪进行记录。把引导电极安置在颅骨外头皮表面所记录到的皮质自发电位活动的图形,称为脑电图(EEG),记录的波形变化可作为研究脑电活动和心理状态的客观指标。脑电活动很不规则,依据频率和振幅的不同可把脑电活动的基本波形分为四种:α、β、θ 和 δ 波,四种波形各自都代表着一定的生理心理意义:

α 波,频率 8~13 次/秒,振幅 20 微伏~100 微伏。它是大脑皮质处于清醒、安静、闭目状态时电活动的主要表现。α 波频率比较稳定,波幅呈现由小变大、再由大变小的规律性变化。当人睁眼、思考问题或接受其他刺激时,α 波立即消失,出现快波,称为 α 波阻断。当再闭目安静时 α 波又重新出现。

β 波,频率 14~30 次/秒,振幅 5 微伏~20 微伏。它是大脑皮质兴奋的表现。人在安静闭目时只在额叶出现此波。若睁眼视物、思考问题、突然听到声响时,都会在皮质其他区域引发 β 波。β 波是一种细小的、不规则的、较快的波形,节律愈高,表示脑细胞兴奋性愈强,皮质活动的兴奋性愈强。

θ 波,频率 4~7 次/秒,振幅 100 微伏~150 微伏。它是大脑皮质抑制的表现。幼儿一般常出现此波。成人在困倦、失望、受挫等情绪刺激时,都会出现 θ 波。

δ 波,频率 1~3.5 次/秒,振幅 20 微伏~200 微伏。它是大脑皮质抑制的表现。正常成人只有在睡眠时才出现此波,在极度疲劳、深度麻醉、缺氧或大脑有器质性病变时,也可出现 δ 波。成人在清醒时出现 δ 波,则可能表现智力发育迟滞。

α波是一种同步化波,即大脑皮质中许多神经元的生物电活动呈现步调一致时,脑电图出现低频高幅的波形,这种现象称为同步化。α波阻断出现的β波是一种去同步化波,即皮质中许多神经元活动步调不一致时,脑电图出现高频低幅的波形,这种现象称为去同步化。当脑电图中高振幅的慢波消失而代之以低振幅的快波时,表明大脑皮质兴奋过程的增强;相反,则表明抑制过程的增强。

第四节 高级神经活动学说及其新发展

俄国著名生理学家巴甫洛夫用条件反射的方法对动物进行了系统研究,创立了高级神经活动学说。巴甫洛夫去世以后,这一学说又得到一些新的发展。有关这方面的研究,从宏观上阐明了大脑的活动规律,为科学地研究人脑和心理行为的生理机制做出了重大贡献。

一、反射是神经系统的基本活动方式

研究表明,人的一切心理活动都是通过神经系统的活动来实现的,神经系统的基本活动方式是反射。那么,反射也是心理活动产生的基本方式,是在物质基础上产生心理现象的重要机制。

(一)什么是反射

"反射"原是一个物理学名词,17世纪法国哲学家笛卡儿首先用它来解释动物行为和人的不随意运动。后来,由俄国生理学家谢切诺夫将其推广到脑的全部活动和人的心理活动上。谢切诺夫于1863年在《大脑反射》一书中指出:"一切有意识的及无意识的生活活动,按其产生的方式来说,都是反射。"这一思想被巴甫洛夫誉为"俄罗斯科学思想的天才挥舞",也成为巴甫洛夫关于高级神经活动学说研究的出发点。

所谓反射就是有机体通过神经系统实现的对内外刺激所做的有规律性的反应。例如,异物碰到角膜立即引起眨眼反应,手被针扎立刻缩回,食物放进嘴里立即引起唾液分泌等,这些活动都是反射。

(二)反射弧和反射环

实现反射活动的神经结构称为反射弧。它由五个基本部分组成:感受器→传入神经→神经中枢→传出神经→效应器(见图2-10)。当刺激作用于感受器时,感受器产生兴奋,兴奋以神经冲动的形式由传入神经传至神经中枢,中枢对传入的信息进行整合加工后,再由传出神经传至效应器(肌肉、腺体),引起效应器的活动,这就是一个反射活动的全过程。反射弧是反射活动的基础,无论何种反射都要通过反射弧来完成。如果反射弧中的任一个环节被破坏或中断,反射活动就不能发生。反射弧对于解释动物的活动及人的简单活动具有一定意义,但人的活动是

复杂的,并非一次就能完成,需要多次活动才能达到目的,因此反射弧还存在一定的局限性。在许多情况下,效应器发生活动后反射并不就此停止,效应器的反应动作又构成一种新的刺激,再引起一定的神经过程,返回传入到中枢,产生下一个效应活动,这种效应过程的返回传入叫做反馈。反馈制约调节着整个反射活动,使人的行为活动更加精确、更加完善,达到最终目的。所以,反射活动的神经结构不单是一种弧形结构,而应该是一种环形结构,反射弧可以改造发展为反射环。

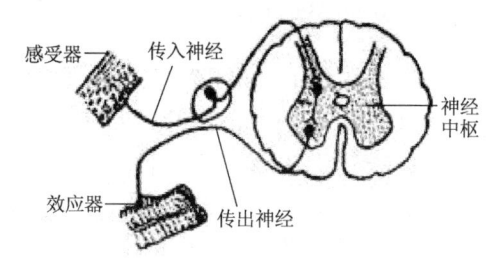

图 2-10 反射弧示意图

在反射活动的神经结构中,感受器是一种生物换能器,它可以把刺激转换成神经冲动并加以传导。神经结构中的传入、传出神经也不是只有单一的神经通路,而是有多条复杂的传导通路。传入通路有两条,即特异传入通路和非特异传入通路;传出通路也有两条,即锥体系和锥体外系。特异传入通路是指把感受器发放的神经冲动传导到大脑皮质特定区域而产生感觉的神经纤维束。这一通路传递了某种特定的信息,并将神经冲动传递到皮质的特定区域。非特异传入通路是指通过网状结构的传入通路。感受器在接受适宜刺激后所发放的神经冲动一般由三级神经元向中枢传导,第二级神经元的纤维一般交叉至对侧,然后经丘脑和内囊投射到相应皮质区产生某种感觉。同时,二级神经元在通过脑干时还发出侧支,与脑干网状结构中的神经元发生联系,从而激活网状结构的上行系统,由于冲动在网状结构中反复转换神经元而失去了原有的特异性,形成了非特异投射,最后弥散性地投射到大脑皮质的广泛区域,使皮质处于清醒状态。由此可见,感受器发放的神经冲动既可使大脑皮质特定区域兴奋,同时又引起皮质广泛区域的兴奋;广泛区域的兴奋保证了皮质的清醒状态,在此状态下,一定区域的兴奋才可保证皮质产生特定的感觉,保证反射的准确性。

锥体系是大脑皮质控制调节运动的下行通路,它起自皮质与运动有关的许多区域,主要由中央前回到巨型锥体细胞(贝茨细胞)和其他脑叶的锥体细胞的轴突构成。这些轴突汇集下行,分别到达身体同侧或对侧脊髓运动神经元,支配效应器的活动。锥体系主要调节控制各种随意运动,尤其是精细的技巧运动。锥体外系是指锥体系以外调节躯体运动的皮质下行传导通路。它主要起自大脑皮质的额叶和颞叶,在下行过程中与基底神经节、脑干网状结构和小脑等发生联系,多次交换神经元,最后到达同侧或对侧脊髓运动神经元,参与调节肌张力和协调肌肉运动。锥体外系与锥体系密切协作共同控制随意运动。

二、高级神经活动学说

(一) 无条件反射和条件反射

无条件反射是有机体在种系发展过程中遗传下来的反射,如食物反射、防御反射、性反射等都是最基本的无条件反射活动。引起无条件反射的刺激物叫无条件刺激物。实现这种反射的神经通路是与生俱来的、固定的,是在种系发展过程中形成并遗传下来的,无需后天的学习。通常,把由无条件反射构成的行为锁链称之为本能活动,它是有机体生长发育的先天基础。无条件反射的调节中枢在脊髓和脑干等中枢神经系统的低级部位,反射活动带有快速、刻板、不随意等特点,对于人和动物适应环境有重要的生物学意义。但由于无条件反射的神经通路是固定的,而生存环境却千变万化,因而,单靠无条件反射不能适应变化发展的周围环境,必须要有新的适应形式,即条件反射。

条件反射是有机体通过后天的学习训练建立起来的反射。它主要是大脑皮质的功能,是反射活动的高级形式。巴甫洛夫首创了条件反射的研究并揭示了条件反射形成的原理和规律,以后也有人在这条道路上继续深入研究。巴甫洛夫研究的条件反射称做经典型条件反射,是关于狗的食物性条件反射的研究(见图 2-11)。狗吃食物时引起唾液分泌,这是无条件反射。在每次给狗喂食物之前,先亮灯,灯光对狗来说是无意义的。但当灯光和食物多次结合出现之后,只亮灯而不呈现食物,狗也有唾液分泌。原本无意义的灯光刺激变成了条件刺激物,形成了狗的条件反射。从这一实验中可概括出以下几点结论:首先,条件反射是在无条件反射的基础上建立起来的。一般把直接建立在无条件反射基础上的条件反射,称为一级条件反射。在巩固的一级条件反射的基础上,还可以形成多级条件反射。有机体进化水平越高,形成条件反射的级次就越高,但总不能远离无条件反射的基础。其次,条件反射的建立与巩固,都需要给予强化。强化即无关刺激(或叫

图 2-11 条件反射实验装置图解

条件刺激)与无条件刺激在时间上的反复结合。如果不予强化,条件反射或难于建立、已经建立的也会逐渐消退。所以,强化和神经系统的正常活动往往被视为建立条件反射的基本条件。最后,条件反射形成的生理机制是大脑皮质暂时神经联系的接通。巴甫洛夫认为,条件反射是脑的高级神经活动,其生理机制是皮质上暂时神经联系的接通。无条件刺激物和无关刺激物分别在大脑皮质上形成两个兴奋点(或兴奋灶),其中无条件刺激物较无关刺激物引起的兴奋灶强。由于两个刺激的多次重复出现,两个兴奋灶就会沟通而形成暂时神经联系,且强的兴奋灶吸引弱的兴奋灶,使无关刺激物变成了条件刺激物。当无关刺激物单独作用时,它所产生的兴奋就沿暂时神经联系传导而引起无条件反射皮质区的兴奋,从而引起相应的反射,这就是条件反射形成的生理机制。目前的研究表明,暂时神经联系不仅发生在大脑皮质,也发生在某些皮质下部位。

巴甫洛夫关于条件反射形成的发现,为揭示高级神经活动规律、了解心理行为的产生开辟了一条道路。以后,美国行为主义心理学家斯金纳(B. F. Skinner)又发现了另一种条件反射,即操作性条件反射或工具性条件反射。斯金纳的实验是将饥饿的白鼠或鸽子放入"斯金纳箱"(见图2-12)。箱内有一套杠杆装置,白鼠或鸽子如果碰压杠杆,就会有一粒食丸掉入箱内。

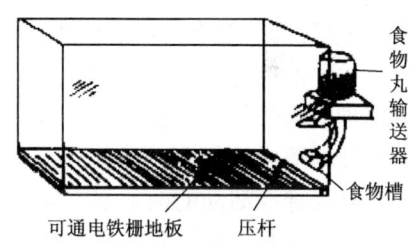

图2-12 斯金纳箱

起初,白鼠、鸽子是在箱内乱动,偶尔碰压杠杆,得到食物强化。多次强化之后,动物自动碰压杠杆,以得到食物。这样就在压杠杆和取食之间形成了条件反射。这种通过动物自己的某种活动、某种操作才能得到强化而形成的条件反射,称做操作性条件反射。它与经典条件反射有所不同:一是没有明确的可以观察到的无条件刺激,即起初动物为何要碰压杠杆,不可而知;二是在形成操作条件反射过程中,动物是自由活动的,是通过自身的主动操作来达到目的的;三是动物先碰压杠杆后得到食物,即无条件反应在先、强化在后。这些都是操作条件反射所具有的特点,它对理解复杂的心理活动有重要意义,在这个反射的形成中动物学会了新的动作,体现出一个学习的过程。斯金纳认为,动物和人的大多数行为都是操作行为,因此他很重视外显行为的研究。当然,操作条件反射和经典条件反射在本质上是相同的,同样都依赖于强化的作用。

(二) 高级神经活动的基本过程及其规律

1. 高级神经活动的基本过程是兴奋过程和抑制过程。兴奋过程是与有机体某些活动的发起或加强相联系的神经过程。抑制过程是与有机体某些活动的减弱或停止相联系的神经过程。虽然这两种过程的作用是完全相反的,但在整个皮质的活动中,它们是相互依存、相互转化的,一切反射活动的建立、巩固、分化及消退等都是由大脑皮质的这两种神经过程的相互关系决定的。条件反射的建立依赖于高级神经活动的兴奋过程,条件反射的减弱、中断等则与高级神经活动的抑制过程有关。

抑制过程可分为非条件性抑制和条件性抑制两大类。非条件性抑制是有机体生来具有的先天性的抑制,包括外抑制和超限抑制:外抑制是外界新异刺激的出现使正在进行中的条件反射产生抑制;超限抑制是刺激强度超过一定限度引起的抑制,它是一种保护性抑制。条件性抑制是有机体在后天的一定条件下逐渐习得的抑制,也叫内抑制。巴甫洛夫把这种抑制称为阴性条件反射。条件性抑制可分为消退抑制、延缓抑制、分化抑制等:消退抑制是由于条件反射持久没有得到强化而产生的抑制;延缓抑制是指当条件刺激物出现后经过一段时间间隔才给予强化,有机体必须等待一段时间才对条件刺激物做出反应;分化抑制即在建立条件反射后,只对条件刺激物加以强化,对类似的刺激物不予强化,类似刺激物也就不再引起条件反射,这种抑制是有机体辨认活动的重要基础。可见,高级神经活动的抑制过程并不是一种消极现象,它与兴奋过程一样,是大脑皮质功能的一个重要方面。它有利于保护大脑的整体功能,有利于摆脱那些无用的、失去现实意义的旧经验,有利于获得新的适应性行为。

2. 高级神经活动的两条基本规律。

(1)兴奋与抑制过程的扩散和集中规律。兴奋或抑制在皮质上产生后并不停留在原发点,而是向周围皮质传播,使这些部位也产生同样的神经过程,这种现象就叫扩散。例如,觉醒是兴奋的扩散,睡眠是抑制的扩散。兴奋性扩散主要通过兴奋性突触来实现,抑制性扩散主要通过抑制性突触来实现。与扩散相反的现象叫集中,即兴奋或抑制从扩散的皮质区域向原发点返回集中的现象。兴奋过程的集中有赖于抑制性突触作用的加强,抑制过程的集中有赖于兴奋性突触作用的加强。有研究表明,兴奋与抑制的扩散和集中有两个特点:一是当兴奋和抑制的强度过强或过弱时,倾向于扩散,当它们的强度适中时,则倾向于集中;二是在一般情况下,扩散的速度比集中的速度快。

(2)兴奋与抑制过程的相互诱导规律。大脑皮质上的一种神经过程引起或加强另一与之相反的神经过程的现象称为神经过程的相互诱导。相互诱导在时间和空间上有两种情况:在不同皮质区域同时发生的相互诱导叫同时性诱导;在同一皮质区域先后发生的相互诱导叫继时性诱导。相互诱导在效果上也存在不同,由抑制过程引发或加强兴奋过程,称为正诱导;由兴奋过程引发或加强抑制过程,称为负诱导。巴甫洛夫认为,正是由于神经过程活动的这两条规律,才使大脑皮质的机能得以协调,保证人的工作、学习、休息等有规律地进行。

(三)高级神经活动的基本机能

1. 分析和综合是大脑皮质高级神经活动的基本功能。分析是将客观事物分解为不同方面、不同属性,并对它们分别做出反应;综合是将事物的不同方面、不同属性联系起来,进行整体的反应。人对事物的认识总是在分析的基础上进行综合,然后再进行更高级的分析与综合。

2. 大脑皮质系统性功能的表现。

（1）对复合刺激形成条件反射。巴甫洛夫在实验中发现,在训练狗形成条件反射时,可用铃声和灯光共同作为食物条件反射的信号。经多次训练后,当呈现铃声和灯光这个复合刺激时,狗分泌唾液,而单独呈现某一刺激铃声或灯光时,狗不再分泌唾液,这表明狗可以对复合刺激形成条件反射。

（2）对刺激之间关系形成条件反射。巴甫洛夫发现,狗对两个不同频率的声音(120赫兹和60赫兹的音响)形成分化性条件反射,即只对其中频率较高的一种(120赫兹)产生反应,分泌唾液。当这种分化性条件反射巩固后,换用光刺激,狗可以把对声音的分化性条件反射迁移到对闪光次数的辨别上,即看到每分钟闪烁120次的光就分泌唾液,看到闪烁60次的光不分泌唾液。这表明狗是对两种刺激之间的频率关系产生了反应,对刺激之间的关系形成了条件反射,即关系反射。

（3）形成动力定型或动型。本来是由一系列刺激引起的一连串反应,经训练巩固以后,只要第一个刺激出现,一连串反应就依次出现,巴甫洛夫将这种现象称做动力定型。动力定型是大脑皮质系统性功能的主要表现。它的建立具有重要意义,可以节省脑力、体力的消耗,提高反应的效率。

（四）两种信号系统

在条件反射形成中,条件刺激成了无条件刺激的信号,这一点特别重要。因而,条件反射实际上是一种信号的活动,由条件反射组成的暂时神经联系系统也叫信号系统。巴甫洛夫将客观环境中所有的刺激分成两种不同的信号刺激物,即第一信号和第二信号,与此相应,条件反射系统也存在两种信号系统,即第一信号系统和第二信号系统。第一信号系统是指由现实的、具体事物等第一信号作为条件刺激而建立的条件反射系统,如"望梅止渴"是由眼前见到的梅子引起的第一信号系统的活动。第一信号系统是人和动物共同具有的条件反射系统,在此基础上只能对现实形成直接反映。第二信号系统是指由语词等构成的第二信号作为条件刺激而建立的条件反射系统,如"谈虎色变""谈梅生津",就是由"虎""梅"这些词所引起的第二信号系统的活动。词语是具体信号的抽象和概括,可以代替第一信号形成条件反射,它是第二信号系统活动的基础。第二信号系统是人脑高级神经活动的重要特征,借助于它人才能间接而概括地反映现实,反映事物的本质与规律,这也是人不同于动物、超越动物的关键所在。人的两种信号系统是密切联系、协同活动的,第二信号系统以第一信号系统为基础,第一信号系统又受第二信号系统的调节和支配,两者协同作用,使人产生各种复杂的心理活动。

三、高级神经活动学说的新发展

巴甫洛夫的高级神经活动学说在生理学、心理学领域的影响是巨大的,特别对苏联心理学的研究意义颇大,已成为苏联心理学中最具特色的宝贵财富,也为科学地阐明心理活动的生理机制奠定了较为坚实的自然科学基础。在巴甫洛夫的晚年及他逝世之后,苏联生理学家、心理学家继续从事高级神经活动的研究,取得了许多新的创造性成果。这些成果主要以下面几个理论为代表。

(一) 安诺欣的机能系统理论

安诺欣是巴甫洛夫的学生,他对运动结构、肌肉活动结构、意识和活动的关系等问题做了大量研究。早在1932年他就发现,通过运动训练可以使手术后受到破坏的神经机能得到恢复。这一发现使他认识到,由运动产生的返回传入冲动对完成动作的重要意义,于是他提出了机能系统理论。他认为,行为的最终适应效果是系统的组织因素。当有机体的行为偏离最终适应效果时,有机体借助于返回内导作用,能产生新的适应反应,直到活动的结果与原来的活动意图之间建立起一种适当的关系为止。安诺欣的这个理论是对巴甫洛夫学说的发展、充实和改造。机能系统理论通过把返回传入联系、动作结果受纳器、超前反映等概念引入研究之后,把传统的反射弧理论改造为反射环理论,解决了机能系统形成和自我调节的问题,同时也进一步强调了意识和活动的统一性问题,这是对巴甫洛夫高级神经学说的重大发展。

(二) 别林斯坦的运动感觉修正原则

别林斯坦是苏联生理学家,他研究的出发点是分析人的完整的主动运动——行走、劳动活动、使用工具等行动。他认为,单靠传出冲动根本不可能操纵运动活动,有机体为了调节输出过程,必须利用感觉信号。当感觉信号缺乏或输入系统出现紊乱时,有机体的运动将出现障碍。因此,只有感觉传入信号才能保证实现经常修正运动的"监督装置"。也就是说,有机体利用感觉传入信号修正自己的运动使其达到目的,此即运动感觉修正原则。重视行为的目的性是别林斯坦强调的一个重要特点,这就把有机体放在一个积极主动的位置,这是很有见地的。

(三) 鲁利亚的三个机能系统理论

鲁利亚是苏联心理学和神经心理学的奠基人、国际著名神经心理学家。他根据对大脑损伤病人进行机能恢复训练工作的研究,提出了大脑皮质的机能定位是一种动态和系统的机能定位的理论。他认为,脑是一个动态的结构,是一个复杂的动态机能系统,任何一种心理活动都是一种机能系统的产物,不同的机能系统包含许多不同脑区的活动。他把脑分成以下三个互相联系的机能系统:

第一机能系统，即激活与维持觉醒状态的机能系统，也叫动力系统。它由脑干网状结构和边缘系统等组成，其基本功能是保持大脑皮质的一般觉醒状态，提高它的兴奋性和感受性，使大脑皮质能够接受信息并实现对行为的自我调节。

第二机能系统，是信息接收、加工和储存的系统。它在大脑皮质的后部，包括皮质的枕叶、颞叶和顶叶以及相应的皮质下组织，其主要功能是接受来自内、外环境的各种刺激，并对它们进行加工（分析、综合）和保存。第二机能系统由许多脑区构成，如视觉区、听觉区、一般躯体感觉区等，每个脑区又可分成一级区、二级区、三级区等不同等级。

第三机能系统，也叫行为调节系统，是编制行为程序、调节和控制行为的系统。它位于额叶的广大脑区，也包括三个不同等级区。

鲁利亚认为，人的各种行为和心理活动是三个机能系统相互作用、协同活动的结果。他既重视了各分区的作用，又着重强调了整体统一的功能。他的研究丰富和发展了高级神经活动的理论，引起了各国心理学家和生理学家的广泛注意，也赢得了很高的赞誉。

第五节　内分泌系统和神经—体液调节

调节人体生理活动、心理活动的机构，除神经系统外还有另一重要系统，这就是内分泌系统。由于内分泌系统一般都受到神经系统的控制与调节，因而也就形成了神经—体液调节。

一、内分泌系统

内分泌系统是由分散在全身各处的内分泌腺和一些内分泌细胞所组成。它是通过内分泌腺或内分泌细胞所分泌的化学物质来实现的对有机体进行调节的另一种重要的整合机制。

（一）什么是内分泌腺

人体内的腺体有两类：一类是外分泌腺或有管腺，它的分泌物通过导管流入某种管道或皮肤表面，如汗腺将汗液排出体外，胃腺将胃液排至胃腔内等；另一类是内分泌腺或无管腺，其分泌物由腺体细胞直接渗入血液或淋巴，并影响体内其他细胞器官的功能。由内分泌腺生成并分泌的生理活动物质称为内分泌物，或称做激素荷尔蒙。内分泌系统对身体的调节作用是通过内分泌腺的作用来实现的。这种调节与神经系统的调节有所不同，其作用范围广，速度缓慢，效果持久；而神经系统的调节作用范围有限，精确度高，速度快，效果显著。因此，从内分泌系统的作用来看，它对维持机体的正常活动、保证机体与环境的统一至关重要。如果内分泌腺活动失调，分泌的激素过少或过多，都会引起生理、心理的异常。

（二）几种主要内分泌腺及其功能

目前科学家们已发现27种内分泌腺,其中与心理活动直接有关的主要有脑垂体、甲状腺、肾上腺及性腺等。

1. 脑垂体。脑垂体位于大脑底部,由一个漏斗形短柄与脑相连。成年人的脑垂体约重0.6克,相当于一粒豌豆大小。脑垂体是人体最重要的内分泌器官,体积很小,结构复杂,分泌的激素种类较多,能控制体内多种分泌腺的活动,因而具有"主腺"之称。脑垂体可分为腺垂体和神经垂体两部分。腺垂体分泌的激素主要是促肾上腺皮质激素、促甲状腺素、促性腺激素和生长素等。这些激素一方面分别调节肾上腺、甲状腺、性腺对激素的合成与分泌,另一方面维持这些腺体的正常发育。生长素对青少年的生长发育影响很大,但从目前研究来看,生长素对脑和智力的发育无明显影响。神经垂体分泌的激素有抗利尿激素和催产素。近年的研究表明,抗利尿激素有增进记忆和改善记忆功能障碍的作用。

2. 甲状腺。甲状腺位于气管上端的两侧,左右各一个。它是人体最大的内分泌腺,重20克~30克,它所分泌的激素为甲状腺素。甲状腺素具有调节体内物质代谢和促进生长发育的作用,尤其对中枢神经系统的发育和功能的影响甚为重要。人在幼年如果甲状腺功能低下,会引起神经系统分化发育不良,智力低下,反应迟钝,还会使其生长迟缓,身材矮小,即"呆小症"。有研究表明,甲状腺功能与心理活动有密切关系。甲状腺功能低下者,可出现智力下降、记忆减退、想象和言语活动减少、嗜睡等现象。反之,甲状腺功能亢进,神经系统兴奋性增高,表现为情绪激动、紧张、烦躁、多语和失眠等。

3. 肾上腺。肾上腺位于肾的上方,左右各一,都由外层的肾上腺皮质和内层的肾上腺髓质组成。肾上腺皮质分泌的激素有三类,即糖皮质激素、盐皮质激素和性激素。糖皮质激素具有调节物质代谢的作用,并能增强机体的应激能力,如加强人体对创伤、高温、惊恐及疼痛等有害刺激的抵抗力,使人体产生相应的应激反应。盐皮质激素的作用主要是调节体内的钠钾代谢,即保钠、保水、排钾。肾上腺皮质分泌的性激素主要是指少量的雄激素,它具有促进人体男性化的作用,并能促进蛋白质的合成。对女性来说,肾上腺皮质分泌的雄激素过多,则会出现男性化的病理状态。肾上腺髓质分泌的激素有肾上腺素和去甲肾上腺素两种。这两种激素的作用虽存在差异,但都能升高血压、增加组织代谢、提高中枢神经系统的警觉性、应激性和反应灵敏性等。

4. 性腺。性腺在男性为睾丸,女性为卵巢。它既是人体的主要生殖器官,能产生生殖细胞(精子、卵子),又是人体的重要内分泌器官,能分泌男性激素和女性激素。男性睾丸分泌雄激素睾酮,女性卵巢分泌雌激素和孕激素,还有少量雄激素。性激素的作用一是促进和维持附性器官的发育成熟及生殖功能的成熟,二是促进第二性征的出现及生殖过程的进行,对人的性心理、性行为的产生与表现有着重要影响。

此外,下丘脑也能分泌激素,它所分泌的激素主要调节脑垂体中腺垂体的活动,这就使得中枢神经系统能够精确地调节内分泌系统的活动,使脑和内分泌系统紧密地联系起来,从而共同对内外环境的变化做出全面准确的反应。

二、神经—体液调节

内分泌腺或内分泌细胞将其分泌的特殊化学物质——激素,直接释放入血液,然后通过血液循环运输至所作用的器官或组织,从而对人体的代谢、生长、发育、生殖,以及许多重要的生理功能和有关的心理活动起调节作用,这种通过血液循环而发挥调节作用的方式,称为体液调节。由于所有内分泌腺都受神经系统的调节和支配,故又称这种方式为神经—体液调节。概而言之,神经系统通过调节内分泌腺分泌的激素影响各种效应器官的活动,称之为神经—体液调节。神经—体液调节有两种方式:一种是通过植物性神经系统直接支配内分泌腺的活动,因为植物性神经系统调节内部器官,也包括内分泌腺体,如甲状腺体既接受交感神经支配,又接受副交感神经支配;另一种是通过下丘脑先影响脑垂体的活动,再由脑垂体分泌各种激素调节其他内分泌腺的活动。以上两种方式最终都影响效应器官的活动。

由此可见,神经系统对机体的生理、心理和行为的调节作用有两条途径:一条是神经系统直接调节各器官活动;另一条是通过神经—体液调节影响各器官的活动,神经—体液调节也是生理、心理活动的一种极为重要的调节方式。所以,神经系统的结构与功能是心理活动的重要神经生理基础。

案例分析

近年来,随着媒体宣传"拥有重大成就的人都是左撇子",并列举一些政治家、军事家、艺术家、体育明星、学者、科学家等名人进行佐证。譬如,拿破仑、克林顿、奥巴马、伊丽莎白、贝多芬、毕加索、达·芬奇、爱因斯坦、牛顿、福特、福布斯、比尔·盖茨、乔布斯、卓别林、马拉多纳等都有某方面的左撇子(左利手)特征。名人曝光的次数越多,公众对其熟悉和喜爱的程度就会增加,左利手群体也如此。名人被曝光为左撇子,人们就容易将左撇子和成功联系起来,以为左撇子的人更聪明、更有成就。实际上这里只是列出了有重要成就人群中的左利手倾向者,有重要成就的右利手者却被选择性地忽视了。

研究表明,人的大脑左右半球机能存在偏侧化优势。左脑擅长语言、抽象逻辑、数理运算等,侧重逻辑分析思维;右脑擅长空间、音乐、美术等,侧重形象整体思维。由于每侧大脑支配对侧身体,左脑支配右手,右脑支配左手。"左撇子的人更聪明、更有成就",也即右脑功能发达更有利于成功。前面列举的左撇子名人来自各个领域,有的擅长艺术,有的擅长逻辑等,并非都是右脑功能发达。事实上人们在完成一项任务时,左右半球、大脑各区都在协同活动共同发挥作用。同学们可结合自己的生活经历或对周围人的观察,对这一问题发表自己的看法。

课后习题

一、单项选择题

1. 下面关于心理本质表述不正确的是(   )。
   A. 心理是神经元活动的结果   B. 脑是心理的器官
   C. 心理是脑的机能   D. 客观现实是心理内容的源泉
2. 导致"狼孩"心理障碍的主要原因是(   )。
   A. 营养缺乏   B. 脱离社会现实   C. 遗传素质不好   D. 染色体受损
3. 神经网络的基本联系方式有辐射式、聚合式和(   )。
   A. 分级式   B. 环式   C. 分层式   D. 交叉式
4. 心理活动的最重要器官是(   )。
   A. 神经元   B. 神经系统   C. 大脑皮质   D. 小脑
5. 脑在神经系统中属于(   )。
   A. 中枢神经系统   B. 周围神经系统
   C. 躯体神经   D. 植物性神经
6. 下列脑结构中被称为"生命中枢"的是(   )。
   A. 丘脑   B. 下丘脑   C. 延脑   D. 小脑
7. 连接大脑左右两半球的生理解剖结构是(   )。
   A. 脑桥   B. 胼胝体   C. 网状结构   D. 内囊
8. 条件性抑制是有机体在后天环境下逐渐习得的抑制。下列属于条件性抑制的是(   )。
   A. 突触前抑制 B. 外抑制   C. 超限抑制   D. 延缓抑制
9. 高级神经活动的基本过程是(   )。
   A. 兴奋和扩散 B. 兴奋和集中   C. 扩散和集中   D. 兴奋和抑制
10. 下列选项中属于第二信号系统条件反射的是(   )。
    A. 见风流泪   B. 吃梅生津   C. 谈梅生津   D. 望梅止渴
11. 有的小孩一到晚上就烦躁不安、哭闹不止,这种"闹觉"现象属于大脑皮质神经过程(   )。
    A. 抑制的扩散 B. 兴奋的扩散   C. 正诱导   D. 负诱导
12. 在大脑皮质中,负责发出动作指令,支配调节身体姿势、位置及身体各部运动的脑区是(   )。
    A. 感觉区   B. 运动区   C. 言语区   D. 联合区

13. 下列属于无条件反射的是( )。
 A. 眨眼反射　　B. 吮吸反射　　　C. 膝跳反射　　　D. 以上都是
14. 食物直接刺激口腔引起唾液分泌,这种现象是( )。
 A. 无条件反射　B. 条件反射　　C. 操作性条件反射　D. 工具性条件反射
15. 神经—体液调节是生理活动、心理活动的一种重要调节方式,实现这种调节的是神经系统和( )。
 A. 运动系统　　B. 感觉系统　　　C. 内分泌系统　　D. 呼吸系统
16. 一位中风患者的右侧肢体瘫痪,其大脑皮层左半球的病变区域位于( )。
 A. 额叶　　　　B. 顶叶　　　　　C. 颞叶　　　　　D. 枕叶
17. 提出大脑机能系统学说的神经心理学家是( )。
 A. 加尔　　　　B. 拉什利　　　　C. 鲁利亚　　　　D. 弗洛伦斯
18. 神经元结构中具有信息整合功能的是( )。
 A. 轴突　　　　B. 树突　　　　　C. 胞体　　　　　D. 胞核
19. 人体的躯体感觉中枢位于大脑皮层的( )。
 A. 额叶　　　　B. 顶叶　　　　　C. 枕叶　　　　　D. 颞叶

二、辨析题(判断正误,并说明理由)
1. 神经调节的作用优于体液调节。
2. 延脑被称为"生命中枢",因此延脑是最重要的。
3. 反射是无意识的生活活动。

三、简述题
1. 如何理解人类心理的实质?
2. 说明神经元的结构、功能和联系方式。
3. 说明大脑皮质的主要分区及功能。
4. 什么是反射? 简要说明实现反射的神经结构。
5. 说明高级神经活动的基本过程及规律。

四、论述题
1. 鲁利亚三个机能系统理论的基本观点。
2. 大脑两半球功能的不对称性对教育的启示。

五、材料分析题(阅读材料,并回答问题)
2018年6月22日,在第二届中国(合肥)类脑智能高峰论坛上,百余位知名学者及行业大咖汇聚一堂,以"类脑智能·驾驭未来"为主题,进行类脑智能技术的高峰对话。所谓"类脑智能",通俗来说就是拥有人造大脑、会思考、会学习的智能体。本质上,它就是一个利用算法模拟神经元工作机制,制造在信息处理机制上类脑、在认知能力上类人的计算模型。它的核心思想是模拟人脑分区化、层次化的信息处理机制,在模式识别和人工智能应用领域取得了巨大成功。即便如此,"类脑智能"的未来还停留在遥远的彼方。它需要视觉、听觉、信息处理、运动控制的有机结合,它的研发不仅仅基于算法领域取得的进展,其动能的来源是脑科学,不仅需要模拟上千亿神经元能够通过百万亿突触实现协同运作的效果,还要求"大脑"能够管控协调多重功能,让机器人说话时运动功能不受影响、视物时能够看图说话等,这必然少不了对不同功能脑部区间的研究。

问题:
请结合鲁利亚的三个机能系统理论,解释脑区间的相互作用。

拓展阅读

1. 韩世辉,朱滢.认知神经科学[M].广州:广东高等教育出版社,2007.

2. 史忠植.认知科学[M].合肥:中国科学技术大学出版社,2008.

3. [俄]巴甫洛夫.条件反射[M].北京:北京大学出版社,2010.

4. 沈政,方方,杨炯炯,等.认知神经科学导论[M].北京:北京大学出版社,2010.

5. [美]詹姆斯·卡拉特.生物心理学[M].苏彦捷,译.北京:人民邮电出版社,2012.

6. 赵显,李晔,刘力,曾红玲,郑健.评价性条件反射效应:无条件刺激的呈现时长、效价强度与关联意识的作用[J].心理学报,2012(5).

7. 元秀峰.操作条件反射在体育教学中的应用[J].现代教育科学,2012(8).

8. 苏瑞杰.从厌学到好学四步走[J].中国教育学刊,2018(5).

9. 杨守菊,张杰芳.在主动探究中构建生物学概念——以"神经调节的基本方式"一节为例[J].生物学通报,2015(2).

10. 包开亮,霍涌泉.认知神经科学的心理学理论价值[J].心理科学,2012(5).

11. 李恒威,武锐.认知科学:再启两种文化的对话[J].社会科学战线,2018(3).

12. 刘昌.审美认知的心脑机理新探索[J].心理研究,2016(3).

第三章

青少年心理发展

学习目标

理解心理发展的内涵及影响因素,了解有关心理发展理论的基本观点,掌握青少年心理发展的特点及其在发展中出现的主要问题,并能结合教育实际加以运用。

作家柳青曾经说过,"人生紧要处常常只有几步",青少年心理发展无疑是处于这"紧要处"的关键一步,如果发展方向积极正确,则可能健康成长、终身获益,反之则可能基础不稳、艰难曲折。因此,了解和研究这一时期独特的心理发展特点,深刻认识发展的内在含义,把握心理发展中的常见问题,既可以丰富个体对自己的认知与理解,更有助于促进青少年的心理发展与教育,引领青少年如初升的朝阳,蓬勃向上,健康发展。

第一节 心理发展概述

一、什么是心理发展

心理学对发展的认知是建立在科学的儿童观的基础上,并伴随着人们对个体心理发展问题理解的不断深入和研究的拓展而更为丰富和深刻。

在很长一段时间里,人们对个体发展的认知仅局限于对儿童发展的研究。早期儿童观把儿童看做成人的雏形,是小而微的成人,忽视对儿童心理发展特点的研究。19世纪末期,进化论创始人达尔文(C. Darwin)通过对自己孩子的追踪研究,发表了《一个婴儿的传记》,成为对儿童进行系统研究的第一缕曙光。心理学家普莱尔(W. Preyer)则在系统研究的基础上,于1882年出版了《儿童心理》一书,标志着科学儿童心理学的诞生,也使得科学儿童观的建立成为可能。人们逐渐认识到:儿童是一个社会的人,应该拥有基本的人权;儿童也是一个正在发展中的人,拥有巨大的发展潜力;儿童期不只是为成人期做准备,它具有自身存在的价值,儿童应当享有快乐的童年。① 在对儿童认知扩展的基础上,一些研究者也开始关注个体其他生命阶段的发展。心理学家霍尔(G. S. Hall)最早把对儿童期的研究扩展到了青春期,成为青年心理学之父;荣格(Carl Gustav Jung)最早对成年期心理开展研究;霍林渥斯(H. L. Hollingworth)、古德依洛弗(FlorenceL. Goodenough)等人开始关注人生全程的发展,并出版了发展心理学教材等。以这些研究为积淀,人们逐渐形成了科学的发展观,即发展是指个体从受孕到死亡整个生命全程中的系统、连续而又稳定的变化。

二、毕生发展观

毕生发展观的代表人物是德国柏林 Max-Plank 人类发展研究所的心理学家巴尔特斯(P. B. Baltes),其主要思想有以下几点②:

(一)个体发展是整个生命发展的过程

从生命的孕育到生命的结束,人生漫长旅途处于不断的发展变化当中,其中任何一个阶段都可能是发展的起点和终点,对个体都有重要意义。传统的发展观强调对婴儿和青少年的研究,毕生发展观则使得人们把视角拓展到个体的整个生命全程,用全新的眼光审视每一发展阶段。调整对发展的认识,赋予发展新的内涵,就会更好地度过人生的不同阶段。

(二)发展是多方面多层次的

个体发展是一个长期复杂的过程,发展的影响因素、表现形式等呈现出多层次特征。在评价个体发展时应避免单一化评价标准,辨证认识发展的多层次和多面性。生命历程中任何时候的发展都是获得与失去、成长与衰退的整合。得与失的辩证法是发展的基本特征,获得的同时往往意味着旧有机能的衰退或丧失,而失去的同时也会在某些方面有所进步或收获。成功的发展就是同时达到最大的获得和最小的失去。

(三)发展受多因素共同影响

影响发展的因素多种多样,如年龄阶段、历史阶段和非规范事件等。年龄阶段主要指生物性上的成熟,强调生物因素对个体发展的影响,与此相伴的往往还有社会文化事件,如社会认可的入学年龄、婚恋年龄等;历史阶段强调特定社会历史时期对个体发展的影响,如生活于特定历史阶段的个体往往在心理特点和行为上表现出一定的共性;非规范事件则是指对特定个体发生的具有特定意义的生活事件,如疾病、离异等。以上三方面内容具体又包括许多因素。因此,在理解个体发展时,应采用整体性和普遍联系的观点,充分考虑不同因素对个体发展的具体影响,

---

① 桑标.当代儿童发展心理学[M].上海:上海教育出版社,2003:10-11.
② 桑标.当代儿童发展心理学[M].上海:上海教育出版社,2003:63-69.

以更深入地理解个体的发展历程和发展结果。

（四）发展遵循带有补偿的选择性最优化模式

选择是指个体对发展的方向、目标和结果的趋向或回避，最优化是指获取、优化和维持有助于获得理想结果并避免非理想结果的手段和资源，补偿是指由资源丧失而引起的功能反应。巴尔特斯等人认为，选择、最优化、补偿这三者之间的协调存在于个体发展的任何过程中。个体具有发展的适应性和主观能动性，总是期望通过选择达到发展的最优化。如果不能实现或可利用资源丧失，个体就会通过调整原有发展目标或是创造新手段以达到目标来进行补偿，使自己得到最大程度和最好的发展。

三、心理发展的影响因素

心理发展究竟受哪些因素影响？是天性使然还是教养所成？当代发展心理学家普遍认识到，发展是天性和养育的整合，是遗传和环境交互作用的结果。遗传为心理发展提供生物前提和自然条件，环境和教育则将发展的可能性转变为现实性。

（一）遗传影响

遗传因素在个体身上体现为遗传素质，主要包括身体的构造、形态、感官和神经系统的特征等通过基因传递的生物特性，其中最重要的是大脑和神经系统的解剖特点。研究表明，遗传对个体发展的影响主要表现在外貌体征、遗传疾病和染色体异常、智力、人格特质等方面。在外貌体征上，个体的发色、眼色多受遗传影响；在智力发展上，对双生子研究发现，同卵双生子智力的相关高达0.86，异卵双生子的相关为0.60；在人格特质上，如内向、外向、移情关注等，同卵双生子的相关达0.50，异卵双生子的相关达0.30。[①] 在理解遗传对个体发展的影响时应注意以下几点：

1. 研究方法存在局限。研究者在进行实际研究时不可能完全控制环境变量，即便是对同卵双生子的研究，亦难完全排除环境因素的影响。

2. 可遗传并不意味着已遗传。大多数研究结论只能运用到群体而不能适用于每一个体。如智力存在中等水平的可遗传性，但我们却不能因此绝对地说某人的智力50%由遗传决定，还有50%由环境决定。

3. 已遗传并非不可改变。某些特质也许的确受到遗传影响，但当置身于不同的环境中，已遗传的因素也可能发生改变。例如，如果把孤儿院的婴儿放到友善的、积极回应的领养家庭里，其受压抑的乐群性也可以得到改善。再如，智商得分较低的儿童，如果置身于刺激丰富活跃的环境中，其智力和学业成绩也能够显著进步。

[①] 大卫·谢弗，等.发展心理学——儿童与青少年[M].邹泓，等，译.北京：中国轻工业出版社，2005：93-97.

（二）环境影响

环境因素一般包括自然环境和社会环境，这里主要探讨社会环境对心理发展的影响。

1. 胎内环境。子宫是影响个体成长的最早环境，又称为胎内环境。研究发现，母亲的身体健康状况、身高体重、年龄、情绪状态、接触药物或烟酒情况、所处环境、分娩过程等都会对胎儿造成直接或间接的影响。

2. 早期生活环境。早期生活环境刺激丰富有利于个体心理发展，反之若刺激匮乏则可能造成损害。印度狼孩的例子即为典型例证。研究人员还发现，有些孤儿院养育照料的儿童由于受到的社会刺激相对较少，在成长中会表现出情绪与适应方面的缺陷。

3. 家庭环境。家庭对个体的影响是多方面的，其中影响较大的是父母教养方式。鲍姆瑞德（D. Baumrind）研究指出，父母教养方式可分为四种类型：权威型、专断型、纵容型和未参与型，较理想的是权威型。即父母能对孩子提出合理要求，能够敏感对待和接纳孩子，这样的教养方式往往使孩子心情愉快、善于合作、更加自立。

4. 学校教育。学校教育是有目的、有组织、有计划的教育形式，对个体发展起主导作用，并在认知、情绪情感、社会性等方面对个体产生全方位影响。

5. 社会文化环境。人是社会的人，其发展不可避免要受到社会文化环境的影响。不同社会的文化价值观，国家的政策法令，乃至不同语言、民族风俗，都会对个体发展产生直接或间接的影响。

目前在探讨环境对心理发展的影响方面，心理学家布朗芬·布伦纳强调在发展变化的真实生态环境中研究儿童青少年的发展，提出了发展的生态模型。这一模型主要包括五个系统：微观系统——个体直接接触的环境以及与环境相互作用的模式，如家庭、幼儿园或学校班级等；中层系统——各种微观环境之间的联系，如家、校之间的联系；外层系统——个体并未直接参与但会对其产生影响的环境，如社区邻居、父母工作环境等；宏观系统——个体所处的社会文化或亚文化背景等；时序系统——个体所处的社会历史条件。布朗芬·布伦纳认为，环境的多层次系统动态地、变化地影响人的发展。

（三）遗传与环境的交互作用

单纯由遗传决定或由环境决定的心理发展几乎是不存在的，两者也不可能完全分开。个体的基因型对任一特定的心理特质设定了一个可能的结果范围，而在这个范围内，环境极大地影响着他最终能成为什么样。遗传与环境的相互关系又是动态变化的，随着个人发展，受遗传与环境被动影响的关系会逐渐减少，而自主选择适合自身基因型发展环境的主动关系会逐渐增加，这充分反映了发展过程中个人的主观能动性。人不仅是遗传和环境影响的产物，也能主动地通过遗传和环境的交互作用塑造自身。

第二节 心理发展的主要理论

心理发展的实质是什么？其动力又是什么？发展存在哪些规律？不同的理论流派对此进行了思考和回答,其中影响较大的有以下五方面的理论。

一、精神分析的发展理论

(一)弗洛伊德的人格发展理论

弗洛伊德对个体人格发展的观点主要体现在三个方面：

1. **人格结构观**。弗洛伊德认为个体人格主要由本我、自我和超我三部分构成。本我代表个体的一切原始冲动和本能欲望,它的唯一要求是获得快乐,避免痛苦,其活动服从"快乐原则"。超我代表个体的理想部分,是在个体成长过程中通过内化道德规范、社会要求而形成的,其活动服从"道德原则"。自我则集多重任务于一身,既要反映本我的欲望,又要分析客观现实,压抑控制本我的活动,还要受到超我监督,最终斟酌利害关系,既满足或部分满足本我欲望,又能在现实条件下保护自己不受损害,其活动服从"现实原则"。如果本我、自我和超我三者和睦相处,保持平衡,人格就会健康发展。一旦三者冲突、吵架,引起失调,就会导致神经症的发生。

2. **人格动力观**。弗洛伊德认为,人格发展的根本动力是人的本能,尤其是性本能。他曾把人的心理活动分为两大领域,即意识领域和无意识领域。意识领域是个体自己能够直接感知到的小部分的心理活动,无意识领域是个体自己往往觉察不到的大量本能冲动。弗洛伊德在其结合"冰山"假说中把心理活动的意识部分比做是露出海平面的冰山的小小一角,大量的隐藏在海平面以下的看不见的部分则属无意识。他非常重视对属于无意识领域的本能特别是性本能(又称力比多)的研究,认为性本能是一种能量,随着年龄的增长在身体的不同部位流动,其作用扩大到与生命得到延续和发展有关的广泛领域。个体的性生活不单是要趋向身体快感的满足,而且趋向于有利其生存的其他快感的满足。

3. **人格发展阶段论**。根据性本能在身体不同部位的投放,弗洛伊德把人格发展(心理发展)划分为五个阶段。

(1)口唇期(0~1岁)。口唇期个体主要通过口腔的吮吸、咀嚼活动来获得性本能的间接满足。如果不能满足或过度满足,都会导致人格发展出现障碍。如出现固着行为,成年后依然需要大量的吮吸、咀嚼活动。

(2)肛门期(1~3岁)。此阶段个体主要通过肛门的排泄活动来获得满足,快感主要表现为忍受和排便。若此阶段满足不当,成年后可能会出现固执、刻板行为或是表现得随意、散漫。

(3)性器期(3~6岁)。此阶段个体意识到男女性别差异,产生对异性别父母的爱恋和对同性别父母的嫉妒,即所谓的恋父情结和恋母情结。为了获得异性双亲的青睐,个体会认同、模仿同性别双亲的行为以使自己更具竞争力,性别角色特征也由此发展起来。此阶段也可通过生殖器部位的刺激以获得快感。弗洛伊德尤其重视这一阶段,认为这一阶段如果发展顺利,成年后个体可建立社会认可的两性关系,正常恋爱、结婚、建立家庭,繁衍后代。否则,容易出现性变态或其他心理障碍。

(4)潜伏期(6~11、12岁左右)。此阶段个体性欲倾向受到压抑,其快感来源主要是对外部世界的兴趣。

(5)生殖期(11、12~18岁左右)。经过前一阶段的潜伏,个体性欲在此阶段复活,兴趣逐渐开始转向异性。

弗洛伊德认为,不同阶段性心理的发展对于人格健康发展意义重大。如果某阶段不能顺利度过,则会使个体停滞在这一发展阶段,即产生固着;或是个体受挫后从高一级阶段倒退到低一级阶段,即产生退行。这些都可能导致心理异常,成为各种神经症、精神病产生的根源。

(二)埃里克森的心理社会性发展理论

与弗洛伊德理论相比较,埃里克森更重视个体的社会性一面,认为发展是社会心理的发展。在发展的每一阶段,随着个体的成熟和能力的增长,社会都会对自我提出新的适应性要求,这一要求反映到个体内部就构成了每一发展阶段的独特的心理冲突,即心理社会危机。个体通过心理努力如果能够解决危机,完成特定阶段的发展任务,就会顺利过渡到下一阶段,保证自我的健康发展。如果不能顺利解决危机,就会产生适应性困难或造成人格偏离。根据不同人生阶段要解决的心理社会危机,埃里克森把个体发展划分为八个阶段:

1.婴儿期(0~2岁)。此阶段个体要解决的心理社会危机主要是信任感对不信任感。生活无法自理的婴儿要通过对社会环境的适应,通过成人尽心负责的照顾发展信任感,若能够感受到周围世界是温暖的、美好的,则可以信赖,反之则会产生不信任感。

2.儿童早期(2~4岁)。此阶段要解决的心理社会危机主要是自主感对羞愧感。随着年龄增长,儿童发展了各种身体动作能力,也开始提出各种自主要求,如自己吃饭、自己穿衣、自己的事情自己做等。如果家长了解儿童心理,尊重并在一定程度上满足儿童的自主要求,儿童就会发展起自主感,相信自己的能力。否则,就会产生羞愧感,对自我产生疑虑。

3.学前期(4~7岁)。此阶段要解决的心理社会危机是独立感对内疚感。这一阶段儿童开始认同父母,逐渐熟悉和了解社会生活的基本行为规范,并主要通过假装游戏活动来模拟社会生活,体验各种角色的目的感和责任感,独立性增强。如果父母给予理解、支持和引导,儿童就能够发展起独立感,如果父母要求过高、控制过严,儿童就会因达不到父母和社会要求而产生内疚感。

4. 学龄期(7~12岁)。此阶段要解决的心理社会危机是勤奋感对自卑感。此时儿童已进入学校学习,社会对儿童提出了不同于学前期以游戏为主的发展要求。儿童要掌握基础知识,学习各种生活技能,并在团体中明确自己的角色,学会与他人发展良好的人际关系。如果儿童经过勤奋努力学业成绩较好,人际关系融洽,就会觉得自己符合社会期望而产生勤奋感。否则就会否定自我,怀疑自己的能力,从而产生自卑感。

5. 青春期(12~18岁)。此阶段面临的心理社会危机是自我同一感对同一性混乱。自我同一感是指个体能够认识到自我无论在时间上还是空间上都是完整的、相互联系的、统一的整体,能够认识到"我是谁""我能做什么"这样一些问题。随着身心发展日益成熟,青少年的自我意识开始高涨,特别关心"我是谁"这样的问题,渴望能够更清晰地认识和把握自我。同时,也开始关心"我在社会上究竟能做什么",考虑自己的职业选择,探索自己在社会中的角色和地位。如果青少年能够较为客观、全面地认识和评价自我,初步明确自己的角色,树立自己的职业理想并为此奋斗,则能够建立自我同一感。否则,就会产生同一性混乱。

6. 成年早期(18~25岁)。此阶段面临的心理社会危机是亲密感对孤独感。成年早期个体更多地参与社会生活,发展了更为广泛的人际关系。个体要学习同他人融洽相处,发展亲密的友谊关系;还要尝试与异性建立亲密的恋爱、婚姻关系。如果个体能与他人建立亲密的情感纽带,融入社会生活,就会建立亲密感。反之,则会体验到孤独感。

7. 成年中期(25~50岁)。此阶段面临的心理社会危机是繁殖感对停滞感。个体在成年早期发展亲密关系的基础上,繁衍后代,生儿育女,看到自身生命的延续;同时工作中可谓事业有成,承担一定角色,做出一定贡献,看到自身生命的价值,因此产生繁殖感。如果在家庭或是社会中都看不到自身存在的意义,则产生停滞感,感觉自己一事无成。

8. 成年晚期(老年期至死亡)。此阶段面临的心理社会危机是完善感对绝望感。如果人到老年,回顾此生,感到自己是成功的和有价值的,人生可以画上圆满的句号,则产生完善感。反之,如果感到自己虚度年华,既一事无成亦无法弥补,悔之晚矣,则会产生绝望感。

埃里克森把人格发展扩展为八个阶段,从毕生发展的角度审视人生全程发展。与弗洛伊德特别重视发展阶段中的性器期、重视个体早期经验等不同,埃里克森认为,人格发展的每一阶段都是关键期,不管个体是否解决了某阶段的心理社会危机,他都要过渡到下一阶段。健康人格发展的关键在于个体能够理解或接受社会文化期望,并对自我进行适应性的改变。

二、行为主义的发展观

(一)华生对发展的认识

行为主义代表人物华生特别重视环境因素对个体发展的影响,认为只要严格控制刺激和反应之间的关系,就可以随心所欲地塑造儿童的行为。华生曾说,给我一打健康而体型健全的婴儿,给我一个专门的环境培养他们,我保证从他们之中任意选出一个,都能将他培训成我所选择的任何一种专家——医生、律师、艺术家、大商人,当然还有乞丐和小偷,而不论他们的才能、爱好、能力、禀性如何,也不管他们的祖先是什么种族。基于此设想,华生曾用经典条件反射原理对婴儿的情绪进行了研究。

华生想了解恐惧情绪是否能够后天习得,于是对一个11个月大的名为阿尔波特的婴儿进行了实验。先在阿尔波特面前呈现一只毛茸茸的大白鼠,阿尔波特最初并不害怕。后来每次呈现白鼠的时候,实验者就会同时呈现响声很大的噪音刺激,婴儿对巨响往往会有先天的惊吓反射。这样白鼠和巨响反复多次结合以后,即使巨响不再同时出现,阿尔波特也会对白鼠表现出恐惧反应,以后还将这种恐惧泛化到一切白色的物体。当然,这一实验因违反心理学研究的伦理道德原则而遭到人们的质疑。

(二)斯金纳对发展的认识

斯金纳关于发展理论的突出贡献在于其强化学说。所谓强化,是指通过呈现或消除某种刺激来增强反应的概率。强化包括正强化和负强化。正强化是通过呈现期望得到的愉快刺激以增强反应概率,负强化是通过消除不愉快刺激来增强反应概率。斯金纳认为,强化是塑造个体行为的基础,在行为发展过程中起着重要作用。行为得到强化则会增强出现概率,得不到强化则易于消退,因而,应对教育者期望出现的行为给予及时强化。斯金纳的强化学说影响广泛,如幼儿教师、小学教师通过贴五角星或小红旗来激励学生竞相进步,学校中各种表扬、奖励措施的运用等。现实中也许有很多人并不了解心理学,但却会在日常生活中用到行为强化的原理。例如,父母亲通过增加压岁钱、假期旅游等方式来激励孩子努力学习。

斯金纳将强化理论应用于教育实践,提出强化程式、开发教学机器、倡导程序教学等,这对教育教学特别是儿童行为矫正领域产生了深刻影响。他曾经自己设计、制作了一个育婴箱,把女儿放进其中,为其成长提供一切良好刺激,以促进其健康成长。他还在美国《妇女家庭》杂志著文介绍这种育婴箱,曾受到美国家庭主妇的追捧。在长期研究中,斯金纳注意到传统教育的不足,他在听完小女儿班级的算术课后写到,"我骤然发现,整个教学情境显得十分荒谬:那里坐着20个十分可爱的有机体,但是那位老师却违反了我们所熟悉的关于学习过程的几乎所有的原则和做法,虽然这不能完全归咎于她本人。"①为了克服教师在强化过程中可能缺乏足够耐心和很难兼顾每个孩子的问题,斯金纳考虑把学习和机器联系起来,开发了教学机器,通过程序教学,向学生小步子呈现信息,及时反馈学习结果,以保证更好地调动学生的学习热情。在行为矫正领域,更是大量运用了斯金纳的操作性条件反射原理。

三、认知发展理论

认知发展理论以瑞士著名发展心理学家皮亚杰为代表。皮亚杰是位百科全书式的学者,曾被誉为心理学史上的"巨人"。他对发展理论的贡献主要表现在其对儿童认知发展的研究。

(一)创立"发生认识论"

发生认识论主要解决认识是怎样发生的,人是怎样从低级水平的认识过渡到高级水平的认识。用皮亚杰本人的话来说,"发生认识论就是企图根据认知的历史,它的社会根源以及认识所依赖的概念与运算的心理来源,去解释知识,尤其是科学知识。"②皮亚杰所提到的发生认识论和传统哲学上的认识论不同,传统哲学上的认识论关注的是某个命题(如 2 + 2 = 4)是否为真命题、说其为真的标准是什么、其本质又是什么等,皮亚杰关注的则是当我们知道这个命题是真的时候,我们的智力是怎样发展的。受其生物学训练背景的影响,皮亚杰理论的核心是生物学的适应概念,认为新知识是连续不断建构的结果,适应是智力的本质。

(二)认知发展的动力

皮亚杰认为,认知既不是起源于先天的成熟,也不是起源于后天的经验,而是起源于主体的动作。认知发展的动力来自儿童的内部,儿童生下来就是环境的主动探究者,通过对客体的操作活动来与周围环境打交道,积极建构知识。例如,生活中常可见到儿童喜欢从事玩沙、玩水、撕纸折纸等活动。皮亚杰认为,认知发展的实质就是主体通过动作对客体的适应。他对适应做了具体分析,并提出了几个重要概念:

1. 图式。它是指动作结构和运算结构,有时也用其同义词认知结构来替换,是主体用来应对或解释某些经验的有组织的思维或行为模式。它可以代表在已有活动中形成的一类彼此相似的认知经验,也可以代表动作中能够重复和概括的东西(如"用棍棒能推动一个玩具")。图式最初来自先天遗传,以后在适应环境的过程中不断发展、丰富起来。

---

① 乐国安. 从行为研究到社会改造——斯金纳的新行为主义[M]. 武汉:湖北教育出版社,1999:44.
② 李其维. 破解"智慧胚胎学"之谜——皮亚杰的发生认识论[M]. 武汉:湖北教育出版社,1999:35.

2. 同化。它是指把外界客体纳入到主体的图式中,以加强和丰富主体的动作。同化不能引起图式的改变或创新,只能引起数量上的变化。如当儿童认识了家里的"沙皮狗"后,再去认识"斑点狗"的过程。

3. 顺应。它是指当主体的图式不能同化客体时,就改变或促进原有图式。顺应反映了认知的质的变化。如当儿童认识了"狗"之后,再去认识"猫"的过程。皮亚杰认为,同化和顺应是适应的两种形式。

4. 平衡。它是同化和顺应的对立统一。平衡状态不断发展,新的暂时的平衡并不是绝对静止或终结,而是更高水平的平衡运动的开始。

（三）儿童认知发展的阶段

皮亚杰把儿童的认知发展划分为四个阶段,并具体研究了每个阶段儿童的认知特点及主要的认知成就。

1. 感知运动阶段(0~2岁)。这一阶段的突出特点是儿童通过感知与动作来探索外部环境,主要手段是手的抓取和嘴的吮吸。在感知和动作活动中儿童的认知能力得到发展,表现出两大成就:其一是形成客体永久性,即当客体不在眼前时仍然知道客体是存在的;其二是产生目标定向行为,能够运用一系列协调的动作实现某个活动目的。

2. 前运算阶段(2~7岁)。运算是指内部的智力或操作,前运算是指儿童在这一阶段无能力进行思维运算活动。突出特点是儿童开始运用语言或较为抽象的符号来代表其经历过的事物,假装游戏即是其表现之一。例如,儿童用树枝当筷子,用竹竿当马骑,用两手一合、脑袋侧歪表示睡觉等。这一阶段认知发展的具体特点主要有:

(1) 自我中心。只能从自己的立场和角度思考问题,认为别人的观点和情绪体验都是和自己一样的。如给妈妈送的礼物是自己最喜欢的汽车模型,月亮走是因为他自己在走等。

(2) 不可逆性和刻板性。只能注意到事物的某一方面而不能同时兼顾其他方面,如知道自己有哥哥,却不知道自己的哥哥有弟弟或有妹妹。

(3) 尚未形成守恒概念。守恒是指物质从一种形态转变为另一种形态时,物质含量保持不变。如这一阶段的儿童当看到两瓶同样多的水而将其中的一瓶倒入一个矮杯子时,会认为高而细的瓶里的水多,因为其水面看起来更高。

3. 具体运算阶段(7~12岁)。这一阶段儿童的认知有了重大发展,能够去自我中心,能进行同一性、补偿性、可逆性思维。建立了守恒概念,也能根据客体较为抽象的特征来进行分类,按照客体逻辑顺序进行排序,并进行递推性思维。如知道若 $A>B,B>C$,则 $A>C$。但这一时期儿童的思维还摆脱不了"具体"二字的局限,即思维不能从事物的具体的或知觉的束缚中解放出来,当思考不在眼前的抽象的

4. 形式运算阶段(12～15岁)。这一阶段儿童的思维超越了对具体内容或可感知事物的依赖,能够进行形式思维。思维接近成人水平,能够以命题形式进行,并发现命题之间的关系;能够根据逻辑推理、归纳或演绎的方式来解决问题;能够进行一定的概括等。

以上四个阶段是连续的,阶段与阶段之间有质的差异,又有一定交叉。各个阶段可以提前或推迟,但前后次序不变。

(四) 影响认知发展的因素

皮亚杰还探讨了影响认知发展的因素,并将其归纳为四个方面:

1. 成熟,即机体的成长,特别是大脑和神经系统的成熟。它是认知发展的必要条件但非充分条件。

2. 自然经验,主要指通过与外界物理环境的接触而获得的知识,包括物理经验和数理逻辑经验。

3. 社会经验,指在社会相互作用和社会传递过程中获得的经验,主要有语言、教育和社会生活等,特别强调儿童在获得社会经验时的主动性。

4. 平衡,是内部整合机制,是认知发展的决定性因素。

皮亚杰对儿童认知发展的研究,使人们认识到儿童生来就是客观世界的积极探索者和主动学习者,并对幼儿教育领域产生了深刻影响。虽然皮亚杰本人并没有直接参与幼儿园的课程设计,但力图贯彻其理念的所谓"皮亚杰教室"在西方比比皆是。这些教学强调发现法学习,承认发展的个别差异性,并启发教师要敏感地了解幼儿。皮亚杰的认知发展理论也存在一定局限性,如低估了儿童的认知能力、过分强调生物因素、忽视青少年以后的认知变化等。

四、文化—历史发展理论

文化—历史发展理论由苏联儿童心理学的奠基者维果斯基创立,明确提出教育在儿童心理发展中起主导作用。维果斯基关于发展的思想主要表现在:

(一) 创立文化—历史发展理论

维果斯基认为,人类心理发展受社会历史发展的规律所制约。他把个体心理机能划分为两类,即低级心理机能和高级心理机能。低级心理机能依靠生物进化而获得,是动物和人类共有的,如感知觉、不随意注意、机械记忆等。高级心理机能是社会历史发展的结果,为人类所特有,如随意注意、意义记忆、抽象思维、高级情感等。高级心理机能如何形成呢?维果斯基认为,高级心理机能的实质是内化了的社会关系,受社会历史发展的规律制约。作为社会生物,个体要利用人类特有的语言和符号,通过内化来实现劳动生产活动中世代积累的种种成就的传递。因此,高级心理机能是社会历史的产物,是在人际交往过程中产生并不断发展的,受社会规律所制约。维果斯基曾说,"如果我们改动一下马克思的名言,我们就可以说人的心理实质乃是移置在内部并成为个性的机能及其结构形式的社会关系的总和。"①

(二)心理发展的实质

维果斯基认为,心理发展的实质是个体在环境与教育影响下,在低级心理机能的基础上,逐渐向高级心理机能的转化过程。心理机能由低级向高级发展的标志是:心理活动的随意机能的形成和发展;概括—抽象机能的形成与发展;各种心理机能之间的关系发生变化或重新组合,形成高级心理结构;各种心理机能越来越个性化。

(三)教学和发展的关系

维果斯基认为,教学应当走在发展的前面。因为儿童发展至少有两种水平,一种是儿童现有的发展水平,一种是通过别人指导或帮助所能达到的解决问题的水平。维果斯基把这两种水平之间的差距称为最近发展区。最近发展区即是介于儿童看得见的现实能力与并不是显而易见的潜在能力之间的潜能范围。教学创造着最近发展区,决定了两种发展水平之间的动态关系。只有不断地创造最近发展区,才能促进发展,才是良好的教学。这一思想启发教师在设定教学难度时,应该难易适宜,让学生能够"跳一跳,摘个桃"。同时强调教学具有最佳期限,应针对那些处在成熟阶段却还没达到成熟地步的特性开展教学,不能过早也不能过晚。教师在安排教学进度时,应考虑学生的最近发展区,快慢得当,以发挥教学的最大效用。

五、社会学习理论

社会学习理论以班杜拉为代表,是对传统行为主义的继承和发展。社会学习理论坚持行为主义的客观化立场,同时突破了传统行为主义的局限,强调行为与认知相结合,突出主体的积极性与主动性,强调主体的自我调节作用。社会学习理论关于发展的观点主要表现在:

(一)三元交互决定论

班杜拉认为,在心理行为的发展中,个体内部因素、行为和环境影响三者之间互为决定因素,发展是个体、行为和环境三者交互作用的结果。其中:个体因素包括认知能力、身体特征、信念态度等;行为因素包括动作反应、言语反应、社会交往等;环境因素包括物理环境、家庭朋友、其他社会因素等。三个决定因素之间是一种连续不断的交互作用,共同影响心理行为的发展变化。

---

① 方富熹,方格.儿童发展心理学[M].北京:人民教育出版社,2005:74.

(二)观察学习是社会学习的最主要形式

观察学习又称替代学习,是个体通过观察他人的行为及其强化结果而习得某些新的反应,或是矫正已有的某些行为反应特征。班杜拉认为,观察学习是社会学习的最主要形式。人类的大量行为都是通过对榜样(或示范者)行为的观察、模仿而习得的,即观察学习或模仿学习。观察学习的过程有四个阶段:

1. 注意过程。这是观察学习的起始环节。如果人们对榜样或示范行为的重要特征不注意,或不正确地知觉,就无法通过观察进行学习。影响注意效果的因素主要有榜样或示范行为本身的特征和观察者本人的认知特征,以及观察者和示范者之间的关系等。

2. 保持过程。观察者需要把示范行为通过表象系统和言语编码系统进行储存。对于那些言语技能尚未发展成熟的儿童来说,表象系统的作用在观察学习中显得尤为重要。而对于大多数表象系统已经与言语编码系统建立了联系的学习者来说,听到某一事物的言语信号刺激,便能即刻唤起该事物的表象。

3. 动作复现过程。即把记忆中的符号和表象转换成适当的行为,再现以前所观察到的示范行为。这一过程涉及对动作复现的认知组织和根据信息反馈对行为的调整等一系列认知的和行为的操作。

4. 动机过程。观察学习者是否能够经常表现出示范行为,要受到行为结果因素的影响。班杜拉认为有三种强化类型影响着学习者的示范行为:

(1)直接强化。即外界因素对学习者本人的行为进行直接强化。如进行表扬、奖励,则会表现出来,相反则不表现,但不表现不等于没有学习掌握。

(2)替代性强化。即学习者观察到的榜样的行为结果。如榜样的行为得到他人肯定。

(3)自我强化。即当学习者达到自己制定的标准时,以自己能够控制的奖赏来加强和维持自己的行动。在自我强化中,根据个人能力、榜样示范和社会要求来确定适当的评价标准十分重要。过高的自我评价标准会导致意志消沉、自暴自弃和没有目标。

班杜拉认为,观察学习影响个体性别角色、社会行为等的发展,在个体社会化过程中起着重要作用。他曾和助手设计了一个著名实验,在实验中对 4 至 6 岁的儿童进行分组,让其分别观看一个成年男子演示 4 种不同攻击性行为的电影。一组儿童看到的是成人受到奖励,另一组儿童看到的是成人受到惩罚。接下来,让儿童进入一间游戏室,里面放有一个同样的充气人以及这个成人榜样使用过的其他物体。实验发现,在自发情境下,看到榜样受奖励的那组儿童比看到榜样受惩罚的另一组儿童,表现出更多的攻击性行为。观察学习在两组儿童中都有发生,只是没有同样地表现。如果是在鼓励情境下,两组儿童在模仿攻击性行为方面没有差异。

(三)自我调节作用

社会学习理论把个体的自我调节放在突出地位。班杜拉认为,个体并非环境刺激的消极反应者,而是具有自我组织、自我调节能力的积极塑造者。自我强化实际上就是个体的一种自我调节过程,个体通过观察自己行为的后果来调节自己的行为。

以上是有关心理发展的理论流派从不同角度和侧面对心理发展的动力、内在机制、影响因素等进行的阐释,其中既有对教育实践具有指导意义的看法,也有基于心理学家个人研究基础的一家之言。我们在学习这些对心理发展问题的不同理解时,应以辩证的视角充分认知不同理论的时代价值和现实意义,博众家之长,取合理之处,将其更好地应用于促进青少年心理积极发展的教育实践中。

第三节 青少年心理发展的特点

在个体毕生发展历程中,青少年时期是心理快速发展、变化、成熟的时期。这一时期,个体要经历生理上的三大巨变:外形接近成人,身体各种机能增强,生殖系统发育成熟。在生理发展的影响下,青少年心理也表现出一系列特点,为个体进入成年期和适应周围环境奠定良好的心理基础和条件。

一、个体心理发展的总体特点

心理发展存在哪些特点和普遍规律?从个体心理发展的总体而言,表现出以下基本特点和规律:

(一)连续性和阶段性

心理发展是一个连续的、不可分割的、统一的整体,在连续的量的积累中孕育着质的飞跃,表现出连续性和阶段性特点。通常把在各年龄阶段表现出的一般的、典型的、本质的心理特点称为年龄特征。根据年龄特征可把个体生命全程划分为如下八个阶段:胎儿期、婴儿期(0岁~3岁)、幼儿期(3岁~6岁)、童年期(6、7岁~11、12岁)、少年期(11、12岁~15、16岁)、青年期(15、16岁~27、28岁)、成年期(27、28岁~65岁)、老年期(65岁以上)。各阶段之间既有交叉重叠,又有该阶段典型的身心发展特点。心理发展的年龄特征具有相对稳定性,随着社会文化和教育环境等条件的改变,又有一定程度的可变性。

(二)方向性和顺序性

如同生理发展遵循一定的方向与顺序一样,心理发展也具有一定的方向性和顺序性,其发展过程往往是不可逆的。如婴儿动作的发展遵循首尾原则、近远原则、大小原则,俗话说"还没学会走就别想着跑",表明个体基本动作技能的掌握是有先后顺序的。再如,个体思维的发展,也遵循从直观动作思维到具体形象思维再到抽象逻辑思维这样的思维水平不断提高的历程。语言的发展亦然,个体从咿呀学语到会说简单句再到掌握复合句,这样的顺序通常是不可逆的。

（三）不均衡性

心理发展不是匀速均等、直线前进的过程,呈现出不均衡性特点,主要表现在三个方面：一是人生不同阶段的发展速度不均衡。个体一生经历两次发育高峰期,一次是在0~1岁左右,是一生发展最快的时候,另一次是在青春期,个体要经历身心两方面的巨大变化。其他阶段的发展速度则相对较为平缓。二是不同领域的发展不均衡。例如,神经系统的发育成熟较早完成,生殖系统的发育成熟则开始较晚。三是同一心理领域或机能系统特性在不同时期的发展速度不均衡。例如,生殖系统在青春期开始快速发展,其他时期则发展缓慢。

（四）差异性

心理发展具有个体差异性。正如世界上没有两片完全相同的树叶一样,世界上也不可能有两个完全相同的人。每个个体都有自己独特的内心世界,在发展过程及速度、发展表现及结果等方面存在差异。这些差异的主要表现有：一是发展水平差异,大多数人智能属于中等水平,也有个别人智力超常或智力愚钝。二是发展速度差异,有人是少年早慧,有人则是大器晚成。三是擅长领域差异,有人擅长言语智力,有人擅长数理逻辑智力,有人则在空间智力、音乐智力或人际交往等方面表现突出。四是人格表现差异,有人沉默寡言,有人活泼热情,有人粗枝大叶,有人细腻敏感。正是人与人之间的种种差异造就了绚丽多彩的大千世界,展示了无比丰富的奇妙人生。

需要指出的是,强调心理发展的差异性并不排除心理发展存在一定的共性。首先,心理发展的年龄特征反映了发展中的一些普遍规律;其次,人格心理的表现中也存在共性,如同一气质类型的个体会表现出一些共同的特点,多血质的人大多活泼热情,胆汁质的人大多直接冲动,粘液质的人大多内敛沉稳,抑郁质的人则大多敏感细腻;另外,人格心理发展往往带有时代烙印,生活在同一历史时期、同一社会背景的个体会有一些共同的心理特征,如我们常听到所谓的"老三届""70后""80后""90后"等这样一些带有概括意义的称谓。

（五）关键期

个体心理发展过程中存在着最佳年龄阶段即关键期。它是指人或动物的某些行为与能力的发展有一定的最佳时机,此时如果得到适当的良性刺激会大大促进其发展。这一概念的提出与奥地利动物习性学家劳伦兹发现的"印刻效应"有关。劳伦兹发现,刚出生不久的小鸭、小鹅等会把出生后第一眼看到的对象当做自己的母亲,对其产生偏好和追随反应,这种现象叫做"印刻效应"。"印刻效应"只发生在生命中一个固定的短暂时期。如小鸭的追随行为典型地出现在出生后的24小时内,过了这个时间,追随行为不再明显。研究人员发现,个体心理发展过程中也存在类似的关键期。在关键期,个体对某方面的刺激更为敏感,处于积极的准备状态,如果此时能得到适当的帮助,这一能力就会大大发展起来。错过关键期,则发展可能会有一定的困难,但并非完全不可弥补。因此,发展心理学家采用敏感期取代过去常常提到的关键期。对心理发展关键期的认知,启发人们重视个体不同阶段的发展重点,做到因时施教。如1~3岁是口语学习的敏感期,这一时期应多给孩子言语刺激,使其多听、多说,促进口语发展;0~4岁是形象视觉发展的敏感期,此时应给孩子多看色彩丰富的图片、以图为主的故事书,促进孩子形象视觉的发展;10岁以前是动作技能掌握的敏感期,这一时期应让孩子多跑、多跳、多运动,促进动作发展等。

二、个体主要心理活动的发展特点

以下主要阐述个体在认知、情绪情感、自我意识、人际关系和性心理方面的发展特点。

(一)认知发展特点

1. 认知发展的一般趋势。认知能力包括人的感知觉、记忆、思维、想象、注意等。一般而言,从出生到16、17岁是认知能力不断增长、提高的时期,从16、17岁到40岁是认知能力发展的高峰期,40岁之后在认知的某些领域可能会出现一定程度的下降。一些研究指出,认知的不同领域的发展存在最佳年龄。例如,知觉能力发展的最佳年龄为10~17岁,记忆力和动作技能的最佳年龄为18~29岁,智力发展的高峰期在20~30岁,智力发展的顶峰期则是22岁左右。尽管具体的研究结果目前还不完全一致,但普遍认可的是,青少年时期是认知能力快速发展的时期,是观察力、记忆力、思维力处于或趋向高峰期的阶段。因此,人们常说,青少年时期是学习的黄金时期。

2. 思维发展的基本特点。思维是认知的核心要素。青少年的思维水平处于形式运算阶段,其辩证逻辑思维有了很大提高。研究者指出,与儿童相比,青少年的思维具有以下特点:

(1)能够进行假设思维。儿童的思维不能脱离对具体现实的依赖,而青少年的思维则相对不受现实事物的限制,能够思考现实中并不存在的、未来的事物,或者是有可能存在的事物。研究者曾做过一个实验,请不同年龄段的儿童回答"假如你有第三只眼睛,你会让它长在哪里",以了解儿童对假设命题的反应。结果发现,年龄小(9岁左右)的孩子的答案大多是"放在两只眼睛中间或旁边",而且他们认为这样的活动没什么意思;而年龄稍大(11~12岁左右)、即将进入形式运算阶段的孩子的答案则丰富多彩,更有逻辑性和创造性,他们也更喜欢这种类型的推理任务。①

(2)逻辑推理能力增强。研究者曾让初中一年级、初中三年级和高中二年级的被试解决25道关于推理发展水平和推理运用水平的测试题,结果发现,初一学生已初步具有各种逻辑推理能力,初三学生的推理则有了明显发展。总体来看,中学生归纳推理能力高于演绎推理能力。②

(3)元思维能力增强。元思维是对自己思维活动的认知和监控。青少年开始更多地思考自己的思维过程,在进行思维或解决问题之前能够更经常地做出计划,能够初步对思维过程进行监控和管理,思维的计划性、系统性有所增强,反省性、监控性不断提高。

(4)思维品质的矛盾发展。青少年的思维品质表现出一定的矛盾性,一方面,思维的创造性和批判性明显增强,另一方面,思维的片面性和表面性依然突出,在分析解决问题的过程中可能仍会受到事物外部因素的困扰而难以深入把握本质特征。因此,青少年早期的思维还具有二元论特点,以为事物非黑即白,非对即错,对问题认知较为简单。到了中晚期则转向相对性和约定性阶段,不再毫无区分地把知识当做不变的绝对真理,而是能够进行抽象思维和辩证思维,能够具体情况具体分析,对事物持有相对的态度。

(二)情绪情感发展特点

1.丰富热烈,两极性明显。两极性是指情绪中总存在肯定与否定、积极与消极、紧张与轻松、急躁与安静等对立的极端状态。青少年情绪情感丰富热烈,动荡起伏,常常从一个极端走向另一个极端,两极性表现明显。青年心理学之父霍尔称此阶段为"暴风骤雨"期,并认为这是青春期的必然表现。在这一时期,青少年时而高傲,时而自卑;时而冲动粗犷,时而温柔细腻;时而梦想多多,时而又悲观失落;前一刻情绪高涨像火山,后一刻可能又情绪低落似冰川。有人也曾比喻这一时期是在"荡情绪的秋千",形象地反映了青少年情绪复杂多变的特点。

2.既有冲动性和爆发性,又有文饰性和心境化。青少年情绪的冲动性,一方面表现在他们对刺激情景较为敏感,一有风吹草动、花落花开就会引发其情绪变化;另一方面表现为开放状态,喜怒哀乐皆形于色。爆发性表现在青少年情绪变化具有突然发作、来势凶猛、难以控制的特点,甚至会出现丧失理智、不顾后果的行为。文饰性是指青少年开始有意识地控制自己的情绪,学会用曲折、间接、隐晦的方式来表达感情。心境化是指情绪反应相对持久稳定、弥漫,情绪反应时间明显延长。情绪表现的冲动性与文饰性相对,爆发性与心境化相对,这看似矛盾的状态恰恰反

---

① [美]大卫·谢弗,等.发展心理学[M].邹泓,等,译.北京:中国轻工业出版社,2005:257.
② 林崇德.发展心理学[M].北京:人民教育出版社,1995:361.

映了随着年龄增长,青少年的情绪情感逐渐发展成熟,情绪的社会适应性有所增强。

3. 社会性情绪日益占主导地位。低龄儿童的喜怒哀乐大多与生理性需要相连,青少年的悲欢忧喜则主要和社会性内容如学习、生活、人际交往等有关,其情绪体验的内容日益丰富,社会性情绪情感逐渐占主导地位。苏联心理学家曾对700名8~15岁的学生进行实验研究,结果表明,10岁学生的主导需要开始由生物性转变为社会性。我国的调查研究也发现,相对而言,小学生的物质需要比较突出,而中学生的精神需要则更为重要。①

4. 表情认知能力得到极大发展。表情是各种情绪体验的外在表露,包括面部表情、姿态表情和言语表情。表情作为情绪反应较为敏感外露的信号,具有独特而重要的社会交往功能。个体的表情认知能力在出生后发展快速。研究表明,4个月大的婴儿就可通过面部肌肉活动表达快乐、厌恶、痛苦等基本情绪,并能知觉到成人的面部表情,据此做出一定的情绪反应。但婴儿此时还不理解成人面部表情的意义。7~10个月大的婴儿能够鉴别他人面部表情,并影响自身行为表现。1周岁末的婴儿已能利用别人面部表情作为参照来决定自己的行动方向,如回头看妈妈的表情以决定自己在爬行中前进还是倒退,表情的社会参照能力得到发展。此后随年龄增长,个体逐渐能认知一些较为复杂的表情,如轻蔑、厌恶等,对某些表情如惊讶、恐惧等则到13~14岁左右才能正确认知。青少年的表情认知能力得到极大发展,已接近或达到成人水平。表情认知能力的发展也为青少年人际交往能力的提高奠定了基础,青少年以此为信号,能够更好地反馈、调控自己的人际互动行为。

(三) 自我意识发展特点

青少年时期是自我意识高涨的时期。个体在3岁左右表现出自我意识发展的第一次飞跃,也称为第一反抗期。进入青春期后,身体的巨大变化和心智的日趋成熟使得个体对自我重新予以高度关注,自我意识的发展进入第二个高涨期。因此,这一时期也被称为"心理断乳期""第二反抗期""人生的第二次诞生"。

1. 出现自我中心倾向。青少年常常思考一些和自身发展密切相关的问题,甚至会把自己的思想作为一种客体去审视和分析,对自我高度关注。正如一位少年所言,"在我发现了自己对未来的想法之后,便开始思考我为什么会这样思考我的未来,接着我又思考我为什么思考我为什么这样思考我的未来。"②这充分反映了这一时期青少年心理的过度内省性。正因为如此,在经历了幼儿期的自我中心后,青少年时期再次出现自我中心倾向,具体表现为两种心理特点:

---

① 张文新.青少年发展心理学[M].济南:山东人民出版社,2002:305.
② 林崇德.发展心理学[M].北京:人民教育出版社,1995:365.

(1) 假想观众心理。青少年由于对自我高度关注，于是会觉得别人也像他自己那样关注他，自己就像时刻生活在舞台中央，生活在聚光灯下，一言一行都有无数观众在关注、赞赏或是批评，此即假想观众心理。因而，这一时期大多数青少年会非常关注自己的外貌体征，特别重视自己的学业成绩及其社会影响，十分关心自己的情绪变化。就像演员一样，期待自己在各方面都有完美表现。了解了青少年这一心理特点，也就不难理解一位女生为何会为脸上多了一个青春痘而耿耿于怀，一位男生为何会为走出教室发现新衣服扣错了一粒扣子而万分沮丧，甚至会有青少年把自己关在卧室、站在床上、很投入地模仿歌星而自娱自乐，自我陶醉。也有研究指出，假想观众心理不止存在于青少年期，甚至在整个成年期都存在。

(2) 个人神话心理。青少年相信他们自己是独特的、无懈可击和无所不能的，从而产生个体独特感。一方面他们会感到自己无可替代，没有人会真正了解其内心感受。一位中学生可能会抱怨自己的母亲说，"你又不是我，怎么知道我的痛苦和烦恼?!"另一方面，他们会感到自己远离许多世俗需要，就像超人一样，倒霉的事情不会发生在自己身上。因此，当青少年为情所困时，较少考虑现实因素，也较少考虑行为冲动可能带来的后果，他们敢于大胆尝试一些刺激冒险的活动，对活动的危险性可能缺乏充分的估计。还有一些青少年富于幻想，以"我"为主角创编关于自我的独特故事和神奇经历，似乎沉浸在远离现实的世界里。

2. 自我体验的矛盾性突出。这一时期，青少年自我体验的矛盾性比较突出，主要表现在以下三个方面：

(1) 成人感与半成熟的矛盾。伴随着生理的成熟和自我意识的高涨，青少年心理上日益产生成人感，自认为可以像成年人那样更多地参与社会生活，对自我发展做出决策，也希望别人把他当成人看，获得尊重和机会。然而在现实生活中，他们却又可能经常碰壁，对自己是否真正成人抱有疑问，认识到自己的半成熟状态。

(2) 反抗性与依赖性的矛盾。青少年产生成人感，自然也就想在许多方面表达、展现独立的自我，不再愿意顺从家长意愿，总想发出自己的声音，表达自己的想法，表现出强烈的反抗与抵触心理。有研究者曾把青少年反抗的形式分为三种：硬抵抗——态度强硬，举止粗暴，直接冲突；软抵抗——口服心不服，你说你的，我行我素；反抗迁移——不敢把反抗情绪直接表现出来，而是迁移到其他人或事上，间接表达自己的不满。尽管青少年存在反抗心理，但实际上他们在学业、生活的诸多方面往往还需要依赖家长，也期待能从师长那里得到建议和帮助。

(3) 闭锁性与开放性的矛盾。青少年的心理发展逐渐表现出闭锁性，尽管内心活动十分丰富，表露于外的却相对较少，许多思想情感和内心秘密不愿轻易向人吐露，宁愿选择日记来尽情表达。研究表明[1]，记日记是人在青少年期的典型现

---

[1] 冯江平，安莉娟.青年心理学导论[M].北京：高等教育出版社，2004：63.

象,中学生和大学生中记日记的为60%左右,可见其普遍性。而青少年的日记常常是"诗与真实"的混合,既有一吐为快的自白性,也有遮遮掩掩的隐秘性;既有实话实说的真实性,也有一定程度的装饰性。而实际上其内心极度渴望能找到知己来分享自己精彩的内心世界,一旦有了知心至交,就愿意与其分享一切,毫无保留地表达自我。因此,青少年往往特别重视友谊,也较易从交往挫折中受到伤害。

3. 自我概念的多样性和自尊心。青少年自我概念的发展表现出多样性特点:自我概念日益抽象化和理想化,能区分真实自我和理想自我;自我概念结构更加分化,出现多领域自我描述的区别,倾向于把一些特质同特定情境相联系而非泛泛使用这些特质;自我概念的组织性和整合性增强,能够把自我的不同方面整合成一个富有逻辑性和连贯性的整体;自我概念发展存在起伏变化,有升有降,初中阶段是关键期;自我概念发展存在性别差异,一般而言,女生的语文自我概念高于男生,男生的数学自我概念高于女生;自我概念和学业成绩密切相关。

青少年自尊的发展具有一定稳定性和变化性,在自尊的不同维度上还具有差异性。一般来说,青少年身体自尊是其整体自尊的最重要预测指标,其次是同伴关系的自尊,学业能力、运动能力或道德品行等方面的自尊,相对而言是次要的预测指标。同时,女青少年的身体自尊要低于男青少年,身体自尊对女青少年的影响要大于对男青少年的影响。[①]

(四)人际关系发展特点

1. 亲子关系的发展。在青少年期,研究者着重探讨了亲子冲突与亲子亲合这两种重要的交往表现。

亲子冲突指青少年与父母之间公开的行为对抗或对立。亲子冲突的发展趋势呈抛物线型,青少年期是高发期,初三表现最为严重。我国有研究指出(张坤,2002),6.2%的青少年报告与父母经常发生冲突,12.5%的报告与父母的冲突强度很大,且频率很高。有研究数据显示,青少年与父母平均每三天发生一次冲突。与西方相比,我国青少年亲子冲突的发生率要略低一些,在形式表现上多为言语冲突和情绪冲突,身体冲突相对较少。大多数亲子冲突发生在母亲与子女之间,主要涉及日常事务、家庭责任感、学校生活、社会习俗、价值观等。亲子冲突对青少年的身心发展具有消极影响,是构成其心理压力的重要来源,与心理健康的各个层面都显著相关。当然亲子冲突对青少年的成长也有积极作用,它是青少年在家庭中逐渐获得同等交往地位的手段,也能激发亲子双方协调关系、改变行为。同时,亲子冲突也是一种疏泄途径,有助于青少年缓解焦虑和压力。

亲子亲合主要指父母与子女之间亲密的情感联结。它既可以表现于积极的互动行为中,又可以表现为父母与子女心理上的亲密感受上。国外研究表明,青少年

---

① 张文新.青少年发展心理学[M].济南:山东人民出版社,2002:361.

期亲子冲突增加,亲子亲合度降低。我国的研究则表明,与亲子冲突相比,青少年亲子亲合的发展较为稳定。大量研究表明,与父亲相比,青少年与母亲间的亲合度更高。联系前述青少年与母亲间的冲突比较多这一现象,也许可以说明青少年与母亲之间存在更多的互动与更强的情感联结,表现出既对立又亲密的关系。

2.同伴关系的发展。青少年期同伴关系的主要特点是:青少年早期(主要在高中阶段)是结交朋友的高峰期和关键期;同伴交往存在明显的性别差异,具体表现在交往人数、交往地点、交往动机、交往需要和择友标准上;同伴亲密的重要形式即友谊的深度超过儿童,对友谊内涵的理解也更为深刻,但还具有理想化色彩;在与异性交往中表现出由同伴团体内的异性互动到异性友谊关系再到异性恋慕关系的发展模式。值得注意的是,青少年独特的同伴文化会影响个体的方方面面,特别是价值观、态度、行为习惯等,往往起到同伴导向的作用。因此,教育者应特别注意引导青少年的同伴交往,避免不良同伴群体对青少年发展的不利影响。

3.师生关系的发展。青少年的师生关系有了新的发展,主要表现在:青少年对教师的评价逐渐趋向客观和公正;在师生交往中选择性、独立性和自主性更强;对教师的期望更全面;对师生关系本质的理解更为深入,逐渐形成自己心目中的"教师观"。

(五)性心理发展特点

青少年性心理发展是个复杂的过程,涉及青少年对自身性征发育的关注、与异性交往的体验、性冲动带来的各种心理状态,以及性价值观、恋爱观的形成等。有研究指出,我国青少年性心理发展特点主要表现为:性心理的本能性和朦胧性;性意识的强烈性和表现形式上的隐蔽性与文饰性;性心理的动荡性和压抑性;情感表露和性体验的性别差异性。以下主要从性别角色发展、性意识觉醒和异性交往等方面加以阐述。

1.性别角色的发展。性别角色的形成与发展是一个渐进的过程,与个体的社会化密切相关。青少年期性别角色的发展表现出以下特点:

(1)确立性别角色身份。性别角色身份的确立主要是指个体对自身男子气或女子气的评价与认识。青少年在自我同一性的发展中,不但要从生理角度认识"我是男人或女人",更要从社会文化角度,从心理品质和社会品质明确自己的性别角色身份,标志自己的性别角色特征,使自己逐渐适应社会的要求,完成性别角色社会化过程。

(2)形成性别角色观念。性别角色观念是指个体对社会所期望的性别角色形象的认知,即"成为一个什么样的男人或女人",它是性别角色的价值观念,是青少年性别角色发展的核心内容。在克服了早期性别刻板印象的基础上,青少年对男性和女性的性别角色有了更深刻的认识,逐步形成了既符合社会规范又有个人建构的性别角色观念。

(3)认同性别角色行为。青少年已经基本了解男性角色和女性角色的行为表现,认同相应的性别角色行为,并自觉按照性别角色行为的要求来调整自己。当今社会发展对性别角色标准赋予了新的内涵,健全完善的人格应同时具备男女两性的优秀人格特征,如坚强、果断、善良、细致等,因此有研究者提出了"双性化教育",意在培养青少年完善的人格特征。

2.性意识的觉醒。从青春期开始,中学生除了身体外形和机体内部的剧烈变化,还出现了第二性征,性生理器官的发育变化及性冲动,使中学生性心理逐渐成熟起来,他们比以往更加关注有关性方面的问题。青春期性意识开始觉醒,主要表现在:

(1)渴望了解性知识。伴随第二性征的出现,他们非常关注周围伙伴的发育变化,很想知道发生在自己身上的变化是否正常。经常有意识地通过一些途径来寻求性知识,如翻阅医学书刊、收听专栏广播、暗中与他人比较等。

(2)对异性产生好奇和爱慕。男女中学生很自然地对异性由好奇产生好感,迫切希望接触,增加交往和了解。有时彼此相互怀有好感,出现情感上的相互依赖,并不自觉地憧憬未来生活,构想与心中异性在一起时的浪漫场景,以寻求心理上的满足。

(3)容易在异性面前紧张和兴奋。在异性面前开始自觉地进行性别自我塑造,从"男子汉"或"好姑娘"的角度来塑造自己和期待对方。希望在异性面前更加有吸引力,想要展示自己的才华和相貌,但又怕因此失态而紧张,心理具有较强的隐蔽性。

3.异性交往。美国心理学家赫洛克将青少年与异性的交往划分为四个阶段:

(1)异性的疏远期。青春发育期的生理变化使青少年发现了人类的性生理奥秘,由此可能产生对性的不安、害羞和反感,于是对异性采取回避、冷淡和疏远的态度。

(2)向往年长异性的牛犊恋期。青少年像小牛恋母似的倾倒于所向往的异性(特别是年长异性),对其产生朦胧幻想,但大多不会付诸行动。

(3)接近异性的狂热期。在这一阶段,青少年努力通过各种活动引起异性对自己的注意,尽量制造机会与自己喜欢的异性接近,狂热地追求异性。

(4)浪漫的恋爱期。浪漫恋爱的显著标志是爱情集中于一个异性,对其他异性的关心明显减少。喜欢与自己选择的对象在一起,对爱情有浪漫的憧憬和期待,并在恋爱过程中充分体验。

第四节 青少年心理发展中的问题与对策

青少年处于特定发展阶段,面对生理心理的巨大变化和社会化的特定发展课题,较易产生心理问题,对心理健康及个人成长造成影响。因此,有必要了解青少年身心发展过程中的常见问题,并给予及时关注和有效干预,以帮助青少年顺利地度过这一阶段,走好青春每一步。

一、青少年心理发展中的常见问题

(一)青春期情绪问题

1. 孤独。伴随自我的发展和闭锁心理的出现,很多青少年常会体验到孤独感,感叹"热闹是他们的,我什么也没有"。适当的孤独体验有助于个体丰富情绪感知,但经常体验孤独则易使个体情绪低落,疏远人群,强化集体疏离感。

2. 抑郁。抑郁是一种由情绪低落、冷漠、悲观、失望等构成的一种复合性情绪。抑郁在女性青少年中较为常见。有部分女性会伴随生理周期而出现周期性情感抑郁,感到情绪低落,无精打采,对学习、工作、人际交往失去兴趣。抑郁大多可经自我调适而得到缓解。个别女性可能会陷入较长期的抑郁状态,严重者可发展为抑郁症。

3. 焦虑。适度焦虑有助于个体提高应激水平,过度焦虑则是一种不良情绪,有害个体身心健康。部分青少年由于种种原因对学习或人际交往产生焦虑感,时常忧心忡忡,神经高度紧张,甚至胡思乱想。可伴有头晕、胸闷、心悸、呼吸困难、口干、尿频、出汗等明显的躯体症状。严重者可发展为焦虑症。

4. 恐惧。加里森曾把青少年恐惧的对象归结为三个方面:一是对以往经历过的事物的恐惧,二是对与自我有关的如死亡、学业失败、能力低劣、社会评价的恐惧,三是对社会事件如团体交流、与人约会等的恐惧。[1] 恐惧是一种逃避危险、自我保护的本能。而无端惧怕某些本身并不具有威胁性的事物或场所是不正常的,严重者可发展为恐怖症,如场所恐怖症、社交恐怖症、物体恐怖症等。

5. 嫉妒。嫉妒是对他人获得胜利、成功时所持的不满态度,并伴随苦涩难言的内心体验。青少年由于自我意识发展、自尊心和好胜心较强,更易产生嫉妒感。

(二)学习问题

1. 学习方法不当。表现为没有掌握适合自己的有效的学习方法,没有养成良好的学习习惯,学习缺乏自觉性、主动性、计划性,目的不清,方向不明,遇到干扰就半途而废,学习效果低下。

2. 出现学习疲劳。即长时间连续紧张学习后由于身心过度疲劳所导致的学习效率下降的现象,包括生理疲劳和心理疲劳。前者指肌肉与神经系统的疲劳,后者指情绪烦躁、注意力涣散、思维迟钝、反应缓慢等心理现象。学习疲劳可分为暂时性学习疲劳和慢性学习疲劳两种。暂时性学习疲劳通过休息、睡眠可以消除,慢性学习疲劳则需要了解原因,逐步调整。

---

[1] 冯江平,安莉娟.青年心理学导论[M].北京:高等教育出版社,2004:189.

3. 厌学情绪严重。表现为学习动力不足,学习欲望低下,丧失学习兴趣,不能顺利完成各项学习任务,不能自觉遵守学校规章制度,迟到、早退、旷课,直至最终辍学流失。

4. 考试焦虑。考试焦虑以担忧考试为基本特征,以防御或逃避为行为方式,表现出不同程度的紧张情绪反应。具体表现为考前高度紧张焦虑,对日常生活产生较大影响,考试时情绪紧张,心慌意乱,出现感知障碍、注意障碍、记忆障碍、思维混乱等,甚至伴随躯体反应,如手足发冷、心跳加速、肌肉紧张、头昏等。

（三）交往问题

1. 退缩心理。表现为与人交往过分担心、紧张,缺乏必要的交往技能,不愿或不敢在公众场合抛头露面,退缩、孤僻,严重者可表现出社交恐怖。

2. 自傲心理。表现为与人交往自高自大,自傲强势。不善体察对方情绪,移情能力较差。往往自觉人际关系良好,或是自觉人际关系不佳,但又不愿或不善从自身出发分析原因。

3. 异性交往心理。由于性生理的发展,青少年开始对异性感到好奇,渴望接触和了解,由于性心理发展的不成熟,可能在与异性交往中行为不当,或过于谨慎或过于放任。

（四）适应问题

1. 环境适应方面。表现为不能顺利适应新环境,在升学、就业等转折关口不能有效调适自己,长时间无法积极主动适应,并由此给学习、生活、人际交往带来消极影响。

2. 学业适应方面。有些青少年缺乏心理弹性,不能理性面对自己偶尔的失败,无法接纳自己暂时的落后或退步,对自己产生怀疑,进而全面否定自我。或因在自己擅长的学业领域没有充分表现,而感到苦恼烦闷。

3. 情感适应方面。青少年闭锁性与开放性的心理矛盾使得他们在交往中一方面感到与同学的交流越来越少,似乎每个人都在各忙各的,一方面又格外看重自己的知心至交,一旦友谊出现问题,很容易感到情感受挫,产生悲观失望、抑郁孤独等负面情绪体验。

4. 自我适应方面。由于在人际交往、学习方面遇到困惑,抑或是不能接纳自己在青春期所发生的面相、外形的变化,部分青少年在自我同一性建立的过程中感到困惑,在自我概念、自我认知、自我评价和体验等方面不能有机整合,甚至发生自我同一性混乱。

（五）意志问题

1. 从众心理。人云亦云,缺乏主见,不加分析地接受他人或团体的影响,盲目地追求流行标准,轻率地改变行为方向。

2. 倔强固执。脾气倔强,固执己见,不善于听取他人合理意见或建议,自以为是,行为偏执。

3. 冒失冲动。懒于思考,贸然抉择,草率行事,轻举妄动,不分析主客观条件,不考虑行为后果。

4. 缺乏坚持性。对待活动、学习一曝十寒,三分钟热度,刚开始热情高涨,稍遇困难即选择放弃。热情有余,干劲不足,自我管理、自我控制水平较低。

（六）性心理问题

1. 体像意识的困扰。对自己的身体形象及第二性征缺乏现实的和正确的认知。有调查表明,50%的中学女生和16%的中学男生对青春期出现第二性征感到害羞、不安和新奇；有部分女生对自己的乳房发育不满意,为体形的胖瘦而烦恼；部分男生对自己的生殖器不满意,为身材矮小而苦恼。青少年在体像方面容易对自己过分挑剔,并将其看做缺陷而产生自卑心理。

2. 对手淫、性梦和性幻想的不合理认知。受传统观念的影响,青少年相对较少通过正规渠道获得科学的性知识和正确的性观念,不能正确认识手淫、性梦及性幻想等性心理发展中的常见现象。一旦自己表现出这些行为,即背上沉重的心理包袱,对自我进行批判和谴责,认为自己是不道德甚至是罪恶的,由此影响学习、生活及人际交往,严重者还可导致性心理发展障碍甚至病态。

3. 性冲动困扰。性冲动是青少年生理发育成熟的正常反应,由于性教育较为缺乏,部分青少年不知如何理性控制自己的性冲动。要么一味过度压制自己,要么走向另一极端,放任自流,无所顾忌,在与异性交往中行为失控,甚至发生不负责任的性行为。

（七）不良个性问题

1. 过度敏感。察觉到他人的细微变化并由此产生过度联想,对自己的身心变化敏感多疑。过度敏感的基础是过分自我关注,再加上过多思虑,则容易形成多疑的个性,常常出现焦虑与紧张。

2. 过度独立。倔强固执,刻意拒绝他人的积极建议和善意劝告,甚至以逆反心理对待成人。过度独立的基础是过分自信、性格上的执拗及认知上的偏差,进一步发展可能形成对抗及反社会心理,甚至出现行为问题。

3. 过分自尊。过分自尊的青少年大多也过分敏感,在与人交往时十分警觉,自尊心较易受到伤害,并伴有情绪体验及行为反应。过分自尊往往和过度自卑相联系,内心深处缺乏自信就会更加在意他人的反应。

4. 过分自责。对自己的错误或缺点不能释怀,长时间进行自责和自我折磨。由于苛求完美而对微小错误反应强烈,产生严重自责心理。由于认知偏差而将自己偶然的错误缺点夸大为整体的甚至是品质性的错误、缺点,对自己全盘否定,通过不断自责来自我惩罚。把本不属于自己的错误归咎于自己,陷于自责当中。过分自责往往有损个体的自尊、自信,若长期存在会影响身心健康。

5.过分自我掩饰。由于自我意识快速发展,自我控制能力增强,青少年常常会对自己加以掩饰。有些甚至时时事事都想掩饰自己的真实想法和行为动机,生怕别人了解自己不愿或尚未暴露的弱点。因此,在行为上畏畏缩缩、躲躲闪闪,心理上处于经常性的焦虑状态。如长期过分掩饰,可能会发展成虚伪、表里不一等个性品质。

二、干预对策与建议

(一)转变思想观念,正确认识青少年期出现的发展性问题

无论是教育者还是青少年本人,都应对青少年期的心理特点有所了解和把握。了解青少年是教育和发展的前提。人们往往对青少年群体长期存在着刻板印象,即认为青少年必然是叛逆的、有问题的,实际上青少年是最容易被误解,也是最需要理解的群体。因此,我们都需要重新认识青少年,并对青少年的心理问题做出具体分析。要认识到青少年存在的问题哪些是流变的、与发展本身相关的、群体性的,哪些是固化的、带有个人特点的个别性问题;哪些是确实存在的、值得关注和研究的,哪些是主观印象的、未必符合现实状况的问题;哪些是规律性的、具有普适意义的,哪些是历史时代性的、发展变化的问题。对他们所表现出来的问题既不能见怪不怪,也不能大惊小怪。

(二)协调多方力量,创设良好社会心理环境

青少年心理问题的成因复杂多变,涉及青少年个人、家庭、学校、社会等方方面面。因此,需要协调多方力量,共同为青少年健康成长创设良好社会心理环境。

1. 青少年个人应通过多种方式学习发展知识,由自发状态转变为自觉状态,积极主动谋求最优化发展。

2. 家庭应注重教养方式,提供健康的心理土壤。父母应首先成为积极的学习者,掌握青少年心理发展的基本知识,了解其年龄特征和主要表现。同时注重采取民主型教养方式,充分尊重青少年,多沟通,多理解,多参与,努力与孩子一起成长。

3. 学校应转变教育观念,创设和谐成长氛围。树立多元智力观,尊重每一个学生的独特价值,相信学生具有成长进步的巨大潜能。改变单一评价体系,认可接纳每一个学生,开展多种活动,让学生有机会体验到成就感和价值感,在和谐融洽的氛围中学会求知、学会做事、学会合作、学会生存。

4. 社会应优化教育环境,构建宽松成长空间。从政策体制、教育引导、舆论宣传、网络媒体等方面着手,优化教育环境,注重学生素质发展,提供多种选择,构建宽松空间,切实帮助青少年实现生动活泼、富有个性的发展。

(三)运用专业知识,提供心理服务

1. 举办心理讲座,普及心理健康知识。定期举办心理讲座,邀请心理健康教育领域的专职工作者为青少年普及心理健康知识,介绍心理健康维护方法,增强心理

健康意识。

2. 开展心理咨询,满足个性化需求。学校或社会应利用心理咨询中心或其他形式面向青少年开展心理咨询,以发展和预防原则为主,及时帮助青少年解决心理困惑,促进青少年心理健康发展。

3. 开设心理辅导活动课程,提升心理品质。开设心理辅导活动课程,以发展性原则为主,通过学习辅导、生活辅导、职业辅导等提升青少年心理品质,引导其分析自我,学会调适,善用社会支持资源,寻求积极发展。

案例分析

初二学生小凡,生活在一个普通家庭。他说:我现在经常和爸妈闹矛盾,一听到他们催我学习就感到心烦,有时真想一走了之再也不回家了。可是生活上他们又对我挺好的,给我做饭、洗衣、零花钱……小时候,我特别尊敬我爸,是他撑起了这个家,让我和妈妈衣食无忧。我也特别喜欢妈妈,她对我宠爱有加……可是,随着年龄越来越大,我觉得他们都不再爱我了,只关心我的学习成绩,根本不知道我在想什么、需要什么。上中学以来,学习任务加重,我的学习成绩不如小学那么优秀了,父母对我学习方面的要求也更为严格,尤其是将要进入初三了,还没开学就已经给我报了语数外三个补习班,一个多月的暑假被填的满满的。我跟爸妈说想回外地老家过暑假,可他们认为学习以外的所有事情都是浪费时间……

我觉得爸妈太不理解我了!所以,我毅然决然的留下一封道别信,离家出走去往外地的老家。

从以上描述来看,小凡离家出走的原因主要有三点:首先是亲子关系紧张。父母望子成龙心切造成小凡心理上的巨大压力,加之对小凡学习成绩的关注远大于对他生活其他方面的关心,使得小凡觉得父母不再像原来那样爱自己,当他无法从家庭获取自己所需要的关爱时,就想逃避而选择离家出走回老家。其次,小凡感到学习负担过重,产生厌学情绪,形成较强的逆反心理,并以出走形式表现出来。第三,中学阶段是人生中的第二个反抗期,很容易产生对外在力量予以排斥的心理和行为倾向,强迫让其补习只会加重学生的逆反和对抗。因此,应加强亲子沟通,父母充分理解子女的多种需要并给以适当满足,子女也应理解"可怜天下父母心"的深刻含义,父母与子女能相互理解,亲子关系融洽了,一切问题将会迎刃而解。

课后习题

一、单项选择题

1. 根据埃里克森的心理社会性发展理论,青春期(中学阶段)面临的心理社会危机是( )。
A. 独立感对内疚感　　　　　　B. 勤奋感对自卑感
C. 亲密感对孤独感　　　　　　D. 自我同一感对自我同一性

2. 小丽能根据 A＞B,B＞C,推出 A＞C,根据皮亚杰的认知发展理论,该同学认知发展所处的阶段是( )。
A. 感知运动阶段　B. 具体运算阶段　C. 形式运算阶段　D. 前运算阶段

3. 弗洛伊德认为心理发展的动力来自于( )。
A. 环境　　　　　B. 遗传　　　　　C. 超我　　　　　D. 性本能

4. 小明自从上初中后突然好像不认识自己了,"我是谁?""我将来做什么?"这类问题常困扰着他,依据埃里克森的心理社会性发展理论,他所处的发展阶段是( )
A. 儿童早期(2～4岁)　　　　　B. 学龄期(7～12岁)
C. 青春期(12～18岁)　　　　　D. 成年早期(18～25岁)

5. 依据皮亚杰的观点,12～15岁儿童思维发展所处的阶段是( )。
A. 感知运动阶段　B. 前运算阶段　　C. 具体运算阶段　D. 形式运算阶段

6. 用"世界上没有两片完全相同的树叶"比喻个体心理发展具有( )。
A. 连续性　　　　B. 差异性　　　　C. 不均衡性　　　D. 方向性

7. 班杜拉社会学习理论认为,观察学习的起始环节是( )。
A. 注意过程　　　B. 保持过程　　　C. 动作复现过程　D. 动机过程

8. 下列能够解释"山寨品牌商家利用与名牌商品相似的外观、名称来提升销量"现象的原因是( )。
A. 刺激分化　　　B. 刺激泛化　　　C. 刺激比较　　　D. 行为强化

9. 某学生由于进步明显,老师通过取消对他的处分来激励其进步行为,这种强化方式是( )。
A. 正强化　　　　B. 负强化　　　　C. 替代强化　　　D. 自我强化

10. 维果斯基提出"教学应走在发展前面"的含义是( )。
A. 提前讲授下一阶段才能掌握的内容
B. 教学可以不考虑儿童现有的发展水平
C. 教学的重要任务是创造最近发展区
D. 根据学生现有水平进行教学

11. 把学生对社会所期望的性别角色形象的认知,即"成为一个什么样的男人或女人",称为( )。
A. 性别角色行为　B. 性别角色观念　C. 性别角色偏爱　D. 性别认同障碍

12. "时而安静,时而急躁,时而紧张,时而轻松",这反映出青少年情绪情感所具有的特点是( )。

A. 爆发性　　　　　B. 冲动性　　　　　C. 两极性　　　　　D. 弥漫性
13. 青少年的人际关系类型主要有(　　)。
A. 同伴(同学)关系　B. 亲子关系　　　C. 师生关系　　　　D. 以上都是
14. 青少年性心理发展是一个复杂的过程,他们努力通过各种活动引起异性对自己的注意,尽量制造机会与喜欢的异性接近,这属于与异性交往的(　　)。
A. 疏远期　　　　　B. 牛犊期　　　　　C. 狂热期　　　　　D. 恋爱期
15. 由于自我意识的高度发展,青少年的自尊心和好胜心较强,很容易产生(　　)。
A. 孤独　　　　　　B. 焦虑　　　　　　C. 恐惧　　　　　　D. 嫉妒
16. 在弗洛伊德的人格结构观中,能代表个体理想部分,其活动服从"道德原则"的是(　　)。
A. 本我　　　　　　B. 自我　　　　　　C. 超我　　　　　　D. 他我
17. 环境对个体发展起决定作用,只要严格控制刺激和反应之间的关系,就可随心所欲地塑造儿童的行为,提出该观点的是(　　)。
A. 斯金纳　　　　　B. 埃里克森　　　　C. 班杜拉　　　　　D. 华生
18. 在皮亚杰的儿童认知发展阶段论中,通过感知和动作来探索外部环境,主要手段是手的抓取和嘴的吮吸,此时儿童所处的发展阶段是(　　)。
A. 具体运算阶段　　B. 感知运动阶段　　C. 形式运算阶段　　D. 前运算阶段
19. 按照维果斯基的思想,教师在设定教学进度和难度时,应该快慢得当、难易适宜,让学生"跳一跳,摘个桃",这种主要是根据学生的(　　)而设定的。
A. 现有发展水平　　B. 最远发展区　　　C. 最近发展区　　　D. 潜在发展水平
20. 青少年由于对自我的高度关注,总觉得别人也像他自己那样关注他,就像时刻生活在聚光灯下,一言一行都受到无数观众的关注、赞赏或批评,这种心理活动是(　　)。
A. 假想观众心理　　B. 个人神话心理　　C. 自恋心理　　　　D. 自我陶醉心理

二、辨析题(判断正误,并说明理由)

1. 遗传素质是影响心理发展的生物前提,其中最为重要的是大脑和神经系统的解剖特点。
2. 在弗洛伊德提出的人格"三我"理论中,自我代表个体的一切原始冲动和本能欲望。
3. 学龄期(7~12岁)要解决的心理社会危机是勤奋感对自卑感。
4. 皮亚杰认为,认知发展的实质就是主体通过动作对客体的适应。
5. 观察学习是社会学习的最主要形式。

三、简述题

1. 阐述个体心理发展的总体特点及影响因素。

2. 埃里克森、皮亚杰关于心理发展的主要思想各有哪些？
3. 发展与教学有何关系？
4. 青少年思维发展、情绪情感发展各有哪些主要特点？
5. 阐述青少年自我意识发展的特点。

四、论述题
1. 联系实际分析青春期情绪问题，并提出干预建议。
2. 结合中学生性心理发展特点，谈谈对异性交往的看法。

五、材料分析题（阅读材料，并回答问题）

材料一：

初二女生小琳，从小性格开朗，善交朋友，可到了初中她开始觉得自己不能适应环境，不敢和别人说话，不敢住集体宿舍，上课低着头不敢直视老师，总觉得别人都在看她，关注着她。当她一个人在家时，她总是反复照镜子，反复表演自己认为最佳的表情和姿势。在学校课外活动时，她看到同学们说说笑笑很是羡慕，可她怎么也融入不进去，总害怕自己说话别人会嘲笑，心里很矛盾，慢慢开始远离同学，也难以将精力投入到学习中去。

材料二：

有位母亲很苦恼，儿子小时候懂事听话，和小伙伴关系融洽，小学学习成绩也一直名列前茅。但自从上了初中就开始情绪不稳定，现正在上初二，最近不知道为什么一提到学习，脸上就出现烦躁神情，一拿到书本，就哈欠不断，做作业时也磨磨蹭蹭。妈妈让他看课本，他就冲妈妈说一句："没什么好看的。"妈妈追问半天，他才冒出一句："学习真没意思，真累！"他的学习成绩逐渐下滑，还常和妈妈发生冲突和争执，一点小事就会暴跳如雷，所有事情都要自己做主，只要是妈妈安排的事情就对着干。有时跟父母大吵大闹，事后却又很后悔。每天都很苦恼，很迷茫，不知道自己这是怎么了。

材料三：

晓晓是个初一女生，敏感得如同含羞草。朋友评价她：她的脸皮太薄了，只能听好话，不好听的话完全不接受。有一次，她高高兴兴地出门，不一会就哭着回来了，连续几天不出门。父母问了好久，才知道是一个男同学说她穿的黑衣服像外国人去参加葬礼一样。她认为男同学嘲笑她，厌恶她，其他人也不喜欢她。自此以后，再也不穿黑色衣服，也不跟所有的男同学说话。

问题：

1. 从青春期心理发展特点角度，分析阐述材料中三个同学的心理状态。
2. 如果你是一名中学老师，你认为对青春期学生出现的问题应从哪些方面着手解决？

拓展阅读

1. 林崇德.发展心理学[M].北京:人民教育出版社,2009.
2. 桑标.当代儿童发展心理学[M].上海:上海教育出版社,2003.
3. 张文新.青少年发展心理学[M].济南:山东人民出版社,2002.
4. [美]大卫·谢弗,等.发展心理学——儿童与青少年[M].邹泓,等,译.北京:中国轻工业出版社,2009.
5. 罗伯特·费尔德曼.发展心理学——人的毕生发展[M].苏彦捷,等,译.北京:世界图书出版公司,2013.
6. 周锦阳.如何自主克服青春期发育心理问题[J].科技风,2018(6).
7. 孙莉莉.青春期的学生心理健康调适与对策研究[J].中国校外教育,2018(3).
8. 郭蕾.家长对青春期初中生的心理关注点及对策[J].中小学心理健康教育,2018(5).
9. 许晓颖.中学生心理健康教育中的问题及对策[J].全科护理,2017(35).
10. 陈晨,刘晓静.青春期性心理特点与性教育分析[J].农村经济与科技,2017(24).
11. 过晔.浅析青春期的心理特征[J].才智,2016(31).

第四章

感觉知觉与观察力的培养

学习目标

理解感觉、知觉、感受性、适应、错觉等基本概念,以及感受性的变化形式,掌握知觉的基本特性、感知觉与观察力的关系和培养观察力的方法。

第一节 感觉知觉概述

感知觉属于认知过程中最为基本且很重要的心理现象。研究这一认知现象,对于科学地解释物理刺激如何转化为个人的感知经验,以及探讨更高层次的心理活动具有重要意义。

一、感觉、知觉的概念

(一) 感觉

感觉(Sensation)是人脑对直接作用于感觉器官的客观刺激物的个别属性的反映。从生理学角度来看,感觉是神经系统对外界刺激的反应,具有反射的性质。客观刺激作用于感官产生神经兴奋,兴奋经传入神经传到中枢神经系统就引起感觉。每种感觉都有其特定的感受器,例如,眼睛视网膜上有许多将光信号转化为电信号的感受细胞,耳内也有将声音信号转化为电信号的感受器。因而,感觉只对客观刺激的个别属性做出反映,它是最简单的心理活动。

感觉在人的生活中具有十分重要的意义。首先,感觉为人们提供了内外环境的信息,是人认识事物的开端和知识的源泉。其次,感觉是一切高级复杂心理活动的基础,是维持正常心理活动、保证机体与环境平衡的重要条件。由美国心理学家荷比(D. O. Hebb)等首创的感觉剥夺实验(Sensory Deprivation)表明,剥夺人的感觉,高级心理活动就会出现异常。

(二)知觉

知觉(Perception)是人脑对直接作用于感官的客观刺激物的整体的反映。知觉是个体选择、组织并解释感觉信息的过程。在实际生活中,人们虽然以感觉作为一切心理活动的开端,但都以知觉的形式来反映事物。

人们日常所认识到的事物并不是一堆杂乱无章的刺激特征,而是由这些特征组成的有条理、有结构的整体,如房屋、器械、人物等。当刺激物直接作用于人的感觉器官的时候,人不仅能够反映这个物体的个别属性,而且能通过各种感觉器官的协同活动,在大脑里将物体的各种属性按其相互联系和关系整合成一个整体,形成对该物体的完整映像。在整合过程中,知觉不仅依赖于刺激物的特性,还依赖于知觉的主体,即具有丰富心理活动的人对事物的态度、需要、兴趣、爱好、已有知识经验和人格特点等都在一定程度上影响知觉的过程和结果。知觉是认知活动的重要组成部分,它日益成为现代心理学中有广阔应用前景的领域。

二、感觉和知觉的区别及联系

(一)感觉和知觉的区别

作为两种不同层次的心理过程,感觉和知觉存在一定的区别:

1. 感觉是介于心理和生理之间的活动,是以生理作用为基础的简单心理过程,而知觉是心理活动,是加入了个体主观因素的较复杂的心理过程。

2. 感觉是个体共有的普遍现象,而知觉则具有很大的个别差异,相同的刺激可以引起相同的感觉,但却会引起不同的知觉。

3. 分析器是产生感觉、知觉的生理基础。感觉是单一分析器活动的结果,反映的是客观事物的个别属性;而知觉则是多种分析器协同活动的结果,反映客观事物的整体属性。

4. 经验在感觉与知觉活动中所起的作用不同。感觉有无经验均能产生,经验可使感受性更加敏锐,但知觉的产生离不开经验,它更多地依赖于个体的知识经验和个性特点。

(二)感觉和知觉的联系

感觉和知觉的联系主要表现在三个方面:

1. 两者都是人脑对直接作用于感官的刺激物的反映,同属于感性认识阶段。

2. 感觉与知觉之间是连续的,知觉的产生必须以各种形式的感觉存在为前提,感觉是知觉的有机组成部分,是知觉的基础,知觉则是感觉的深入和发展。

3. 感觉和知觉是同时进行的,在现实生活中人很少有孤立的感觉存在,通常两者是融为一体的,合称为感知觉。只是为了研究的需要,才把两者区分开来讨论。

三、感觉和知觉的种类

（一）感觉的种类

古希腊哲学家亚里士多德按照感官的种类曾将感觉分为视、听、嗅、味、触五种感觉，而现代科学的发展深化了人们对感觉的认识，揭示了更为丰富的感觉种类。最为常用的分类方法是根据内、外感受器及其所反映的内、外环境刺激的不同，将感觉分为外部感觉和内部感觉。

1. 外部感觉（External Sensation）。外部感觉接受外部刺激并反映外部事物的特性，其感受器位于体表，主要包括视觉、听觉、嗅觉、味觉和皮肤觉等，其中以视觉、听觉最为重要。

2. 内部感觉（Internal Sensation）。内部感觉接受机体内部刺激并反映内脏器官的状态，如饥、渴等内脏感觉。内部感受器位于人体各内脏壁内、腹膜、胸膜及关节囊等处。它接受体内各种化学和物理性刺激，主要包括运动感觉、平衡感觉和内脏感觉。

还有一种比较特殊的感觉——痛觉。痛觉不同于其他感觉，它没有一定的适宜刺激。无论是机械的、物理的，还是化学的刺激，只要达到一定强度并对机体造成损害或破坏时都会引起痛觉。痛觉是有机体的报警系统，监视来自任何感官的异常刺激，引起警觉并使人处于防御状态，设法避开有害刺激，达到保护机体的目的。

（二）知觉的种类

按照不同的分类标准可将知觉分为以下不同种类：

1. 根据起主导作用的感官分类，可以把知觉分为视知觉、听知觉、触知觉、嗅知觉和味知觉等。

2. 根据人脑所反映的事物特性分类，把知觉分为空间知觉、时间知觉和运动知觉，这是最为通用的知觉分类法。

空间知觉是个体对外界事物空间特性的反映，包括大小、形状、距离、立体和方位等知觉。其原理主要是凭借视觉、听觉、动觉和平衡觉等的协同活动，并辅以习得经验而形成的。

时间知觉是个体通过某种媒介对客观现象的延续性和顺序性的反映。媒介可以是自然界的周期现象，也可以是机体的生理状态等，如人体的生物钟。时间知觉受个体活动内容、情绪状态和态度等的影响。

运动知觉是个体对物体空间位移的反映。运动知觉的产生依赖于许多主、客观条件。例如，物体运动的速度、运动物体离观察者的距离、运动知觉的参考系、观察者自身的运动或静止状态等。运动知觉分为真动知觉、似动知觉和诱动知觉。真动知觉是对物体本身以一定速度和轨迹连续位移的知觉,它依赖于物体适宜的运动速度。似动知觉是指在特定条件下静止的物体、没有连续位移的物体看成是连续运动的现象。它主要有:①动景运动,即物体本身并未移动而只是刺激在特定的时间间隔和空间间距条件下交替呈现所产生的运动知觉现象。它是最有代表性的似动现象。电影和霓虹灯的运动属于动景运动。动景运动受两个刺激物先后呈现的时间间隔长度的影响,间隔时间为 0.06 秒时能非常清楚地看到动景运动。②自主运动,如在暗室中注视一个光亮点一段时间后,光点会神奇地动起来。③诱导运动,即由于周围其他物体运动,使本来相对静止的物体看上去也在运动。如云彩中月亮的运动。④运动后效。大多数运动都会产生朝相反方向的运动后效。比如当我们注视一会儿瀑布后,将视线移到旁边的悬崖上,悬崖看起来在向上运动。

3. 错觉。错觉(Illusion)是指人在特定条件下对客观事物产生的歪曲的知觉,是一种特殊类型的知觉。错觉不同于幻觉,幻觉是在没有外界刺激作用下产生的虚幻的知觉。错觉受物理的、生理的和心理的多种因素影响。错觉的类型也很多,其中以视错觉表现得最为明显,目前研究较多的视错觉是几何图形错觉,如图 4-1 所示。

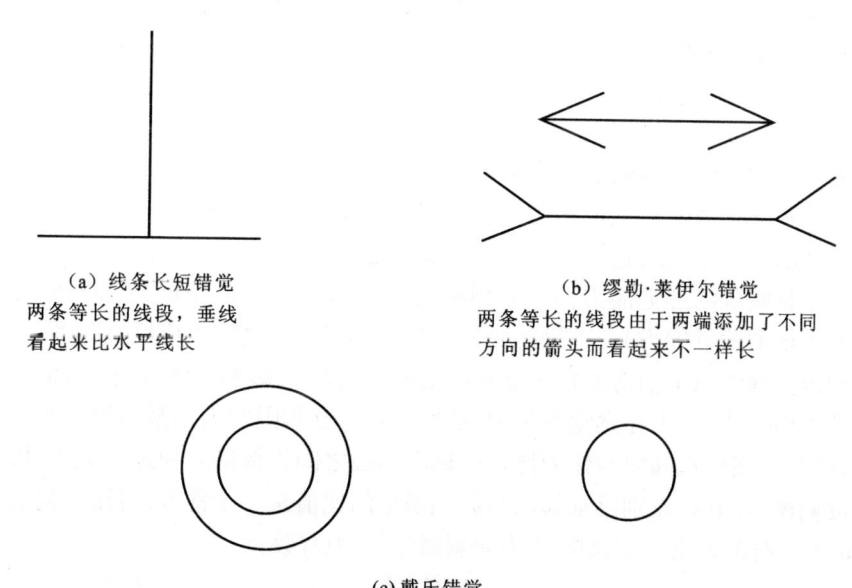

(a) 线条长短错觉
两条等长的线段,垂线
看起来比水平线长

(b) 缪勒·莱伊尔错觉
两条等长的线段由于两端添加了不同
方向的箭头而看起来不一样长

(c) 戴氏错觉
左图内的小圆与右图的圆相等但两者看似不等,右图看来较小

图 4-1　几何图形错觉

第二节　感觉与知觉的基本特性

一、感觉的基本特性

（一）感受性和感觉阈限

感觉是由某种刺激物作用于感觉器官而引起的,但并非任何刺激物都能引起感觉。例如,人们无法看到落在皮肤上的灰尘,也无法感觉到它的重量。只有当刺激物的作用达到一定强度时,才可能引起感受器的反应,发放神经冲动引起感觉。感觉器官这种对适宜刺激的感受能力称为感受性(Sensitivity)。感受性有绝对感受性与差别感受性之分。感受性的强度以感觉阈限的大小来衡量。感觉阈限(Sensory Threshold)是指能引起感觉并持续一定时间的刺激量,可分为绝对感觉阈限和差别感觉阈限。

1. 绝对感觉阈限和绝对感受性。绝对感觉阈限(Absolute Sensory Threshold)是指刚刚能引起感觉的最小刺激量。对绝对感觉阈限的感觉能力称为绝对感受性(Absolute Sensitivity)(即对最小刺激量的感觉能力)。绝对感觉阈限和绝对感受性成反比关系,绝对感觉阈限越小,绝对感受性越强,反之则绝对感受性越弱。它们之间的关系可用下列公式表示:

$$E = 1/R$$

E 代表绝对感受性,R 代表绝对感觉阈限。

绝对感觉阈限可因刺激的性质和有机体的状况而有所不同。

2. 差别感觉阈限和差别感受性。差别感觉阈限(Difference Sensory Threshold)是指刚刚能引起差别感觉的两个同类刺激物之间的最小差别量,也称最小可觉差。对差别感觉阈限的感觉能力称为差别感受性(Different Sensitivity)(即对同类刺激最小差别量的感觉能力)。差别感觉阈限和差别感受性之间也成反比关系。

德国生理学家韦伯对差别感觉阈限的研究有较大影响。1834年,韦伯提出了著名的韦伯定律,认为在感觉变化中,虽然差别感觉阈限常因刺激类别与感觉类别而异,但其差别感觉阈限与作为比较的标准刺激之间仍保持一种定比关系,即在中等强度刺激范围内,差别感觉阈限与原刺激量的比值是一个常数,可用下列公式表示:ΔI 为此时的差别感觉阈限,I 为原刺激量,K 为常数。

$$\Delta I / I = K$$

例如,如果在原来100克的重量上再增加3克才能感觉到重量的增加,那么,如果原有重量是200克或300克的话,就要增加6克或9克才能有所感觉。一般情况下,K 值在视觉中是0.01,在听觉中是0.1,在重量感觉中是0.03。

阈限作为一种反应过渡到另一种反应的物理维度上的界限并不是一个固定

值,而是在一个过渡区内变化需要经过多次测量才能确定的统计值。在心理物理学实验中,通常用恰好能引起某种感觉(或差别感觉)的刺激值的均数来表示。因此,绝对感觉阈限的操作定义是有50%的次数能引起某种感觉,50%的次数不能引起某种感觉的刺激值。同理,差别感觉阈限则是有50%的次数能引起差别感觉,而50%的次数不能引起差别感觉的刺激差别量。

(二)感受性的变化

1.感觉适应。感觉适应(Sensory Adaption)是指感受器在刺激物持续作用下所发生的感受性变化现象。它可以引起感受性的提高,也可以引起感受性的降低。大部分感觉都有适应现象,所谓"入芝兰之室,久而不闻其香;入鲍鱼之肆,久而不闻其臭",就是嗅觉适应的表现。

在实际生活中,感觉适应是利弊兼具的一种心理现象:一方面,感觉适应可以使个体对外界不良刺激的敏锐度降低,从而更好地适应外界环境减少身心负担,如个体在喧闹的场所可以排除噪音干扰专心看书;另一方面,由于对刺激敏锐度的降低可能导致个体警惕性的丧失,造成不必要的伤害,如在化学工厂工作的人由于长期接触有害化学品而中毒。

2.感觉对比(Sensory Contrast)。它是指同一感受器在不同刺激作用下感受性在强度和性质上发生变化的现象。感觉对比可分为同时对比和继时对比。同时对比是指几个刺激物同时作用于同一感受器产生的感受性变化。马赫带现象就是同时对比的一个突出例子。马赫带现象是指人们在明暗交界处感到明处更亮而暗处更黑的现象(见图4-2)。产生这一现象的原因是相邻的感受器之间能

图4-2 感觉对比:马赫带现象

够相互抑制对方发放神经冲动的侧抑制所造成的。在图4-2中,当人同时看明暗相间的区域时,明亮区域对感受细胞的刺激比黑暗区域的刺激强得多,明亮区域的强刺激会抑制与黑暗区域相对应的感受细胞的反应,这就加强了对明暗交界处的反应差别,形成强烈的对比。继时对比是指刺激物先后作用于同一感受器时产生的感受性变化。如先吃苦药后吃糖觉得糖特别甜,就是继时对比的结果。

3.感觉后像(Sensory Afterimage)。它是指当感觉刺激停止作用后,感觉印象仍暂留一段时间的现象。感觉后像包括正后像和负后像。正后像在性质上和原感觉的性质相同,负后像的性质则与原感觉的性质相反。例如,目不转睛地注视白色荧光灯一段时间后,闭上眼睛,感觉灯还在眼前亮着,这是正后像;如果将视线转向一面白墙,就会感觉看到有一个黑色灯的印象,这是负后像。

4.感觉的空间积累和空间融合。感觉的空间积累是指感受器的不同部位同时受到刺激所产生的、因反应整合在一起而改变了感受性的现象。例如,用一定温度的刺激作用于皮肤表面,作用的面积越大,则温度感觉越强烈,但刺激强度(温度)并未发生任何变化,这就是感觉空间积累的结果。感觉的空间融合是指感受器对同时作用于它的不同刺激的反应联合起来而产生单一感觉印象的现象。例如,黄色光与蓝色光混合时我们看到的是白色光。

5.感觉的相互作用(Sensory Interaction)。感觉的相互作用是指不同感觉在一定条件下发生相互作用,从而使感受性发生变化的现象。人接受环境中的信息常常是多通道同时进行的,因此不同感觉的相互作用经常发生。例如,微光刺激可提高听觉的感受性,而强光刺激则会降低听觉的感受性。感觉相互作用的一般规律是一种感觉的弱刺激能提高另一种感觉的感受性,一种感觉的强刺激则会使另一种感觉的感受性降低。

联觉是感觉相互作用的典型表现,是指一种感觉引起另一种感觉的现象。联觉的形式很多,其中以颜色感觉的联觉最为突出。色觉可以引起温度觉,如红、橙、黄等颜色有温暖感(称暖色),蓝、青、紫等颜色有寒冷感(称冷色)。色觉还可以引起轻重感,如室内家具如果使用浅色系的颜色就会给人轻巧的感觉。英国牛津大学(Oxford University)的一项研究指出,餐具重量和颜色对食物的享受程度影响甚大。请客时用较重的餐具可以让客人留下好印象,餐具重量较重会使人感觉食物更珍贵,进而令客人觉得你是拿出最好的食物来招待他。红色盘子适用于必须限制食量的人,对体重过轻的人红色不太适用,红色有限制食物摄取的效果。也有研究表明,用蓝色、绿色等冷色调的玻璃杯喝饮料,能令人更畅快。在食物入口前,大脑已预先做了评断,会影响整体的进食经验。

6.感觉的补偿(Sensory Compensation)。它是指当某种感觉受损或缺失后,其他感觉的感受性提高以进行补偿的现象。例如,盲人的听觉、触觉特别灵敏,可补偿缺失的视觉能力。

二、知觉的基本特性

(一)知觉选择性

在同一时间内,人对外来的多种信息进行优先选择而做出进一步加工的特性称为知觉选择性(Perceptual Selectivity)。

知觉之所以具有选择性,是由于人的意识有选择性。知觉选择过程就是从背景中优先分出对象的过程。例如,学生上课时将老师的讲课作为知觉对象,而将其他无关的事物作为知觉的背景。

知觉过程中的对象和背景不是一成不变的。当意识从一个对象转向另一个对象时,原来的知觉对象就成为背景,而原来的背景便成为知觉对象。如图4-3是木雕艺术家艾契尔(1938年)的一幅著名木刻画,主题为《黎明与黄昏》,假如从图的左侧看起,我们看到的是一群黑鸟离巢的黎明景象,若从右侧看起,看到的则是一群白鸟归林的黄昏景象。在长时间注视过程中,人往往会获得忽而白鸟、忽而黑鸟的知觉经验,这是知觉中的对象与背景相互转换的结果。类似《黎明与黄昏》的两可图形还有许多,如图4-4所示。

图4-3 知觉的选择性

花瓶与头像

树与胎儿

图4-4 两可图形

这种对象与背景互相转换的现象除了受人的主观选择影响外,还受对象和背景的刺激结构的影响,主要表现为:①强度大的、对比明显的刺激物容易成为知觉的对象,例如,夜深人静时的窃窃私语、黑夜映衬下的霓虹灯闪烁、草原上奔跑的骏马等都容易成为知觉的对象,而雪地上的白纸、嘈杂的火车站中人说话的声音等就很难成为知觉的对象;②空间位置相近、连续,形状相似、轮廓闭合的刺激物也容易成为知觉的对象。例如,鉴别色弱或色盲的图例常常是利用亮度或色彩接近的点或块组成图形来让被试者加以辨认,如图4-5所示。

除了依赖于以上物理特性之外,知觉选择性还与人的需要、愿望、兴趣、任务、以往知识经验和刺激物对人的意义是否重要有极为密切的关系。心理学家布鲁纳和古德曼(Bruner & Goodman)曾以分别出生于贫富家庭的10岁儿童为被试,在控制情境下(除贫富条件之外的其他条件均相等),要求他们按照摆在面前的各种硬币(1分、5分、1角、2角、5角、1元等6种),凭其主观知觉在纸面上分别画出它们面积的大小。结果发现,两组儿童不分贫富,所画硬币大小均比实物面积稍大,但富家儿童在夸大的程度上小于贫家儿童。心理学家认为这一结果的产生取决于儿童对硬币价值和社会意义的认知。

图4-5 知觉中的相同或相似组合的图形

知觉选择性在美术、服装设计、军事伪装及建筑等方面具有广泛的应用价值,特别是对直观教学、培养学生观察力有重要意义。

(二)知觉理解性

人在知觉时,总是根据自己的知识经验对感知的事物进行加工处理,并用语词加以概括,赋予它确定的含义,从而标示出来的特性称为知觉理解性(Perceptual Comprehension)。

知觉理解性主要受个人的知识经验、言语指导、实践活动任务,以及个人兴趣、爱好等多方面因素的影响。

已有知识经验是人对知觉对象理解的前提,知识经验不同的人对同一事物的理解则不同。知识经验越丰富,理解就越深刻,知觉速度也相对较快。如图4-6所示,若从图的第一行左端看起,会觉得是一个男性的面孔,而后面虽然线条有所改变,但多少都保留了或多或少的男子面孔特点;而若从第二行右端看起则会得到少女坐姿的知觉,而后虽然逐渐改变,却多少保留了女子的身形。由此可见,人对事物的理解很大程度受个人过去知识经验的影响。

图4-6 过去经验对知觉理解性的影响

言语指导也是影响知觉理解性的一个因素。在教学中,教师常常会使用生动活泼的语言来帮助学生加深对学习内容的理解,特别是当对象本身的标志不明显时,通过言语的指导和提示可以唤起人的过去经验,补充知觉的内容,形成清晰、完整的理解。除此之外,实践活动本身也会影响理解的效果。例如,如果将学生分成两组,每人发一个圆规,一组只看圆规,而另一组则拆装圆规,然后让两组学生画出圆规的图形。结果证明,拆装圆规组比只看圆规组的学生所画圆规图形要更完整、更细致,说明实践活动可以促进和加强知觉的理解性。

(三) 知觉整体性

在知觉过程中,人们不是孤立地反映刺激物的个别属性,而是反映事物的整体和关系,这种特性称为知觉整体性(Perceptual Integration)。客观事物本身存在着整体与部分的关系,存在着各种属性的加和关系。当它们作为刺激物作用于人的感官时,常常只是它的部分或属性分别或先后发生作用,有时只有其中一部分发生作用,但人却将其个别属性或个别部分综合为一个整体,即在客观刺激不完备的情况下,人在主观上能够对其加以弥补并形成完整的知觉。应当强调的是,知觉整体性并不遵循科学上的相加原理,不是简单的 1+1=2,而是 1+1>2,是超越部分刺激相加之和所产生的一种整体的知觉经验。它不仅取决于组成整体的各部分的特点,也依赖于事物的整体特性。

例如在图 4-7 中,A,B,C 三个小图中并不存在实际完整的三角形、圆形和方形,但人主观的知觉经验却得到了边缘清楚、轮廓完整的三角形、圆形和方形,这是由于图形本身的排列特点所提供的线索造成的。这种刺激本身没有轮廓,但在知觉经验中却显示出的"无中生有"的轮廓,称为主观轮廓(Subjective Contour)。这种把不完整图形知觉为完整图形的知觉组织过程称为封闭性知觉。又如,对一棵树的高度进行判断,必须把它放到一定的背景中,依靠其他可知的参照物如汽车、房子或人的高低来判断,否则就无法获得完整的知觉经验。

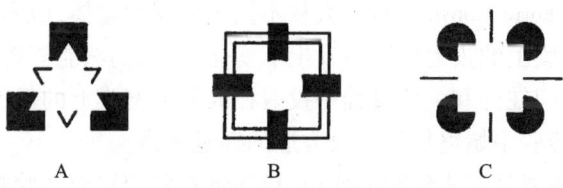

图 4-7 知觉的整体性

知觉整体性是知觉积极性和主动性的一个重要方面,它的存在提高了人们知觉事物的能力,如人们常常能够识别残缺的汉字。但知觉整体性有时也会让人忽略部分和细节的特征,如让人画出硬币的正面和背面图案时,人们大多无法完成,一个主要原因就是人们将硬币知觉为一个整体而忽略了细节。

(四)知觉恒常性

知觉恒常性(Perceptual Constancy)是指当知觉条件在一定范围内改变时,知觉映像仍然保持相对不变的特性。尽管外界条件发生了一定的变化,但人们在观察同一物体时知觉的映像仍相当稳定,表现为大小常性、亮度常性、颜色常性和形状常性等。

1. 大小常性(Size Constancy)。根据物理学的原理,当人们从不同距离观看同一物体时,距离越远,投射在视网膜上的像就越小,距离越近则成像越大;而当人在距离相等的情况下观察不同物体时,物体越大,投射到视网膜上的像就越大,反之物体越小则成像越小。但是,在实际生活中,人们所知觉到的物体的大小并不和视网膜上成像的大小相吻合,虽然外部的物理刺激发生了变化,但人主观的知觉并不随之发生变化,而是正确地反映客观刺激的实际大小。例如,身边有一只狗,而远处有一头牛,虽然牛在视网膜上的成像要比狗在视网膜上所成的像小,但人的主观知觉仍然认为牛比狗大。人之所以具有大小恒常性,是因为人具有学习的能力,已经能把物体的距离因素的影响估计在内,并根据各种线索如视觉、触觉、动觉及身体运动的经验等来进行判断。

2. 明度常性(Brightness Constancy)。在不同照明条件下,人知觉到的明度不因物体实际亮度的改变而变化,仍倾向于把物体的表面亮度知觉为不变。例如,在相同照明条件下,粉笔的亮度高于煤块,如果改变照明条件,把煤块放在强光下,而把粉笔放在阴暗的地方,人仍把粉笔知觉为比煤块的亮度高。

3. 颜色常性(Color Constancy)。在不同照明条件下,人们一般可正确地反映事物本身固有的颜色,而不受照明条件的影响。例如,不论是在白天还是夜晚,人们总是把红旗知觉为红色的。颜色恒常性可保证人对外界物体的稳定辨认,具有明显适应意义。

4. 形状常性(Form Constancy)。人从不同角度观察物体,或者物体位置发生变化时,物体在视网膜上的投射位置也发生了变化,但人仍然能够按照物体原来的形状来知觉。例如,门在开和关的过程中投射在人们视网膜上的像的形状是不同的,但在人们的知觉经验中始终保持着长方形的知觉映像。

知觉恒常性主要是过去经验的作用,对知觉对象的知识经验越丰富,就越有助于产生知觉对象的常性。已有研究表明,新生儿还没有知觉的恒常性,随着成熟和经验的积累,知觉恒常性才得到发展。

知觉恒常性对人的正常生活和工作有重要意义。如果没有或缺乏这种恒常性,当知觉对象随客观条件的变化而变化时,人就必须进行新的学习和适应,从而难以迅速获得确定的信息以适应环境。因此,知觉恒常性是人适应周围环境的重要心理条件之一。

第三节 观察力的培养

一、观察力概述

(一)观察与观察力

观察(Observation)是一种受思维影响的有目的的系统知觉活动,是知觉的高级形式。从观察过程分析来看:人在观察前,有明确的目的和任务,进行充分的知识准备、拟定详细的观察计划;观察时,有正确的思想观点做指导,从整体至局部或从局部至整体仔细观察对象,并做适当记录;观察后,对获得的一手资料进行整理和分析总结。可见,观察不是消极地注视,而是伴有积极的思维活动的过程,是一种"思维的知觉",由观察所获得的知觉映像比一般知觉映像更鲜明、更细致、更完整。观察在人类实践活动中具有极其重要的意义,是人直接认识事物和获得有价值的第一手材料所必需的方法。

观察力(Observational Ability)是一种有意识、有目的、有组织的知觉能力,是构成智力的重要组成部分。它不只是单纯的知觉问题,而是包含着理解、思考,有目的、有计划的知觉,是人在一般知觉能力的基础上,当心理活动的有意性达到一定水平时产生的高级知觉能力。

(二)观察力与感知觉的关系

如前所述,观察是一种"思维的知觉",是视觉、听觉、触觉和嗅觉等多种分析器协同活动的结果,是一种高级知觉活动。因此,观察力的培养与发展和感知觉能力的培养发展密切相关。感知觉本身有缺陷的人不可能进行完整细致的观察。例如,盲人无法对花草的颜色、形状进行观察,而时空知觉有缺陷的人也无法准确地记录事物发展的过程。所以,观察力的培养是以感知觉发展为前提的,感知觉水平越高,则观察力发展的可能性就越高。当然,感知觉的发展和观察力的培养都离不开个体的生活经验和实践活动。

二、培养观察力的意义和目标

(一)培养观察力的意义

著名科学家巴甫洛夫从长期的科学研究中总结出一条重要的经验,这就是"观察,观察,再观察",充分肯定了观察在科学研究活动中的重要性。

首先,培养观察力有助于提高人的认知能力。观察是人们认识世界的窗口,是获得一切知识的门户。一切科学实验、科学的新发现、新规律,都是建立在周密、精确、系统的观察基础之上,因此,观察是人们获得知识、增强认识的有效途径,培养观察力有助于提高人的认识能力。

其次,培养观察力有助于提高科研创新能力。观察是人们区分事物一般特征,发现事物本质特征,提出新问题,增强创造性的重要条件。研究者具有敏锐的观察力,将有利于发现新的问题,瞄准研究领域的突破口,选准课题,较快地创造出新的研究成果或新产品。例如,化学家海华德正是观察到在天然橡胶中加入硫黄并经过加热后具有弹性,才发明了今天广泛使用的硫化橡胶。

最后,培养观察力有助于提高从事各种实践活动的能力。良好的观察力能使教师在教育活动中全面把握教学的各个环节,从学生的细小反应中觉察其心理奥秘,促使教育教学手段的改进,提高教育教学艺术;良好的观察力能使企业家透过大量的商品信息,准确地预测市场,制定出最佳生产计划和推销方案,使企业获得高额利润;良好的观察力能使政治家明察秋毫,从现象中看到本质,从不利中看到有利,分清主流与支流,站得高看得远,掌握社会发展的脉搏。此外,作家、音乐家、美术家、医生、警察和工人等都需要有良好的观察力。即使当一名运动员,良好的观察力也是取得优异成绩的必要条件。世界球王贝利在总结自己的足球生涯时说:"我踢球的最大特点是善于观察。"

(二)培养观察力的目标

培养观察力是教育教学过程的一项重要任务,也是发展个人能力的一个重要方面。观察力的培养目标重点应是培养出具有较强观察能力的观察者,其具体目标是:

1. 要使观察者具有强烈的求知探索精神,总是以不寻常的态度和方法去审视常人所不注意的事物。

2. 要使观察者具有明确具体的观察目标,掌握确定目标的方法技术,善于透过纷繁复杂的现象去把握事物的本质和规律。

3. 要使观察者善于捕捉一瞬即逝的现象和变化过程。

4. 要使观察者善于利用各种现代技术手段弥补感官的不足。

5. 要使观察者熟悉并能运用各种数学统计方法,对观察结果进行科学的整理和分析。

6. 要使观察者能客观地将所观察的结果与其他方法所取得的结果进行印证比较,消除人为的误差,对观察结果进行恰当的科学评价。

上述目标需要观察者在长期的实践活动和训练过程中努力培养才可达到。

案例分析

一天,伽利略坐在教堂里,看到一盏灯悬挂在长绳上。他正在注意这盏灯时,一个孩子走了过来,把灯点亮了。等孩子走后,灯还在来回摆动。这原是一件平常的事,千百年来都是这样:悬挂在绳子上的物体是经常要摆动的。但伽利略却感到好奇:"真奇怪!怎么每次摆动的时间都一样?"他走上去故意推一下灯,再仔细观察。开始灯摆动的幅度很大,后来逐渐变小,但摆动的幅度不论大小,所需要的时间都相同。为了肯定自己的观察,伽利略一面数着自己的脉搏,一面观察灯的摆动。真的,每次摆动所需的时间完全相同!回家后,伽利略找来两根同样长的绳索,每根绳子坠上一块相同重量的铅块,然后分别将两条绳头系在房子的横梁上,构成两个铅摆。再手拿两个铅摆,将其中一个拉到四手掌宽的位置,另一个拉到两手掌宽的位置,同时松手。他和他的教父分别数了两根绳索的来回次数,然后加以比较。结果发现,两根绳索的起点大不相同,但在同样的时间内摆动的次数却是一样的。就这样,伽利略终于发现了自然的节奏原则——"等时性原理"。今天这个原理已经广泛应用于时钟计时、计算日食和推算星辰的运动等方面。

这个例子表明,好奇促进了伽利略对"灯摆"的观察,加之他强烈求知的探索精神,总以不寻常的态度和方法去审视常人所不注意的事物等。可见,观察在一定程度上受好奇所发动,观察效率因好奇心增大而加强。在日常生活中,只要我们善于观察一些习以为常的事情,善于问几个为什么,也许我们就会有所发现。

课后习题

一、单项选择题

1. 把刚刚能引起感觉的最小刺激量称为(   )。
 A. 绝对感受性　　B. 差别感受性　　C. 差别感觉阈限　　D. 绝对感觉阈限
2. 把人对同类刺激物之间最小差别量的感觉能力称为(   )。
 A. 差别感觉阈限　B. 差别感受性　　C. 绝对感受性　　D. 绝对感觉阈限
3. "入芝兰之室,久而不闻其香;入鲍鱼之肆,久而不闻其臭。"这种现象是(   )。
 A. 感觉适应　　B. 感觉对比　　C. 感觉后像　　D. 联觉
4. 学生上课时将老师的讲课作为知觉对象,而将其他无关事物作为知觉背景。这种现象体现的知觉特性是(   )。
 A. 知觉理解性　B. 知觉恒常性　　C. 知觉整体性　　D. 知觉选择性
5. 当知觉条件在一定范围内改变时,知觉映像仍然保持相对不变的特性是(   )。
 A. 知觉选择性　B. 知觉整体性　　C. 知觉恒常性　　D. 知觉理解性
6. 暗适应是视觉感受性的(   )。
 A. 提高　　　　B. 降低　　　　C. 无变化　　　　D. 顺应
7. 看见一株玫瑰花并能认识它,这时的心理活动是(   )。
 A. 微觉　　　　B. 知觉　　　　C. 感觉　　　　D. 统觉
8. 小华听到小刀刮竹子发出的声音时,就有寒冷的感觉,浑身不舒服。这种现象属于( )。

A.感觉适应　　B.感觉对比　　C.联觉　　D.错觉

9.先吃糖再接着吃橘子会觉得橘子更酸,这种现象是( )。

A.感觉适应　　B.感觉同时对比　　C.感觉继时对比　　D.联觉

10.右图不是封闭的,但是我们知觉它时,通常不会把它知觉成三条分割的弧线,而是把它知觉为完整的圆形,这体现了知觉特性的( )。

A.整体性
B.理解性
C.选择性
D.恒常性

11.当人突然从黑暗处到光明处时,视网膜对光的感受性会迅速下降,这个过程是( )。

A.感觉补偿　　B.感觉对比　　C.明适应　　D.暗适应

12.当人注视电脑黑屏上一个静止的小光点时,会出现光点移动的现象,这种现象是( )。

A.似动知觉　　B.时间知觉　　C.空间知觉　　D.真动知觉

13.一支白粉笔,无论把它置于明亮处还是黑暗处,人都会把它知觉为是白粉笔,这是( )。

A.大小恒常性　　B.明度恒常性　　C.形状恒常性　　D.颜色恒常性

14.人通过某种媒介对客观现象的延续性和顺序性的反映是( )。

A.时间知觉　　B.运动知觉　　C.方位知觉　　D.似动知觉

15.以过去知识经验对当前知觉对象进行解释,使其具有某种意义的知觉特性是( )。

A.知觉的整体性　　B.知觉的理解性　　C.知觉的选择性　　D.知觉的恒常性

16.成人和儿童对一幅画的知觉有明显差异,儿童只会看到这幅画的颜色、形状、轮廓等直观具体形象,而成人看到的主要是画面意义。这反映的知觉特性是( )。

A.理解性　　B.选择性　　C.恒常性　　D.整体性

17.在百人大合唱中,如果增加一至两人,小红感觉不到音量的变化,如果增加到十个人左右时,小红就能明显感觉到音量的变化。把这种刚刚能使小红感觉到音量变化的感觉能力称为( )。

A.绝对感觉阈限　　B.绝对感受性　　C.差别感觉阈限　　D.差别感受性

18.当人们听到一种自己觉得恐惧的声音时,往往会感到发冷,甚至起鸡皮疙瘩。这种现象属于( )。

A.错觉　　B.联觉　　C.微觉　　D.统觉

二、辨析题(判断正误,并说明理由)

1. 感受性与感觉阈限是反比关系。
2. 盲人"以耳代目",这是典型的感觉补偿现象。
3. 错觉就是幻觉,二者没有什么不同。
4. 知觉是人最简单的心理活动,是一切高级复杂心理活动的基础。
5. 在制作课件时,把核心内容的字体加重颜色,以便于学生了解重点,这是利用了知觉理解性原理。

三、简述题

1. 试述感觉和知觉的区别与联系。
2. 说明感受性变化的形式。
3. 说明知觉的基本特性。
4. 说明观察力在认识活动中的作用。

四、论述题

1. 举例说明影响知觉理解性的因素。
2. 知觉选择性对教学设计有何启示?

五、材料分析题(阅读材料,并回答问题)

20世纪中叶,40个心理学家云集在西德的哥廷根开会,会议主席做了如下实验:会议进行中间,突然冲进两人,在会场上搏斗了30分钟,当他俩离开会场后,主席向与会者提议写下目睹记录,结果错误率惊人,只有一个报告的错误率少于20%。这是由于事先没有明确的观察任务,知觉过程是无意的、不完整的、模糊的,所以差错很大。

问题:

1. 结合上述材料,谈谈知觉过程中观察的作用。
2. 老师在教学过程中如何培养学生的观察力?

拓展阅读

1. 高湘萍. 知觉心理学[M]. 北京:人民教育出版社,2011.
2. [美]埃莉诺·J. 吉布森. 知觉学习和发展的原理[M]. 李维,李季平,译. 杭州:浙江教育出版社,2003.
3. 张积家. 普通心理学[M]. 广州:广东高等教育出版社,2004.
4. [美]哈维·理查德·施夫曼. 感觉与知觉[M]. 李乐山,译. 西安:西安交通大学出版社,2014.
5. 陈英和. 认知发展心理学[M]. 北京:北京师范大学出版社,2013.

6. 兰继军. 应用心理基础教程[M]. 北京:北京大学出版社,2014.

7. 黄希庭,郑涌. 心理学十五讲[M]. 北京:北京大学出版社,2014.

8. 武丽丽,张大均,程刚,胡天强. 小学生课堂问题行为与心理素质的关系:一项观察研究[J]. 心理与行为研究,2017(1).

9. 张树东,谢立培,冯译,赵晖. 中国1—4年级小学生视知觉发展研究[J]. 心理科学,2017(1).

第五章

记忆与记忆力的提高

学习目标

理解记忆的基本过程和类型,以及记忆表象的特点及其作用,能联系自己或他人的实际,分析影响遗忘的原因,掌握改进学习记忆的方法。

第一节 记忆概述

一、什么是记忆

自19世纪末德国心理学家艾宾浩斯开创记忆实验研究以来,记忆问题一直受到心理学家、生理学家的重视,并取得了许多有价值的研究成果。记忆(Memory)是人脑对过去经验反映的心理过程。人们感知过的事物、思考过的问题与理论、体验过的情绪情感、练习过的动作等都可以在人脑中留下不同程度的印象。人对这些过去经验的反映就是记忆。

记忆比感知觉更复杂,对个体发展产生的作用更大。它是心理过程在时间上的持续,联结着心理活动的过去和现在,使心理活动成为一个发展的、统一的过程。

记忆包括记和忆的完整过程,从记到忆包括识记、保持、再认、回忆四个基本环节。20世纪50年代以后,随着信息科学的发展和计算机技术的应用,心理学家开始用信息加工的观点解释记忆过程,认为记忆是人脑对输入信息的编码、贮存和提取的过程。信息的输入、编码相当于识记过程,已经编码的信息在人脑中的贮存相当于保持过程,对信息的提取就是再认和回忆。信息不能很好编码、贮存,在应用时不能及时提取的现象称为遗忘。信息加工观点对研究记忆产生了重大影响,使记忆机制的研究更加深入和精细。

记忆过程的四个基本环节是相互联系、相互制约的。识记和保持是再认和回忆的前提与关键,没有识记就没有对经验的保持,不能保持也就谈不上再认和回忆,再认和回忆既是识记和保持的结果,也是检验识记和保持的指标。研究记忆的目的在于揭示记忆过程的特点和规律,改善记忆方法,促进记忆力的提高,科学地增强人的记忆效果。

二、记忆的神经生理机制

记忆信息是以什么方式贮存在人脑中的,目前有以下几种看法。

(一)记忆的脑学说

记忆与脑的特定部位有关还是与脑的各个部位都有关?研究者提出了以下学说。

1. 整合论(Integrationism)。整合论是由美国心理学家拉施里(Lashley)提出。他用实验方法破坏动物大脑皮层的不同区域,并检查对记忆保持的影响,发现动物大脑皮层被破坏的区域越大,记忆的丧失越严重。因此,他认为记忆的保持不依赖于大脑皮层的精细结构定位,而是整个大脑皮层的机能。

2. 定位论(Localizationism)。定位论由法国医生布洛卡(Broca)提出。他认为记忆是由大脑的一些特定区域负责的,记忆与大脑的一些特定区域有关系。其他学者也提出了类似看法。潘菲尔德(Penfield)在医治严重癫痫病人时,进行了开颅手术,开颅后他用微电极刺激患者大脑皮层的颞叶,引起了病人对往事的鲜明回忆。鲁利亚(Luria)经研究发现,皮层下组织与记忆有着密切关系,当丘脑下部组织(透明隔、乳头体)及部分边缘系统受损伤时,病人的短时记忆出现明显障碍,他们对自己的记忆没有信心,对材料的叙述零乱而不连贯,有时甚至漏掉部分有意义的内容。另外,网状激活系统对记忆也有重要的作用,它能保证记忆所要求的最佳状态。

3. SPI 理论。SPI 理论由图尔温(Tulving)等人提出。他们认为,记忆系统是由多个执行特定功能的记忆模块构成的。这些模块的功能表现为两个方面:一是信息以串行加工方式进入记忆系统,在一个记忆模块中的编码依赖于某些其他功能模块中的信息加工,即一个记忆模块的输出供给另外模块的输入;二是信息以并行加工的方式贮存在各个特定的记忆模块中,提取一个子系统的信息不会牵连其他子系统,各个子系统之间是相对独立的。

(二)记忆的脑细胞机制

1. 痕迹说。痕迹即刺激留下的印迹。塞蒙(R. Simon)和赫林(Heling)提出,记忆是"保持痕迹的能力"。这种看法具有一定的道理,但是太笼统,不能说明记忆的详细机制及本质。

2. 反响回路说。反响回路即神经系统中皮质和皮质下组织之间存在的某种闭合的神经环路。当外界刺激作用于环路的某一部分时,回路便产生神经冲动。刺激停止而这种冲动并不立即停止,继续在回路中往返传递且持续一段时间,这种脑电活动的反响效应可能就是短时记忆的生理基础。贾维克(Jarvik)和艾思曼

(Essman)的白鼠跳台实验支持了这种看法。

3. 突触结构说。突触结构的变化主要是指构成突触的神经元的轴突末梢增大、树突增多变长、突触间隙变窄、突触内发生生物化学变化等。这些变化能引起突触兴奋程度的增高,刺激信息容易通过,它是长时记忆的生理基础。一方面,在神经系统中,突触结构的变化是比较稳定的,一旦环境的刺激引起突触变化,这种结构就会稳定下来,将接受的信息以生化形式贮存起来,巩固在神经系统中;另一方面,长时记忆并不是依靠神经系统的持续活动来实现的,神经系统活动的暂时中断对长时记忆影响不大。

(三)记忆的生物化学机制

1. 化学分子说。分子生物学研究发现了遗传信息的传递机制,即脱氧核糖核酸(DNA)借助核糖核酸(RNA)传递遗传密码。这使一些科学家认定,记忆是由神经元内的 RNA 分子结构来承担的。由学习引起的神经活动,可以改变有关神经内部 RNA 的细微化学结构,如同遗传经验能够反映在 DNA 分子的细微结构上一样。美国生理学家科恩(Cohen)等人用 RNA 酶处理涡虫,消除了涡虫对已学会的某种行为的记忆。后来,瑞典神经生物化学家海登(H. Hyden)通过训练小白鼠走钢丝发现,当它脑内神经细胞的 RNA 含量显著增加时,其脑的构成成分也有变化。根据这些发现,海登等人认为 RNA 和 DNA 是记忆的化学分子载体,也有人认为,记忆的痕迹就是 RNA。

2. 神经细胞学说。莫斯科大学教授索科洛夫及其同事于 1982 年提出一种新的见解,认为神经元内部的变化可以解释神经系统的记忆能力。他们发现,从蜗牛的神经系统中分离出的单个的神经元在适当的培养基中能保持兴奋性和自发活动,用化学刺激或电刺激,单个神经元具有条件反应的特性,这一反应最先发生在原来受刺激的地点。因此他们认为,突触的变化并非是记忆痕迹的唯一模式,神经系统的信息加工很可能包含着神经元内记忆的形成。但是,这一看法尚需更多的实验重复验证。

关于记忆的生理基础的研究,还涉及神经递质、激素、神经肽等生化物质。目前,这一领域的研究方兴未艾,正逐步深入。

三、记忆表象

(一)什么是记忆表象

记忆表象简称表象(Image),它是曾经感知过的事物在人脑中保留并再现出来的形象。例如:到过北京故宫的人能在头脑中再现故宫宏伟壮观的形象;看过秦始皇兵马俑的人在头脑中能再现兵马俑栩栩如生的兵阵;到过大海的人能在头脑中再现浪击岸礁的涛声;一首自己特别喜爱的音乐能随时在自己头脑中再现。按照苏联神经生理学家巴甫洛夫的解释,表象的生理基础是大脑皮层过去兴奋的痕迹,是在刺激影响下旧有神经联系的恢复和再活动,它以过去的感知为基础。例如,先天盲人就没有颜色和色调的记忆表象,先天聋哑人也没有声音的记忆表象。

(二) 表象的种类

表象以感知觉为基础,其种类也应从感知觉角度来划分。

根据表象形成的不同感官可以把表象分为视觉表象、听觉表象、嗅觉表象、味觉表象、触觉表象、运动觉表象等。例如,我们回忆起目睹过的人、物及风景等各种形象,这是视觉表象;回忆起听过的刮风、流水及音乐等各种声音,这是听觉表象。我们还可以在头脑中再现某事物表象时,兼有视、听、嗅、味、触、动觉等多种感觉表象形成的综合表象。

根据表象的感知范围可以把表象划分为个别表象和一般表象。个别表象是指对某一特定对象多次感知后产生的表象,它反映了个别事物的特征。例如,对某一个人、对某一件物品等多次感知后在头脑中留下的具体形象。一般表象是指对某一类事物多次感知后产生的表象,它去掉了感知对象的个别特点,集中了一类事物共有的特征。

(三) 表象的特点

首先,表象具有直观性和形象性。表象是在感知觉基础上产生的,感知觉中的客观事物是具体、形象、直观的,所以在头脑中形成的表象具有直观性和形象性。例如,我们对感知过的山川河流、花草树木等回忆时,头脑中的山、水、草、木历历在目,犹如身临其境,非常直观。但是,感知觉是对当前真实事物的直接反映,而表象是对经历过的事物形象的反映,客观事物不在眼前,仅仅是头脑中的记忆"痕迹"活动。例如我们回忆华山险峰时,就不如亲自攀登时那样具体、鲜明、生动。

其次,表象具有概括性。表象是经过不同时间或在不同条件下,对同一事物或同一类事物多次感知而形成的综合的概括化形象,并不是对某一次感知的个别特点的反映。无论是个别表象还是一般表象都具有概括性。例如,人们在头脑中留下的四季表象往往是春天——鸟语花香,夏天——烈日炎炎,秋天——果实累累,冬天——白雪茫茫。这是关于四季的一般特征的形象反映,每个季节中的个别特点消失了,具有明显的概括性。当然,表象的概括性是有限度的,是在一定范围内的概括,属于形象概括,其中混杂有事物的本质和非本质属性,它不同于借助词语实现的思维水平上的概括。思维水平上的概括反映事物的本质属性,是更高层次的概括。

最后,表象具有可操作性。人们对表象的操作就像他们通过外部动作控制和操作客观事物一样,心理旋转实验就可以很好的说明这一点。

心理旋转是在大脑内部将所知觉的对象予以旋转,从而获得正确知觉经验的心理过程。心理旋转的内部过程是同外界物理旋转极其相似的表象旋转过程,它反映个体对空间客体的表象加工能力。20世纪70年代初,库柏和谢波娜(Cooper

& Shepard)用减法反应时实验证明了心理旋转的存在。库柏等人用不同倾斜角度的正和反(镜像)的字母,例如,非对称性字母或数字 R、J、2、5 等来研究表象的旋转(见图 5-1)。实验要求被试在看到呈现的字母后,不管其具体方位和倾斜角如何,尽快判断该字母是正的还是反的,并按键做出反应。实验表明,当图片(字母)旋转 180°时,无论正反,反应时最长,而当图片(字母)旋转 0°时,反应时最短。这说明样本偏离正位度数越大,所需的心理旋转越多,时间越长。因此,人们在进行表象加工时可能存在一种心理旋转范式。

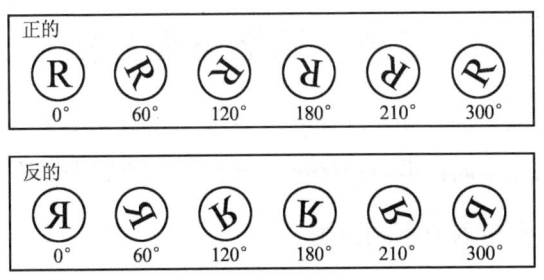

图 5-1 心理旋转

(四)表象的功能

对于表象的功能,我们可以概括为以下四点:

1. 表象是由感性认识过渡到理性认识的重要桥梁。从直观性看,表象与知觉接近;从概括性看,表象与思维接近。但表象既不是知觉,也不是思维,是介于知觉与思维之间的心理现象,它不仅仅使知觉更趋于概括化,并且也为思维、想象的概括化、具体化奠定了基础。因而,表象是从感知过渡到思维、从感性认识上升到理性认识的重要桥梁。例如,儿童的"心珠算"能力就是借助于算盘表象发展起来的。

2. 表象是人理解知识信息的重要条件。实验证明,儿童借助表象能较快地理解和获取知识,教师利用这一特点,可以促使儿童更好地掌握知识和发展智力。例如,对幼儿园儿童的加减法计算进行实验研究,原来儿童只能按实物计算,不能进行口算或心算,实验者先让儿童用实物计算,然后把实物遮起来,要儿童想着实物计算,即利用表象计算,经过这个环节,儿童就能较快地进行口算或心算了。

3. 表象是想象的基础。想象是人脑对已有记忆表象进行加工改造而形成新形象的过程,是把头脑中保留的形象加工成新形象的过程。没有表象就无法进行想象活动,表象是想象的基础,也是形象思维和创造性思维得以实现的条件。

4. 表象对人类实践活动有重要作用。某些职业活动需要借助表象来进行。例如,画家、音乐家、编剧、导演、演员、工程设计人员和建筑施工技术人员等,他们都要运用鲜明的、稳定的、完整的表象来创造性地进行工作,表象对人从事这些实践活动具有重要影响作用。

（五）表象的脑机制

20世纪70年代，毕思阿克（Bisiach）等人研究了两名颅顶受损的病人，这两名病人患有单侧性空间忽视症，即他们只能看到一侧的物体，而看不到另一侧的物体。研究发现，病人在视知觉中存在的问题在表象活动中也能表现出来。法拉（Farah）等人用不同的认知作业研究了一位失认症患者，并将其与正常人（控制组）进行了比较。20世纪90年代以来，一些人用脑成像的方法研究正常人，进一步证明了表象和视知觉可能具有相同的脑机制。

第二节 记忆类型分析

记忆是人的各种心理活动在其神经组织，特别是大脑皮层上留下的痕迹，因而可以从各种角度按照不同标准对记忆进行分类，以了解不同记忆的特点。

一、按记忆内容与对象不同分类

记忆按内容与对象不同可分为形象记忆、语词逻辑记忆、情绪记忆和动作记忆。

（一）形象记忆

形象记忆是指以感知过的事物形象为内容的记忆。这种记忆保存了事物的感性形象特征，具有显著的直观性特点。形象记忆与人的形象思维密切联系，在幼儿身上表现较为突出，随着实践活动的扩大与深入，在形象思维的发展中，形象记忆得到高度发展。

（二）语词逻辑记忆

语词逻辑记忆是指以概念、判断、推理等形式对事物的关系以及事物本身的意义、性质等内容的记忆。对学过的知识、概念、原理和公式等的记忆属这类记忆。语词逻辑记忆是人类特有的记忆，是个体保存知识经验的主要形式，它具有抽象性、概括性、理解性、逻辑性和间接性等特点，与抽象思维密切联系。

（三）情绪记忆

情绪记忆是指以个体体验过的某种情绪或情感为内容的记忆。对自己经历过的喜悦、悲伤、愤怒、恐惧等情绪体验的记忆，或对曾经激起自己某种强烈情绪或情感的事物的记忆均属情绪记忆。这种记忆往往是一次形成并经久不忘，它对行为活动具有动机作用，推动人去从事某些活动或制止某些行为，回避某些对自己有害的事物，如"一朝被蛇咬，十年怕井绳"。

（四）动作记忆

动作记忆是以操作过的动作、运动、活动为内容的记忆，如对学过的游泳动作、体操动作和某种习惯动作等的记忆。动作记忆是形象记忆的一种特殊形式,它是以操作过的动作所形成的动作表象为前提,虽然识记时比较困难,但一经记住则容易保持、恢复,不易遗忘。运动记忆在个体发展中比其他各种记忆发展得早,它是人获得言语、掌握和改进各种生活技能的基础。

上述四种类型的记忆在实际生活中是互相联系的,我们可依据活动的性质和内容,采取以某种类型的记忆为主要形式,同时又增加其他类型的记忆,取长补短,发挥记忆的最佳效果。

二、按记忆有无目的和是否采用专门方法分类

按有无目的和是否采用专门方法,记忆分为无意记忆和有意记忆。

(一) 无意记忆

无意记忆是指没有预定目的,也不采用专门方法,自然而然发生的记忆。对有趣的故事、书刊及影视内容等都可轻松地记住,这类现象就属于无意记忆。人们大量的生活经验、行为方式都是通过这类记忆积累的,它对于人适应环境具有重要意义。然而,通过无意记忆积累的经验有时带有片面性和偶然性,它不能满足特定任务的要求,不是个体积累知识经验的主要记忆形式。

(二) 有意记忆

有意记忆是指有明确记忆目的并采取相应记忆方法和付出努力的记忆。学生学习科学知识时,有意识地识记和保持所学的内容,通过背诵、练习有关的概念、公式等,并在应用或考试时有意识地把它们再现出来,以解决当前的问题,这就是有意记忆。它是人获得系统科学知识、完成特定任务和积累个体经验的主要记忆形式。

三、按记忆信息保持时间和编码方式不同分类

按信息保持时间和编码方式不同,记忆可分为瞬时记忆、短时记忆和长时记忆。美国心理学家阿特金森(R. C. Atkinson)最早提出记忆有三种信息贮存系统,即感觉记忆(也称感觉登记、瞬时记忆)、短时记忆和长时记忆,每个系统又是对信息进行加工的一个阶段,故有记忆的三级信息加工模式或三个记忆阶段之说。

(一) 感觉记忆(瞬时记忆)

感觉记忆(Sensory Memory)即当客观刺激停止作用后,感觉信息仍能保持在 0.25 秒~2 秒的记忆。其特点是:信息保持时间短暂;信息完全依据事物的物理特性编码,具有鲜明的形象性;记忆容量较大,一般认为瞬时记忆的容量为 9~20 个字母或物体,甚至更多些;记忆痕迹很容易衰退,只有当被登记了的信息受到特别注意时才会转入短时记忆,否则,信息就会很快地消失。注意是信息从瞬时记忆进入短时记忆的基本条件。

（二）短时记忆

短时记忆（Short-term Memory）是信息保持在1分钟以内的记忆。由于它主要对来自感觉记忆和长时记忆中所贮存的信息进行有意识的加工，故又叫工作记忆。

短时记忆的特点有：

1. 信息保持时间在无复述的情况下只有5秒~20秒，最长不超过1分钟。其原因在于：一是由于没有复述强化，记忆痕迹随时间推移自然衰退，复述是把信息从短时记忆转入长时记忆系统的重要条件；二是干扰，即后来的信息项目把现有的项目排挤掉了，短时记忆的遗忘主要是由信息干扰引起的。

2. 信息编码以言语听觉编码方式为主，也存在少量的视觉或语义编码。

3. 信息容量有限，其容纳量为7±2个组块。米勒提出用"创克"（Chunk，意指"组块"）来标志短时记忆的单位。一个组块指一个为人熟悉的单元，如汉字、词、物体名称等。采用"组块"记忆，短时记忆的信息量将大为扩大。

4. 信息提取或检索的形式主要有三种。斯滕伯格认为，短时记忆提取信息或检索信息的形式有三种：一是同时扫描（Parallel Processing Scanning），即同时对短时记忆中保存的所有项目进行串行式检索，如果是这样，无论短时记忆中保存的项目有多少，检索的时间都应该是一样的。二是自动停止系列扫描（Serial Self-terminating Scanning），即对项目逐个进行检索，一旦找到目标就停止查找。如果是这样，短时记忆中保存的项目越多，反应时间就会越长。由于找到目标项的搜索（肯定判断）不需要再对剩余项目进行检索，其反应时间要比找不到目标项的搜索（否定判断）反应时短，即人做出肯定判断的时间要比做出否定判断的时间短。三是完全系列扫描（Serial Exhaustive Scanning），即对全部项目进行完全的并行式检索，然后再做出判断。在这种提取方式下，反应时间仍将是项目长度的函数，但由于肯定判断和否定判断要对全部项目进行搜索，因此它们应该具有同样的反应时间。实验结果说明，短时记忆中项目的提取主要是完全系列扫描。

（三）长时记忆

长时记忆（Long-term Memory）即信息的保持在一分钟以上直至多年甚至终身的记忆，它是人的信息贮存库。长时记忆的信息主要来自在短时记忆阶段经过复习的内容，也有由于印象深刻一次获得的（见图5-2）。这种记忆的主要特点是：

1. 信息贮存时间长，是永久性的。

2. 人长时记忆系统的容量巨大，但不是无限的。

3. 信息编码有言语编码和表象编码两种方式。言语编码是通过词来加工信息，按意义、语法关系、系统分类等方法把言语材料组成组块。表象编码是利用视觉形象、声音、味觉和触觉形象组织材料。两种编码方式各有其特点，可相互结合，互相补充。因此，贮存在长时记忆系统中的信息可分为词语和表象两类。影响长时记忆编码的主要因素是编码时的意识状态和加工深度。

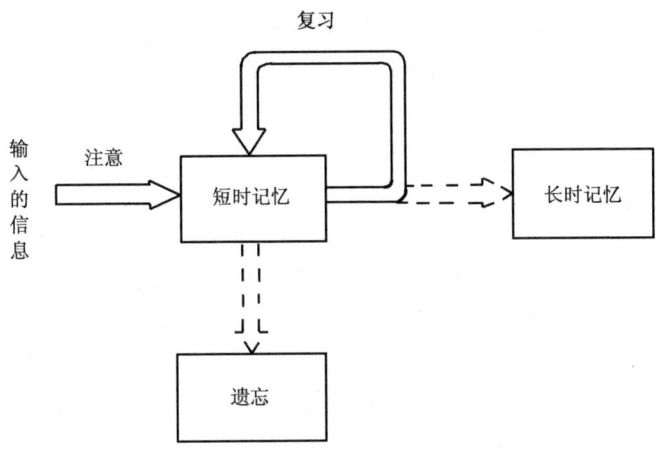

图5-2 短时记忆和长时记忆模式图

4. 再认和回忆是长时记忆信息的提取形式。

上述四种记忆类型的区分只是相对的,它们既相互联系又相互影响。任何信息都必须经过瞬时记忆和短时记忆才可能进入长时记忆,没有瞬时记忆的登记和短时记忆的复述加工,信息就不可能长时间贮存在脑中。因此就结构而言,记忆包含了从感觉记忆—短时记忆—长时记忆的完整过程和三级密切联系的信息加工模式。

四、按记忆是否受意识的控制分类

记忆按是否受意识的控制可分为内隐记忆和外显记忆。这是近20年来记忆研究中最引人注目的新领域,取得的成就也相当突出。

(一)内隐记忆

内隐记忆(Implicit Memory)是指在个体没有意识到的情况下,过去经验对当前作业产生的无意识的影响,有时也叫自动的无意识记忆。比如,很久以前你学过的英语单词,现在让你把它写出来,你写不出来,即你不能有意识地回忆它们,但是用别的方法(如阅读再认法)却可以证明你现在对那些单词依然是有记忆的。内隐记忆不能用通常的测量外显记忆的方法进行测量,而要用另一些方法把内隐记忆从外显记忆中分离出来,这是当代记忆心理学研究的一个重要突破。

(二)外显记忆

外显记忆(Explicit Memory)是指在意识的控制下,过去经验对当前作业产生的有意识的影响,这种影响是个体能够意识到的,也叫受意识控制的记忆。通常我们所说的记忆主要是外显记忆。外显记忆与内隐记忆是不同的记忆类型。

(三)内隐记忆和外显记忆的区别

内隐记忆和外显记忆的不同主要表现在以下几个方面:

1. 加工深度因素对内隐记忆和外显记忆的影响不同。研究表明,对词语喜好度的评定、作业任务类型等加工深度因素,对外显记忆有非常明显的影响,而对内隐记忆效果并不影响(Graf 等)。

2. 内隐记忆和外显记忆的保持时间不同。在外显记忆研究中,回忆量会随着学习和测验之间时间间隔的延长而逐渐减少,但内隐记忆在这方面却表现出完全不同的特点,内隐记忆随时间延长而发生的消退要比外显记忆慢得多。

3. 记忆负荷量的变化对内隐记忆和外显记忆产生的影响不同。在外显记忆中,记忆的项目越多越不容易记住,而内隐记忆则不然。要记的项目越多,越不容易记住,这一规律仅适用于外显记忆,内隐记忆没有受到项目增加的影响(马正平、杨治良;罗迪戈等)。

4. 刺激呈现方式的改变对外显记忆和内隐记忆有不同影响。研究发现,以听觉形式呈现的刺激在用视觉形式进行测验时,这种感觉通道的改变会严重影响内隐记忆的作业成绩,却不影响外显记忆效果(雅各比等人)。马正平和杨治良在实验研究中也发现了这种感觉通道效应,即感觉通道的改变会严重影响内隐记忆的作业效果,对外显记忆效果没有影响。

5. 干扰因素对外显记忆和内隐记忆的影响不同。外显记忆很容易受其他无关信息的干扰,前摄抑制和倒摄抑制现象的存在很好地说明了这一点,但内隐记忆的情况却不同。干扰词对外显记忆的成绩影响较大,却很少影响内隐记忆的成绩(陈世平、杨治良)。

五、元记忆

元记忆(Meta Memory)研究发轫于20世纪60年代初哈特(Hart. J. J)所做的关于知晓感(Feeling of Knowing,简称FOK)的博士论文。哈特通过询问学生一系列问题来确定"知晓感"的存在。例如,询问学生"太阳系中什么行星最大?"学生回答"尽管我现在想不起来,但是我的确知道答案,能否给我一些包含错误答案的选项,我可以从中把正确答案选出来"。元记忆涉及引起"知晓感"的过程和如何保证其准确性,包括个体有关信息编码和提取方面的知识,以及对自己记忆的功能和所使用的策略等的了解程度。正式将元记忆纳入记忆研究范畴的是弗拉维尔(Flavell)和韦尔曼(Wellman)。

弗拉维尔认为元记忆是指对自己记忆过程和内容本身的了解和控制,布朗(Brown)和克鲁(Kluw)则认为元记忆主要是记忆过程的监控,监视和评价正在进行的记忆活动与记忆目标的一致性,调整选择合适的策略及确定应用策略的强度等。元记忆是元认知的重要形式之一,它是个体对自己记忆系统的认知和监控,包括元记忆知识、元记忆监控和元记忆体验,其中元记忆监控是元记忆的核心部分。

元记忆知识具体包括个体对自己是否有能力执行某种记忆活动的判断,对记忆任务难度、性质和策略的认知。元记忆监控是个体对自己记忆过程的各种监测性判断和控制。例如,在学习或识记之前对识记内容难易程度的预见性判断,对当前已获取知识在以后测验中成绩的预见性判断,对当前回忆不出但又有"知晓感"的内容在以后测验中的预见性判断等,这些都会影响记忆的过程和效果。控制是对记忆加工过程的启动、终止、时间分配及策略的选择和运用。元记忆体验是指与记忆有关的情绪情感状态,既有对"知"的愉快体验也有对"不知"的沮丧感受。一个人对自己元记忆的知识、功能、局限性、困难及所使用策略等的认知程度标志着个人元记忆水平的高低。

第三节 记忆的基本过程

一、识记——信息的输入与编码

识记是指识别和记住事物,从而获得和积累知识经验的过程,也称为学习。它是记忆过程的第一个环节。从信息加工角度讲,就是对输入信息进行编码的过程,没有识记就不会有对信息的贮存、检索和提取。要提高记忆效果,首先必须有良好的识记,或者说有好的对信息的编码。

(一)识记的方式

识记的方式或信息的编码方式一般有下列三种:

1. 按刺激的物理特性进行编码。这种编码方式是通过感觉系统直接对外界刺激信息的物理特性进行加工,提取事物的各种原有特征。视觉领域的图像记忆、听觉领域的声像记忆所保持的信息就是直接按刺激的物理特性编码的,即维持感觉信息的原有形式。研究表明,虽然短时记忆的主要编码方式是言语听觉编码,但也存在视觉和语义编码。

2. 按语义类别编码。在记忆一系列语词概念材料时,人总是倾向于把它们按语义的关系组成一定的系统并进行归类,这种编码形式即语义类别编码。长时记忆中的信息多以此方式编码,如在学习中将新的知识材料进行归类,并形成一定的系统,有助于识记材料的长期保持。

3. 以语言特点为中介进行编码。这种编码方式是指利用语义、字形、音韵和节律等,对当前输入的某些信息进行编码,使之能够贮存起来。这种编码方式在识记无意义音节或材料时经常使用。

(二)识记的种类

识记的效果不仅与信息编码方式有关,也与识记的类型关系密切。

1. 根据识记有无目的分为无意识记和有意识记。无意识记是指事先没有预定目的，不需经过意志努力而进行的识记。它有三个特点：一是选择性强，凡是和活动目的有直接联系的内容、凡是对人有重要意义的、与人的需要、兴趣密切联系和引起强烈情绪反应的事物都容易被无意识记；二是与个性特点有密切关系，如个人的兴趣、爱好等；三是不需要意志努力，消耗精力少。教师应了解和运用无意识记的规律来组织教学，既可减轻学生的识记负担，又能提高识记效率。但由于它缺乏目的性，仅靠它不能获得系统的科学知识。

有意识记是事先有预定目的，并经过一定意志努力和采取一定方法进行的识记。掌握系统的科学知识和技能主要依靠有意识记，有意识记由于目的和任务明确，能引起学习者更为复杂的智力活动和更高的活动积极性，其效果优于无意识记。

2. 根据识记的材料有无意义或识记者是否了解其意义分为机械识记和意义识记。机械识记是指材料没有意义或对事物没有理解的情况下，依据事物的外部联系进行的识记。通常所说的死记硬背就是指机械识记，其特点是：①不去理解材料的意义，单纯依靠对材料的机械重复进行识记；②不用或很少利用自己过去的知识经验；③不运用多种有效的记忆方法。

意义识记是在对事物理解的基础上，依据事物的内在联系而进行的识记，也称为理解识记或逻辑识记，其特点是：①理解识记对象的意义；②充分利用自己已有的知识经验；③主动采取各种有效记忆方法。机械识记虽然不如意义识记，但机械识记也是必要的，对于一些无意义或者缺乏意义的材料，只能进行机械识记。需要指出的是，有些材料如电话号码、历史年代、外语单词、数字等，尽管本身无意义，但可给予人为的意义，制造人工联想，提高识记效果。因此，在识记过程中，应将机械识记和意义识记两种方法结合起来，取长补短，相互促进。

（三）影响识记效果的因素

影响识记效果的因素很多，除了前面谈的编码方式和识记类型之外，还有以下几种因素：

1. 大脑皮层的兴奋水平。大脑皮层的兴奋水平是识记的一个重要基本条件，它直接影响到识记效果。艾宾浩斯通过实验发现，被试在上午11点~12点之间学习效率最高，下午6点~8点之间效率最低，这种情况可能与大脑皮层的不同觉醒状态有关。布莱克（Blake）对30名被试在上午8点、10点30分、下午1点、3点30分和晚上9点五个时间进行数字广度的测试实验，结果表明，记忆广度的高峰是上午10点30分左右，而整个下午都在下降，晚上效率最低。因此，应在大脑皮层兴奋水平最佳的时间识记重要的学习内容，效果会更好。

2. 识记的目的任务。识记的目的任务明确与否，影响到识记者认知活动的自觉性、积极性和计划性。目的任务越明确具体，识记者认知活动的方向性越强，组织计划识记活动就越实际，识记效果就越好。

3. 识记的方法。从识记材料的结构来看,识记方法有三种:一是整体识记法,将识记材料整篇阅读,直到成诵为止;二是部分识记法,将识记材料一段一段阅读,达到分段背诵后再合成整篇背诵;三是综合识记法,将整体和局部相结合,先进行整体识记再进行部分识记,最后再整体识记直到成诵为止。当然,三种识记方法的优劣并不是对所有材料效果都一样。一般而言,对较短且有密切意义联系的材料,适用于整体识记法;对没有多少意义联系的材料,可用部分识记法;对有意义联系且既长又难的材料,采用综合识记效果较好。

除上述因素外,当前活动的内容与性质、识记材料的数量和性质、学习的程度、识记者的态度、情绪等也影响识记效果。

二、保持——信息的存贮

保持是把感知过的事物、体验过的情感、做过的动作、思考过的问题等,以一定的形式存贮在人脑中的过程,亦即巩固知识经验的过程。保持是记忆过程的第二个环节,也是记忆的关键。保持的对立面是遗忘。从信息加工角度讲,保持就是信息在人脑中的继续编码和贮存。它在记忆过程中有举足轻重的作用,没有保持也就无所谓记忆。

(一)保持中的信息组织形式

信息在记忆中的保持是以不同的组织形式贮存的,其主要组织形式有:

1. 空间组织,即信息以空间方式组织在头脑中,保存的信息主要是事物的空间特征。

2. 系列组织,即记忆信息是按特殊的、连续的顺序而系列地组织起来。例如,在学习英文字母表时,人总是按从 A 到 Z 这样一个系列来进行记忆,按此顺序既易背诵也便于应用;但若按相反顺序来记,困难就很大。

3. 联想组织,是人对词的贮存往往是一种联想的组织,即按词与词之间的某种关系联想而成。如由"桌子"联想到"椅子",由"热"想到"冷"等。

4. 层次组织,即对语义概念的记忆是按层次组织贮存的。每一个层次或水平是按事物的特性和性质进行限定的,上一个层次的特征概括了下面层次的特征,下面层次的事物从属于上面的层次。研究表明,按层次组织的材料比杂乱的材料记忆成绩要高得多。

5. 更替组织,即记忆材料的组织是相当灵活的,由于各人知识经验的不同,可能从不同的角度来组织同样的信息,组织形式变化多样。

以上几种组织形式相互作用、相互影响,有时相互重叠,使人形成一个相当复杂的、有结构的记忆库。

(二)保持中的信息变化

保持不是消极、静止的状态,不能把它理解为日常生活中将某件东西放在保险柜或仓库中的保存,记忆中的保持是一个动态过程,信息是发展变化的。这种变化表现在质与量两个方面。

1. 保持内容量的变化。保持内容量的变化一般表现为:内容被简略和概括、不重要的细节逐渐趋于消失;较显著的特征和项目被有选择地保持下来,同时增添某些未曾出现过的特征,使之成为自己较易理解的"事物";记忆回涨现象,即学习某种材料后相隔一段时间所测量的保持量比学习后立即测量到的保持量要高,它在儿童期比较普遍,随着年龄的增长将逐渐消失。

2. 保持内容质的变化。保持内容质的变化常常受个人的知识经验、心向和动机等心理活动的影响,其变化特点主要有:使内容变得更加完整、合理和有意义;使内容变得更加具体,或者更为夸张和突出。

对保持的量和质的分析表明,保持不是信息在脑中被动的、简单的印留,而是存在着主动、复杂的信息加工过程。

三、再现(再认和回忆)——信息的提取

再认和回忆是在不同条件下复现过去经验的过程,是记忆的第三个、第四个环节。再认和回忆的主要区别在于前者更多的是在感知过程中进行的,后者更多需要借助思维活动来进行。可以把再认和回忆合称为再现,即从记忆中提取信息的过程,是检验记忆好坏的指标。

(一)再认

经历过的事物再次出现在面前,人能把它辨认出来的过程称为再认。再认总是和其他心理活动同时进行的。再认有感知和思维两种水平,表现为压缩和开展两种形式。感知水平的再认往往以压缩的形式表现出来,其发生是迅速的、直接的。例如,在大街上碰到一位熟人,只要看到他的几个主要特征就可立即辨认。思维水平的再认是以开展的形式进行的,它依赖于各种有关的线索,例如,物体的结构、特性、事件的情节等,包含着比较和推论等思维活动。一般而言,再认比回忆简单容易。如在考试时,选择题与填空、简答题相比更容易回答。再认虽然容易但有时也会出现错误。再认的错误有两种:一是不能再认,对以前经验过的事物完全不能识别;二是错认,把没有经验过的事物误认为是感知过的。再认发生错误的原因是多方面的,如接受的信息不准确、对相似的对象不能分化、经验过的事物变化太大、情绪紧张或病理原因等。

(二)回忆

回忆是经历过的事物的形象、概念在头脑中重新再现并加以确认的心理过程。经历过的事物不在面前,但人能在头脑中把它重新回想起来。例如,考试时根据考题回想起学习过的知识,"每逢佳节倍思亲"等。回忆有多种类型,具体分类主要有以下几种:

1. 有意回忆和无意回忆。根据回忆有无目的可分为有意回忆和无意回忆。无意回忆是没有明确目的的回忆。有意回忆是根据一定目的、任务，有意识地搜索和复现以往经验的回忆。有意回忆的心理结构包括四个方面：①动机—目的成分，即主体对回忆任务的明确接受是进行回忆活动的动机和目的，它推动人按照一定的方向进行信息提取，直接影响回忆的方向、完整性和准确性；②预见成分，即由回忆任务引起的回忆意图，由此产生回忆任务所要求的相近的思想和形象；③操作成分，即在回忆过程中对头脑存贮的信息进行选择、探索、假设和推断，以提取所需要的内容，如分析、综合、抽象和概括等智力操作；④评价与赞许成分，即主体对回忆结果的一种态度，如满意不满意，赞许的程度等。

2. 直接回忆和间接回忆。根据回忆是否有中介物参与可分为直接回忆和间接回忆。由当前事物直接唤起经验的重现是直接回忆，借助于中介物进行的回忆称为间接回忆。

追忆是一种特殊形式的回忆，它既需要较大的意志努力，也需要思维活动的参与，同时具有有意回忆和间接回忆的特点。通常认为，根据有关线索，使用一定策略，通过不断的推论和探索，在意志努力下完成的有意回忆就称为追忆。例如，寻找丢失的物品时所进行的回忆就是追忆。

（三）联想及其规律

由一事物想到另一事物的心理活动称之为联想，它是事物之间联系和关系的反映。联想是回忆的基础，也是回忆的主要形式。从联想的形成来看，它具有以下规律：

1. 接近律，即在时间或空间上接近的事物容易形成联想（接近联想）的规律。例如：笔—墨—纸—砚；天安门—人民大会堂、人民英雄纪念碑；元旦—春节；春天—播种；由外语单词的形联想到音和义等。

2. 相似律，即形式相似、性质相似的事物容易形成联想（类似联想）的规律。例如：由春天想到繁荣；从苍松翠柏想到意志坚强等。

3. 对比律，即事物间相反的特性容易形成联想（对比联想）的规律。例如："黑—白""高—矮""难—易"等。

4. 因果律，即事物间的因果关系也容易形成联想（因果联想）的规律。例如："冰雪—寒冷""阴天—下雨"等。

人的联想是极其复杂的网络系统，其形成还受许多因素的影响，如兴趣、定势、情绪状态等。在培养形成联想能力时，应主动利用联想的规律及各种因素的积极影响。

联想是促进记忆效果提高的有效方法之一，也是为思维提供更多解决问题线索的重要心理条件，利用联想还可研究探索人的心理活动状况。在心理学发展过程中有许多心理学家都曾不同程度地对联想这一问题进行了探讨，广泛采用的研究方法有两种:一是自由联想,要求被试看到刺激物立刻说出所想到的任何其他事物,实验者记录从刺激呈现到被试做出反应的时间和反应的事物。从反应的快慢、多少和内容性质来了解被试的认知水平、年龄特点和情绪状态等。例如,在人格测验、智力测验中就运用此法来测量儿童思维的敏捷性、灵活性及创造性等。二是控制联想,即按一定的规则,例如,同义、相反、部分和整体等进行的联想,其常用的测验形式有:对比测验,如高—低、白—黑等;部分—整体测验,如眼—头等;类比测验等。

第四节 遗忘规律与记忆力的提高

一、什么是遗忘

遗忘是记忆的主要障碍,认识遗忘,减少或克服遗忘是研究记忆、提高记忆力的重要问题。遗忘是指对识记过的材料不能再认或回忆,或者是错误地再认或回忆。按照信息加工的观点,遗忘就是信息的丢失,表现为信息提取不出来或提取错误。遗忘有多种情况:能再认不能回忆叫不完全遗忘;既不能再认也不能回忆叫完全遗忘;一时不能再认或回忆叫暂时性遗忘;永远不能再认或回忆叫永久性遗忘。一般对暂时性遗忘和永久性遗忘的研究比较多。暂时性遗忘是指已经转入长时记忆的内容一时不能提取,但在适宜条件下还可能恢复。它是由于情绪过度紧张、干扰等原因造成的信息提取障碍。永久性遗忘是指记忆的内容未经复习而消失,是一种由衰退引起的"存储性障碍"。遗忘是一种必然的、正常的心理现象,没有对次要的、无关内容的遗忘,就不会有对重要内容高效率的记忆,因而遗忘也是巩固记忆的一个条件。但过分健忘、该记的记不住、不该记的却记得很清楚则是不良的心理现象,研究遗忘时应充分认识到这一点。

二、遗忘的规律

对人类记忆和遗忘进行系统实验研究的创始人是德国心理学家艾宾浩斯(H. Ebbinghalls)。他受费希纳(C. T. Fechner)《心理物理学纲要》的启发,采用自然科学的方法对记忆进行了实验研究。为了对实验结果做出量的分析并排除过去经验的干扰,他把无意义音节作为记忆材料,采取的具体研究方法是重学法,也叫节省法,即学习材料到恰能成诵时,间隔一段时间再重新进行学习,达到同样能背诵的程度,然后比较两次学习所用的时间和诵读次数,得出一个绝对节省值。艾宾浩斯以自己为被试,共做了163次实验,目的是寻找学习后保存量的变化规律。研究表明,"保持和遗忘是时间的函数",并将实验结果按遗忘和时间的关系绘成曲线,形成了著名的艾宾浩斯"遗忘曲线",也称艾宾浩斯保持曲线(见图5-3)。

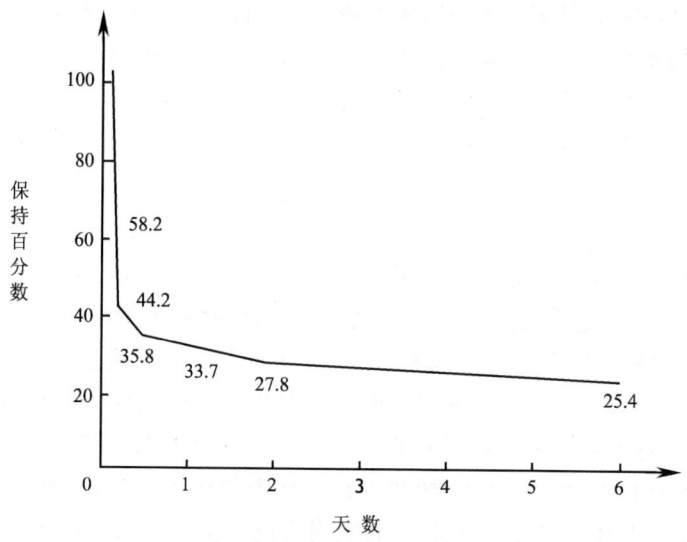

图 5-3 艾宾浩斯遗忘曲线

遗忘曲线表明了记忆的保存量随时间而变化的规律,即遗忘的进程是不均衡的,呈现先快后慢的规律。识记后最初一段时间遗忘较快,以后遗忘逐渐减慢,稳定在一定水平上。艾宾浩斯的这件工作是一项系统的首创性研究,他使复杂的记忆现象得到了数量化表示,开辟了对记忆进行实验研究的先河。继艾宾浩斯之后,许多心理学家用意义材料、无意义材料进行实验,其结论与艾宾浩斯的大体相同。我国心理学家陆志韦用回忆、预期回忆、重学、重组材料、再认五种方法所测得的遗忘曲线与艾宾浩斯遗忘曲线具有同样趋势。

三、对遗忘原因的探讨

对遗忘原因探讨有各种不同的看法,归纳起来有以下几种理论和观点。

(一)衰退理论

衰退理论认为,遗忘是记忆痕迹得不到强化而逐渐减弱、衰退,以致最后消失的结果。这一观点易为人们所接受,它反映了事物发展变化的普遍规律,如一些物理的、化学的痕迹有随时间推移而衰退甚至消失的现象。但衰退理论很难用实验来证实,因为在一段时间内保持量的下降,也可能由于其他材料的干扰,而不是痕迹衰退的结果。

(二)干扰理论

干扰理论认为,遗忘是因为在学习和回忆之间受到其他刺激的干扰所致,干扰被排除,记忆还可恢复。此理论与衰退理论的不同点在于记忆痕迹并未发生变化,仍存在于头脑中,只是因干扰而造成了遗忘。干扰或抑制可分为两类:一是前摄抑制;二是倒摄抑制。前摄抑制是指先学习的材料对识记和回忆后学习材料的干扰作用;倒摄抑制是指后学习的材料对保持、回忆先学习材料的干扰作用。前摄抑制和倒摄抑制在学习中经常出现,且两者往往同时存在。如记忆一篇文章,常常是首尾易记、中间易忘。

(三)压抑理论

压抑理论认为,遗忘是由于情绪、动机的压抑作用引起的,如果压抑被解除,记忆就能恢复。这种遗忘也称为动机性遗忘,它是由弗洛伊德在临床实践中发现的。弗洛伊德在给精神病人施行催眠术时发现,许多人在催眠状态下能回忆起早年生活中的许多事情,而在平时又回忆不起来。在生活中因情绪紧张而导致遗忘是常有的,如考试时因情绪过分焦虑而使一些学过的内容怎么也想不起来。压抑理论考虑到个体的需要、欲望、动机、情绪等在记忆中的作用,它对心理咨询与辅导、维护人的心理健康有着重要的意义,尽管它尚无进一步的实验材料的支持,但仍然是值得重视的一种理论。

(四)提取失败

提取失败理论的研究者认为,储存在长时记忆中的信息是永远不会丢失的,人们之所以对一些信息想不起来,是因为人们在提取有关信息的时候没有找到适当的提取线索。例如,人们有时明明知道对方的名字但就是想不起来。提取失败的现象提示人们,从长时记忆中提取信息是一个复杂的过程,而不是一个简单的"全或无"的问题。

(五)影响遗忘的其他因素

遗忘的进程除了受前述的时间因素、干扰因素、动机因素等影响外,还与下列因素的影响有关:

1.学习材料的性质与数量。一般认为,对形象材料和熟练动作的遗忘较慢,无意义材料比有意义材料易发生遗忘;在学习程度相等的情况下,识记材料越多忘得越快,材料少则遗忘较慢。因而,学习时要根据材料的性质来确定学习的数量,不要贪多求快,对于抽象的、无意义材料,应力求将其转化为具体形象的、有意义的材料。

2.学习材料的类似性与系列位置。从学习材料的内容来看,如果几种学习材料类似性较大,则因相互抑制而容易发生遗忘,类似性不大或互不相干,则抑制较少,不易产生遗忘。材料的系列位置也影响到遗忘,研究发现,在回忆系列材料时,回忆的顺序有一定规律性。最后呈现的材料最易回忆,遗忘最少,称为近因效应;最先呈现的材料较易回忆,遗忘较少,称为首因效应。这些在回忆系列材料时发生的现象叫系列位置效应,它已被许多实验所证实。

3. 学习的程度。一般把没有一次学习即能达到无误背诵标准的材料叫低度学习材料，把达到恰能成诵之后还需继续学习一段时间的材料叫过度学习材料。实验证明，低度学习材料容易遗忘，而过度学习材料比恰能成诵的材料记忆效果更好一些。

4. 学习者的心理状态。学习者对学习材料的需要、态度、兴趣和努力程度等心理状态，都对遗忘产生一定影响。

四、减少遗忘、提高记忆力应注意的问题

（一）合理组织有效的复习

复习即多次的识记，这是防止或减少遗忘的有效方法，是信息由短时记忆向长时记忆转化的条件，在识记和提高记忆效果中具有重要作用。复习的有效性与其说决定于复习的次数，不如说决定于复习的合理组织。根据记忆规律有效组织复习应做到三点：

首先，复习要及时。遗忘规律指出，识记后最初遗忘得较快，以后逐渐减慢。因此，识记后要趁热打铁，及早复习，其优点是既省时间，效果又好。

其次，适当采用间时复习。复习可以连续进行，也可以有一定的间隔时间，前者称为不间时复习（集中复习），后者称为间时复习（分布复习）。这两种复习的效果因材料的难易程度、组织形式、意义性等有一定差异。一般来说，间时复习比不间时复习效果好。因为过于集中的复习既有前摄抑制、倒摄抑制的干扰，又有心理过分紧张、身心疲劳的影响；而间时复习可使干扰得以减少或消失，同时又有较多时间可使联系巩固，故应多采用间时复习。

最后，要善于利用最佳时间进行复习。早晨头脑清醒、干扰因素少，复习外语单词和机械材料效果好；晚上临睡前，把一天学习的内容复习回忆一遍，有利于记忆的巩固。

（二）把识记与尝试回忆交替进行

识记与尝试回忆交替进行比连续识记（诵读）效果好。这样一方面可以及时地看到学习成绩，增强信心，提高复习积极性；另一方面注意集中便于发现问题和错误，能抓住材料的重点和难点，有利于及时纠正错误，使复习更具目的性。

（三）复习过程多样化

采用多种方式进行复习，能维持学习者兴趣，增强主动性、积极性，复习效果好。在复习过程中，要尽量使多种感官参与活动，做到眼到、心到、耳到、口到、手到，使多种感觉通道的信息到达大脑皮层，在皮层建立广泛的神经联系，提供回忆的多条线索，以加强记忆效果。另外，还可采用对比复习、编写提纲和对无意义材料建立人工联想等方式来增强记忆。

(四)提高记忆力的策略

想要提高记忆力可采用以下几种策略：

1. 形成图片记忆。一般来说，视觉图片或图像比文字单词好记。因此，将信息转化为心理图片有助于记忆。

2. 赋予信息以意义。赋予信息一定意义能够促使其从短时记忆进入长时记忆。

3. 利用已有知识。将需要识记的信息与已经知道的信息联系起来是一种巩固长时记忆的有效办法。

4. 建立特殊联系。在大多数情况下，形成心理图像是建立联系的较好方法，能够使记忆材料变得有意义，所以要学会建立一种不寻常的、夸张的或离奇的心理联系。

(五)重视对记忆品质的培养

良好的记忆品质包括记忆的敏捷性、正确性、准备性和持久性。

记忆的敏捷性即记忆速度的快慢。记得快才能有条件记得多。培养这种品质，一要明确记忆的目的，增强学习的主动性，知道要记什么、不记什么，避免浪费时间；二要集中注意，保持大脑皮层的最佳兴奋水平，以利于形成暂时神经联系。

记忆的正确性即对识记的材料在再认和回忆时没有歪曲、遗漏、增补和臆想。没有正确性，其他记忆品质也就失去了价值。培养记忆的正确性，必须进行认真的识记，在大脑皮层建立精确的暂时神经联系；复习时要把类似的材料加以比较，防止混淆；把正确识记的与仿佛记忆的东西区别开来，把所见所闻的真实材料与主观增补臆想的区别开来等。

记忆的准备性即在必要时能把记忆中所贮存的知识提取出来，以解决当前的实际问题。培养记忆的准备性，关键是要使所掌握的知识条理化、系统化。

记忆的持久性是指对识记材料保持时间的长短。加强持久性，一要善于把识记的材料纳入已有的知识体系中，运用组块化策略，合理组织材料，如按材料类别来记忆；二要进行及时和经常的复习。

以上四种品质都是后天形成和发展起来的，应通过学习实践不断培养，使自己有一个良好的记忆力。

(六)注意用脑卫生

脑的健康状况是影响记忆好坏的重要生理条件。研究表明，由核糖核酸指导合成的脑蛋白质分子是贮存知识的仓库，它与学习和记忆有密切关系。因而，在学习过程中，要特别重视脑的营养与适当的休息；否则，严重营养不良，缺乏蛋白质，甚至吸毒、酒精中毒、脑外伤等都会给记忆带来不良影响，使记忆力下降。

案例分析

贾老师上课时提出这样一个问题:"同学们,大家注意听下面这段话,小明搭公交车去朋友家玩,在第一站上来了3个人,下去一个人;第二站上来5个人,下去2个人;在第三站上来2个人,没有下去人;第四站上来6个人,下去2个人;第五站上来3个人,下去2个人;第六站上来2个人,下去3个人;第七站上来2个人,下去4个人;第八站上来2个人,下去5个人;第九站上来3个人,下去1个人;到第十站的时候小明和另外3个人下车了,没有上车的人。请问同学们,在第五站上来几个人?第八站又下去几个人?"同学们哑然,几乎没有同学能完整准确回答上来。问题并不难,但为什么没有同学能答上来呢?

从记忆角度分析,有意记忆是有明确目的的记忆,它是个体获得系统知识、完成特定任务的主要记忆形式。试想,如果我们在听这段话之前,预先知道记忆目的是第五站上车的人数和第八站下车的人数,那么,回答这个问题就变得轻而易举了。同理,我们在学习的时候,要积极主动利用有意记忆,明确学习目标,采取科学学习方法,做到课前预习、带着问题听课等,就能有效提高学习记忆的效果。

课后习题

一、单项选择题

1. 短时记忆的容量有限,一般为(   )。
   A. 5±4个组块   B. 6±3个组块   C. 7±2个组块   D. 8±1个组块
2. 实验结果表明,短时记忆中项目的提取形式主要是(   )。
   A. 同时扫描   B. 系列扫描
   C. 自动停止系列扫描   D. 完全系列扫描
3. "一朝被蛇咬,十年怕井绳",这种现象属于(   )。
   A. 形象记忆   B. 语词逻辑记忆   C. 情绪记忆   D. 动作记忆
4. 由春天想到繁荣、从苍松翠柏想到意志坚强等,这些现象体现的联想规律是(   )。
   A. 接近律   B. 相似律   C. 对比律   D. 因果律
5. 记忆一篇文章,常常是首尾易记、中间易忘,对这种现象的解释符合遗忘原因的(   )。
   A. 衰退理论   B. 提取失败理论   C. 压抑理论   D. 干扰理论
6. 从记忆角度来看,考试中的选择题主要考查学生的(   )。
   A. 识记能力   B. 保持能力   C. 再认能力   D. 回忆能力
7. 小强先后学习两组难度相当、性质相似的材料,随后检查发现他对后面一组材料的回忆效果比前面一组的要好。此时他所受到的干扰主要是(　　)。

A. 前摄抑制　　B. 倒摄抑制　　C. 分化抑制　　D. 延缓抑制

8. 艾宾浩斯研究表明,遗忘的进程是不均衡的,呈现的趋势是(　　)。

A. 时快时慢　　B. 越来越快　　C. 先快后慢　　D. 先慢后快

9. 一般来说,早晨学习记忆效果较好,这是因为此时学习很少或不受下列哪种抑制的影响(　　)。

A. 前摄抑制　　B. 倒摄抑制　　C. 多重抑制　　D. 双重抑制

10. 考场上由于情绪过于紧张,致使一些熟悉的知识怎么也想不起来,能够恰当解释这种遗忘现象的学说是(　　)。

A. 衰退说　　B. 干扰说　　C. 压抑说　　D. 提取失败说

11. 在大街上遇见儿时的同伴,虽然一下子叫不出他(她)的姓名,但可以肯定是认识的,此时的心理活动是(　　)。

A. 识记　　B. 保持　　C. 回忆　　D. 再认

12. 一般来说,短时记忆信息保持的时间是(　　)。

A. 1秒以内　　B. 1分钟以内　　C. 2秒以内　　D. 2分钟以内

13. "心理旋转"的实验研究说明,表象具有(　　)。

A. 抽象性　　B. 选择性　　C. 恒常性　　D. 可操作性

14. 对字词、概念和公式等概括化知识的记忆称为(　　)。

A. 陈述性记忆　　B. 程序性记忆　　C. 情景记忆　　D. 形象记忆

15. 最早对记忆和遗忘现象进行系统科学研究的心理学家是(　　)。

A. 冯特　　B. 弗洛伊德　　C. 巴甫洛夫　　D. 艾宾浩斯

16. 李华在记忆英语单词时,如果不对其加以复述,这个单词在他头脑中只能保持5~20秒,最长不超过一分钟。这种记忆是(　　)。

A. 瞬时记忆　　B. 短时记忆　　C. 长时记忆　　D. 内隐记忆

17. 闭卷考试时,学生在解答简述题、论述题时的记忆活动主要是(　　)。

A. 识记　　B. 保持　　C. 再认　　D. 回忆

18. 将识记材料一段一段阅读,达到分段背诵后再合成整篇背诵,这种识记方法是(　　)。

A. 整体识记法　　B. 部分识记法　　C. 综合识记法　　D. 简单识记法

二、辨析题(判断正误,并说明理由)

1. 遗忘是一种必然的心理现象,利弊兼有。
2. 过度学习的量越多越好。
3. 前摄抑制是后面学习的材料对保持和回忆前面学习材料的干扰作用。
4. 内隐记忆很容易受无关信息的干扰。
5. 元记忆是对他人记忆系统的认知和监控。

三、简述题

1. 说明表象的特点和功能。
2. 说明短时记忆的特点。
3. 影响识记效果的因素有哪些?
4. 什么是遗忘?分析遗忘的规律和原因。
5. 简要分析内隐记忆和外显记忆的区别。

四、论述题

1. 举例说明记忆的基本过程。
2. 联系实际,分析自己的记忆特点并提出改善记忆的方法。

五、材料分析题(阅读材料,并回答问题)

著名心理学家艾宾浩斯以自己为测试对象,选用了许多根本没有意义的音节,也就是那些不能拼出来的单词的字母组合,在测试中获得了大量且不同的记忆数据,绘出了下面的遗忘曲线。

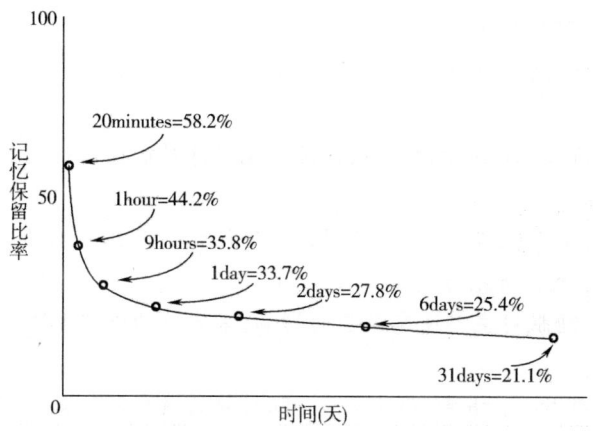

问题:

1. 图中曲线说明了什么?
2. 根据艾宾浩斯的遗忘曲线,教师如何组织学生进行有效复习?

拓展阅读

1. 杨治良.记忆的探索[M].北京:北京师范大学出版社,2009.
2. 郭秀艳.内隐学习[M].上海:华东师范大学出版社,2003.
3. 李伯约,黄希庭.时间记忆表征研究[M].北京:新华出版社,2006.

4. 丁锦红,张钦,郭春彦.认知心理学[M].北京:中国人民大学出版社,2010.

5. [美]哈里·洛拉尼.哈佛记忆课:过目不忘训练法[M].陈嘉宁,译.北京:北京联合出版公司,2014.

6. 罗良,张玮.利用测试促进学习:记忆心理学的研究进展与教育启示[J].北京师范大学学报(社会科学版),2012(1).

7. 杨治良,孙连荣,唐菁华.记忆心理学[M].上海:华东师范大学出版社,2012.

8. 刘儒德.高效实用的记忆策略:来自心理学的建议[M].上海:华东师范大学出版社,2013.

9. 杨文静,刘培朵,崔茜,肖宵,张庆林.自我参照对情绪性记忆定向遗忘的影响[J].心理学报,2014(2).

10. 汪玉林,雷旭.基于Think/No-think范式的动机性遗忘研究:行为与脑机制[J].心理科学,2015(5).

11. 陈功香,乔福强,赵佳.延时间隔和线索类型对遗忘学习判断的影响[J].心理与行为研究,2016(4).

12. 代景华,贾宁.不同回忆任务下小学生即时学习判断的准确性[J].心理与行为研究,2017(2).

13. 郭云飞,辛聪,干加裙,陈幼贞.任务规律性对前瞻记忆的影响[J].心理科学,2017(6).

14. 华巧云,张德香,车现楠,李寿欣.工作记忆广度训练对小学生算术应用题解决的影响[J].教育研究与实验,2017(5).

15. 王孟颖.睡眠对主动遗忘效应的影响:来自行为学与fMRI的证据[D].西南大学,2017.

16. 赵丽波,张悦,于祎雯,邓丽芳.提取引起的遗忘的认知机制[J].心理科学进展,2017(10).

17. 张克,杜秀敏,仝宇光.高低创造性思维水平者定向遗忘效应的差异研究[J].心理科学,2017(3).

第六章

思维想象与问题解决

学习目标

理解思维想象的基本过程和类型,思维与语言的关系,元认知等,掌握影响问题解决的因素和思维想象的个别差异,能联系教育实际说明对思维想象培养训练的意义与方法。

第一节 思维想象概述

思维与想象是人有别于其他动物的"灵性"所在,是人类认识的高级阶段。人们经常看到刮风下雨、吹气、扇扇子、玻璃窗上结水珠等现象,久而久之就在头脑中形成了关于这些现象的感知觉,进而促使人们去思考:这些现象虽然千差万别,但如果把它们连在一起就会发现,它们有着共同之处,即都是空气对流的表现或水蒸气遇冷液化的结果。这种发现说明人的认识已经深入到事物的内部并逐步把握了事物之间的联系,认识由感知阶段上升到思维阶段。科学史的进程表明,所有伟大的发现和发明无一不是思维的结晶。然而科学发现不单纯是经验的总结,它必须把探索之光投向遥远的未来,正如波普尔所言:科学发现近似于试探着说谎,近似于创作神话和诗的想象。那么,人是如何进行思维与想象的?如何解决现实中的复杂问题呢?通过本章的学习,将对这些问题有所理解。

一、什么是思维

思维(Thinking)是人脑对客观事物的本质与规律的概括和间接的反映。它是借助语言、表象或动作实现的、能揭示事物本质特征与规律的理性认知过程。思维主要表现在人解决问题的活动之中。

思维是以感觉、知觉为基础的一种更复杂、更高级的认知过程。它与感觉、知觉都是人脑对客观事物的反映,都属于人为了弄清事物的特性、规律而产生的认知活动,但它们反映的形式、范围、层次不同。感知觉是对事物的直接反映,反映的是事物的外部现象和属性;思维则是对事物间接、概括的反映,反映的是事物的本质特征和内在规律。思维既可以反映现实,也可以反映过去和未来。思维比感觉、知觉的反映更复杂、更广泛、更高级。然而,无论思维多么复杂高级,总是在感知的基础上产生和发展起来的,正确的思维不仅没有脱离客观事物,反而更接近于客观事物,是人对现实更深刻、更准确的认识。正如毛泽东同志所说:理性认识依赖于感性认识,感性认识有待于发展到理性认识。这句话深刻揭示了思维与感觉、知觉的辩证依存关系。

(一)思维的特性

我国心理学家研究认为,思维主要有概括性、间接性、逻辑性、层次性、生产性、元认知性六种特性,其中概括性和间接性是思维的主要特性。

1. 概括性。概括性是思维的最显著特性,是指在大量感性材料的基础上,把一类事物的共同本质特征和规律抽取出来加以概括。例如,人们通过对麻雀、鸽子等各种鸟的多次认识,抽取出它们的共同特征是卵生的、有羽毛的脊椎动物,于是得出"鸟是有羽毛的、卵生的脊椎动物"这一科学概念。

概括性在思维活动中占有非常重要的地位。首先,它是人们形成和掌握概念的前提。概念是事物的本质属性在人脑中的反映,形成和掌握概念就是对某一类事物加以分析、综合、比较,从中抽取出共同的、本质的属性或特征,然后把它们概括起来。概括水平的高低制约着概念的形成和掌握。

其次,概念水平在一定程度上代表着思维发展的水平。概括是思维活动的速度、灵活迁移程度、广度和深度及创造程度等的基础。一个人的概括性越高,知识系统性越强,迁移就越灵活,思维的速度则越快、越广、越深,思维能力发展水平也就越高。

最后,概括是一切科学研究的出发点和归宿。任何科学研究的目的都是为了概括出某一社会现象的规律性东西或为政府提出可供参考的决策依据。达尔文在自传中写道:我的智慧变成了一种把大量个别事实化为一般规律的机制。把事实"化"为一般规律是一切研究的最重要的、终极的阶段,这种"智慧"的过程就是概括的过程。

2. 间接性。思维的间接性是指人凭借已有的知识经验或其他事物的媒介(主要是语言符号)来对客观事物进行反映。医生根据对病人的体温、血压、心电及脑电等各种检查材料来确诊病患和病因;气象工作者根据已有的气象材料预知今后的天气变化;教师根据学生的言语行为表现来推断学生的内心世界等。这种"由此及彼、由表及里"的加工活动就是思维间接性的表现。它表明:①知识经验在思维间接性的产生中起着关键作用,没有知识经验的中介,间接性就无法产生,随着知识经验的丰富,间接性也就不断地发展起来。因而,要培养思维能力,发展思维的间接性、积累丰富的知识经验至关重要。②记忆是思维间接性产生的必要心理条件,有了记忆,人才能积累知识、丰富经验,才能进行思维。没有记忆或者记忆力很差,思维将失去材料,失去中介,也就不存在思维的间接性。

思维的间接性和概括性互为前提和基础,二者密切联系。人之所以能根据屋顶潮湿做出曾下过雨的判断,是因为知道下雨和屋顶潮湿之间存在因果关系,而这种认识正是先由思维的概括性所获得的。医生据化验报告确诊病患、教师据学生外部行为推断其内心世界等,与此同理。

3.元认知性。元认知是个人对自己认知的认知,通过元认知可以为自己确立下一步的认知目标,如选择通过一定努力可以达到的感知、注意、记忆等目标。只有明确自己已有认知的程度和水平,才能扬己之长,避己之短;否则,混混沌沌,不能反思自己,将严重影响认知的发展。而这种元认知只有通过思维活动才可实现,因而思维具有很强的元认知性。

(二)思维与语言的关系

思维和语言的关系问题是心理学、语言学界长期争论的热点之一,争论的焦点主要集中在"谁决定谁"和"谁先在个体身上产生"等方面,对此学术界有不同的看法:

行为主义心理学认为,思维和语言是同一种东西。华生主张思维与自言自语没有丝毫不同之处,思维是无声的语言。斯金纳也强调思维是无声的、隐蔽的、微弱的言语行为。

亚里士多德提出思维范畴决定语言范畴。不少现代西方心理学家也采取这种观点,皮亚杰就是其中之一,他主要以思维早于且深刻于语言来证实思维决定语言。

语言决定思维的观点。西方心理学对这种观点有过论述,但主要是苏联和我国心理学界的看法。这种观点强调各种活动、语言是个体思维产生的基础,语言决定思维,思维对语言、言语有反作用。

不同观点的争论表明思维和语言的关系比较复杂,对我们正确理解这两者的辩证关系有一定借鉴意义。从辩证唯物主义角度而言,思维和语言的关系既有联系又有区别。

1.思维和语言的联系。思维是人脑对客观事物的间接概括的反映,之所以能进行这种反映,主要是语言本身具有概括性、间接性和社会性等功能。没有语言就不可能有人的抽象逻辑思维,语言是思维的工具;同样,没有思维也就不需要作为承担工具的语言。当然,语言并不是思维的唯一工具,人还可以利用其他符号系统和表象进行非语言的思维。

从思维的个体发展来看,研究表明,儿童掌握语言的过程也是抽象思维发展的过程。五个月的儿童能够根据颜色和形状区别物体,能对事物进行较低级的概括,处于直观动作思维和具体形象思维水平。只有在两岁左右,儿童掌握语言之后抽象逻辑思维才渐渐发生,通过语言水平的提高实现思维水平的提高。

从思维的内容和结果来看,思维主要以语言为刺激物,特别是当具体刺激物不在眼前时,思维则借助语言来实现,语言是思维的直接现实。语言经过听、读内化为思维,思维的结果通过说、写用语言表达出来,两者密切联系,相互促进。语言中凝结着思维,表征着思维。

2. 思维和语言的区别。思维和语言是两个不同的概念和现象。思维不是语言,语言也不是思维,它们是两种相对独立的现象。

(1)本质特征不同。思维是一种包含物质内容的精神、心理现象;语言是由一定的物质形式与内容所构成的信息符号系统,是一种包含精神内容的物质现象。精神类的思维和物质类的语言是不能画等号的。

(2)生理机制不同。思维活动和语言活动都体现着大脑和感官的整合效应,但思维器官主要是大脑,语言器官主要是眼、耳、喉、舌及口腔等感觉器官。语言器官的损伤或先天发育不良会使人丧失语言能力,但不会使人丧失思维能力。比如,喉癌患者因手术而丧失说话能力,但思维仍能照常进行;盲人、聋哑人的语言能力受到极大限制,但他们的思维仍比较好。

(3)与客观事物的关系不同。思维与客观事物是反映和被反映的关系,其间有必然的内在联系;语言与客观事物是标志和被标志的关系,其间没有直接的必然联系。

(4)构成要素不同。思维的基本要素是概念,语言的基本要素是词。词和概念是不同的,同一词可以表达不同的思维内容(思想),而同一思维内容也可用不同的词来表达。

(5)思维的规律与语言的规则不同。思维的规律具有全人类性,任何民族的思维规律都是由感性认识发展到理性认识,再以理性认识指导人的实践活动。而语法规则则因民族而异,具有很强的民族性与个性。

二、想象及其作用

(一)什么是想象

想象(Imagination)是人脑对已有的表象进行加工改造而形成新形象的心理过程。所谓新形象是指人脑对旧有记忆表象加工改造而形成的形象。

1. 想象的基础材料是表象。构成想象的基本材料是人脑中的已有表象。没有对山、火的感知表象就不可能想象火山,没有对水的感知表象就不可能想象出大海等。

2. 想象的内容可以超前于现实。虽然想象的源泉是客观现实,但它不是人脑对客观现实直接感知内容的简单再现,而是经过加工、改造后创造出的新形象。这个新形象可能是现实生活中目前还不存在的,或将来也不可能存在的。人类的一切创造活动,不论是文化的、物质的、精神的都离不开想象。例如,科学家的发明、文学家的创作、理论家的创见、画家的艺术创作等,都有想象活动的参与。

(二)想象的作用

想象具有预见作用,它能预见活动的结果,指导人们活动进行的方向。同时,想象的新颖性、形象性也是人们创造活动中不可缺少的因素。工程师的设计、作家的人物塑造、艺术家的艺术造型、工人的技术创新、学生的学习等,所有这些活动都离不开人的想象。

想象具有补充知识经验的作用。在实际生活中,有许多事物是人们不可能直接感知的。如宇宙的星球、原始人类生活的情景、古典小说中人物的形象,这些空间遥远或时间久远的事物,人们是无法直接感知的,但是通过想象可以补充这种知识经验的不足。

想象还有代替作用。当人的某些需要不能实际得到满足时,可以利用想象方式得到满足或实现。例如,幼儿想当一名汽车司机,但由于能力所限而不能实现,于是就在游戏中把排列起来的小板凳想象成小汽车,手握方向盘开起了汽车。人们在精神失常时,有时也从想象中得到寄托和满足。

想象对机体生理活动过程有调节作用,它能改变人体外周部分的机能活动过程。例如,有人对一位具有鲜明想象与表象的人进行了研究,结果发现,只要这个人说他想象出什么事物,就可以观察到他的机体发生奇异变化。例如,他说"看见右手放在炉边,左手在握冰",这时就可以观察到他的右手温度升高 2 度,左手温度降低 1.5 度;当他说"看见自己跟在电车后奔跑"时,就可看到他的心跳加快;在"看见自己安静地躺在床上"时,心跳就减慢。

三、思维想象与脑

(一)思维与脑的关系

思维是人脑的机能,脑是思维的器官,思维与脑有着密切的关系。由于这个问题的复杂性及科学水平的限制,这方面的研究还很不成熟。苏联著名心理学家鲁利亚指出:智力活动脑结构的分析还仅仅是做出了开端,要使思维的脑机制得到充分的揭露,研究者还必须做很多工作。

从脑重量发展与思维发展的关系来看,思维能力的发展变化与脑重量的变化呈一致性。研究表明,人脑平均重量在新生儿是 390 克,8~9 个月的乳儿为 660 克,2~3 岁的婴儿为 1 350 克,12~13 岁的少年脑平均重量已达到成人脑重,即 1 400 克。我国心理学家在对儿童的数概念形成和运算能力发展的研究中发现,儿童数学运算思维能力的发展变化与脑重量变化存在着一致性。脑重量变化的转折期是 8~9 个月、2~3 岁、9~10 岁(小学 3~4 年级),这也是数学运算思维能力发展的加速期。

从脑局部损伤产生的影响来看,脑的不同部位损伤会产生不同的思维障碍。

神经心理学研究发现,思维与整个大脑的功能,特别是大脑皮质的功能密切联系。大脑不同部位受到损伤会产生不同的思维障碍:顶、枕叶损伤患者有明显的空间定位和识别文字的障碍,不能把桌子上积木的空间配置与样本图形的空间配置相联系,思维能力下降;额叶损伤患者不会分析问题条件,凭一时冲动去解题,没有计划和目的;前额区的主要功能是形成思维和完成有目标的活动,表现为制订计划,对感觉信息进行分析处理、思考和预料行动后果,解决抽象复杂问题,综合各种信息进行判断推理等;颞叶不单与听觉、记忆有关,与思维的关系也很密切。

著名脑科学家斯佩里(R. W. Sperry)通过对裂脑人的研究发现,大脑右半球也有语言和思维功能,这个发现改变了传统上认为语言只是左脑功能的看法,确立了思维和语言是大脑整体功能的观点。研究还证明,左右两半球的思维功能有明显的分工,左半球与抽象思维、逻辑分析等有关,右半球与知觉空间定位、形象等有关。除此相对分工外,左右两半球功能还相互补充、相互配合,共同组成大脑的统一控制机制,完成一系列整体系统的功能,这就是大脑的思维互补说。

从对脑神经结构的研究来看,思维的内容之所以无限,思维的方式之所以多样,主要与脑的复杂结构有关。据测算,在大脑皮质一个神经元上的突触数目可达30 000个以上,整个脑内神经元突触数目约在 $10^{14} \sim 10^{15}$ 之间,而且突触联系方式也复杂多样,构成了数目庞大的神经回路。脑的部位越高级,神经回路越复杂。思维的大脑回路说认为,大脑的每个神经回路可能与某一思维内容相对应,神经回路数目巨大,思维的容量也巨大;神经回路的构成方式可能与各种思维方式有关,聚合型回路与集中思维有关,辐散型回路与联想思维、发散思维有关等。由于大脑神经回路的复杂联系,使人的思维内容丰富,思维方式变化多样。如果把神经回路联系的性质、作用机理搞清楚了,揭示思维的详细机制也就为时不远。

(二)想象与脑的关系

想象也是人脑的机能。人在感知客观事物时,大脑皮层留下许多痕迹,即形成暂时神经联系。在现实刺激的影响下,脑对已有的暂时神经联系进行分解、筛选,并重新搭配、组合、接通,形成新的联系系统即想象。想象是大脑皮层两种信号系统协同活动的结果。

第二节 思维想象的类型

一、思维的类型

(一)直观动作思维、具体形象思维和抽象逻辑思维

根据凭借物的不同,思维可以分为直观动作思维、具体形象思维和抽象逻辑思维。

直观动作思维即通过实际动作来解决问题的思维,也叫操作思维、实践思维。这种思维具有明显的外部特征,通常以直观的、具体的实际动作表现出来。三岁前的幼童在活动中思考,思维离不开触摸、摆弄物体的运动,他们的思维就属于直观动作思维。聋哑人靠手势与表情进行交际也属于这种思维。机修工人、家电修理人员等一边操作一边思维,否则难以解决机器故障问题。需要指出的是,成人的动作思维是以丰富的知识经验为中介,并在整个动作思维过程中由语言进行调节和控制,它与没有完全掌握语言的幼儿的动作思维不同,属于较高水平的思维。直观动作思维也是人与高等动物共同具有的一种思维,但两者有本质的区别,不能混为一体。

具体形象思维即凭借事物的具体形象和表象来进行的思维。它的基本单位是表象,主要心理成分有表象、联想、想象等。学前儿童、小学低年级学生的思维以具体形象思维为主。例如,他们凭借具体实物(火柴棍、苹果、积木等)进行运算或借助表象进行模拟游戏等。具体形象思维是思维的初级阶段,也是个体智慧发展必须经历的重要阶段。成人虽然以概念思维为主要形式,但也不可能完全脱离形象思维,特别是在解决比较复杂的问题时,鲜明生动的形象有助于思维过程的顺利进行。作家、画家、诗人和设计师的创造活动更多地运用形象思维,数学家、物理学家和化学家也离不开形象思维。成人的形象思维是一种概括的形象思维,也称形象逻辑思维。形象思维在认识过程中带有强烈的情绪色彩,对解决问题具有动力作用,它是创作或其他创造活动不可缺少的一种特殊的思维活动。

抽象逻辑思维即以概念、判断、推理等形式进行的思维。它是人类思维活动的核心形态,也是人与动物思维的根本不同之处。学生运用数字符号和概念进行数学运算或推导、科学工作者根据实验材料进行推理和论证等,都属于抽象逻辑思维。就其形式而言,抽象逻辑思维包括普通逻辑思维(形式逻辑思维)和辩证逻辑思维,前者是抽象逻辑思维的初级阶段,后者是高级阶段,后者主要强调思维反映事物的内部矛盾,揭示事物的对立统一、量变质变、否定之否定的发展规律。所以,从形式逻辑水平向辩证逻辑水平发展是抽象逻辑思维发展的重要方面。

在个体发展中,由于语言的发生和发展较晚,因而直观动作思维和具体形象思维比抽象逻辑思维出现得早。事实上,在成人的思维活动中,这三种思维经常相互联系,共同发挥作用。

此外,还有经验思维和理论思维。经验思维是指人们凭借日常生活经验进行的思维。例如,学前儿童根据他们的经验,认为"果实是可食的植物""鸟是会飞的动物",这些都属于经验思维。由于知识经验的不足,这种思维易产生片面性,甚至得出错误或曲解的结论。理论思维是根据科学的概念和论断,判断某一事物,解决某个问题。例如,我们说"心理是客观现实在人脑中的主观映像",就是理论思维的结果。这种思维活动往往能抓住事物的本质,使问题得到正确的解决。

（二）集中思维和发散思维

根据探索目标的方向及答案的多寡,思维可分为集中思维和发散思维。

集中思维是指把问题所提供的信息集中起来,思路朝着同一个方向聚敛前进,得出一个正确答案的思维,也叫聚合思维、求同思维。这种思维是利用已有的知识经验和现成方法来解决问题的一种有方向、有范围、有条理的思维方式,其主要特点或功能是求同求优。例如,$b>c,b<d$,其结果必然是$c<d$。

发散思维是从一个目标出发,沿着各种可能的方向扩散,探求多种合乎条件答案的思维,也叫求异思维、辐射思维。求异创新是这一思维的突出特点。学生解答数学问题的一题多解、人们能够说出砖头块的多种用途、闻一知十等,都属于发散思维。这种思维无一定方向和范围,不墨守成规,不死守同一模式,是开放式的。思维的变通性、流畅性和独特性是发散思维的三个主要特点。

集中思维和发散思维都是智力活动中不可缺少的成分,两者都具有创造性,但发散思维的创造性更强。

（三）分析思维和直觉思维

根据思维过程是否遵循明确的逻辑规则,思维可以分为分析思维和直觉思维。

分析思维亦称逻辑思维,是严格遵循逻辑规则、逐步分析与推导、最后得出合乎逻辑的正确答案与结论的思维。例如,学生通过逐步推理论证解决数学问题的思维活动就是逻辑思维。

直觉思维也称非逻辑思维,它是没有完整的分析过程与逻辑程序,依靠灵感或顿悟迅速理解并做出判断和结论的思维。这是一种直接的、领悟性的思维,具有直接性、敏捷性、简缩性、跳跃性等特点,它是逻辑思维的凝聚或简缩。科学家对某些突然出现的现象提出猜想和假说就属于直觉思维。阿基米德在浴缸洗澡时突然发现浮力定律,达尔文在阅读马尔萨斯人口论著作时提出"自然选择理论",魏格纳在看地图时突然闪现出"大陆漂移"观念等,这些都是直觉思维的典型例证。直觉思维的发生与灵感密切相关。

（四）常规性思维和创造性思维

根据创新程度,思维可以分为常规性思维和创造性思维。

常规性思维即指人们运用已获得的知识经验,按现成的方案和程序,用习惯的方法、固定的模式来解决问题的思维。学生运用已学会的公式解决同一类型的问题、用同一方法解决同类问题都是常规性思维。这种思维的创造性水平较低,缺乏新颖性、独创性,对原有知识不需要明显改组,也没有创造出新的思维成果,故称为常规性思维,也叫再现性思维或再造性思维。

创造性思维即以新颖、独特的方式来解决问题的思维。新颖、独特是其根本特征,它是人类思维的高级过程,是一切创造性活动的必要心理条件。创造性思维是多种思维的综合表现,它既是发散思维与集中思维的结合,也是直觉思维与分析思维的结合,不仅包括理论思维,更离不开创造想象。

创造性思维与再现性思维之间没有不可逾越的鸿沟,创造性思维具有再现性思维的特点,也是再现性思维的发展,再现性思维是创造性思维的基础。研究表明,创造性思维是一种具有连续的、而不是全或无特点的思维,人人都有创造性或独创性,由于教育、发展及个人努力不同而创新程度各异。

二、想象的类型

(一)无意想象和有意想象

根据有无目的,想象可以分为无意想象和有意想象。

无意想象即没有预定目的、不自觉地产生的想象。它是人在无意当中进行的想象,是一种不由自主的、无意识的想象,例如人们把天空中看似相像的云朵想象成骆驼、老虎和小孩追赶羊群等。梦是无意想象中很重要的一部分,是无意想象最典型、最极端的例证。梦是人在睡眠状态发生的、不受人的高级意识支配的想象活动。

有意想象即有预定目的、自觉进行的想象。它是人为了达到某种目的或完成某项任务而进行的有意识的、积极主动的想象。按照教师的语言描述,学生头脑中出现相应的形象,文学家、艺术家创作之前头脑中的表象活动等,都属有意想象。有意想象在想象中占主导地位。

(二)再造想象和创造想象

根据创造性程度,想象可以分为再造想象和创造想象。

再造想象是根据语言、文字描述或图样示意,在头脑中形成相应新形象的心理过程。一方面,新的形象不是自己创造出来的,而是根据别人的语言、文字描述或图样示意再造出来的。例如,根据工程师设计的图纸,在头脑中再现出建筑物的形象。另一方面,新形象是根据当前活动任务,通过想象者的大脑活动,对头脑中已有感知表象改造加工而成的。学生掌握知识主要是通过再造想象来进行的,它能使人突破时空限制,构想出自己没有直接感知的大量事物形象,获取更多的知识,提高学习效率。

创造想象是根据一定的目的和任务,在头脑中独立创造出新形象的心理过程。这个新形象具有独立性、新颖性和首创性的特点。文学创作、艺术创作、科学发明、技术革新等活动中的想象,大多是人类历史上前所未有的,属于创造想象。创造想象比再造想象更复杂和困难,它与创造性思维紧密联系,是人类创造活动不可缺少的因素。

(三)幻想、理想与空想

根据想象与现实的关系,想象可以分为幻想、理想与空想。

幻想是一种指向未来并体现主体愿望的想象。它有两个明显的特点:第一,幻想总是指向未来的活动,如有的学生幻想自己将来成为科学家,发明大量新奇的东西;有的幻想成为一名画家,用自己的双手绘制出最新最美的图画;有的幻想当一名宇航员,乘宇宙飞船遨游太空。第二,幻想总是体现着想象者的愿望。幻想是人们所向往、期望和追求的新事物的形象,学生对未来理想职业的预想、对未来生活的期望,都体现着对美好事物的向往,表现为一种个人愿望和奋斗目标。郭沫若曾说:科学也需要创造,需要幻想,有幻想才能打破传统的束缚,才能发展科学。科学工作者同志们,请你们不要把幻想让诗人独占了。嫦娥奔月、龙宫探宝、《封神演义》上的许多幻想通过科学,今天都变成了现实。

理想是对未来有现实根据的、合理的向往,是在正确世界观指导下,以现实生活发展规律为依据,对自己未来各种生活愿望的向往。理想往往与人们远大而崇高的生活目标联系在一起。师范生向往自己将来努力工作,争当模范教师,把毕生精力献给教育事业;科学研究工作者向往通过自己刻苦钻研,创造出某种先进产品,造福于人类。这些通过努力可以实现的愿望,就是个人理想。它是积极的、有益的,能激励人奋发向上,应该受到鼓励。

空想是完全脱离现实生活,且毫无实现可能的想象。有的人根本没有音乐天赋,却空想自己将来成为音乐家。空想是消极的,是想入非非,不能激励人前进,只能使人脱离现实,导致挫折、失败,甚至误入歧途。

第三节　思维想象的过程

一、思维的过程与形式

(一)思维的过程

思维是通过人脑一系列复杂的操作过程实现的。人们运用脑中存储的知识和经验,对外界输入的信息进行分析与综合、比较与分类、抽象与概括、系统化与具体化等过程,即思维过程。其中,分析与综合是思维的基本过程,它贯穿于整个思维活动,其他思维过程都是在此基础上派生的。

1. 分析与综合。分析是指在人脑中把事物或对象的整体分解为各个部分或属性。例如,把一篇文章分为段落、句子和词,把植物分解为根、茎、叶、花果,把几何图形分解为点、线、面、体。一般来说,思维过程是从分析开始的。分析可划分为两种形式:一是"过滤式"分析,这种分析没有确定的具体标准,在问题解决中表现为对各种可能的解决办法进行筛选,逐步淘汰不符合目的的无效尝试;二是综合的、有方向的分析,这种分析具有明确标准,把问题的条件和要求综合起来进行深入分析,揭示内在联系,寻找解决问题的有效方法。

综合是在人脑中把事物或对象的各个部分或属性结合为一个整体。例如,把单词组成句子、把部件组成完整的机器等,都是综合过程。只有把事物或对象的部分、特征及属性等综合起来,才能把握事物的联系和关系,才能反映事物的本质。综合也有两种形式:一种是联想式综合,即以联想为基础,把事物的特征、属性结合在一起;另一种是创造性综合,即在事物的各种特征、属性之间建立起新的联系和关系,当条件发生变化时,思维就需要形成新的综合方式。创造性综合是综合过程的重要方面。

分析与综合贯穿于人的整个认识活动中,感性认识有初级水平的分析与综合,理性认识有高级水平的分析与综合,以言语为中介对事物本质特征和规律的分析与综合,就是抽象与概括的过程,但分析与综合是彼此相反而又紧密联系的,是同一思维过程中不可分割的两个方面。任何一种思维活动既需要分析,也需要综合。分析为了综合,分析才有方向、有意义;综合以分析为基础,综合才会更完备。

2. 比较与分类。比较是人脑把各种事物或现象加以对比,以确定它们的异同点和关系的思维过程。比较是在分析综合的基础上进行的,它既是重要的思维过程,也是重要的思维方法。只有通过比较才能找到事物的共同点和区别点,才能正确地确定活动方向,做出最佳选择。比较有许多种类,从形式上看,有同中求异,异中求同,同时对比,前后对比;从水平上看,有对外部特性的感性水平的比较,有对本质特性的理性水平的比较,还有纵向比较、横向比较等。

分类是人脑按照某种标准将事物归到一定类别中的过程。分类以比较为前提,在比较中发现事物符合标准的特征,然后加以归类。分类在思维过程和科学研究中具有特殊意义,它不仅有建立标准的作用,而且有利于分析更接近真实、更全面反映事物之间的内在联系。

3. 抽象与概括。抽象是在人脑中抽取出同类事物的共同的本质特性,舍去其个别的非本质属性的过程。例如,从手表、怀表、电子表、石英钟、闹钟和挂钟等对象中,抽取它们共同的、本质的属性即"能计时",舍弃它们非本质的属性,如大小、形状、构造等。

概括是在人脑中把抽象出来的事物的本质属性综合起来的过程。概括是一种特殊形式的综合,在概括的基础上形成概念。如凡具有生命的物质就叫生物,这是概括的结果。从概括的层次水平来看,概括有两种水平:一种是初级概括,即初级水平的经验概括或感性概括,它是在直观基础上对事物一般外部特征的概括,如幼儿把能吃的果子叫果实;另一种是高级概括,即高级形式的科学概括或理性概括,是对事物内在本质特征的概括,也称逻辑思维水平的概括。概念、原理和定理等都是高级概括的结果。

抽象与概括紧密联系。抽象是概括的基础,如果不能从千差万别的事物中抽取出共同的、本质的特征,要进行科学的概括是不可能的,没有抽象就没有概括。

人只有在抽象与概括中,才能逐步舍弃事物的非本质属性,掌握其本质属性。

4. 系统化与具体化。系统化是指人脑把具有相同的一般特征和本质特征的事物归纳到一定类别系统中去的过程。系统化有助于自觉深入、牢固地掌握科学知识体系,有利于全方位把握事物的整体。具体化是人脑把经过抽象概括的本质特征和规律运用到同类具体事物中去的过程。例如,老师讲授一个新概念往往都要举例,举例就是一种具体化过程。利用理论原理解决实际问题的过程也是具体化。具体化是同抽象概括相反的思维过程,从抽象到具体是人类思维发展的普遍规律,有重要的理论和实际意义。如果抽象概括不与具体实际相结合、相统一,抽象概括也就失去了应用价值。

(二)思维的形式

思维就其形式而言,包括概念、判断和推理,任何思维都要通过这三种形式表现出来。

1. 概念(Concept)。概念是人脑反映事物共同的本质特性的思维形式。在抽象与概括的基础上,人脑形成各种不同的科学概念。概念是思维的基本单位,是思维的出发点和归结,人们运用概念进行判断和推理,因而它是思维的最基本形式。概念用词语来标志,它和词语是紧密联系而又相互区别的。词语是概念的物质外壳,没有词语,概念就不可能存在;概念赋予词语一定的意义和内容,词的意义不断充实的过程也就是概念不断扩大和深化的过程。但概念是精神、心理现象,词语是概念的物质标志,二者不能等同。概念包括内涵和外延两部分。内涵指概念的质,是概念所反映事物本质特性的总和;外延指概念的范围,凡具有该概念所反映的本质特性的一切事物。概念的内涵和外延是反比关系,内涵越少则外延越大,内涵越多则外延越小。

概念是人类社会历史发展的产物,长期的积累和发展形成了以下形式多样的概念类型:

(1)根据概念反映事物属性的抽象与概括程度,可分为具体概念和抽象概念。具体概念是按事物的外部特征形成的概念;抽象概念是按事物内部的本质特征形成的概念。

(2)根据概念反映事物属性的数量及其相互关系分为合取概念、析取概念和关系概念。合取概念是根据一类事物中同时存在的单个或多个相同属性形成的概念,如铅笔、毛笔、钢笔等,这种概念最为普遍。析取概念是根据不同标准,由单个或多个属性结合形成的概念,如"好孩子"这个概念就可结合多种属性。关系概念是根据事物之间的相互关系而形成的概念,如高低、上下、大小、左右等。

(3)根据概念形成的途径分为前科学概念和科学概念。前科学概念又称日常概念,是人们在日常生活中通过人际交往和个人积累经验而形成的概念。它受个人生活范围和知识经验的限制,其内涵往往包含事物的非本质属性,存在一定的片面性甚至错误。例如,小学生有时把"会飞"作为"鸟"这个概念的内涵,误认为蝴蝶、蜜蜂也是鸟。科学概念是指能反映事物本质特性的概念。通过教学过程获取的概念就是科学概念,如定义、定律、原理等。

另外,还有许多概念类型,这里就不赘述了。概念类型的增多,表明科学发展迅速,也说明人的思维水平正向深广层延伸。

2. 判断(Judgement)。判断是人脑反映事物之间联系和关系的思维形式。它是在概括基础上形成的对事物有所断定的思维形式之一。任何一个判断都是概念的展开。单个概念无法进行思维和表达思维,必须把多个概念联系起来,对事物有所肯定或否定,这就构成了判断。判断主要有直接判断与间接判断、肯定判断与否定判断等类型。

3. 推理(Reasoning)。推理是人脑从已知的判断推出新的判断的思维形式。它是由两个以上的判断组成的,反映判断与判断之间的联系。例如,根据"一切金属受热都会膨胀"的原理,推出"铁是金属,铁受热也会膨胀"的结论。推理主要分为归纳推理、演绎推理和类比推理三种类型:①归纳推理是从个别的、特殊的事例中推出一般结论的过程。例如,从金、银、铜、铁等事物中看到它们能传热,于是推出"金属可以传热"的结论。②演绎推理是从一般性的知识、原理中推出关于个别事物的结论,即从一般原理到特殊事例的推理。演绎推理与归纳推理既有联系又有区别,其不同之处在于演绎推理遵循逻辑规律,只要前提正确,结论必然正确;而归纳推理即使前提正确,结论不一定都正确。因而进行归纳推理时,应先提假设,再对假设进行评价,得出一般结论。③类比推理是根据两个事物的相似之处,经过比较而做出结论的特殊推理形式。

二、想象的过程

想象过程是对形象的分析综合过程。一般认为,想象的综合包括粘合、夸张、典型化和联想的过程。粘合是把客观事物从未结合过的属性、特征、部分在头脑中结合起来而形成新的形象;夸张是通过改变客观事物的正常特点、突出某些特点并略去另一些特点而在头脑中形成新的形象;典型化是根据一类事物的共同特征或由一个事物想到另一事物进而创造新形象的过程;由一个事物想到另一个事物即为联想。下面主要分析再造想象和创造想象形成的条件。

(一)再造想象形成的条件

要形成正确的再造想象,必须具备两个条件:

第一,要正确理解词与图样标志的意义。再造想象是由语言的描述或图样的示意所引起的,必须正确理解和掌握词与图样标志的意义。例如,学生只有当对课文语义理解的时候,才能再造出它的形象。

第二,丰富的表象储备。表象是想象的基本条件,表象愈多愈丰富,再造想象的内容也愈丰富。再造想象不仅依赖于已有表象的数量,而且也依赖于已有表象的质量,正确反映客观现实的直观材料愈丰富,再造出来的想象内容就愈生动、愈正确。

(二)创造想象形成的条件

创造想象的形成要更复杂,其形成的条件具体包括以下五方面内容:

1. 社会实践要求与人的创造性需要。社会实践的各个领域都存在着大量的、需要解决的问题,这就促使人不断产生创造新事物、解决新问题的需要,当这种需要达到一定程度时,就会激励人从事各种创造活动,形成创造想象的动力。例如,以前人们用纸糊窗户,为了提高窗户的亮度和防止浸湿破坏,产生了对玻璃的想象,推动了制造玻璃的创造活动。但在玻璃使用过程中,发现玻璃不能透过紫外线和不够坚固,于是想象出能透过紫外线和像钢一样坚硬的新型玻璃。已实现的想象引起新的创造需要,新的需要又产生新的想象,新的想象又推动新的创造活动。

2. 广博的知识与丰富的表象储备。想象中任何新形象的形成都是以头脑中的已有表象为基础的,没有旧表象作为原材料,新的表象是不可能被加工出来的,也就根本谈不上创造想象。知识越广博,已有表象越丰富,组成的新形象也越深刻、越生动,创造想象活动也就越频繁。科学家掌握有关研究的丰富资料,作家深入生活、广泛调查研究等,都是为创造性活动的进行做必要的储备。

3. 思维的积极活动。创造想象不是感性材料的胡乱堆砌,而是一种严格的构思过程,受思维活动的控制、调节和支配。只有通过积极、严密的思维才能保证创造想象沿着正确的方向顺利进行,它的产物才符合现实的要求,才会具有社会价值。

4. 原型启发。原型是与所要创造的事物相类似的事物。原型启发是指从类似事物中受到启迪,从而发现所要创造的新事物的形象、构成部件,以及解决问题的方法或途径等。起到启发作用的事物就是原型,例如,鲁班因茅草割破手而发明了锯子,牛顿从苹果落地而联想到地球引力并发现了万有引力定律,这些都是原型启发的典型例证。苏联心理学家克鲁捷茨基在《心理学》一书中,对人类在手的启发下改善劳动工具的创造活动进行了形象的对照,充分说明原型启发的重要作用。

5. 灵感。创造过程中新形象的产生常常带有突然性,即出现灵感,它是人以全部精力去解决所思考的问题或进行创造活动时,由于偶然因素的触发而突然出现的顿悟现象。例如,诗人在构思时,虽然长期酝酿仍然理不出头绪,但偶然受到某一事物启发就豁然开朗,诗句唾手可得,一挥而就。灵感是人们长期艰苦劳动的结果,长期思索某个问题就会在大脑中形成许多神经联系,一旦受到某种事物的刺激,这种神经联系系统就可立即接通而产生灵感。灵感不是天上掉下来的,也不是人脑固有的,它是长期劳动的产物。俄国作曲家柴可夫斯基说过:灵感是这样的客人,他从来也不爱拜访懒惰的人。著名画家列宾也说:灵感是艰苦劳动的奖赏。灵感的产生带有突发性,常出现在一些偶然的情况下,如散步、洗澡、睡梦中等。阿基米德在洗澡时,当他进入浴盆导致水溢出时,突然灵感出现,激动地狂叫:"我发现了!我发现了!"他发现了阿基米德定律。灵感状态常和人最清晰的意识、最活跃的思维活动相联系。一个饱食终日无所事事的人,想象贫乏、思维刻板,则无灵感可言。

第四节 思维想象的个别差异

一、思维的个别差异

(一)思维类型的差异

在思维类型方面有分析型与综合型的差异。分析思维型是在思维过程中着重甚至单纯运用分析法。这种类型的人善于从事物的组成因素去思考问题,对事物的各因素了解得比较透彻,而对事物的整体结构不甚了解,容易产生"只见树木,不见森林"的不良后果。综合思维型是在思维过程中着重甚至单纯运用综合法。这种类型的人善于从事物的整体结构去思考问题,对事物的内在结构了解得比较透彻,而对事物的各组成因素则知之不多,以致产生"只见森林,不见树木"的思维缺陷。

大多数人属于分析—综合思维型,这是因为在实际进行的思维活动中,分析和综合常常是结合在一起的。以阅读一篇科学论文为例,阅读论文的过程就是对它进行分析和综合的过程:首先是了解大意,运用的是综合法;其次是逐段分析、提炼观点,运用的是分析法;再次是贯通全文,运用的又是综合法;最后是实际运用,既有分析也有综合。

(二)思维品质的差异

思维品质的差异主要表现在以下几点:

1. 思维的敏捷性与灵活性。思维的敏捷性是针对思考问题、解决问题的速度而言的。古人云:"眉头一皱,计上心来",这是思维敏捷性的一种表现。思维的灵活性是针对思考问题、解决问题的随机应变程度而言的。当问题条件发生变化时,能够打破旧框框,提出新办法,其思维较灵活。有人足智多谋,善于随机应变,灵活性强;而有人却头脑僵化,缺乏灵活性。

2. 思维的广阔性与深刻性。凡事善于从多方面进行思考,既不忽视对事实的本质部分的分析,也不放弃对具体细节的考虑,这就是思维的广阔性。这方面的差异表现在:有人思路能围绕关键问题展开,有人则思路闭锁,往往抓住一点不及其余。思维的深刻性是指思维有一定深度,凡事善于透过现象抓本质,能深入思考问题而不停留在表面上。思维的深刻性与广阔性是专与博的关系,要在博的基础上专,在专的要求下博。

3. 思维的独立性与批判性。思维的独立性即善于独立分析问题和解决问题,不依赖别人的思想和原则,不一味地寻求现有的解决方案,能创造性地寻求并获得研究现实的新途径、新事实和规律,提出新的解释和结论。例如,有的学生回答问题时不机械重复书本上或老师所讲的答案,而是按照自己的理解重新加以组织,使答案颇有新意;有的学生则是书上有几点就回答几点,老师讲几条就答几条,循规蹈矩。批判性是指善于批判地对待与评价他人和自己的思想与成果,在没有确证真实性之前,不轻易相信某个结论和观点就是真理。有人能辩证地分析问题,从不持"好就是绝对的好,坏就是绝对的坏"的形而上学观点;有人则缺乏批判性,不能辩证地分析事物,摆脱不了形而上学的束缚。在学习中,有的学生敢于同老师争论,敢于向权威挑战,把"尽信书则不如无书""吾爱吾师吾更爱真理"等格言作为座右铭。

(三) 思维的性别差异

由于环境、教育、生理等因素的影响,男女两性在思维的方式和特征方面有一定差异。威特金(Herman Witkin)等研究认为,在思维方式上男性侧重于分析性,女性侧重于整体性。全国青少年推理能力协作组研究认为,在我国青少年中,男女学生的逻辑推理能力出现"互有高低,互相接近"的状况。在形式逻辑推理能力的发展,尤其在演绎推理方面,男生高于女生,归纳推理则没有男女差异。国外研究表明,女性偏于形象思维,习惯和倾向于用形象思维去解决问题;男性则更多偏向于抽象思维等。在图形、空间关系的创造性测验中,如图形的变通、图形的独创,男性的成绩优于女性;在图形的流畅性和精确性方面,则是女性占据优势。这说明男女在思维的结构、形式等方面有一定差异。

(四) 问题解决的差异

问题解决有两种类型:创造性问题解决和常规性问题解决。前者是要求发展新方法的问题解决,后者是使用现成方法的问题解决。两者的差别是相对而言的,可以把这两类问题解决设想为一个连续体的两端,其间则有常规性和创造性的连续变化。在人群中,有些人突出表现为解决问题的常规性,有些人突出表现为创造性。

二、想象的个别差异

(一) 想象类型的差异

对于不同个体而言,其想象类型也是不一样的:

1. 再造型与创造型。再造型即富有再造想象的一种类型,再造性是其根本特点。这种类型的人,想象一般不能摆脱现有的某种事物,即他们想象出的形象与原物基本相符,再造容易创造难。多数人的想象都以再造型为主。创造型是富有创造想象的一种类型,创造性是其根本特点。这种类型的人,想象一般易于摆脱现有的某种事物,构造出的形象是完全崭新的。例如,创造发明家、文学艺术家的想象大多属于这种类型。

2. 浪漫型与现实型。浪漫型是一种富于幻想和理想的想象类型。浪漫型的人往往是乐观主义者,他们勇敢地注视着未来并迎着未来前进,这些人一般都朝气蓬勃、积极向上、精力充沛、性格开朗。现实型是从现实出发观察和思考问题的想象类型。现实型的人幻想和理想的色彩很少,他们冷静地注视着现在而不大向往未来。这些人一般都目光深邃、思维缜密、情绪稳定、意志顽强、性格沉着,内心世界总是和现实世界紧密地联系在一起。

(二)想象品质的差异

想象品质的差异主要表现在如下几个方面:

1. 想象主动性的差异。就想象的目的性、意识性程度而言,想象可划分为无意想象和有意想象两种。前者没有或少有主动性,后者则积极主动。有的人无意想象占优势,不能按照预定的目的和计划来展开想象的翅膀,一旦想象的翅膀展开就像一批脱缰之马,漫无边际自由奔驰;有的人则有意想象占优势,能够有目的、有计划地唤起自己的想象,像一艘带着罗盘的船只沿着预定的航线前进,且当行则行,当止则止。具有主动想象的人,一般都能在创造性活动中大显身手。

2. 想象丰富性的差异。丰富性是指想象内容的充实程度。想象是在表象的基础上形成,其丰富性取决于表象的多样性。当然,丰富充实的表象必须正确无误,由此形成的想象才会富有价值。想象丰富性的差异表现在:有人想象丰富多彩,有人想象贫乏单调。具有丰富想象的人,他们在围绕某一主题展开想象时,会在自己的头脑中出现一幅幅的画面。想象贫乏的人在围绕某一主题展开想象时,既难"思接千载",也难"视通万里",在头脑中只会出现为数有限的某些表象,很难把有限的表象融合成一幅幅画面。

3. 想象生动性的差异。生动性指想象的活跃、鲜明程度。想象的生动性也是以表象的生动性为转移的,表象越富有直观性,想象就越富有生动性。如果一个人的视觉表象、听觉表象、味觉表象及触觉表象等总像直接看到、听到、尝到、嗅到、触到时那样鲜明、完整和稳定,由此构成想象自然也就生动、鲜明。想象生动性的个别差异表现为:有人想象生动活泼,色彩鲜明;有人想象似一潭死水,色彩暗淡。著名作家在创作时,不是苦思冥想、生拉硬扯,而是在自己头脑中"看到"了主角及其一言一行、一举一动。一个想象贫乏的人在构造某一形象时,头脑中既不能"看到""听到"什么,也不能"尝到""嗅到""触到"什么。

4. 想象现实性的差异。现实性是指想象与现实相符合的程度。任何想象既是超越现实,但又不能绝对摆脱现实。不仅再造想象、创造想象如此,幻想、甚至那些荒诞无稽的想象也莫不如此。例如,关于北极风光、南极景色的想象,就是以对北极、南极的现实描述为基础构成的。有些人的想象与现实的关系若即若离,可望而又可即;有人的想象与现实的关系完全脱节。前者表现为理想,后者则表现为空想。一个富有理想的人,其想象虽然跑在现实的前面,但却是经过一定努力可以实现的。实践证明,这样的理想常常会成为人们事业的巨大推动力,促人奋进,而空想只能给事业带来巨大危害,使人成为空想家、吹牛家。

5. 想象新颖性的差异。新颖性是指想象所构成形象的新异程度。想象的新颖性通过表象的改造而实现,其过程带有分析和综合的性质。为了构成一个新颖的想象,一方面要从许多已有的表象中,通过分析选取某些有用的表象;另一方面,又通过综合把分析出来的表象联合起来,构成一个新的形象。想象所构成的形象越是出乎意料,它就越富有新颖性。有人所构造的形象几乎是依葫芦画瓢,有人的想象既标新立异,又能自圆其说。想象的新颖性是进行创造性活动的重要条件。

(三) 想象的性别差异

男女两性想象的差异主要表现在有意想象方面。在再造想象中,女性更习惯于根据形象性的描述,在第一信号系统和具体形象思维的调节下再造出新的形象,其生动性、可感性强;男性则更倾向于借助抽象性的描述,在第二信号系统和抽象逻辑思维的调节下再造出新的形象,其概括性、逻辑推理性较强。在创造想象方面,男性较偏向于自然科学领域,女性则偏向于文学艺术领域。

第五节　问题解决

一、问题解决的含义

(一) 什么是问题解决

问题解决(Problem Solving)是指由一定的情景引起,按照一定的目标,应用各种认知活动和技能,经过一系列的思维操作,使问题得以解决的过程。例如,证明几何题就是一个典型的问题解决的过程,几何题中的已知条件和求证结果就构成了问题解决的情景,而要证明结果,必须应用已知的条件进行一系列的认知操作。操作成功,问题得以解决。

20世纪70年代,纽厄尔和西蒙(Newell & Simon)通过对问题解决的计算机模拟,提出了"通用问题解决者模型"(General Problem Solver Model),这一模型对问题解决的过程做出了详细的阐述。

纽厄尔和西蒙用问题空间(Problem Space)的概念说明问题解决的过程。问题空间是指问题解决者对所要解决的问题的一切可能的认识状态,包括对问题初始状态和目标状态的认识,以及如何由初始状态转化为目标状态的认识等。他们认为,问题解决就是在问题空间进行搜索,以找到一条从问题的初始状态到达目标状态的通路。

(二)问题的种类

1. 界定清晰的问题(Well-defined Problem)和界定含糊的问题(Ill-defined Problem)。界定清晰的问题是指初始状态(Initial State)、目标状态(Goal State),以及由初始状态如何达到目标状态的一系列过程都很清楚的问题。例如,已知 $A>B,B>C$,问 A 与 C 哪个大。界定含糊的问题是指对问题的初始状态或目标状态没有清楚的说明,或者对两者都没有明确的说明,这些问题具有很大的不确定性。例如,"如何写一篇论文",这个问题的初始状态和目标状态都是不清楚的。

2. 对抗性问题(Adversary Problem)与非对抗性问题(Non-adversary Problem)。对抗性问题是指所解决的问题是有对手参与的问题。在解决对抗性问题时,人不仅要考虑自己的解题活动,而且还要受对手解题活动的影响。例如,下象棋、围棋和打桥牌、扑克等都属于对抗性问题。非对抗性问题是指在解决问题时没有对手参与的问题。例如,解决代数问题、几何问题等都属于非对抗性问题。

3. 语义丰富的问题(Semantic Rich Problem)和语义贫乏的问题(Semantic Impoverished Problem)。如果解题者对所要解决的问题具有很多相关的知识,这种问题称为语义丰富的问题。例如,物理学家解决物理方面的问题,这种问题对他们来说就是语义丰富的问题。如果解题者对要解决的问题没有相关的经验,这种问题对于他们来说便是语义贫乏的问题。

问题种类的划分是相对的,而不是绝对割裂的。例如,下象棋属于对抗性问题,对于初学者来说,它是语义贫乏的问题;对于象棋专家来讲,它是语义丰富的问题。

二、问题解决的策略

采用什么样的策略解决问题,是影响问题解决效率的一个很重要的心理因素,好的策略有利于问题的解决。

纽厄尔和西蒙认为,在问题解决过程中,有如下几种通用的解决问题的策略。

(一)算法策略

算法策略(Algorithm Strategy)是在问题空间中随机搜索所有可能的解决方法,直至选择一种有效的方法解决问题。即把解决问题的方法一一进行尝试,最终找到解决问题的答案,其优点是能够保证问题的解决,但费时费力。当问题复杂、问题空间很大时,很难依靠这种策略来解决问题。另外,有些问题也许没有现成的算法或尚未发现其算法,对这种问题算法策略将是无效的。

(二)启发法策略

启发法策略(Heuristic Method)是人根据一定的经验,在问题空间内进行较少的搜索,以达到问题解决的方法。用这种方法解决问题省时省力,但不能完全保证问题解决的成功。常用的启发法策略有手段—目的分析法、逆向搜索法、爬山法和格式塔方法。

手段—目的分析法(Means-End Analysis)是将需要达到问题的目标状态分为若干子目标,通过实现一系列子目标最终达到总目标。

逆向搜索法(Backward Search)是从问题的目标状态开始搜索,直至找到通往初始状态的通路或方法,适合于解决那些从初始状态到目标状态只有少数通路的问题。例如,一些几何问题的解决较适合采用这一策略。

爬山法(Hill Climbing Method)是采用一定的方法逐步降低初始状态和目标状态的距离,以达到问题解决的一种方法。就好像是登山者,为了登上山峰,需要从山脚一步一步攀登上去。

格式塔方法又叫顿悟,是由格式塔心理学家柯勒提出的。该方法是指对问题的重新建构,从而寻找解决问题的方法。

三、问题解决与脑的关系

大脑皮层的额叶对问题解决的思维活动具有重要作用。当人们由安静状态转入数学运算活动时,发现脑的 α 波立即受到阻断而出现了 β 快波。在进行心算时,大脑皮层的前额叶区与运动前区的血液流量显著增多,这说明思维活动与大脑皮层有密切联系。由大脑皮层其他部位加工过的信息,都要传递到额叶进行更复杂的加工、综合,编制成行为程序,进而调节和控制行为和心理过程,同时还将行为的结果与最初的目的进行对照,以保证活动的完成。当额叶受到损伤时,思维活动的上述功能会受到破坏,产生思维障碍。额叶受损伤的病人只能根据直接感知到的事物的某些特点做出简单的推论,而不能发现它们之间的联系和关系。

大脑左侧颞叶和顶—枕叶与思维也有密切的关系。当左侧颞叶受损伤时,言语听觉记忆出现障碍,因而难以保存问题的条件。这种病人完成口头作业很差,完成书面作业好些。顶—枕叶受损伤,表现为综合信息的能力受到破坏,特别是空间综合能力的破坏最明显,不能或难以解决空间性问题。

第六节 思维与想象的培养和训练

一、掌握科学概念

概念的掌握也称概念的获得,它是指在个体发展过程中借助于语言,并通过思维活动,把人类已形成的概念转化为个体头脑里的概念的过程。概念是思维的基本形式,掌握科学概念,对培养良好的思维能力极其重要。

（一）个体掌握概念的意义

个体掌握概念对于提高思维认知能力、促进心理发展具有重要作用：掌握概念可以使人们对复杂的现实做简化、概括的反映，减少情境的复杂性，促进学习、解决问题及人与人之间的经验传递；掌握概念可以帮助人正确认识事物，克服误认或混淆的现象；掌握概念可增加经验的意义，避免认知层次低、盲目性大的缺点；掌握概念可增加人对事物之间关系的理解，帮助人了解事物间的从属或相对关系；掌握概念可使知识经验系统化，概念是对一类事物共同的本质特征的抽象和概括，概念体系有助于知识经验系统化、程序化。

（二）个体掌握概念的途径和条件

个体掌握概念的途径主要有两条：一是在日常交往和积累个人直接经验的过程中，用归纳的方式抽取出一类事物的共同属性，形成日常概念或前科学概念；二是在教育教学活动中有计划地使受教育者理解有关概念的内涵和外延，从而掌握科学概念。掌握科学概念的主要方式是概念同化，即个体把新概念纳入自己原有知识体系的过程。它要求在掌握科学概念时必须具备一定的条件：①新学习的概念本身应具有逻辑意义，不能杂而无序，含混不清；②学习者原有认知结构中具备同化新概念的知识经验；③学习者认知活动的积极参与。

（三）教学中帮助学习者掌握科学概念应注意的问题

教育教学活动是学习者掌握科学概念的重要途径。如何发挥这一主渠道作用，使学习者更快更好地掌握科学概念，结合概念形成与掌握的规律和教学实践经验，应注意做到以下几点：

1. 利用过去经验。过去经验主要指日常概念和日常经验，它对掌握科学概念的影响具有二重性，当日常概念的含义与科学概念的内涵基本一致时产生积极影响，否则产生消极作用。例如，日常经验中的"垂"总是指由上而下的下垂，而几何中的"垂直"并不全是这样，前者往往干扰对后者的理解。要消除这种不良影响，一是要在比较的基础上严格确定概念的内涵，二是要运用直观获得的新经验来消除旧知识经验的干扰。

2. 提供丰富的感性材料。在教学活动中教师可以引用必要的形象材料，使用各种直观教具模型，组织学习者观察实验等，并把这些感性材料与词语正确结合起来，这将有助于学习者对抽象概念的理解和掌握。

3. 正确运用变式。在教学活动中，教师可从不同的角度、方面，采用不同的方式，变换事物的非本质属性，揭示事物的本质特征。运用变式的目的在于分化概念，帮助学习者更准确地掌握概念。一般来讲，变式有两种：一种是保持事物的本质属性，变换事物的非本质属性；另一种是保持事物的某些非本质属性不变，比较其本质属性。不充分或不正确的变式，常常会引起不合理地缩小概念或扩大概念，应特别注意防止出现这两种错误。

4. 及时下定义。下定义即用简明规范的语言表达概念的内涵。通过下定义可以固定概念,起着组织、整理和巩固知识的作用。教学中教师对抽象概念的定义通常不会过早提出,往往在学习者具有充分感性知识经验的基础上才提出来,但下定义要及时;否则,事例一大堆而学生不知其所云,反倒分散学生注意力。在下定义时,教师应做到语言要规范、关键词语要强化、定义要恰当,既能表述概念的内涵,又要适合学习者的认知能力和知识水平,使学习者能切实理解概念、记忆概念和表述概念。

5. 形成概念体系。概念体系是指概念与概念之间存在着各种各样的关系,如相邻、相反、并列、从属等。从概念之间的相互关系中掌握概念,形成完整的概念体系,既有利于准确、深刻、全面地理解新概念,也有利于知识的系统化。

6. 反复运用概念。概念不是一次就可掌握的,需要经过多次反复地学习和运用,其中在实践中运用是一个非常重要的环节。例如,做习题、实验和解决现实中的问题等。

二、创造性思维的培养训练

创新教育是当前世界教育的发展趋势,培养学生的创新能力是创新教育的核心主题。创造性思维是创新能力的必要组成部分,教育应将培养学生的创造性思维能力列为教育教学的重点。在教育教学中培养训练学生的创造性思维,应抓好以下几个方面。

(一)重视对学生创新意识的诱导与鼓励

应试教育的最大弊端在于压抑和抹杀了学生的创新意识,忽视对学生创新意识的诱导与鼓励。实施以创新为核心的教育,有利于创新意识的不断形成,具体体现为"六要":

一要优化教育环境的创造氛围。教育应从面向升学率转向适应社会需求,从注重学业成绩的学校管理、教学评估体系转向注重发挥创造性的管理体系。

二要建设富有创造性的教师队伍。教师要具有创造性的教育观、人格特征、知识结构、教学艺术和管理艺术,善于吸收最新科技知识和教育科学成果,并将其积极应用于教学之中,发现或提出行之有效的教学方法。

三要培养学生创造性学习的习惯。教育应使学生不仅能获得书本或教师传授的知识,还能进行批判地吸收,甚至突破已有的观念、方法与理论,能独立自信地用审视的眼光观察周围环境,探索未知世界,主动探究意识强烈。

四要面向全体学生开展创造性教育。创造性不是少数人所独有,绝大多数人都有创造性,只是程度不同而已。教育应面向每个学生,唤醒和强化学生的创造性潜能,提高学生的创造性素质。

五要改革与完善现行招生考试制度,取消"统"字。考试的内容、形式应多样化,笔试与口试、理论原理与操作能力等结合起来,克服应试教育中"一听就懂,一看就会,一做就错"的现象。

六要使先进的教育技术进入教育教学过程。教育应让学生接受高新技术的熏陶,萌发技术创新意识。

另外,如美国学校专门开设有思维技法课和创造技法课,我国部分学校开展的"科技小发明"活动等,都有利于学生创新意识和创新能力的形成。

(二)激发学生的好奇心和求知欲,培养创造动机

好奇心是激励学生探究事物奥妙的一种内部动力,求知欲是学生对所面临的问题不满足于现成结论,积极地去思考探索,试图发现新问题、做出新解释的一种表现。激发好奇心和求知欲,使之成为学生创造的动机,这对培养和发展创造性思维十分必要。这可以通过教师不断地给学生创设能激起新异感的学习情境,组织学生观察自然与社会,启发学生善于提出问题,教学中经常向学生提出一些熟悉而又要动脑筋才能解决的思考题、开展课堂讨论等形式或途径,培养学生创造性。

(三)正确对待学生创造性行为,积极鼓励其敢想、敢问、敢于标新立异

首先,教师要改变传统的评定学习成绩的观念,纠正以往出现的"高分低能""思维僵化"现象。其次,鼓励学生敢想、敢问,不要预先树立是与非、对与错的绝对权威,不要限定学生盲从接受已认可的答案。

(四)既要重视集中思维的培养,更要重视发散思维的训练

集中思维主要是培养学生的抽象、概括、判断和推理能力,让学生在掌握知识的同时,学到思维的规则和方法,逐渐提高集中思维能力。发散思维是创造性思维的最主要特点,应重点加以培养。可通过自由联想训练、一题多解和一事多写等方式训练培养学生思维的流畅性、变通性和独创性。

托伦斯(E. P. Torrance)曾就如何尊重学生意见、培养学生创造性思维向教师提出五点建议:①尊重学生提出的任何幼稚甚至荒唐的问题;②欣赏学生表示出的具有想象与创造性的观念;③多夸奖学生提出的意见;④避免对学生所做的事情给予肯定的价值判断;⑤批评学生的意见时应解释理由。

(五)促进学生积极参加创造性活动,培养学生创造性人格

创造性活动是创造性思维产生的基础,应促进学生积极参加创造性活动。例如,组织学生参加科技小组、兴趣小组、文艺小组等,这是培养学生创造性思维的重要途径。研究认为,创造性不仅受认知因素影响,而且与人格因素有密切关系,具有创造性思维的儿童,在人格特征上表现出兴趣广泛、喜欢思考新奇问题、自信心强、喜欢独立活动、不喜欢随大流等特点。再如,独立性、冲动性、幻想性、自制性、有恒性等都是创造型人才的共同人格倾向。所以,应在教育教学活动中,注重培养

学生的创造性人格特征。

三、问题解决能力的培养训练

问题解决是思维品质的综合运用,思维活动主要体现在问题解决过程中,因而,通过培养训练问题解决的能力,可以极大地促进思维水平的提高。

(一)要了解问题解决的过程

心理学家们对问题解决过程进行了长期大量的研究,取得的成果主要有尝试错误说、顿悟说、四阶段论和三种状态观等。其中,四阶段论的观点一直被普遍采用,这种观点认为,问题解决的思维过程包括以下四个阶段。

1. 提出问题。这是问题解决的首要环节。爱因斯坦说,提出一个问题比解决问题更重要,因为后者仅仅是方法和实验的过程,而提出问题则要找到问题的关键、要害。善于发现和提出问题是思维发展水平的重要标志,但能否发现和提出问题取决于三个条件:一是个人对活动的态度;二是个人的兴趣和求知欲;三是个人的知识经验。

2. 分析问题。这指分析所提出问题的特点与条件。在分析问题时,要弄清问题的已知条件与要求之间的联系,找出问题的实质所在,以确定问题解决的方向。它需要搜集与问题有关的各种材料,需要运用图形和符号对问题进行结构上的分析与整理等。

3. 提出假设。问题解决的关键是找出问题解决的方案,即解决问题的原则、途径和方法。这是问题解决的关键阶段,也是具有创造性的阶段。在科学发展中,提出假设几乎是必经之途,是科研的先导。恩格斯指出,只要自然科学在思维着,它的发展形式就是假设。假设的提出依赖于已有的知识经验、问题的明确性和对问题的正确理解,抓住了问题的核心,就有可能使思维过程有一定的方向,构思出解决问题的策略与方法。

4. 检验假设。这是问题解决的最后一步。检验假设的方式主要有两种:一种是通过实践活动。实践是检验真理的唯一标准,只有通过实践才能把主观与客观联系起来,这是检验假设正确与否的最有效方式。另一种是通过思维活动去进行,通过周密的思考从理论上确定方案的可行性。如果经过证明假设是错误的,则要分析假设失败的原因。

以上四个阶段在解决问题过程中往往交错进行,表现出问题解决的复杂性。

(二)要分析影响问题解决的因素

研究认为,影响问题解决的因素主要有以下几方面:

1. 问题情境因素。问题情境是指问题解决者所要解决的问题的客观情境或刺激模式,通常称为问题条件。在问题超过了个人已有知识经验的范围、比较隐蔽、不清楚的情况下,就会出现问题情境。一般来说,问题情境与个人认知结构的差异越大,问题就越难解决;相反,则容易解决。问题情境中刺激信息的外显程度不同,将对问题解决具有促进或妨碍作用。

2. 认知因素。影响问题解决的个体认知因素主要有以下六种:

一是认知结构的限制,即个人面对问题时,对问题的认识、看法、印象等心理反应。若能对问题形成清楚明确的认知结构,就会使问题顺利解决,否则难以解决。所谓明确的认知结构至少应包括问题所求的答案是什么、已知的条件是什么、个人已有的知识经验能否符合问题解决的需要,如果对这三点有明确的认识,问题就容易解决,反之则思维混乱。要突破认知结构的限制,必须从认知结构的扩大或重组入手,冲破原来的思路。

二是迁移的作用。迁移是指已有知识经验对解决新课题的影响。积极的影响叫正迁移,消极的影响叫负迁移。迁移的性质与程度取决于思维的灵活性及知识的概括化水平,思维灵活、知识概括化水平高,迁移的范围和可能性就大;思维刻板、知识概括化水平低,则迁移就难。

三是定势的作用。定势是指心理活动的一种准备状态。它影响问题解决时的倾向,对问题解决有时产生促进作用,有时产生妨碍作用。

四是策略选择。一个问题可用不同的策略解决,选择哪种策略既依赖于问题的性质和内容,也依赖于个人的知识经验。概括来讲,问题解决的策略可分为两类:一类是算法,即解题的一套规则,它精确地指明解题的步骤。如果一个问题有算法,只要按其规则进行操作,保证问题能解决;另一类是启发法,即凭借经验的解题方法,可以更迅速地解决问题。例如,$4+9+3+2+3+8+1+6=?$ 我们可以按顺序进行运算,但速度太慢且容易出现错误,如果采取凑 10 的办法就能迅速准确地解决这一问题。

五是功能固着与变通。功能固着是个体在解决问题时只看到某种事物的通常功能,而看不到它的其他方面的功能。例如,通常认为,笔是用来写字的、箱子是用来装东西的、钥匙是用来开锁的等。功能变通就是个人运用思维的灵活性机智地克服功能固着的限制,发现事物与问题情境之间的新关系,使之服务于解决问题的目的。例如,钥匙是开锁用的,但必要时也可用来打开罐头、松紧螺丝等。要突破功能固着观念的限制,一方面思维要具有很强的灵活性,善于打破常规去进行发散思维;另一方面需要有丰富的知识经验,熟悉物体的不同功能。

六是原型启发。在解决问题过程中,通过观察其他事物的发展变化,凭借联想而找到解决问题的方案或途径,称之为原型启发。原型之所以具有启发作用,主要是原型与所要解决的问题之间有某些共同点或相似点,通过联想能使人迅速地找到解决问题的新方法。

3. 人格因素。人格因素是解决问题的动力系统,制约解决问题的积极性及认知能力的发挥。它主要通过三个方面产生影响:

一是动机与情绪。人对问题解决的态度、责任感和认识兴趣等,都可以成为解决问题的动机,影响整个问题解决的进程。就动机性质而言,动机越有意义、越有价值,解决问题就越积极顽强。就动机强度而言,它与解决问题效率之间的关系呈一条"倒转的 U 型曲线":动机过弱不能激起解决问题的积极性;在一定范围内,动机强度增加,解决问题的效率随之上升,直至达到一个最高点;超过此点之后,动机强度提高,解决问题的效率反而下降。因此,动机过强或过弱都不利于问题解决,只有中等强度的动机才是问题解决的最佳水平。情绪对解决问题具有增力或减力的作用:乐观平静的积极情绪能激励人满怀信心地解决新问题,思维灵活,思路开阔,容易找到解决问题的新线索;反之,情绪过分紧张、惶恐、烦躁和压抑等,会使思路阻塞,陷于束手无策的境地,阻碍问题解决。

二是人际关系。人际关系和谐,大家能相互信任、相互协作,再困难的问题也能群策群力加以解决;互相不信任,人为地制造障碍,即使简单的问题也要"好事多磨",难以解决。人常说:"一个和尚挑水吃,两个和尚抬水吃,三个和尚没水吃",就是人际关系阻碍了吃水问题的解决。

三是性格品质。性格品质结构包括性格的态度特征、理智特征、情绪特征和意志特征。研究证明,科学家、发明家、文学家及艺术家一般都具有积极乐观的人生态度、强烈的解决问题欲望、好动脑筋的习惯、积极的进取心和自信心,以及干什么事都坚持到底的意志力等性格品质。这些品质是解决问题的内部动因,是不可缺少的重要心理条件。

四、想象力的培养训练

想象力的培养训练,对学生学习知识、理解知识以及创造能力的发展都有十分重要的意义。培养学生想象力是学校教育的一项重要任务。

(一)加强世界观和人生观的教育

世界观和人生观对于学生想象力的发展具有决定性的意义。树立正确的世界观和人生观,才能有远大的理想和高尚的兴趣,才能为实现自己的理想而努力学习,取得良好的成绩。正确的世界观和人生观教育既要通过各种英雄榜样教育、科学家的成功之路、社会调查、参观访问等形式进行,还要通过批判各种低级、庸俗的现象,如不道德行为或违法犯罪行为等,以提高学生辨别是非的能力。

(二)开展多种形式的活动,丰富表象储备

不管是再造想象,还是创造想象,都是运用头脑中已有表象来进行的。表象越丰富,想象的思路就越开阔、内容就越深刻;反之,表象贫乏想象则狭窄、肤浅。为了发展学生的想象力,教师在教学中要在课内广泛运用实物图片、幻灯以及电影、电视等现代化教学手段,丰富学生的表象储备;要组织学生课外阅读文学作品、科幻小说和少年科技读物等;还要组织多种形式的创造性活动,如绘画、写作、模型制作和科学实验等,开展"第二课堂",为发展学生想象力创造条件。

(三)鼓励学生大胆想象,培养想象习惯

教师在教学中要运用启发式教学,开启学生思路,引导学生想象。教师善于运用形象语言把课文中的描述变成一幅幅生动的画面展示在学生面前,把抽象的内容形象化,以开拓学生思路,引导学生想象。教师要鼓励学生敢于提出问题,敢于"异想天开",敢于独立探索,主动"发现"自然的奥秘,对学生要耐心帮助、引导,做到不讽刺、不挖苦。

案例分析

在《福尔摩斯探案集》中有这样一段情节:

有一天,福尔摩斯的朋友华生医生出去办了一件事,回来刚坐下(他坐在福尔摩斯对面办公)。福尔摩斯便说:"你刚才到邮局发了一封电报。"

华生很奇怪,问:"你怎么知道的?"福尔摩斯说:"你刚才到邮局去了一趟,因为你的靴子上有黄泥。本城之内只有邮局门口在挖沟,有黄泥。""你桌子上的信封和信纸均未动用,你肯定是去发电报了。"华生对福尔摩斯的判断十分佩服。从心理学角度看,福尔摩斯之所以坚信自己的结论,因为其看法是通过科学合理的思维与想象得出来的。

课后习题

一、单项选择题

1. 人脑对客观事物本质与规律的概括和间接的反映过程是( )。
   A. 知觉　　　　　B. 记忆　　　　　C. 思维　　　　　D. 想象
2. 教师根据学生的言语行为表现来推断学生的内心世界,这体现了思维的( )。
   A. 概括性　　　　B. 选择性　　　　C. 分配性　　　　D. 间接性
3. 当人的某些需要不能实际得到满足时,可以利用想象方式得到满足或实现,说明想象具有( )。
   A. 预见作用　　　B. 代替作用　　　C. 补充作用　　　D. 反馈作用
4. 儿童在解决把数字8可以分成多少时主要采用的思维是( )。
   A. 发散思维　　　B. 集中思维　　　C. 求同思维　　　D. 直觉思维
5. 把思维分为动作思维、具体形象思维和抽象逻辑思维,是根据思维的( )。
   A. 创新程度不同　　　　　　　　　B. 凭借物不同
   C. 有无明确逻辑规则　　　　　　　D. 有无目的
6. "一题多解"的教学方式主要培养训练学生的( )。

A. 直觉思维　　　B. 发散思维　　　C. 动作思维　　　D. 集中思维

7. 学生在学习《咏柳》这首诗时,头脑中呈现出诗句所描绘的相关形象,这种心理活动属于(　　)。

A. 无意记忆　　　B. 有意记忆　　　C. 再造想象　　　D. 创造想象

8. 老师问:"一张桌子有四个角,锯掉一个角,还有几个角?"张亮不假思索地回答:"三个角"。老师又问:"还有其他答案么?"张亮想了想没有回答出来,影响张亮解决这一问题时的主要因素是(　　)。

A. 功能固着　　　B. 原型启发　　　C. 知觉情景　　　D. 思维定势

9. 大家都熟悉钳子是用来钳东西的,很难想到它还能当锤子使用。这种现象是(　　)。

A. 原型启发　　　B. 顿悟　　　C. 功能固着　　　D. 延缓抑制

10. 李聪对一个问题能提出多种不同解决方案,表明他的思维有较强的(　　)。

A. 流畅性　　　B. 变通性　　　C. 指向性　　　D. 选择性

11. 采用一定方法逐步降低问题解决的初始状态与目标状态的距离,以达到问题解决的方法是(　　)。

A. 爬山法　　　B. 逆向搜索法　　　C. 手段—目的分析法　　　D. 格式塔方法

12. "夜来风雨声,花落知多少"的诗句反映了思维的(　　)。

A. 概括性　　　B. 间接性　　　C. 发散性　　　D. 集中性

13. 下列心理活动属于无意想象的是(　　)。

A. 遐想　　　B. 幻想　　　C. 空想　　　D. 做梦

14. 所有的 A 都是 B,所有的 B 都是 C,因此,所有的 A 都是 C。这种思维形式是(　　)。

A. 概念　　　B. 推理　　　C. 判断　　　D. 顿悟

15. 创造性思维的主导成分是(　　)。

A. 形象思维　　　B. 发散思维　　　C. 直觉思维　　　D. 动作思维

16. 家电修理人员、机修工人在解决电脑、仪器故障问题时,边操作边思维,否则故障难以解除。这时他们所进行的思维活动主要是(　　)。

A. 聚合思维　　　B. 抽象思维　　　C. 动作思维　　　D. 形象思维

17. 小张在解决物理习题时,把各种解法逐一列出并加以尝试,最终找到一个最佳解法。小张的这种解题策略属于(　　)。

A. 启发式　　　B. 推理式　　　C. 算法式　　　D. 归纳式

18. 学习了三角形和长方形的面积公式之后,再学习梯形的面积公式就比较容易。这种迁移属于(　　)。

A. 零迁移　　　B. 逆向迁移　　　C. 负迁移　　　D. 正迁移

二、辨析题（判断正误，并说明理由）

1. 解题者对要解决的问题没有相关知识经验，这个问题对解题者来说就是语义贫乏的问题。
2. 心理定势对问题解决的影响大多都是消极的。
3. 概括就是在人脑中抽取出同类事物的共同的本质特性，舍去其个别的非本质特性的思维过程。
4. 灵感是一种顿悟现象，但它从来不拜访懒惰的人。
5. "眉头一皱，计上心来"，这是思维敏捷性的一种表现。

三、简述题

1. 举例说明思维的过程。
2. 说明再造想象和创造想象形成的条件。
3. 个体思维品质的差异有哪些表现？
4. 思维与语言有何关系？
5. 说明问题解决的思维过程。

四、论述题

1. 联系实际，说明在教育教学中如何培养学生的创造性思维。
2. 教学中如何帮助学生掌握科学概念。
3. 试析影响问题解决的因素。

五、材料分析题（阅读材料，并回答问题）

研究者设计了一个"两绳问题"的实验。在房间的天花板上悬挂两根相距较远的绳子，被试无法同时抓住。房间里有一把椅子、一盒火柴、一把螺丝刀和一把钳子。要求被试把两根绳子系在一起（如图所示）。方法是：把钳子作为重物系在一根绳子上，使绳子形成单摆运动，当两根绳子靠得很近时，抓住另一根绳子，从而把两根绳子系起来。结果发现只有39%的被试能在10分钟内解决这个问题。大多数被试认为钳子只有剪断铁丝之类的功能，没有意识到它还可以当做重物来用。

问题：

1. 上述实验主要说明哪种因素影响问题解决？
2. 该实验结果对教学有何启示？

拓展阅读

1. 林崇德.发展心理学[M].北京:人民教育出版社,2010.
2. 王向东.思维训练[M].上海:复旦大学出版社,2009.
3. 叶浩生.有关具身认知思潮的理论心理学思考[J].心理学报,2011(5).
4. 刘春雷,王敏,张庆林.创造性思维的脑机制[J].心理科学进展,2009(1).
5. 王有智,欧阳仑.大学生不同认知方式对图形推理水平的影响——兼谈认知过程中的人格作用[J].心理科学,2004(2).
6. 王有智.不同民族中学生人格特征与推理能力、学业成就的关系研究[J].青年研究,2002(10).
7. [俄]列夫·维果斯基.思维与语言[M].李维,译.北京:北京大学出版社,2010.
8. [瑞士]皮亚杰.发生认识论原理[M].王宪钿,译.北京:商务印书馆,1981.
9. 刘磊鑫,蔡璇,原献学.知识迁移对无意识思维效应的作用[J].心理科学,2012(5).
10. 杜艳芳,牛芳萍.创造性人格对小学生学业成绩的影响研究[J].教育探索,2013(2).
11. 姜丽华.学生的创新能力从何而来——从教师角度的反思[J].人民教育,2013(12).
12. [美]索耶.创造性:人类创新的科学[M].师保国,译.上海:华东师范大学出版社,2013.
13. 艾莉森·阿里达,姜钰,邢晓燕,李彤.小学阶段儿童想象力培养的重要性[J].人民教育,2014(17).
14. 张奇,郑伟,万莹."解释法"样例对小学生学习新运算规则的促进[J].心理发展与教育,2014(2).
15. 胡卫平,刘佳.小学生思维能力的培养:五年追踪研究[J].心理与行为研究,2015(5).
16. 李玲,李广洲,倪娟.教学方式对中学生学科思维发展的影响——一项基于化学实验教学的研究[J].教育理论与实践,2015(32).
17. 沈汪兵,刘昌,施春华,袁媛.创造性思维的性别差异[J].心理科学进展,2015(8).
18. 师保国.对创造性的理解误区与教育启示[J].人民教育,2016(21).
19. 胡卫平,赵晓媚,贾培媛,陈英和.学思维网络活动对小学生创造性的影响:认知风格的调节作用[J]. 心理发展与教育,2017(3).

20.池丽萍,宗正,辛自强,陈英和. 建构主义教学与元思维的关系:认知压力的解释[J]. 心理发展与教育,2018(2).

第七章

注意与注意力的培养

学习目标

掌握注意的概念、分类、外部表现及功能,了解有关注意的理论,能够分析自己或他人的注意品质,针对注意的不良品质寻找原因、提出改进方法,积极培养良好的注意品质。

第一节 注意概述

一、什么是注意

注意是一个十分普遍的现象。它是感觉、知觉、思维和想象等心理过程的一种共同特性,即心理活动的一种组织特性。它总是和心理过程紧密联系着,如"注意看""注意听""注意记""注意思考"等。一切心理活动的进行都离不开注意,正如我国古代思想家荀子所说:心不在焉,则黑白在前而目不见,雷鼓在侧而耳不闻(《荀子·解蔽》)。

现代心理学将注意定义为心理活动对一定对象的指向和集中。指向性和集中性是注意的两个基本特征。指向性是指在某一瞬间,人们的心理活动有选择地朝向一定对象,而离开其他对象。集中性是指心理活动停留在被选择对象上的强度或紧张度。它使心理活动离开一切无关的事物抑制多余的活动,保证注意的清晰、完善和深刻。指向和集中是同一注意状态下的两个方面,两者紧密联系。例如,学生在上课时,他的心理活动并不是散漫地指向教室里的所有事物,而是有选择地集中于教师讲授的内容,同时对妨碍听课的活动加以抑制,离开一切与听课无关的事物,保证对讲课内容有清晰完整的反映。

二、注意的外部表现

注意是一种内部心理状态,但它是通过人的外部行为表现出来的,注意的外部

表现体现在以下几个方面:

(一)适应性运动

人在注意时,有关的感觉器官会不由自主地朝向被注意的对象。人在注意观察某个物体时,会把视线集中在该物体上,即所谓的"举目凝视";注意听一个声音时,会把耳朵转向声音的方向,即所谓的"侧耳倾听";当沉浸于思考或想象时,眼睛常常是"呆视着",好像看着远方一样,对周围对象的感知变得模糊起来。

(二)无关运动的停止

人在高度集中注意时,身体其他的运动会暂时停止。例如,学生在专心听讲时,会一动不动地注视着老师讲课的内容。

(三)生理运动的变化

人在集中注意时,血液循环和呼吸都可能出现变化。例如,肢体血管收缩,头部血管舒张;呼吸变得轻微而缓慢,呼与吸的时间比例也会发生变化,吸气变短,呼气相对延长。当注意力高度集中时,甚至会出现呼吸暂时停止的状态,即所谓的"屏息"现象。在注意力高度集中时,还常常伴随某些特殊的表情动作,如牙关禁闭、托住下颌、握紧拳头、眼光似乎呆滞在某处等。

注意的外部表现可以作为研究注意的客观指标。但是,注意作为一种内部心理状态,它和外部行为表现之间并不总是一一对应的。当人的视线落在某个物体上时,他的注意却可能指向完全不同的物体。学生在课堂上可能用眼睛盯住老师,表面上一副认真听讲的样子,而实际上,他的注意可能完全不在教师讲课的内容上,而指向与教学无关的其他事情。这种"貌似注意"的现象表明,只用注意的外部表现来说明一个人的注意状态有时可能会得到错误的结论。

三、注意的类型

根据注意的产生和保持有无目的以及所需要付出意志努力的程度不同,可以将注意分为无意注意(不随意注意)、有意注意(随意注意)和有意后注意(随意后注意)三种。

(一)无意注意

无意注意(Involuntary Attention)是一种事先没有预定目的,并且不需要意志努力的注意。这种注意的产生和维持,不是依靠意志努力,而是人们自然而然地对那些强烈的、新颖的和感兴趣的事物所表现出来的心理活动的指向和集中。它往往在环境发生变化时发生。例如,大家正在上课,一个迟到的学生突然推门而入,大家就会不由自主地将目光投向他,这种注意就是无意注意。

无意注意的产生和维持,既没有明确的认识任务,也不依靠意志努力,而是取决于刺激物本身的性质和强度。它对有机体适应环境变化、保护个体安全很重要,是人和动物共同具有的注意形式。由于无意注意不需要做意志努力,耗能较少,故不易引起疲劳。

引发无意注意有很多因素,其中客观因素有:①刺激物的强度,比如,一声巨响就会不由自主地使人产生注意;②刺激物的新异性,即刺激物具有与众不同或与以往不同的特点;③刺激物的活动和变化,变化的东西更易引起人们的注意,霓虹灯就是根据注意的这一特性制成的;④刺激物之间的对比性,"万绿丛中一点红"充分体现了这一点。

主观因素有:①个体的需要和兴趣。当人对某事物具有兴趣或能满足人的需要时,就能引起人的无意注意,如歌唱家对音乐就比较敏感。②个体的情绪状态。当一个人心情愉快时,会对周围的事物进行更多地注意。③当时的机能状态。当人感到疲惫时,原本能够引起注意的事物也会视而不见。

(二)有意注意

有意注意(Voluntary Attention)是一种有预定目的、需要一定意志努力的注意。它是人类所特有的心理活动,是在实践活动中发展起来的。它服从于既定的目的任务,并受人意识的自觉调节和支配。当我们开始学习一门新学科时,由于认识到这门学科知识的重要性,上课时就会特别自觉地将注意力集中于所学内容;当学习遇到困难或环境中出现其他干扰因素时,也会主动地通过意志努力克服困难,将注意维持在学习内容上,这种注意就是有意注意。

有意注意是一种积极主动地服从于当前目的任务的注意,它充分体现了人的能动作用,是人们完成学习、劳动和工作的必要心理条件。人主要通过语言来控制和调节自己的有意注意。从个体发生来看,出生婴儿只有无意注意,如将感官朝向声源或光线的方向。以后,随着儿童在社会交往过程中对言语的掌握和使用,有意注意才逐渐发展完善起来。有意注意需要意志努力,耗能较多,容易引起疲劳。

引发有意注意的条件有:①发展兴趣。当人们对某一事物富有极大兴趣时,就会引起有意注意。②磨炼意志。即使人们对某事物有极大兴趣时,当持续时间长或困难很大时,难免就会放弃,这时就要磨炼意志,克服困难,有意识地进行有意注意。③注意习惯。当一个人有良好的注意习惯时,也不太容易放弃,会努力做出有意注意。

(三)有意后注意

有意后注意(Post Voluntary Attention)是指事先有预定目的,但不需要意志努力的注意。它是注意的一种特殊形式,兼具无意注意和有意注意的优点:一方面,它与无意注意有相似之处,不需要人的意志努力;另一方面,它又类似于有意注意,与自觉的目的、任务相联系。例如,在从事某一活动时,个体开始时对它没有兴趣,需要意志努力才可以维持注意,但随着活动的深入,逐渐对它产生了兴趣,这时不需要意志努力就可以保持自己的注意,有意注意转化为有意后注意。例如,熟练地阅读课文、熟练地骑自行车等活动中的注意都是有意后注意。

有意后注意是一种高级类型的注意,具有高度的稳定性。它既服从于当前的活动目的与任务,又能节省意志的努力,对完成长期、持续的任务特别有意义。在现实生活中,无意注意、有意注意和有意后注意是紧密联系在一起的,有意注意可以发展成有意后注意,而无意注意在一定条件下也可以转化为有意注意。

四、注意的功能

注意是整个心理活动的引导者和组织者,它使人能够及时地、适当地集中自己的心理活动,清晰地反映客观事物,更好地适应环境并改造环境。注意主要有以下几种功能。

(一)选择功能

周围环境充满了丰富多彩的刺激,这些刺激中包含的信息有的对人很重要,有的对人比较重要,有的毫无意义,甚至会干扰当前正在进行的活动。因此,区分那些重要的信息,排除那些无关信息的干扰就十分必要。人脑这种选择信息、排除干扰的功能就是注意的选择功能。注意能使人在某一特定时间内选择具有意义的、符合当前活动需要的特定刺激,同时避开或抑制那些无关刺激的干扰。选择功能是注意的首要功能,注意的其他功能都是在此基础上发生作用的。

(二)保持功能

注意的保持功能是人脑的一种比较紧张和持续的意识状态,在此状态下人才可能对选择的信息做进一步的加工处理,使其转换成一种更持久的形式保存在大脑中。它体现注意在时间上的延续性。注意能使人的心理活动较长时间地保持在被选择的对象上,从而使个体维持一种比较紧张的状态,进而保证活动的顺利进行。

(三)整合功能

有关注意对输入信息的整合功能,目前正处于研究之中,但根据已有的事实我们可以认为,注意是对信息进行加工的一个重要阶段。在前注意状态下,人只能对信息的个别特征进行有限的加工,而在注意状态下,人才能将信息整合成一个整体。

(四)调节和监督功能

注意使人的心理活动沿着一定的方向和目标进行,并能提高人的意识觉醒水平,使心理活动根据当前的需要进行适当的分配和及时的转移,以适应变化着的周围环境。日常工作和学习中发生的失误和事故,大多都是在注意分散或注意没有及时转移的情况下发生的。苏联心理学家加里培林把注意描述为"观念的、简洁的、自动化了的智力监督动作"。许多经验丰富的老师发现,有些儿童学习成绩差,并不是由于他们智力水平低下,而是没有集中注意去学习。研究表明,用两种不同的态度学习 12 个无意义音节,一种态度是注意地学习,另一种态度是随便看看,学习效果大不一样(见表 7-1)。

表 7-1 两种学习态度效果的对比

学习态度	学习 12 个无意义音节的次数	
	甲	乙
注意学习,希望从速学会	9	12
随便看看,并不注意学习	89	100

第二节 注意的理论

认知心理学认为,注意是信息加工的一种内在机制,并提出了许多信息处理模型。这些模型可以大致分为选择性注意理论、资源分配理论及注意的搜索理论。

一、注意的选择性理论模型

20 世纪 60 年代以来,心理学家们主要对注意的选择性功能、注意的实质及注意发生在人脑信息加工的哪个阶段进行了大量研究,形成了一系列理论模型。

(一)过滤器理论模型

美国心理学家切里(E. C. Cherry)应用追随程序进行实验。追随程序指的是在实验中同时给被试的双耳呈现不同的刺激信息,但只要求其复述事先指定的一只耳朵(追随耳)听到的信息。这个实验说明了追随耳的信息由于被选择而受到注意,因而得到了进一步加工、处理、编码,进入了记忆系统;呈现给非追随耳的信息,由于没有被选择而未受到注意,也就不能有效地发现信息的变化。

英国心理学家布鲁德本特(D. E. Broadbent)也做了一系列的相关研究。在其中的一项实验中,应用双耳分听技术,让被试通过耳机同时听一些数字。例如,左耳 6,2,7;右耳 4,9,3。左右耳同时成对输入(6,4;2,9;7,3),间隔时间为 500 毫秒,连续进行。在数字全部输入完毕后,要求被试立即再现。结果发现,被试以耳朵为单位分别再现各个耳朵听到的数字 6-2-7,4-9-3,正确率为 65%;若要求被试按输入顺序再现(6-4-2-9-7-3),正确率仅为 20%。布鲁德本特解释为,人的两耳是分隔的两个信息通道,感觉信息是经单行通道串行加工的。当一个通道接受信息时,另一通道的信息只能暂时存放在缓冲记忆中并迅速衰竭。当一个通道的信息加工完毕,另一个通道的信息才被提取出来加工,据此提出了注意的过滤器模型(见图7-1)。

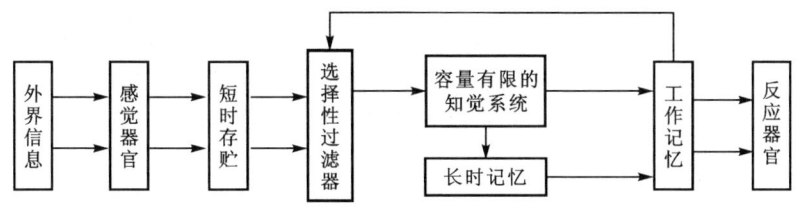

图7-1 布鲁德本特的早期选择模型

这是描述选择性注意的最著名的模型,即知觉水平上的注意选择模型。布鲁德本特认为,人类面临着大量的信息,但个体的神经系统在同一时间内对信息进行加工的能力是极为有限的,需要过滤器进行调节,从而使中枢神经系统不致负担过重。过滤器相当于一个开关,它按照"全"或"无"的法则工作,接通一个通道,通过一些信息,这些信息便得到进一步的加工处理。其他的通道则被阻断,信息不能通过,暂时贮存在短时记忆中,并且迅速衰退。这种理论也被称为瓶颈理论或单通道理论。

(二) 衰减理论模型

布鲁德本特的过滤器理论模型得到了一些实验的支持,但也有一些实验结果与之不相吻合。牛津大学的格林(J. A. Gary)等人在一项实验中发现,来自非追随耳的信息仍然得到了部分加工。

后来,美国心理学家特瑞斯曼(A. M. Treisman)基于日常生活和实验研究的结果,提出了注意的衰减学说来修正布鲁德本特的过滤器模型。该学说认为当信息通过过滤装置时,被注意或追随的信息完全可以通过,而不被注意或未被追随的信息也能通过,只是在强度上减弱,因而出现衰减。其中重要的信息仍可以通过而得到高级加工,并反映到意识中。后来,特瑞斯曼和格芬(G. Geffen)用实验证明了这一学说。他们的双耳分听实验表明,被试能觉察出追随耳中87%的词,觉察出非追随耳中8%的词。

特瑞斯曼还提出了阈限问题,认为不同刺激的激活阈限是不同的。有些刺激对人有重要意义,如自己的名字、火警信号等,它们的激活阈限低,容易被激活,当它们出现在非追随的通道时,容易被人们接受。影响阈限的因素有:项目的意义、熟悉程度、上下文的联系、指示词以及人的个性倾向性等。

1971年,布鲁德本特接受了特瑞斯曼对其理论模型的修订,二人的理论合称为过滤器—衰减模型。布鲁德本特的过滤器模型和特瑞斯曼的衰减模型都是针对信息加工的知觉阶段,认为选择是处于初级分析的觉察和高级分析意义的识别之间,过滤器的作用是在识别前对信息进行选择,未获得注意的信息不能得到识别,更不能进入记忆系统保存,因此,过滤器—衰减模型也被称为知觉选择模型。

(三) 反应选择理论模型

反应选择模型是由多依奇(Deutsch)提出,后经诺曼(D. A. Norman)加以完善和发展的一种理论。该理论模型假设,起选择作用的过滤器并非位于觉察和识别之间,而是位于识别和反应之间,它的作用不是选择对刺激的知觉,而是选择对刺激的反应(见图7-2)。

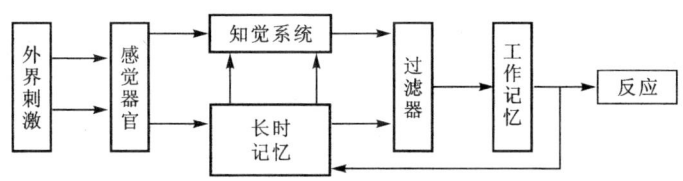

图7-2 诺曼的过滤器模型

反应选择模型认为,早期的信息加工是没有选择性的,所有的刺激信息都在知觉水平上受到充分的分析而得到识别,这种识别是相当自动化的,没有通道容量的限制。一些信息被注意,另一些信息没有被注意,是根据信息的重要性做出的反应选择。当外界刺激信息与记忆中贮存的信息相关时,这种相关的外部信息才受到选择,说明选择作用具有很大的主动性。选择表现在反应阶段,贮存的信息不同,做出的反应也不同。

(四) 多阶段选择理论模型

上面的理论都假设注意的选择过程发生在信息加工的某个特定阶段,这意味着信息加工系统是非常刻板的。约翰斯顿(Johnstone)等人提出了一个比较灵活的理论模型,认为选择过程在信息加工的不同阶段都有发生的可能,被称为多阶段选择理论模型。这一理论模型包括两个主要假设:第一,在进行选择之前的加工阶段越多,所需要的认知加工资源就越多;第二,选择发生的阶段依赖于当前任务的需要。这种理论模型更富有弹性,由于当前任务的需要对选择阶段的影响,避免了一种绝对化假设带来的局限性。

(五) 基于空间和基于物体的视觉注意理论

相关研究者对于注意的机制一直存在争论,即选择性注意是"基于空间"还是"基于物体"的。

"基于空间"理论认为,注意就像聚光灯一样优先选择位置,而后对被试位置上的刺激进行知觉加工。研究者以预实验作业范式验证基于空间的聚光灯模型,形成"基于空间"选择注意理论的基本框架。在"基于空间"理论中,心理学家主要争论选择是"聚光灯模型"(Spot Light Model)还是"变焦距模型"(Zoom-lens Model)。聚光灯模型由波斯纳(Posner)提出。他认为,在某种情况下,注意类似于一个聚光灯,注意在空间运动,在每一时刻或某一瞬间只能投射在一定的空间领域,且空间领域有限。变焦距模型由埃瑞克森(Eriksen)提出,他认为,注意并不是像聚光灯一样只能投射到某一特定领域,注意可以被指引到视野的给定区域内,但注意的领域可以随任务的要求变大或变小。

"基于物体"理论认为,注意选择是基于物体本身进行的。相关研究显示,被试对来自同一物体两个靶子的反应不比只对一个靶子的反应更难,因此此时注意是将客体作为一个整体看待。相反,对来自不同客体靶子的反应则较难,说明不同客体对注意产生竞争。由于这一结果是在两个客体占有相同空间基础上进行的,因此,所得的结果难以用基于空间的选择注意解释。许多实验也都验证了基于物体的注意理论。

二、注意的资源分配理论模型

该模型把注意看做人类加工信息的有限心理资源,注意只能在有限资源所许可的范围内承担一定的任务。当人们同时面临两种或多种任务时,系统便开始了资源的竞争,人类的信息加工系统会根据不同任务目的来分配有限的资源,选择一定的信息进行加工,其他输入信息因资源限制而无法得到加工。

心理学家卡内曼(D. Kahneman)提出了第一个注意的资源分配模型。这种理论认为,当人同时进行两项或两项以上的活动时,产生的问题并不是由于这几项活动之间相互干扰,而是由于进行这几项活动需要较多的资源,超过了信息加工系统所能提供的资源总量。只要这些活动不超过资源总量,人就可以同时进行这些活动。如果超过了有限的资源,在进行第二项、第三项活动时,必然会使第一项活动的反应退步。例如,在无人的高速公路上,熟练的汽车驾驶员可以一边开车,一边和车内的人说话。他之所以能够同时进行这两种活动,是因为这些活动所要求的注意容量没有超出他自身所能提供的容量。如果在人来人往的闹市区里开车,由于来自视觉和听觉的刺激占用了他的大部分注意资源,他就没有能力再和车里的同伴聊天了。

三、注意的搜索理论

(一)特征整合论

特征整合论是由特瑞斯曼提出。这种理论对物体的特征(如颜色、大小和特定朝向的线条)和物体本身进行了区分,认为可以将客体知觉过程分成早期的前注意阶段和特征整合阶段。知觉在前注意阶段是自动平行加工,无需注意。在整合阶段,通过集中注意将诸特征整合为客体,其加工方式是系列的,即对特征和客体的加工是在知觉过程的不同阶段实现的。

（二）指导搜索理论

沃夫（Wolfe）提出指导搜索理论（Guided Search Theory）。这种理论是对特征整合理论所做的较大的和更精细的改进。二者之间存在相似之处，即假定视觉搜索起始于一个高效的特征加工过程，则后面是效率不高的搜索过程。沃夫认为，对基本特征的初始加工将产生一个激活地图，视觉画面中的每一个项目都有自己的激活水平，然后注意会根据激活水平指向激活度最高的项目。此理论又叫激活地形图理论（Activation Map Notion）。

（三）注意相依理论

邓肯和汉弗莱（Duncan & Humphreys）提出了注意相依理论（Attentional Engagement Theory）。该理论认为，注意搜索时间的延缓是因为目标与非目标之间的高度相似性（非目标与目标共享一个特征），以及非目标之间的不相似性（两个不同的非目标之间不共享任何特征）。这一理论可用来解释为什么视觉搜索要比特征整合理论所建议的要快捷和高效。

第三节 注意的品质及培养

一、注意的品质

注意的品质主要有注意的广度、注意的稳定性、注意的分配和注意的转移，它们反映了注意的发展水平。

（一）注意的广度

注意的广度是指在同一时间内人能清楚地把握对象的数量，也称注意的范围。例如，有人逐字逐句地阅读，有人则能一目十行，这种差异和人的实践、知识经验有关。在0.1秒的时间内，人眼只能知觉对象一次，这段时间人能知觉到的客体的数量就是这个人的注意广度。汉密顿曾做过一个示范性实验，他在地上撒了一把小石子，让被试在一刹那的时间里辨认石子数目。结果发现，被试很难看清6个以上的石子。研究表明，在0.1秒的时间内，成人一般能辨清8～9个黑色圆点，注意到4～6个没有联系的外文字母，3～4个几何图形，4～5个没有联系的汉字。这说明信息量越大，注意广度越小；信息量越小，注意广度越大。影响注意广度的因素有以下两点：

1. 知觉对象的特点。知觉对象越集中、排列越有规律，越能成为相互联系的整体，注意的范围也就越大。例如，对同样颜色字母的注意范围一般要比对颜色不同字母的注意范围大，对排列成一行的字母要比分散在各个角落上的字母的注意广度大，对大小相同的字母感知的数量要比对不同字母感知的数量大得多，对组成词的字母所注意的范围要比对孤立的字母所能注意的范围大,有规律排列的信息比杂乱无章的信息注意广度大。

2.个人的活动任务和知识经验。在知觉相同对象的情况下,注意的广度大小会随着活动任务的不同而有所改变。用速示器呈现一定数目的字母,单纯要求被试报告字母数量比同时要求其指出哪个字母有错时注意范围大一些。因为在这种情况下,被试需要注意细节,作业难度加大导致注意范围变小。另外,个体的知识经验越丰富,对知觉对象越熟悉,注意的广度也越大。

(二)注意的稳定性

注意的稳定性即注意保持在感受某种事物或从事某种活动上的时间特性。狭义的注意稳定性是指注意保持在感受某种事物上的时间。人在感受某种事物时,注意很难长时间地保持固定不变。注意的这种周期性变化称为注意的起伏。在知觉"双关图"中可以明显地觉察到注意的起伏现象(见图7-3)。

当我们注视该图时,会觉得小方形时而凸起,时而又下陷,在较短的时间内,两个方形的相互位置会发生跳跃式变化。

注意起伏与感觉器官的适应有关,现代神经生理学家提出新的假设,把注意起伏和有机体一系列的机能变化联系起来,认为是动脉血压、呼吸的节律性、一定类型神经元节律性的机能作用等。

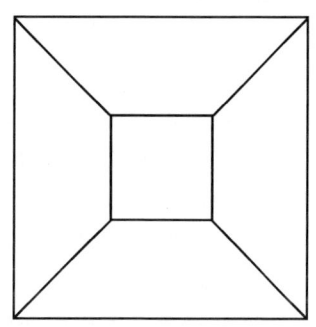

图7-3 注意的起伏

广义的注意稳定性是指注意保持在某种活动上的时间。它并不意味着注意总是指向于同一对象,而是注意的对象或行动有所变化,人对整个活动仍保持着注意。例如,在学生上课过程中,可能既要听讲,又要看黑板、记笔记等,但注意始终保持在上课这一活动上。

广义的注意稳定性与人的主体状态和对象的特点有关。当人们精神饱满,身体健康时,就能在自己的工作和学习上投入的注意时间更长,注意也越稳定。在人的主体状态相同时,刺激物的复杂性和活动会对注意的稳定性有显著影响。据范兹的研究,婴儿似乎是从出生起就会选择一定的图形加以注意,并对复杂的和社会性的图形注意的时间较长。

同注意稳定性相反的状态是注意的分散。注意的分散是由无关刺激的干扰或由单调刺激的长期作用而引起的"分心""走神"现象。无关刺激对注意干扰作用的大小,决定于刺激的特点与注意对象的关系。实验证明,与注意对象相类似的刺激比非类似的刺激干扰作用更大;同样的无关刺激,对知觉的影响小,对思维的影响大;在知觉过程中,视知觉受无关刺激影响小,听知觉受无关刺激影响大。此外,使人发生兴趣的或强烈地影响着情绪的刺激也会引起注意的分散。但这并不是说任何附加刺激都会引起注意分散；相反，隔绝外界的一切附加刺激，要想保持稳定注意也是很困难的。因为缺乏外界刺激，大脑皮层难以维持较高水平的兴奋，要保持注意就非常困难。所以，有时微弱的附加刺激不但不会减弱注意，反而会加强注意。

（三）注意的分配

注意的分配即根据任务要求，人在同一时间内能把注意指向于不同的对象。它表现在同时进行两种或两种以上的有关活动中，也就是"一心多用"问题。例如，汽车司机一边开车一边注意路上行人、交通信号等情况；钢琴家弹奏时右手奏主旋律，左手伴奏；一边听电话、做记录，一边回答问题等均是同时进行的。这些都是日常生活中经常见到的现象，说明注意的分配对人的实践活动既是必要的，也是可能的。

注意的分配是有条件的，它取决于同时进行的若干活动的性质、复杂程度及人对活动的熟悉程度等。具体地讲，注意的分配的条件是：

1. 在所进行的多种活动中必须有一种活动达到自动化或部分自动化的程度。自动化或部分自动化的活动不需要很多注意就能进行，我们可以把大部分的注意集中到比较生疏的活动上去，使两种或两种以上的活动得以同时进行。

2. 同时进行的几种活动之间有密切关系。如果多种活动之间毫无关系，要同时进行这些活动是很困难的；但如果通过练习，在它们之间形成了某种反应系统，则同时进行这些活动就比较容易。

（四）注意的转移

注意的转移是指根据新任务的需要，人主动地把注意从一个对象转移到另一个对象，或由一种活动转移到另一种活动。这是注意的动力特征，也是注意灵活性的表现。

注意的转移不同于注意的分散。虽然二者都是注意对象的变换，但注意的转移是根据实际需要有目的地把注意转向新的对象，使一种活动任务合理地被另一种活动任务所代替。注意的分散则是在需要集中注意时，因受无关刺激的干扰或由单调刺激所引起，使注意离开所要注意的对象。转移是注意的优良品质，分散是注意的不良品质。影响注意转移快慢和难易的因素有以下几种：

1. 原来注意的紧张度和新活动的性质。原来从事的活动吸引力越强，紧张程度越高，新活动越不符合引起注意的条件，则转移越困难；反之，如果新的活动对象非常符合人们的需要和兴趣，即使原来的活动注意紧张度高也能比较迅速且顺利地实现转移。

2. 个人神经过程的灵活性。神经过程灵活性高的人转移注意目标很快，反之则慢一些。例如，多血质的人往往较适合于从事公关工作或窗口职业，原因即在于他们反应比较灵活。

3. 个体的自我控制能力。自我控制能力强的人善于自觉地调整自己的态度，主动及时地进行注意的转移；自我控制能力差的人则常常受自己兴趣、情绪的左右，不能主动地转移注意。

注意的转移与分配联系密切。注意中心转移之后，必然出现新的注意分配情况。严格意义上讲，注意的分配是很不容易做到的，在多数情况下只是注意的迅速转移。但从总体上来看，注意的转移常常被人看做注意的分配。例如，一个训练有素的飞行员在起飞和降落的5分钟~6分钟内，注意转移多达200多次。

二、学生良好注意品质的培养

青少年由于好奇、好动等特点，易造成注意力不集中，既影响学习效果，又影响个人情绪，造成不必要的烦恼、不安。学业不良的学生大多伴随着注意力不能集中的心理和行为问题，导致思维不深入，观察不细致，记忆不精确，学习成绩不理想。造成学习时注意力不集中的原因多种多样，大致可分成四种情况：一是对学习的目的、意义认识不足或对所学内容的意义认识不足，学习目的不明确，缺乏学习兴趣和责任心；二是受外界环境的干扰，如噪音，偶然事件，新、奇、特等刺激的影响；三是身体因素，包括饥渴、疲劳、生病等；四是心理不适或障碍，如悲观、焦虑、烦躁等均可导致注意力涣散。

下面介绍几种具体的培养集中注意力的方法：

（一）自我暗示法

自我暗示法即学习时用自言自语的方式提醒自己"集中注意""不要分心""努力听讲"。也可以找几张小卡片，上面写着"专心听讲""不要走神""少壮不努力，老大徒伤悲"等句子，把它们放到你平时容易看见的地方，如铅笔盒里，或贴在家里书桌前的墙上，或夹在课本里。自我暗示能够激发内在心理潜力，调动心理活动积极性，有助于集中注意力，克服注意涣散。

（二）情境想象法

无论多么爱走神儿的学生，当参加重要的考试或竞赛时，他也会尽可能地集中注意做答，发挥出最佳水平。在每次做作业时想象自己是在参加某次大考或竞赛，要在规定的时间内做完，提高单位时间内的效率，这样可以使自己真正紧张起来，注意力自然集中了。正如著名数学家杨乐所说：平时做作业像考试一样认真，考试时就能像做作业一样轻松。

（三）培养间接兴趣

无意注意由直接兴趣（对活动本身感兴趣）引起，有意注意由间接兴趣（对活动目的、意义感兴趣）激发，因而间接兴趣对学生注意力发展具有重要作用。间接兴趣的培养，一要树立远大理想，明确自己的努力方向或奋斗目标；二要激发好奇心和求知欲,对所学知识保持浓厚的探究欲望;三要树立正确的学习动机,为自己未来的发展、为祖国的繁荣富强而努力学习,用理想的目标激励鼓舞自己。

(四)记录法

给自己准备一个小本子,专门用来记录走神的内容。如此记录几天以后,你从头至尾认真看一遍,一方面你会发现自己胡思乱想的内容究竟有哪些,找到容易分散自己注意的有关刺激,然后有针对性地回避这些刺激;另一方面要充分认识到它的不良后果——浪费宝贵时间,干扰学习过程。这样坚持一段时间,"走神"就会转变。

(五)自我奖惩法

每次写作业或复习功课之前,先给自己定一个时间表,从几点几分到几点几分要完成什么内容,越具体越好。如果在规定时间完成了学习计划,且始终是专心致志的,就可以奖励一下自己,看会儿电视或听一下音乐;相反,如果由于分神而使计划落空,那你就该毫不留情地惩罚自己做不愿做的事,如干杂活或跑楼梯等。这样长此以往,你就会因得到奖励、避免惩罚而渐渐养成集中注意力去学习的良好习惯。

(六)训练听课技巧

有意注意是一种复杂的脑力劳动,时间长了会引起大脑疲劳,导致注意分心。训练听课技巧:一是要求学习者做好课前预习,了解老师讲课的重点、难点;二是听课时根据老师讲课的进度,调整听课心理状态,重点问题集中精力,次要问题适度放松;三是带着问题听讲,可以有意识地寻找问题,发现异点,激发听课兴趣;四是努力追寻老师讲课的思路,找出自己的疑难点,及时提问。

此外,排除学习时的干扰因素也是非常重要的。首先,应该选择一个安静、舒适、熟悉的学习环境,避免接受新异刺激;其次,学习过程中应自觉排除诸如声音、景物、意外事情等因素;再次,要注意劳逸结合,合理安排学习时间。列宁有一句名言:不会休息的人就不会工作。最后,要立一道强大的心理屏障,人定胜天,学习信念坚强,任何与学习无关的因素就都可以"视而不见,听而无闻"。

案例分析(一)

李明抱着足球气喘吁吁地从外面回来。因刚和同学一起赛了一场球,浑身大汗,打开冰箱拿出汽水,一口气下去了一半。他打开电视机,迅速调到体育台,正在播报体育新闻,突然听到妈妈问他作业写好了没有,这才想起来作业还没有写完呢。李明恋恋不舍地关上电视,回到自己房间写作业。写字台上一堆乱七八糟的东西,他随便挤了个角落出来,开始写作业。他翻开数学作业题一看,心里直犯嘀咕:"怎么好像都没见过呀,算了,还是先写语文作业吧。"转过头来写语文作业,过了没几分钟,看到昨天从同学陈军那里借来的游戏机还摆在桌上,说好了明天要还的,可自己还没有玩过瘾呢。想到这,他的手指又不自觉地伸向了游戏机……

请运用有关注意的知识原理帮助李明分析一下他的问题出在哪里,并提出改进的方法和建议。

案例分析(二)

有商家让消费者从数字1写到600,时间不限但不能出错,准确写完就可获得奖品,写错则要付钱买东西。类似题目也出现在某学校自主招生能力测试中,要求考生"7分钟内连续写出数字1~300(不能涂改)"。大部分参与者以为,这么简单的问题我肯定不会出错,但实际上很少有人能在限定时间内将几百个数字毫无差错地写出来。为什么呢?同学们可以尝试去做,然后分析讨论这一现象的原因,以了解心理学的实际应用。

提示:这种出错的原因可用心理学中注意的原理来解释。注意是心理活动对一定对象的指向和集中。当参与者把心理活动指向集中于书写枯燥无聊的数字时很容易出现"分心"现象,即注意分散(与注意稳定性相反的现象),加之人的注意每8~10秒还会起伏变化一次,出现书写错误在所难免。假如注意起伏是10秒一次,每秒写一个数字,从1写到600,需要经历60次不出错才能正确完成。一般来说,在机械重复的写数字任务中,人的注意力很难一直保持下去。再加上参与者求胜心切和情绪紧张也会导致出错。看似简单的一项任务,却能考察一个人注意的稳定性和在压力下完成任务的准确性。

课后习题

一、单项选择题

1. 人在某一瞬间,其心理活动有选择地朝向一定对象而离开其他对象,这反映出注意的(   )。
   A. 指向性   B. 集中性   C. 直观性   D. 分散性

2. 学生在专心听讲时,会一动不动地注视着老师讲课的内容,这属于注意外部表现中的(   )。
   A. 生理运动的变化 B. 无关运动的停止 C. 适应性运动 D. 貌似注意

3. 注意有许多功能,其首要功能是(   )。
   A. 保持功能   B. 整合功能   C. 监督功能   D. 选择功能

4. 根据当前任务的要求,人可以在同一时间内把注意指向于不同的对象,也就是"一心多用",注意的这种品质是( )。
　　A.注意的转移　　　B.注意的分配　　　C.注意的稳定性　D.注意的广度
　5.学习时用自言自语的方式提醒自己"集中注意""不要分心""努力听讲",这种培养集中注意力的方法是( )。
　　A.情境想象法　　　B.自我奖惩法　　　C.自我暗示法　　D.记录法
　6.同学们正在认真听老师讲课,迟到的小刚突然推门而入,大家不约而同地把目光投向了他,大家这时的心理活动属于( )。
　　A.无意识记　　　　B.无意注意　　　　C.有意识记　　　D.有意注意
　7.小红被教室外的足球比赛吸引,不能专心上自习。这属于( )。
　　A.注意分配　　　　B.注意起伏　　　　C.注意分散　　　D.注意转移
　8.学生一边认真听课,一边专心记笔记,这体现了下列哪种注意品质( )。
　　A.注意分配　　　　B.注意稳定性　　　C.注意广度　　　D.注意转移
　9.小青在教室认真完成作业,对外面发生的事情"视而不见,听而无闻",这体现了她的哪种注意品质比较好( )。
　　A.注意广度　　　　B.注意转移　　　　C.注意稳定性　　D.注意分配
　10.在车流较少的高速公路上,熟练的驾驶员可以一边开车一边与车内的人说话,可一到闹市区或十字路口,司机就会闭口不言,能够解释这种现象的注意理论是( )。
　　A.过滤器理论　　　　　　　　　　B.衰减理论
　　C.多阶段选择理论　　　　　　　　D.资源分配理论
　11.有明确目的、但不需要意志努力的注意是( )。
　　A.有意(随意)注意　　　　　　　B.无意(不随意)注意
　　C.有意(随意)后注意　　　　　　D.持续性注意
　12.人们可以一边骑车一边欣赏路边的风景,能够解释这一现象的注意理论是( )。
　　A.特征整合理论　　　　　　　　　B.指导搜索理论
　　C.资源分配理论　　　　　　　　　D.反应选择理论
　13."一目十行""眼观六路,耳听八方"所体现的注意品质是( )。
　　A.注意分配　　　　B.注意转移　　　　C.注意分散　　　D.注意广度
　14.人在高度注意时,其注意指向的范围( )。
　　A.缩小　　　　　　B.增大　　　　　　C.没有变化　　　D.变化不显著
　15.注意转移对心理调节有重要意义,影响一个人注意转移快慢的因素是( )。
　　A.原来注意的紧张度和新活动的性质　　B.个人神经过程的灵活性
　　C.自我控制力　　　　　　　　　　　D.以上都是

二、辨析题(判断正误,并说明理由)

1. 有意注意就是有明确目的但又不需要付出意志努力的注意。
2. 集中性和发散性是注意的两个基本特性。
3. 注意起伏现象是注意不稳定的一种表现。
4. 原来从事的活动吸引力越强、紧张度越高,注意的转移越容易。
5. "万绿丛中一点红""鹤立鸡群"是由于刺激物之间的对比关系而引起的无意注意。

三、简述题

1. 注意的外部表现有哪些?
2. 说明引起无意注意的主客观因素。
3. 说明引发和保持有意注意的条件。
4. 注意的功能有哪些?

四、论述题

1. 试述注意的品质及其影响因素。
2. 联系实际,说明培养集中注意力的方法。

五、测验题

下面介绍一种测定注意力的简单方法——划数测验。它由几个分测验构成:第一个测验要求被试划去"3"字;第二个测验要求被试不划"3"字,而划去位于"3"字前面的一个数字(要求被试的注意力从"3"转移到"3"字前面的一个数字);第三个测验要求被试只选划"3"字前一位的"7"字(进一步要求被试选择性注意);第四个测验要求被试划去夹在"3"字和"7"字中间的一位数字(要求被试注意广度扩大);第五个测验是划"3"和"7"之间的偶数(要求被试在注意的广度上加强选择性注意)。

记分方法:全部划对数之和为粗分,错划和漏划的一半为失误,粗分减失误为净分。

净分 = 粗分 − (错划 + 1/2 漏划)

失误率 = (错划 + 1/2 漏划) ÷ 划对 × 100

例:将 3 划去　24913652048635217892
54379125765081347645120873520947890185241
17801546349122541864552180732586067592541
34473506491084615768162472504256589849871
14936526857198492747559370412878896134031
39092915781298027736847072140541753789801

例:将3和7中间的偶数划去　43972347801367635401
7103891373571327984015973602617049847321
6540261305816176491267317608186726161393
4387919707641557619780451306403702193573
1092053792931768071820691790516347821702

六、材料分析题(阅读材料,并回答问题)

物理学家牛顿有一次请朋友来家里吃饭,饭菜做好了,可朋友还没到,他就进实验室专心致志地做起实验了。朋友来后找不着牛顿,因急于上班,就自个儿把饭菜吃了,并把剩下的鸡骨头放在盒子里,然后走了。傍晚时,牛顿做完实验,准备吃饭。但当他看见盒子里的鸡骨头时,显出恍然大悟的样子,哈哈大笑地说:"我以为自己还没吃饭呢,原来早就吃过了。"

还有一次,牛顿在实验室里聚精会神地做实验,连吃饭的时间也忘了。他的助手便拿了几个鸡蛋,送到实验室去,对牛顿说:"这里有几个鸡蛋,你自己煮着吃吧。"牛顿说:"好,谢谢你,请你把鸡蛋放在那里吧。"说完,他又埋头做实验。过了很长时间,牛顿感觉肚子饿了,才想起还没吃午餐。于是,他随手拿了一个小锅,把鸡蛋放在锅里,往炉子上一放,又开始做起实验来。过了半个小时,牛顿做完了实验。这时,他才想起锅里的鸡蛋。他打开锅盖一看,里面没有鸡蛋,只有一块怀表。牛顿大吃一惊,抬头一看,鸡蛋还在桌子上。原来牛顿太过专心做实验,结果把怀表当成鸡蛋来煮。

问题:

请用注意的原理分析牛顿上述表现的原因,以及他对科学实验的"入迷"对我们的启示。

拓展阅读

1. 刘翠翠,周红,张景焕.注意在创造中的作用研究进展[J].山东师范大学学报(自然科学版),2007(4).

2. 王一楠,宋耀武.内源性眼跳与注意转移关系研究述评[J].心理与行为研究,2011(2).

3. 赵亚军,张智君.眼睛注视线索提示效应:内源性注意还是外源性注意?[J].心理学报,2009(12).

4. 高鹏程,黄敏儿.高焦虑特质的注意偏向特点[J].心理学报,2008(3).

5. 刘巧云,陈丽,等.智力落后儿童听觉注意的稳定性研究[J].应用心理学,2010(4).

6. 张曼华,杨凤池,张宏伟.学习困难儿童注意力特点研究[J].中国学校卫生,2004(2).

7. 张灵聪,周华发.大学生学习自控与学习注意稳定性的相关研究[J].集美大学学报,2011(1).

8. 韩益红.关注学生注意心理,提高课堂教学效率[J].基础教育论坛,2012(3).

9. 王玉娟.我国注意品质研究新进展[N].新课程(上旬),2012-01-08.

10. 张辅良.学生注意力状况调查报告[J].教育革新,2010(7).

11. 徐晓丽.注意力与学习成绩之间的关系[J].教育革新,2009(12).

第八章

情绪情感及其调控

学习目标

理解情绪、情感、心境、激情、应激、道德感的基本概念,深刻认识情绪、情感的区别与联系,情绪、情感与认知的关系,情绪、情感的类型和情绪理论,掌握积极调控情绪的方法。

第一节 情绪情感概述

一、什么是情绪和情感

喜、怒、哀、乐人之常情,生活中人的一切活动都有情绪、情感的印迹,它像催化剂一样,使人的生活染上各种各样的色彩。情绪和情感(Emotion and Feeling)是指人对客观事物是否符合自己的需要而产生的态度体验及相应的行为反应。在认识和适应客观事物的过程中,人们总是根据个人的需要对客观事物产生某种态度,同时内心产生出一定的主观感受或体验。例如,英语四、六级考试结束后,有人轻松、愉快;有人苦恼、失望、悲观;有人时而喜悦时而担忧。个人对现实的这些不同感受就是情绪或情感。

情绪和情感既是一种主观感受或体验,又是对客观现实的一种特殊反映。这种特殊反映所反映的是客观现实与人的需要之间的关系。由于个人当前的需要状态不同,对客观事物的态度不同,所产生的情绪情感体验也就不同。客观事物使人产生什么样的情绪情感体验,是以人的当前需要为中介的。与人的需要和愿望相符的客观事物,使人产生愉快、满意、喜爱、赞叹等积极的情绪情感体验,与人的需要不相符的客观事物,则会引起烦恼、不满、忧愁、厌恶、愤怒等消极情绪情感体验。

二、情绪和情感的区别与联系

(一)情绪和情感的区别

情绪和情感既有区别又有联系,二者的区别表现在:

第一,情绪通常是与生理需要相联系的体验。如饥饿时得到食物就会体验到满意、愉快,得不到食物就会难受、不安。而情感是与人的社会性需要相联系的体验。例如,人都希望得到他人的赞扬,希望有良好的人际关系,当听到别人说自己好听的话时,心里乐滋滋的;相反,当听到别人说自己不愿听的话或坏话时,就气愤、难受、不高兴。

第二,情绪具有情境性、冲动性和短暂性。它往往由某种情境引起,一旦发生,冲动性较强,不容易控制,外显成分比较突出,表现形式带有较多的原始动力特征。时过境迁,情绪就会随之减弱或消失。情感具有稳定性、深刻性、持久性,是对人对事稳定的态度体验,它始终处于意识的控制之下,且多以内隐的形式存在或以微妙的方式流露出来。例如,孩子的顽皮可能引起母亲的愤怒,但这具有情境性,每一个做母亲的决不会因为孩子引起她的一次生气,而失掉亲子之爱的情感。

第三,在个体发展和人类进化中,情绪发生早,是人和动物尤其是高等动物所共有的;情感发生晚,是人在社会化过程中产生的,具有社会性。

(二)情绪和情感的联系

情绪和情感虽然有区别,但两者有密切的关系,两者的联系表现在:

一方面,情感依赖于情绪。人先有情绪后有情感,情感是在情绪的基础上发展起来的,而且情感总是通过各种不断变化的情绪得以表现,离开具体情绪,人的情感就难以表现和存在。

另一方面,情绪也有赖于情感。情绪的不同变化,一般都受个人已经形成的社会情感的影响。例如,在非常艰苦的条件下,人们受高尚情感的支配,可以克服很多常人难以想象的困难,让自己的情绪服从于情感。

在现实生活中,人的情绪与情感是难以彼此分离的两种心理现象。就脑的活动而言,情绪与情感是同一物质过程的心理形式,是同一事物的两个侧面或两个着眼点,是相互依存、不可分割的,有时甚至可以互相通用。

三、情绪情感与认知的关系

(一)情绪情感与认知活动的不同

首先,认知活动反映的是各种对象和现象的属性、本质和发生发展的规律;而情绪情感反映的是客观事物与人的需要的关系。

其次,认知活动的发生和改变在一定程度上具有随意性、目的性;情绪情感的发生和改变则具有不随意性,即我们不能随心所欲地引起某种体验,情绪情感的发生往往是突发的、非预谋的。例如,人在看电视电影时,会随着剧情和主人公的遭遇而不知不觉地高兴或悲伤,所谓"触景生情"则表明了情绪情感的这种不随意性。

(二) 情绪情感和认知活动的联系

情绪情感和认知活动也是相互联系、相互影响的。

一方面,认知活动是产生情绪情感的前提和基础。有了对事物本身的认知,才能有主客体之间需求关系的反映,从而产生情绪与情感。没有某种感知,就没有某方面的感受。当人们回想起辛酸的往事、辉煌的成就、惊心动魄的场面,会产生不同的情绪情感体验,这都是与认知中的记忆有关的。人对某些事情越想越高兴,或越想越生气,或越想越后怕,也是思维和想象的结果。所以,情绪和情感总是伴随认知活动产生的,认知可以起到整理、加深人的情绪和情感的作用。

另一方面,人的情绪情感对认知活动有促进和推动作用。例如,情绪情感可以不断地提高求知欲,促使人不断地去追求和维护真理。人在情绪积极的状态下,认知则较为全面、深刻;反之,有可能偏激,歪曲事实。

(三) 情绪智力

1990年,美国心理学家沙洛维(P. Salovery)和梅耶(J. Mayer)提出了情绪智力,用来表示情绪和理智结合起来对事业成功的重要影响作用,认为智力对事业的成功只起到20%的作用,而情绪智力则可以起到80%的作用。

1995年,美国《纽约时报》科学专栏作家戈尔曼(D. Goleman)发表了《情绪智力》一书,书中系统地论述了情绪智力的内涵、机制、对成功的影响及情绪智力培养等问题,初步形成了情绪智力的体系和理论观点。他认为,情绪智力大体可以从五个方面来理解:了解自己情绪的能力、控制自己情绪的能力、用自己情绪激励自己行为的能力、了解别人情绪的能力、与别人和睦相处的能力。其中,控制自己情绪的能力是情绪智力的核心。五种能力偏重于我们日常生活中所强调的自知、自控、热情、坚持、社交技巧等非智力方面的一些心理品质。

以色列心理学家巴荣(R. Baron)提出了"情绪商数"的概念,简称"情商",以和我们通常所说的"智商"相对应。虽然"情商"在社会上十分流行,可不少心理学家对这一概念提出了批评,这还需要进一步再探讨,但情绪智力或情感智慧对人活动的影响作用是值得肯定的。

四、情绪情感的功能

(一) 适应功能

情绪情感是人适应生存和发展的一种精神力量。从人类个体发展来看,婴儿先有哭的情绪产生,这是最具特征的适应方式,身体不舒服、饿了、生病了、尿布湿了,都可用哭来表示。对成人而言,除了具有最基本的由适应而产生的情绪外,成人更能主动地通过调节个人情绪来适应社会。

(二)动机功能

动机是激励人们进行活动的原因,它可以引发并维持主体有组织、有目的、有方向的行动。情绪和动机关系密切:

其一,情绪是伴随动机性行为而产生的。行为活动的目的在于实现动机目标,满足自己的需要。行为结果能否使个体动机得以实现、愿望得以满足,自然伴随有不同的情绪情感:满足则快乐,不满足则痛苦,甚至因遭遇阻碍打击,还可能产生恐惧、沮丧等复杂情绪。

其二,在有些情况下,情绪情感本身就具有动机的作用。以恐惧为例,它既是情绪,又是动机,它所引发的行为,可能是逃避,也可能是攻击。情绪情感的动机作用有正反两个方面:积极的情绪可以使人提高行为效率,起正向推动作用;消极的情绪则会干扰人的行动,减低活动效率,甚至引发不良行为,起反作用。

(三)组织功能

情绪情感对认知过程具有组织调节作用。认知过程是主体对事物的属性、本质等的反映,而情绪情感对这种反映具有调节和组织的作用,是一种监测系统。情绪一旦产生,便会影响整个认知过程,使认知过程染上情绪色彩。情绪积极则认知过程也积极,情绪消极则认知也会消极。情绪的作用主要体现在以下几方面:

1. 影响知觉选择。知觉是有选择性的,而情绪状态是影响知觉选择性的重要因素。当人心情愉快时,则知觉事物的范围广泛,周围对象都有可能被知觉,且倾向于选择知觉对象的积极方面;当情绪状态不佳、心烦意乱时,什么也不想看、不想听,还容易吹毛求疵。

2. 监视信息移动。对信息的监视实际是注意现象,情绪状态好的时候,对事物注意的稳定性强,易集中注意、发现问题;反之,则会视而不见,难以保持长久注意。

3. 影响工作记忆。记忆作为人储存信息的心理过程,也受到情绪、情感的影响。一般来说,对喜欢的事物容易记住,而对不喜欢的东西,记忆起来就十分吃力。

4. 影响思维活动。情绪情感对决策、推理和问题解决等思维过程的影响是十分明显的。人在高兴的时候,大脑皮层兴奋性强,思维比较敏捷、灵活,但过度兴奋激动则会干扰思维的推理和决策。抑郁情绪则会使大脑神经活动的兴奋性降低,反应缓慢,阻碍问题的解决。

(四)信号功能

情绪情感的产生都伴有一定的外部表现,面部表情的喜怒哀乐、声音表情中的音调变化,以及身体姿势都显示出主体的情绪状态,这种表现在人际交往中具有信号作用,影响人际交往的气氛、程度和方式。例如,儿童从周围人的表情中能了解哪些行为动作受鼓励、应该做,哪些行为受责备、不该做。成人从他人的情绪表现中,能得知对方对某事物、某事件的好恶态度,从而协调自己与他人的交往方式。

(五)感染功能

情绪情感的感染功能是指某人情绪情感的表现会对他人的情绪情感产生影响。当一个人表现出自己的情绪时,其表情动作会被他人所察觉,并引起他人产生相应的情绪反应。例如,看悲剧影片时,被剧中人物的情绪所感染,自己也禁不住悲伤不已。一个人走在街上,被街上的热烈活动所感染,也兴奋起来。这种现象称为移情或情感移入,即把情感从一个对象转移到另一个对象。当一个人的情绪情感引起另一个人产生性质相同、程度强烈的情绪和情感时,称为情感共鸣,这是典型的移情现象。一个人的情感会影响他人的情感,而他人的情感也会影响自己原先的情感,这种人与人之间情绪和情感的相互影响和感染作用为情绪和情感的控制和培养提供了一条"以情育情"的教育途径。

(六)迁移功能

情绪情感的迁移功能是指个人把对他人的情感状态迁移到与他人有关的对象上。例如,当对某个人的喜欢达到一定强度时,往往会导致喜欢这个人的一切,他所使用的东西、他的生活习性等,似乎把对他的情感都"迁移"到他所接触的人或物上了。成语"爱屋及乌"生动地概括了这一情感迁移现象。

第二节 情绪情感的类型

一、情绪的类型

我国最早的情绪分类思想源于《礼记》,其中记载人的情绪有"七情"分法,即喜、怒、哀、乐、爱、恶、欲;《白虎通》记载,情绪可分为"六情",即喜、怒、哀、乐、爱、恶。在以后的研究中,常把快乐、愤怒、悲哀、恐惧列为情绪的最原始、最基本的形式。这些情绪与基本需要相联系,常常具有高度的紧张性。

冯特也对情绪情感进行了研究,于1896年提出情感三度说,把情绪情感分为愉快—不愉快、激动—平静、紧张—松弛三个维度,每个维度代表一对感情元素沿着相反两极的变化程度。冯特认为,在这三维空间中可以找到各种情绪的位置。

由于情绪这种心理过程主要反映的是人当前的心理状态,因此,目前对情绪的分类,大多采用状态分类法,即依据情绪发生强度、持续性和紧张度,把情绪分为心境、激情、应激三种情绪状态。

（一）心境

心境是一种使人的整个精神活动都染上某种色彩的、微弱而持久的情绪状态，也称为心情。心境的主要特点是感染性、微弱性和持久性。当一个人处于某种心境时，他会以一种固定的情绪倾向去看待他所遇到的一切事物和他所从事的一切活动，仿佛使一切事物和活动都染上了某种情绪色彩。所谓"人逢喜事精神爽"，就是心境的绝好写照。按其强度来说，心境并不强烈，但往往持续相当一段时间。

引起心境的原因是多种多样的，家庭境遇、事业成败、工作顺逆、人际关系、对往事的回忆、未来遐想和身体状况等，都能引起某种心境。时令气候、自然景物等也会影响人的心境。但从影响心境的本质原因来看，主要是人的世界观、人生观。

心境对人的生活、工作、学习和身体健康有很大的影响。积极乐观的心境会促进人的主动性和创造性的发挥，有利于提高活动效率，有益于身心健康。而消极、悲观的心境容易使人意志消沉，不利于主观能动性的发挥，危害身心健康。所以，学会对自己心境的调节，做心境的主人是非常重要的。

（二）激情

激情是一种暴风雨般的、强烈而短暂的情绪状态。激情的出现带有爆发性，且强度大，有剧烈的外显行为，持续时间短，犹如暴风骤雨，来也匆匆去也匆匆。暴怒、狂喜、恐怖都是激情的表现。激情通常是由生活中的重大事件、对立意向的冲突、过度的兴奋或抑制所引发的。处于激情状态的人，会出现认识范围缩小、分析能力受到抑制、自我控制能力减弱、出现不理智行为等。因此，对激情要善于控制。当然，并不是所有的激情都是消极的，也有积极的激情存在，而且有些活动必须要有激情。例如，作家没有激情就难以写出激动人心的作品、运动员没有激情就难以有超水平的发挥等。

（三）应激

应激是出乎意料的紧急情况所引起的急速而紧张的情绪状态。在生活和工作中，往往会遇到突如其来的事件和意想不到的危险，它要求人们立即做出决策并调动自己的全部力量以对付之，这时产生的情绪状态就是应激。在应激状态下，一般有两种表现：一种是被突如其来的刺激所笼罩，目瞪口呆、手足无措、语无伦次，陷入混乱之中；另一种是清醒冷静、急中生智、当机立断、行动有力，常常做出许多平时根本做不到的事情。产生积极的应激一是依赖坚定的信念，二是通过训练来获得。由于应激状态伴随着有机体全身性的能量消耗，因此，长时间处于应激状态，会破坏一个人的生物化学保护机制，降低人的抵抗力，以至为疾病所侵袭。

二、情感的类型

道德感、美感、理智感被认为是高级的社会性情感，这些情感包含着人类独有的社会意义,反映着人的个性生活和社会生活的一致性及人的精神面貌,调节着人的社会行为。

(一)道德感

道德感是人根据社会的道德行为准则,对自己和他人的言行进行评价时产生的情感体验。例如,对符合道德准则的行为感到敬佩、赞赏或自豪,对不道德的行为感到厌恶、愤恨或内疚等;对祖国的自豪感和尊严感;对社会劳动和公共事务的义务感、责任感、集体感、荣誉感;对同志的友谊感;以及其他的,如正义感、是非感、善恶感等,都属于道德感范围。

(二)美感

美感是人根据一定的审美标准对客观事物、行为及艺术作品予以评价时产生的情感体验。美感包括自然美感、艺术美感和社会美感。美感来源于现实,是人对客观现实美的反映。美感既具有共同性,又有差异性。不同的时期、不同的地区、不同的民族,有着不同的审美标准,对同一事物也有着不同的美的体验。例如,对于女性形体美,现代文明社会普遍以匀称、苗条为美,而大洋洲的汤加岛国以胖为美。

(三)理智感

理智感总是与人的求知欲、认识兴趣、对解决问题的需要、对真理的追求相联系的情感体验。它体现着人对自己认知活动过程中出现的新现象、新成果而产生的欣喜感等。在认知活动中产生的理智感,对认知也是一种新的动力。对知识的热爱、对专业的热爱,可以促使人去克服各种困难和障碍,锲而不舍,并从中体验到真正的幸福感、成功感。

第三节 情绪理论

一、情绪的生理反应理论

情绪的生理反应理论是詹姆士和兰格提出的,也称为詹姆士—兰格情绪理论。美国心理学家威廉·詹姆士(W. James)和丹麦生理学家卡尔·兰格(C. Lange)各自分别于1884年和1885年提出了观点基本相同的理论。该理论的重要功绩在于,提出了情绪与机体变化的直接联系,强调了外周生理活动在情绪产生中的作用(见图8-1)。

詹姆士认为,情绪是内脏器官和骨骼肌活动在脑内引起的感觉。他在《心理学原理》一书中写道:"合理的说法是:因为我们哭,所以愁;因为动手打,所以生气;因为发抖,所以怕。并不是愁了才哭,生气了才打,怕了才发抖。""情绪,只是一种

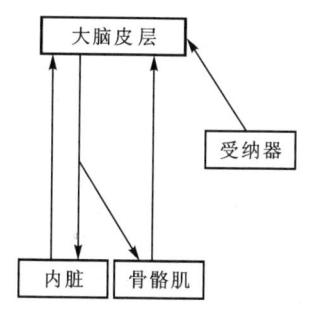

图 8-1 詹姆士—兰格理论示意图

身体状态的感觉,它的原因纯乎是身体的"。

兰格在情绪的发生上强调血液系统的作用。他以酒精和药物为例,认为血管扩张产生愉快,自主系统活动减弱;血管收缩、器官痉挛,就产生恐怖。甚至说,冷水浇身能使愤怒减弱,溴化钾能使恐怖、忧虑和不愉快受到抑制。这些都是血管收缩过程的改变所致。

詹姆士—兰格的外周论,把产生情绪的原因归之为外周性的生理变化,在今天看来是片面的,但是它推动了关于情绪机制的大量实验研究,在情绪心理学发展史上居于重要地位。

二、情绪丘脑理论

美国心理学家坎农(W. B. Cannon)针对詹姆士—兰格理论提出了如下质疑:

第一,机体的生理变化在发生上相对缓慢,不足以说明情绪迅速发生、瞬息变化的事实。

第二,同样的内脏器官活动变化可以在极不相同的情绪状态中发生,因此,根据生理变化难以分辨各种不同的情绪。

第三,切断动物内脏器官与中枢神经系统的联系,情绪反应并不完全消失。

第四,用药物人为地引起与某种情绪有联系的身体变化,并不产生真正的情绪体验。

根据这些事实,坎农认为,情绪并不是外周变化的必然结果,情绪产生的机制不在外周神经系统,而在中枢神经系统的丘脑,并提出了情绪丘脑学说。他认为,当刺激引起的感觉信息传到皮层时,它被释放到经常产生抑制状态的丘脑中心,产生唤醒丘脑的过程,导致特定模式的情绪产生。丘脑同时向大脑皮层和身体的其他部分输送冲动,神经冲动向上传至大脑产生情绪的主观体验,向下传至交感神经引起机体的生理变化,所以身体变化和情绪体验同时发生(见图8-2)。

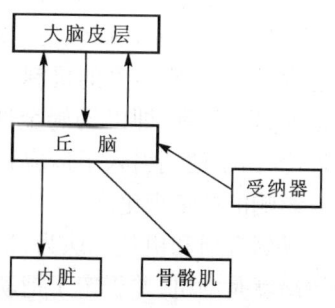

图 8-2 坎农理论示意图

坎农的丘脑学说强调被唤醒的丘脑过程是情绪产生的机制,提出了情绪的特定脑中枢,比詹姆士—兰格理论前进了一步。但是,丘脑学说只强调丘脑在情绪发生中的决定作用,这是不准确的。不少实验材料表明,切除全部丘脑的动物,只要保存着下丘脑,发怒反应仍然存在,只有当下丘脑结构全部被切除后,情绪反应才受到较大影响。此外,该学说虽然提出了在情绪发生过程中,大脑皮层参与了活动,但却未能估计大脑皮层在情绪发生时的作用。

三、情绪的评估—兴奋理论

美国女心理学家阿诺德(M. B. Arnold)提出情绪的评估—兴奋学说,强调情绪的来源是对情景的评估,而评估是发生在大脑皮层的。因此,皮层的兴奋是情绪的主要机制,是情绪产生的基础,故称为情绪的评估—兴奋学说。

依照阿诺德的学说,情绪是这样产生的:情绪刺激作用于感觉器官而产生的神经冲动上传到丘脑,在丘脑更换神经元后再传到大脑皮层。在皮层产生对情景的评估,只要情景被评估为对有机体有足够重要的意义,皮层兴奋即下行激活丘脑系统,影响自主神经系统而引发器官的变化。这时,外周变化的反馈信息又通过丘脑传到大脑皮层,并与皮层最初的估价相结合,认识经验即转化为情绪体验。

另外,阿诺德把大脑皮层与皮层下活动联系在一起,认为情绪反应包括机体、内部器官和骨骼肌的自主化,外周变化的反馈是情绪意识的基础。可见,阿诺德学说接受了詹姆士—兰格学说的外周反馈观点,而不同意坎农关于丘脑抑制的观点。她认为,整个情绪过程都是大脑皮层兴奋的结果。

四、情绪进化理论

以上几种情绪理论,均强调情绪的起源和发生,却忽视了情绪的作用,这对情绪基本性质的理解是不全面的。关于情绪本身有什么功能、情绪在整个心理过程中居于什么地位、对其他心理活动起什么作用,上述理论都没有涉及。在对情绪性质的认识上,这些理论都可归于综合性的理论派别,即情绪的副现象论。

不少心理学家在探索情绪的性质时,不满足于副现象论,认为情绪是独立的心理过程,情绪有它本身的机制,并在心理活动中起独特作用。这种观点构成了情绪理论的另一派别,即以汤姆金斯(S. Tomkins)和伊扎德(Izard)为代表的动机—分化理论,由于他们引入了适应和进化的观点,故又称之为进化理论。该理论是当今很有影响的情绪理论之一。

汤姆金斯和伊扎德认为,情绪具有重要的动机性和适应性功能。汤姆金斯认为情绪就是动机,并否定了把动机归结为内驱力的看法,指出内驱力信号需要一种放大的媒介才能激发有机体去行动,起这种作用的就是情绪过程。而且情绪是比内驱力更加灵活和强有力的驱动因素,其本身就可以起到动机作用。

伊扎德的动机论则容纳了更复杂的内容,他提出情绪是一种基本的动机系统,从整个人格系统出发建立了情绪—动机体系。他认为人格具有六个子系统:内稳态、内驱力、情绪、知觉、认知、动作。人格子系统组合成四种类型的动机结构:内驱力、情绪、情绪—认知相互作用、情绪—认知结构。在这庞大的动机系统中,情绪是核心,无论是与内驱力相联系的情绪,或是同知觉、认知相联系的情绪,或是蕴涵在人格结构中的情绪特质,都起重要的动机作用。各种情绪体验是驱动有机体采取行动的动机力量。

伊扎德的情绪理论还从进化的观点出发,提出大脑新皮质体积的增长和功能的分化与面部骨骼肌系统的分化及情绪的分化是平行的、同步的。多种情绪的分化是进化过程的产物,因此,才具有灵活多样的适应功能,从而导致情绪在有机体的适应和生存上起着核心作用。每种具体的情绪都有其发生的渊源,都有特定的意识品质和适应功能。

汤姆金斯和伊扎德继承和发展了达尔文关于表情的学说。他们从情绪的分化观出发,十分强调面部表情的重要性,并指出了人类基本情绪的面部表情是先天程序化的模式,而且先天的面部表情参与到情绪发生的整个机制之中,面部运动的感觉反馈激活情绪体验。伊扎德详细阐述了这一过程,描述了外界刺激事件引起感觉皮层和边缘系统的兴奋,激活在下丘脑或杏仁核内储存的先天情绪模式,从而在面孔上显露为一种具体情绪的表情。这一表情活动向脑内的反馈引起皮层的整合活动,从而产生情绪体验,这就是表情的"面部反馈"功能。

在对情绪性质的阐述上,进化理论既说明了情绪的产生根源,又说明了情绪的功能,确立了情绪在心理现象中的相对独立地位。尤其对人类婴儿情绪发生和功能的阐释上,该理论具有创新性和说服力,但该理论对情绪与认知的联系缺乏具体的论证,这是不足之处。

五、情绪三因素理论

自从阿诺德的评估—兴奋理论提出以后,情绪的认知观点得到了很大发展,同时,詹姆士理论的影响也始终存在着。

美国心理学家沙赫特(S. Schachter)提出了情绪受环境因素、生理唤醒和认知过程三个因素的制约,其中认知因素对情绪的产生起关键作用。沙赫特和另一位美国心理学家辛格(J. Singer)设计了一项实验,用来证明以上三个因素在情绪中的作用。

实验过程:实验前告诉被试,要考察一种新维生素化合物对视敏度的影响效果。在被试同意的前提下,为他们注射药物。但实际上,控制组注射的是生理盐水,实验组被试都注射的是肾上腺素。肾上腺素使被试出现心悸、颤抖、灼热、血压升高、呼吸加快等反应而处于典型的生理唤醒状态。药物注射后,将实验组被试分为三组,"告知组":告诉被试药物会导致心悸、颤抖、兴奋等反应;"未告知组":对被试说药物是温和的,不会有副作用;"误告知组":告诉被试药物会导致全身麻木、发痒和头痛。然后,人为地安排了两个实验情境:"欣快"情境与"愤怒"情境。实验组的三组被试各有一半进入"欣快"情境,另一半进入"愤怒"情境。当被试进入"欣快"情境时,看见一个人(实验助手)在室内唱歌、跳舞、玩耍,表现得十分快乐,并邀请被试一同玩耍。而进入"愤怒"情境的被试则会看见一个人(实验助手)正对填写着的一张调查表发怒、咒骂、跺脚,并最后撕毁调查表,被试也被要求填写同样的调查表,表上的题目带有人身攻击和侮辱性,并会引起极大愤怒。

实验假设:如果生理唤醒单独决定情绪,那么三组被试应该产生同样的情绪;如果环境因素单独决定情绪,那么所有进入"欣快"情境的被试应该产生欣快,所有进入"愤怒"情境的被试应该产生愤怒。

实验结果:控制组和告知组被试在室内安静地等待并镇静地进行他们的工作,毫不理会同伴的古怪行为;未告知组和误告知组被试则倾向于追随室内同伴的行为,变得欣快或愤怒。

结果分析:控制组被试未经受生理唤醒,告知组被试能正确地解释自身的生理唤醒,他们都不被环境中同伴的情绪所影响,因此没有任何情绪反应;未告知组和误告知组被试对自身的生理唤醒没有现成的解释,从而受到环境中同伴行为的暗示,把生理唤醒与"欣快"或"愤怒"情境联系起来并表现出相应的情绪行为。

结果表明:生理唤醒是情绪激活的必要条件,但是真正的情绪体验是由对唤醒状态赋予的"标记"决定的。这种"标记"的赋予是一种认知过程,个体利用过去经验和当前环境的信息对自身唤醒状态做出合理的解释,正是这种解释决定着产生怎样的情绪。所以,无论生理唤醒还是环境因素都不能单独地决定情绪,情绪发生的关键取决于认知因素。

沙赫特的实验和理论引起了相当大的影响,但也受到了批评——缺乏对实验的内在效度的分析,实验设计复杂,后人难以重复得出相同的结果。但是,沙赫特的研究为情绪的认知理论提供了最早的实验依据,对情绪认知理论的发展起到了一定的推动作用。

六、情绪的"认知—评价"理论

拉扎勒斯(A. Lazarus)提出的情绪理论,也特别强调认知因素在情绪产生过程中的重要作用,而且将认知评价进一步扩展为初评价、次评价和再评价的具体过程,因而被称为情绪的"认知—评价"理论,是情绪认知理论中的又一杰出代表。

拉扎勒斯认为,情绪是个体对环境事件知觉到有害或有益的反应。它是个体与环境相互作用的产物。在情绪活动中,个体不仅反映环境中刺激事件对自己的影响,同时也要调节自己对刺激事件的反应。只有在认知的指导下,个体才能了解环境事件的意义,才能选择适当的、有价值的应对反应。因而,个体在情绪活动中要不断评价环境事件、应对效果与自身的关系。情绪活动中的认知评价过程可分为三个层次,即初评价、次评价和再评价。

初评价是个体确认刺激事件与自己是否有利害关系,以及关系的程度。这种评价经常会发生,它是个体适应生存的重要方面。拉扎勒斯(1993)列出了15种情绪及其"核心相关主题"(见表8-1),对我们理解和判断人在什么情景下产生何种情绪,或者推断某种情绪背后的刺激事件有一定参考价值。

次评价是个体对自己反应行为的调节和控制。它主要涉及个体能否控制刺激事件以及控制的程度,实际是对自己控制效能的判断。当个体要对刺激事件做出行为反应时,必须要根据主客观条件和社会规范来考虑行为的后果,从而选择有效的措施和方法。譬如,当个体受到侵犯、伤害时,是采取攻击行为还是防御行为,这取决于自己对刺激事件控制的判断。在这一评价判断中,过去经验起着重要作用。

再评价是个体对自己当前情绪和行为反应的有效性和适宜性的评价,这是一种反馈性评价。如果再评价的结果说明,行为反应无效或不适宜,个体就会调整自己对刺激事件的次评,甚至初评,并对自己的情绪和行为反应做出相应调整。

上述三种评价是相继进行的,在许多情况下(比如面对较为复杂的人际关系问题、就业问题、婚姻家庭问题,以及应激性社会事件等)这些评价会不断地循环往复,直至达到积极有效调节的目的。

表8-1 情绪及其"核心相关主题"

情绪	核心相关主题
发怒	对我及我的所有物的贬低或攻击
焦虑	面对不确定的存在条件
害怕	一种直接的、真实的、巨大的危险
内疚	道德上的违反
害羞	过错归结到自己
悲伤	体验到不可挽回的丧失
羡慕	想别人所有的东西
嫉妒	憎恨他人得到别人的爱,希望他失去进步
厌恶	从事或接近令人讨厌的物体、人或思想
高兴	向着一个真正的目标
骄傲	因自己的成就得到别人承认或认同而使自我增强
放松	沮丧的情景得到改善
希望	怕坏的结果,想要更好的结果
爱	经常渴望的情感而不要回报
同情	被他人的遭遇所感动而愿意帮助他人

拉扎勒斯还认为,人格心理结构(如信仰、态度、人格特征等)是认知因素的决定性条件。不同个体面对相似情景可能会产生差异较大的情绪和行为反应,个体心理和经验的形成又受社会文化的制约,它在很大程度上决定着个体的认知评价和反应方式。因此,拉扎勒斯的"认知—评价"情绪理论具有较强的合理性和时效

性,对促进情绪理论的深入研究和实际应用将发挥更大的推动作用。

第四节　情绪情感的培养与调控

情绪调节是指通过一定的方法、策略和机制,使自己或他人情绪的生理活动、主观体验、表情等方面得到规范、约束、管理和变化的过程。情绪调节可以从情绪内容、性质(消极情绪和积极情绪)、情绪唤醒水平(削弱、控制与激活、振奋)、情绪的生理、行为和表情等方面进行。

一、积极情绪情感的培养

(一)正确认识健康的情绪情感在自我发展中的意义

从个人发展来讲,积极情绪情感的意义主要体现在以下几个方面:

1. 良好的情绪情感有助于人格的完善。在伊扎德的理论中认为情绪情感处于人格结构的核心位置。一个人经常表现出某种情绪反应,获得某些情感体验,他就逐渐形成具有相应情感特点的人格特质。

2. 良好的情绪情感有助于身心健康。

3. 良好的情绪情感有助于学习和工作效率的提高。

(二)良好情绪的评价指标

"人非草木",人的一生总会有情绪相伴,区分情绪好坏、正负,对健康顺利地生活、学习和工作意义重大。以下是评价良好情绪的重要指标:

1. 客观认知和评价周围环境,善于表达自己对环境影响的感受。无论是产生积极肯定的情绪体验还是消极否定的情绪体验,都能真实准确地表达出自己的感受,而非歪曲现实、极度压抑。

2. 对引起情绪的刺激能做出适当强度的反应,且情绪相对稳定。对周围环境刺激及反应能遵循适当原则,过于激烈偏激或者过于悲观消沉都不是良好的情绪。

3. 具有情绪反应的转移能力,善于调控情绪释放正能量。能通过主观努力把注意从消极或负性情绪状态转移到其他积极活动方面,或者能够利用多种途径合理宣泄负性情绪,而非沉溺于某种情绪不能自拔。

4. 情绪表现符合年龄特点。如果情绪表现超出自己所处年龄阶段应有的情绪特点,则不是良好的情绪。

(三)情绪情感的调控途径

情绪情感的调控途径主要包括以下五种:

1. 自我意识调控。自我意识调控就是通过自我认识和评价来调控自己的情绪。情绪和情感是人们主观意识到的体验,人们不仅能认识自己的体验,还可以有意识地自觉地调整自己的体验,改变自己的不良情绪。当一个人感到自己"怀才不遇"而忧愁苦恼时,可以用自我评价的方法开导自己,自觉找出差距,既不怨天尤人,也不自卑自馁,做到振作精神、锐意进取,变消极悲观为积极乐观。人在愤怒即将爆发而失去理智时,如果马上自我提醒"心胸开阔些""急躁是无能的表现",则可以降低激情的强度,使之逐渐趋向平衡。

自我意识的集中表现就是人要有自知之明,要对自己的现实条件及所长所能有较为清醒的认识,这对于自己的社会交往和人生追求都有益处。如果目标定得太高,不是自己力所能及的,或要求十全十美,必然会遭到挫折,自寻烦恼,终日郁闷不乐。

2. 理智调控。理智调控就是用合乎原则和逻辑性的思维去调控情绪。当过于强烈的情绪出现时,往往会使人思维狭窄,判断偏颇,以至言行失控。在这种情绪状态下就需要用理智来调节自己的情绪。先用意志控制过强的情绪,再进行冷静地分析、合乎逻辑的推理,想一想自己的言行举止是否得当,后果如何。当已经造成不好局面时,要善于用"吃一堑,长一智""塞翁失马,安知非福"来安慰自己,这样就会感到天地广阔,心情舒畅。

古人云:"君子所取者远,则必有所待;所就者大,则必有所思。"要拓宽自己的胸怀,把注意力集中在对人生更有意义的事情上,能从全局和长远的角度看待问题,不会因眼前小事或蝇头小利而津津乐道,斤斤计较,不会因为一时一事的得失而大动感情,冲动失节。

3. 转移调控。转移调控就是有意识地把自己的情绪转移到另一个方向上去,使情绪得以缓解。情绪具有情境性,人们在情绪不安的情况下,强迫自己转移心理活动指向的对象,变换情境,可以调节自己的情绪。例如,遇到挫折或意外打击时怒火中烧、悲愤难忍,可以暂时离开引起这种激情的环境,找自己高兴的事情去做,散步、看电影、看报纸杂志、下棋、打球、唱歌、听音乐,或者到街上或市场上去看看,买一点自己需要的东西,这样就可以从精神上得到安慰,情绪上得到缓和、平衡。

4. 激励调控。激励调控就是用自我激励的办法调控自己的情绪。人在不良情绪产生时机体内部堆积很多能量,这些能量得不到释放会感到烦闷难受。如果能够把这些能量引向正确的方向,就可以成为激励人们积极行动的力量。例如,工作学习失败,受到别人的蔑视或冷嘲热讽,心中不平衡时,就可以用自我激励的办法,把失败看成是对自己的考验,把别人的嘲讽看成是对自己的鞭策,变压力为动力,做生活的强者。激励其实是一种积极的暗示。

5. 合理宣泄。合理宣泄就是把自己压抑的情绪向合适的对象释放出来,使情绪恢复平静。消极的情绪一旦产生,人们觉得痛苦难忍,对这样的情绪如果过分强制和压抑会引起意识障碍,影响正常的心理活动。这时,可以向自己的亲朋好友坦率地说出来,倾诉自己的痛苦和不幸;甚至痛哭一场,俗语"男儿有泪不轻弹"是不利于情绪健康的;或者给朋友写一封书信或记一篇日记述说自己的苦衷,"当局者迷,旁观者清",别人的劝慰可以减轻自己的痛苦,别人的分析点拨可以使自己茅塞顿开。当然,宣泄要合理,要注意对象、场合与方式,不可超越法规纪律的约束,不能把别人当成自己出气的对象而伤害别人,也不能用毁坏公共财物等手段来发泄怒气。

二、消极情绪、情感的调节与控制

积极情绪、情感的培养和消极情绪、情感的控制是一个事物的两个方面,情绪修养的关键就是要学会克服不良情绪。下面介绍几种常见的调控不良情绪的方法。

(一)排除忧郁

当遇到不顺心的事情或遭遇挫折、失败时,就会引起忧郁,表现为烦恼、痛苦、悲伤等。忧郁是一种负性情绪,不仅使人消沉、影响行为活动的积极性和潜能的发挥,而且时间久了还会影响健康。排除忧郁可采取以下几种方法:

1. 改变认知角度。产生忧郁的直接原因是个体对客观事物与主观需要之间关系的认知评价,因此,一旦有不顺心的事情发生,应有意识地改变自己的认知角度,灵活地看待问题。以积极的态度直面现实,把注意力放在如何解决问题的努力上,不要把自己的意识总是束缚于对挫折或失败的消极认知中。实践证明,这是排除忧郁的有效方法。

2. 合理释放情绪。如果一时产生较强烈的苦恼情绪,应采取合理适当的方式加以释放,不宜积压或压抑而生闷气。例如,到操场上跑几圈、做无伤害的攻击、逛逛街、到人少的地方大声地喊几声。如果过于悲伤,不妨大哭一场,哭也是释放能量、调节平衡的一种方式。

3. 改变行为方式。个体可通过积极参与到行动中排除忧郁,可计划一些积极有益的活动、制定可行的目标来应付自己所认为的枯燥的生活,并将行动计划分成小步骤,以确保完成。例如,参加运动锻炼、参加晚会、外出野餐或与朋友去超市购物等。

4. 调换环境。情绪具有较强的情境性,如果在一个不良环境中、特别是人际关系紧张的环境中,经常产生忧郁情绪而又难以摆脱,应采取调换环境的方法,或者暂时改换环境,或者长期调离此环境。

5. 休息。情绪不好时,休息(如睡觉)会收到意想不到的效果,它使情绪得以缓解,使人变得冷静而清醒,有利于从新的角度思考问题、梳理头绪,达到消除不良情绪的目的。

(二)学会制怒

怒具有双重性:一是面对丑恶行径激起的积极的、充满凛然正气的怒;二是为了一点小事而产生的消极的、不该发作的怒。后者应加以克服和避免。处于激情状态的消极的怒会使人的意识失去对行为的有效控制,做出不明智的行为举止,而且消极的怒还会损害健康,《黄帝内经》中明确警示"怒伤肝"。

要做到控制消极的怒是完全可能的,主要应把握两点:

1. 要有一定的心理容量。心理容量大的人能经受较强的刺激而不动怒。扩大心理容量,一要习惯于从大局、从长远着眼考虑问题;二要理解、尊重他人,善于设身处地从对方角度看待问题;三要提高个人修养,看问题比较通达。

2. 要有一定的防怒措施。例如,行动上的制止,针对自己容易发火的特点,养成接受他人劝言和自我暗示的习惯,从外部诱因中获得制怒的信息和力量等。

(三)克服自卑

自卑即自我评价过低,总是对自己的价值产生怀疑,担心自己笨拙,这是一种人格上的缺陷。自卑常常以一种消极防御的形式表现出来,如嫉妒、猜疑、羞怯、孤僻、迁怒、自欺欺人、焦虑不安等。自卑使人十分敏感,对心理发展有很大的影响,容易消磨人的斗志,就像一把潮湿的火柴,再也燃不起兴奋的火花。长期被自卑笼罩的人,还会引起生理失调和病变,对心血管系统和消化系统等有不良影响。

孩提时代的自卑感主要来自成长环境,如周围生活环境、父母的教养态度和方式等。长大以后,自卑的形成还受到个人生理状况、性格、思维方式、价值取向、能力、成就和生活经验的影响,以及周围人的评价与印象也起着十分重要的作用。自卑者需要的不仅是调整对自我的认识态度,更需要的是通过不断地发展自我,建立一种独特的人生优势。

积极的心理暗示是克服自卑的良好手段。"一切的成就,一切的财富,都始于一个意念",积极的心理暗示可以使人摒弃自卑、树立自信。经常进行积极暗示的人,会在内心不断地鼓励自己"我能行",会把困难和问题看成是机会和希望;而经常进行消极暗示"我不行"的人,会把希望和机会看成是问题和困难。所以,坚持心理上的积极暗示,对于从自卑走向自信非常重要。通过经常持久的积极暗示,让自信融于潜意识中,心理暗示才有巨大的影响力。例如,经常使用肯定句进行积极的自我评价,学会将注意力从自己的劣势上转移开,自己喜欢自己,通过改变形象来改变自己,用可以达到目标的实际行动建立自信,多进行社会交往等。

(四)消除紧张与焦虑

适当的紧张是必要的,它比松弛更能调动人的潜能和智慧,但紧张一旦过度而成为焦虑,就会产生消极影响,出现暂时的不平衡,干扰认知活动,降低活动效率等。消除紧张的方法有很多,如降低动机强度、弱化自我意识、进行放松练习等,我们可以从两个方面来减缓或消除紧张焦虑情绪:

1. 积极的认知方式。人的认知直接影响情绪,错误的或不现实的认知会导致异常的情绪反应。如果矫正认知,就可以改善情绪反应、消除焦虑症状。具体来讲,积极的认知方式有:①勇敢面对焦虑与紧张,想一想事情最坏能达到什么程度,有哪些方法可以降低损失程度。②排除极端想法,不随意夸大现实状态,站在极端的立场上,把臆想当做即将发生的事实会令人不知所措,因而要实事求是地分析现实情况,理智面对冲突。③用欣赏的态度看待自己,既承认自己的局限,接受自己的不足,又能看到自己的优点。④对于无能为力的事情不必强求,学会接受现实。期望过高是产生失望和幻灭感的根源,只要自己努力了,过程比结果更重要。

2. 积极的行动方式。它表现在以下几个方面:①积极行动起来,如果焦虑和紧张的事件可以用行动来弥补,就应尽可能现在就做,决不拖延,不在无尽的忧思和焦虑中沉沦,应用实际行动去改变处境,越是拖延,压迫感就会越大,就越是紧张和焦虑;②融洽社会关系,利用社会支持,适时主动地寻求支援或获得他人同情,都是明智之举;③学会宣泄和倾诉,学会倾诉是化解焦虑的有效手段,当向人倾诉心中的烦恼时,当用肯定的语言自我激励时,语言将对缓解紧张与焦虑情绪起到极大的作用,运动锻炼、娱乐、记日记、走进大自然让自己得到净化等方法,不仅可以强身健体,还可以改善心理状态。

培养积极的认知方式,采取积极的行动策略,就能培养健康的人格,有了健康的人格,消极情绪就会减少许多。

案例分析

小王今年19岁,是某大学哲学系二年级学生,从大学一年级开始,每到期末考试复习临近期间,就紧张焦虑,还伴有睡眠障碍。她说:"我虽然学的是哲学专业,却还要学高等数学和物理等理科课程。我在中学学习时,由于理科是我的弱项,所以才报了文科。现在我感到学习负担沉重,一年级的第二学期开始,我就因数学等三科不及格进行了补考,心情一直不好。一到考试那段时间,就开夜车复习,唯恐考不好,情绪很紧张,无法进行缓解。"

从上述情况看,小王有考试焦虑症状。要缓解这种紧张情绪,可以从以下几方面做起:首先,应向消极的自我意识挑战,增加应试的自信心和自制力,以从容的姿态走进考场。不要总是用消极的自我暗示来影响自己,如"我肯定考不好""要是考砸了怎么办"。其次,应注意学习时间安排。要科学合理地安排复习时间,不打"疲劳战",当感到压力大时,有必要调整一下学习的节奏,如可听音乐、散散步、参加文体活动等。平时应认真听课、及时复习,不要以为有些课程与自己的专业关系不大,课后可以放松,临阵磨枪"过关即可",这种侥幸心理给许多同学带来了消极影响或伤害。再次,如果过于紧张,可以进行一些放松练习,将身体各部位的肌肉放松。最后,做好考前和考试准备。例如,全面复习所学内容,不指望他人猜题或押题或考试前一分钟的复习,计划好在考试中所用的时间,遇到难题可以先避开,当别人交卷时要稳住自己等。

第八章 情绪情感及其调控

课后习题

一、单项选择题

1. "人是因为哭了才发愁,因为动手打了才生气,因为发抖才害怕"这种观点属于解释情绪的(　　)。
   A. 外周理论　　　B. 丘脑理论　　　C. 动机—分化理论　　　D. 认知理论

2. 儿童从周围人的表情中能了解自己的哪些行为动作受鼓励、应该做,哪些行为受责备、不该做,这种了解体现的情绪情感的功能是(　　)。
   A. 迁移功能　　　B. 动机功能　　　C. 感染功能　　　D. 信号功能

3. 情绪三因素理论提出,情绪主要受环境因素、生理唤醒和认知因素的影响,其中起关键作用的是(　　)。
   A. 生理唤起　　　B. 认知因素　　　C. 环境因素　　　D. 人格因素

4. "人逢喜事精神爽",小刚接到高考录取通知书已经十几天了,仍然欣喜愉悦,一件平淡的事也能让他很高兴,这种情绪状态属于(　　)。
   A. 激情　　　B. 心境　　　C. 应激　　　D. 热情

5. 下列选项中能体现激情这一情绪状态的特点有(　　)。
   A. 爆发性　　　B. 外显性　　　C. 短暂性　　　D. 以上都是

6. 汽车在马路上快速行驶,突然在不远处跑出来一个行人,司机当机立断即刻刹车,避免了一场意外事故,司机这时的情绪状态主要是(　　)。
   A. 热情　　　B. 心境　　　C. 应激　　　D. 激情

7. 小丽在解决了困扰她许久的数学难题后非常激动高兴,这种喜悦感、成就感属于(　　)。
   A. 道德感　　　B. 理智感　　　C. 美感　　　D. 效能感

8. 根据坎农—巴德情绪学说,情绪的中心位于(　　)。
   A. 海马　　　B. 内脏　　　C. 杏仁核　　　D. 丘脑

9. 在情绪的认知理论中,强调对刺激情境的评估作用的是(　　)。
   A. 拉扎勒斯的认知—评价理论　　　B. 沙赫特的三因素理论
   C. 阿诺德的评定—兴奋理论　　　D. 伊扎德的动机—分化理论

10. 下列心理活动属于情绪的是(　　)。
    A. 欣赏艺术作品产生的美感　　　B. 对祖国发展强大的自豪感
    C. 助人为乐的幸福感　　　D. 牙疼引起的烦躁感

11. 人在悲痛时木然不动,这时的情绪状态属于(　　)。
    A. 心境　　　B. 理智感　　　C. 激情　　　D. 应激

12. 当人处于应激状态时会出现肌肉紧张、心跳加快、血压升高等反应,这是情绪的( )。
   A. 主观体验   B. 外部表现   C. 生理唤醒   D. 行为反应
13. "忧者见之则忧,喜者见之则喜",这种现象反映的情绪状态是( )。
   A. 激情   B. 心境   C. 热情   D. 应激
14. 学生临考怯场、新教师首次上讲台慌乱,这时的情绪状态主要属于( )。
   A. 心境   B. 激情   C. 应激   D. 矫情
15. 自尊心、友谊感、感戴心、内疚感、憎恶感等主要属于( )。
   A. 理智感   B. 美感   C. 效能感   D. 道德感

二、辨析题(判断正误,并说明理由)
1. 情绪情感是人脑对客观现实的一种特殊反映。
2. 心境是一种微弱而持久的、具有弥散性或感染性的情绪状态。
3. 道德感是人们在欣赏一部艺术作品时所产生的快感。
4. 情绪智力体现了情绪与认知的密切关系,其核心在于控制自己情绪的能力。
5. 成语"爱屋及乌"生动地体现了情绪情感的迁移功能。

三、简述题
1. 情绪情感具有哪些功能?
2. 心境发生的原因有哪些?如何调节心境?
3. 简述情绪三因素理论及其实验过程。
4. 简述拉扎勒斯"认知—评价"情绪理论的基本观点。
5. 简述良好情绪的评价指标。

四、论述题
1. 试析情绪情感与认知的关系。
2. 联系实际,说明调控不良情绪的方法。

五、材料分析题(阅读材料,并回答问题)
公安部门在侦查案件中采用了科技手段——测谎仪,并使用测谎仪成功地侦破了一系列大案要案,它的神奇作用日益为人们所重视。测谎仪的测试内容主要包括皮电、脑电、呼吸、脉搏、血压及声音等的变化。

问题:
根据情绪理论,分析说明测谎仪的工作原理,谎言可以测吗?

拓展阅读

1. 孟昭兰. 情绪心理学[M]. 北京:北京大学出版社,2005.

2. [美]芭芭拉·弗雷德里克森.积极情绪的力量[M].王珺,译.阳志平,审校.北京:中国人民大学出版社,2010.

3. 郑璞,刘聪慧,俞国良.情绪诱发方法述评[J].心理科学进展,2012(1).

4. 吕庆燕,王有智,王振宏.个体主义与集体主义文化模式下的情绪差异性[J].兰州大学学报(社会科学版),2010(6).

5. 张萍,卢家楣,张敏.心境对未来事件发生概率判断的影响[J].心理科学,2012(1).

6. 陈猛,卞冉,王丽娜,车宏生,等.情绪智力与工作绩效的关系[J].心理科学进展,2012(3).

7. 张振新,徐宪斌.情绪状态对学习判断的影响及其机制[J].心理科学,2012(1).

8. 白学军,王媛媛,杨海波.情绪一致性对有意遗忘的影响[J].心理科学,2012(1).

9. 何晓丽,王振宏,王克静.积极情绪对人际信任影响的线索效应[J].心理科学,2011(2).

10. 吴宝沛,张雷.厌恶与道德判断的关系[J].心理科学进展,2012(2).

11. 张晓贤,桑标.小学生内疚情绪理解能力的发展[J].心理发展与教育,2012(1).

12. 敖玲敏,吕厚超,庞雪."悲喜交加"的概念、测量及相关研究述评[J].心理科学进展,2013(9).

13. [美]阿尔伯特·埃利斯,雷蒙德·奇普·塔夫瑞特.控制愤怒[M].林旭文,译.北京:机械工业出版社,2014.

第九章

意志及其品质的培养

学习目标

理解意志的概念,意志行为的基本特征,意志与认知,情绪、情感的关系,掌握意志对行为的调节作用、意志行为的心理过程和意志品质的培养方法。

第一节 意志概述

一、什么是意志

意志是人自觉确定目的,并按目的支配、调节和控制自己的行为,克服困难,实现预定目的的心理过程。意志总是与行为紧密相连的,是通过个人有目的的行为活动表现出来的。这种受目的支配和调节的行为称为意志行为或意志行动。例如,达尔文潜心研究20余年,于50岁出版了划时代的科学巨著《物种起源》;孟德尔进行了长达八年的豌豆实验,终于发现了生物遗传的基本规律。这些长期为科学辛勤耕耘的行为都是在意志过程的支配下进行的,都是意志行为。

意志是人类特有的高级心理活动过程。恩格斯曾指出,一切动物的一切有计划的行动都不能在自然界打下它们意志的印记,这一点只有人才能做到。动物在它们的活动中也作用于客观世界,但是不管它们的行为和动作再怎么精巧与复杂,都是偶然的和自发的,不属于意志行动。如果说感知和思维是外部刺激向内部意识的转化,那么意志则实现着内部意识向外部行为的转化,是意识能动性的典型表现。人类对客观世界的每一步改造都离不开意志的作用。

二、意志过程与认知、情绪、情感及人格的关系

意志过程与认知过程、情绪和情感及人格之间既相互联系,又相互制约。

(一)意志过程与认知过程的关系

意志过程与认知过程的关系可以概括为以下两点：

1. 意志以认知过程为前提。任何意志行动总有它的具体内容，如确立行动目的，提出决策方案，制订计划等。这些目的是否正确、恰当，方案、计划是否切实可行，都取决于个人对客观规律及自身能力等的认知。认知还可帮助人根据环境的变化，对已经不适时的目的与计划进行及时调整，使意志行动取得实际效果。刚出生的婴儿不具备意志过程，因为他对周围环境缺乏最起码的认知，成人的意志行动比较坚决、果断、有力，其基本原因在于成人具有更加丰富的生活经验和对自己行为的认知。因此，离开了认知过程，意志行动就无从产生。

2. 意志也给认知过程以巨大的影响。人对外部世界的认知不是一次就能完成的，知识不是一劳永逸的发现，人的认知是一个长期努力、不断克服困难的探索过程。观察、注意、记忆、思维、想象等认知活动都需要意志的控制与努力，而且随着认知活动任务难度的增加，控制与努力的程度也会增强。意志为认知活动提供动力支持。

(二)意志和情绪情感的关系

在生活中，许多道理并不是我们认识了、理解了，就能转化为行动，而是当这种认识与情感发生密切联系并引起人强烈的追求欲望时，才会导致意志行为的产生。因此，意志总是与情绪情感活动相联系。

1. 情绪情感既可成为意志行动的动力，也可成为意志行动的阻力。当人们对自己的行动目的满怀热情时，就会干劲十足，勇敢坚强，勤奋努力，善始善终；相反，如果对目的缺乏热情，行动就会敷衍了事、马马虎虎，一遇困难就犹豫、退缩甚至放弃。意志过程执行着对行为的组织和调节功能，意志行动最终是否得到体现，取决于各种主客观条件。就主观条件来说，主要取决于意志和消极情绪之间的力量对比，意志力薄弱而消极情绪强烈，就会导致意志行动半途而废；意志坚强则可以克服不利情绪的干扰，使行动贯彻始终。由此可见，坚强的意志品质可使人保持积极良好的心境，对生活、事业充满热情也会影响意志品质的形成和意志行动的实现。

2. 意志对情绪情感的影响。首先，坚强的意志可以使人在工作学习中刻苦努力，获得成就感，加深对工作学习的浓厚兴趣与热情。意志薄弱者，很难获得充分的成功与成就感，进而对工作学习丧失兴趣与热情。意志与情绪情感之间存在着一种循环关系。其次，意志对情绪具有调节控制作用。例如，一个遭遇不幸而陷入悲伤心境中的演员，可通过他的意志努力，在舞台上成功地扮演喜剧角色。人常说"用理智驾驭情感"，其实质是由意志遵循理智的要求而实现的对情感的调控作用。

认知、情绪与情感和意志是密切联系、彼此渗透的。发生在实际生活中的心理活动，通常既包括认知过程又包括情绪情感过程，同时也不能离开意志过程的参与。任何意志过程总包含有理智成分和情绪成分，而理智和情感过程也包含着意志,不存在纯粹单一的心理活动过程。

(三)意志与人格的关系

意志与人格的关系紧密相连。首先,意志与理想、信念、世界观、动机、兴趣等人格倾向有密切联系。一个具有远大理想的人,不会为眼前的挫折所吓倒,必然有坚强的意志品质,而远大的理想、科学的世界观和正确信念的培养与确立,又离不开坚强的意志品质。其次,意志与人格心理特征中的能力、气质和性格也有密切联系,其中与性格的关系最为密切。性格的意志特征主要体现在意志的自觉性、果断性、坚韧性和自制力等品质中,本章第四节将详细阐述这一问题。

三、意志对个人发展的影响

(一)一定强度的意志品质是一个人健康的基本保证

意志是一个人适应环境、改造环境,使之符合自身需要的必要心理条件,人必须具有一定强度的意志品质。意志一旦出现问题,会影响正常活动,导致不健康行为出现,进而无法适应周围环境的变化。意志方面存在的问题一般被称为意志障碍,其主要表现有:意志增强过度,即意志活动增多,出现病态的固执行为与过分自信;意志减退,意志活动减少,缺乏主动性和进取性;意志缺乏,行动没有计划与要求,生活被动,处处要人督促。例如,抑郁症患者的一个主要表现就是意志减退,对周围事物缺乏必要的兴趣,缺乏起码的克服困难的信心与勇气,任何事都不愿意做,严重者对生活产生厌烦、无聊、乏味的感觉。

(二)正确的意志行为是一个人成功的基本条件

关于意志对人的影响,长期以来有两种观点。行为主义心理学完全否认意志的存在,把人的行为归结为"刺激—反应"(S—R)的简单模式,认为人的反应是机械地被外界刺激物所决定的,否认意志及其作用。精神分析学说认为,人的一切行为都是由隐藏在潜意识中的本能决定的,同样否认了意志及其对人的作用。这些对意志的取消主义观点是不符合事实的。主观唯心主义者从另一个角度极端片面地夸大了意志的作用,提出"意志自由"的观点,把意志看成一种独立于客观现实的、纯粹的精神力量,认为意志是一种超越于物质之上并不受客观规律制约的"自我"表现。德国哲学家尼采和叔本华就宣扬过唯意志论,鼓吹人的自由意志主宰一切,认为只要具有坚强的意志力,就能成为无所不能的"超人"。

以上观点都有偏颇之处。事实上,人的行为有高度的自主性,正确的意志行为是主观能动性与客观现实的统一。面临同样的情境,人可以产生这样的动机,也可以产生那样的动机;可以实现这种目的,也可以实现那种目的。人的行为不是被动地、单纯地受外部情境所决定的,也受主体内部意识状态的调节,受个人主观意愿所左右。这种调节正是意志活动存在的证明,是意志具有某种自由的证明。意志受人的目的所指引,受人的动机所推动,但目的和动机是由人的需要所决定的,而人的需要必须受制于物质世界的因果制约性。恩格斯在驳斥意志自由论时曾经指出,自由不在于幻想中摆脱自然规律而独立,而在于认识这些规律,从而能够有计划地使自然规律为一定的目的服务。因此,意志自由只是借助于对事物的认识来做出决定的那种能力。这一论断既指出了意志自由的存在,也对意志自由的本质做出了科学的解释和严格的限定。概而言之,意志自由只是人对必然的认识和在行动中对必然的驾驭。正确的意志行为是主观能动性与客观现实的统一,是人认识、改造客观现实与提高自身素质的必要手段。不论是忽视意志的存在还是极端夸大意志的作用都会使我们一败涂地。

第二节　意志与行为

一、意志行为的基本特征

（一）人类行为具有明确的行动目的

能自觉确定行动目的,是人意志行为的最基本特征。动物也作用于环境,甚至有些高等动物仿佛具有某种目的性的行为,如狮子捕食。但从根本上说,动物的行为不能达到自觉意识的水平,因为它不能意识到自己的行为后果,动物的行为是盲目的、自发的。人的活动具有对未发生事件的超前反映能力,人可以对自己的行为后果做出准确地预测,人的活动是有意识、有目的和有计划的。人在从事具体活动之前,活动的结果已经作为行动的目的而存在于他的头脑中,他以这个目的来指引自己的行动,把它当做规律来规定他的行动的样式和方法,使他的意志从属于这个目的。马克思曾说,蜜蜂建筑蜂房的本领使人间的许多建筑师感到惭愧,但是,最蹩脚的建筑师从一开始就有比最灵巧的蜜蜂高明的地方,是他在用蜂蜡建筑蜂房之前,已经在自己头脑中把它建成了。劳动过程结束时得到的结果,在这个过程开始时就已经在劳动者的表象中存在着,即已经观念地存在着。

（二）随意运动是意志行为的基础

人的意志行为是由意识调节下的一系列随意运动组成的。人的动作可分为随意动作和不随意动作。不随意动作是指不受意识控制和调节的动作,主要由无条件反射而引发,一般是由脊髓和皮层下中枢支配的器官来完成的。在这些动作中,意志是无能为力的。例如,打嗝、吞咽、分泌唾液、睡梦中的动作、讲话时的无意动作和手势等,都属于不随意动作。随意动作是受意识控制和调节的动作,一般是指高级的、复杂的条件反射。特别是人类的第二信号系统,使人的活动可以受到活动的长远目的所支配。随意动作是由大脑皮层运动区的活动实现的,一系列的随意动作构成了人的随意运动。一个人掌握随意运动的熟练程度越高,他的意志行为越容易顺利进行。随意运动具有一定的方向性和目的性,一般都是学会了的、比较熟练的系列动作。所以,必要的学习和对知识、技能的掌握是实现意志行动必不可少的条件。例如,对于外科医生来讲,丰富的医学知识和精湛的手术技艺是他们进行外科手术必不可少的条件,而且他们的知识越丰富,技艺越高超,进行大型的、复杂的外科手术的成功率就越高。

(三) 意志行为与克服困难相联系

人的意志行为以随意运动为基础,但并不是所有的随意运动都是意志行为,因为意志行为总是与克服困难密切联系。例如:一年四季,不论刮风下雨,天天坚持锻炼身体;带病坚持学习和工作;科学家进行科学研究;作家搞创作;运动员放弃节假日进行训练等,都是克服了重重困难,均属于意志行为。意志行为中的困难包括内部困难和外部困难。内部困难是来自于主体自身的障碍,如知识经验的不足,能力的有限,思想上的矛盾斗争,消极的情绪,优柔寡断、胆怯、保守、懒惰的性格,身体欠佳等。外部困难是人们在意志行为中遇到的客观条件的障碍,如自然环境条件恶劣,缺乏必要的工作条件,如人员的缺乏、设备的简陋、不良的人际关系等。外部困难和内部困难是相互联系的,外部困难常常通过内部困难而起作用,相比之下,人最难战胜的是内部困难。一个人意志力的强弱程度,主要是以困难的性质和克服困难的难易程度为转移的。

二、意志对行为的调节作用

意志对行为的调节表现在两个方面:一是发动;二是抑制。一方面,人类为了实现既定目的要通过意志去调动积极性,采取达到一定目的所必需的行动;另一方面,意志调节控制人们战胜与预定目的相违背的各种诱惑或干扰。意志的发动和抑制作用在实现中并不排斥,而是相互联系和统一的。例如,有了利用业余时间学好外语的坚定决心,就会一方面推动人去进行外语学习的活动,另一方面又制止那些可能干扰他学好外语的其他活动。

意志不仅调节人的外部行为,也调节人的内心活动,调节认识过程、情绪情感过程和个性心理。学生的学习过程如果没有意志的调节,就不能排除干扰而注意听讲,也不能集中精力思考问题,更不可能在学习中有所创新。人在危急、险恶的情况下要镇定自若、急中生智,没有意志是根本不可能的。意志对内心状态调节的一个特殊表现就是冒险行为,即个人为了实现自己的愿望,敢于承担更大程度的风险,以表明他的意志水平。在社会生活中,机遇常常伴随着风险。古往今来的许多伟大发明与创造,许多丰功伟绩的建立,都经历过种种骇人的艰险。人类承受和战胜无数风险的历程,都闪烁着意志力量的光辉。

三、意志行为的心理过程

意志行为是一个复杂的自觉行动过程,有其发生、发展和完成的心理历程。一般可以分为两个阶段:采取决定阶段和执行决定阶段。

(一)采取决定阶段

采取决定是意志行为的开始阶段,决定着意志行为的方向,是意志行为的动因。一般要经过确定目的、形成动机和拟订计划等环节。

1. 确定目的。意志行为的基本特征是自觉目的性。如果行为的目的只有一个,那么确定目的就不需要意志努力;如果行为的目的不止一个,则需要意志努力。通常在行动之前往往会有几个彼此不同,甚至相抵触的目的,需要对其进行权衡比较,根据目的的意义、价值、客观条件和自身特点最终确定其中一个。如果有几种目的都很适宜,很诱人,就会发生内心冲突或动机斗争,难以下决心做出抉择,需要付出一定意志努力后才可确定。在几个目的中,选择确定一个目的的过程是一个决策过程,这是意志行动的重要组成部分。在整个决策过程中,人的心理过程和个性特征都起着重要作用。在决策实行之初,必须探讨目的实现的价值、具体方案,搜集各种信息,筛选出切实可行的方案。

2. 形成动机。在较为简单的意志行为中,动机是单一的、明确的。动机一经引发,通过习惯性的行为方式就可实现。但在复杂的意志行动中,有时会同时存在几种动机,哪一个先实现,哪一个后实现,哪一个是对的,哪一个是错的,轻重缓急、利弊得失等,使人面临各种冲突和选择。

美国心理学家勒温研究认为,动机冲突在形式上可以分为双趋式冲突、双避式冲突和趋避式冲突三类:

(1)双趋式冲突。当一个人追求同时并存的两个有利目标,但又不可能同时都得到满足时,只能求其一,究竟选择哪个,此时的心理矛盾冲突称为双趋式冲突。如"鱼我所欲也,熊掌亦我所欲也",但二者不可兼得。在这种冲突中,哪一个目标的优越性大,会使个体更趋向于它,从而解决冲突。

(2)双避式冲突。当一个人面临两个都不令人喜欢或具有威胁性而想躲避的事物或目标时,迫于情势而又必须选择其中一个,这种心理冲突称为双避式冲突。例如:前有悬崖,后有追兵;儿童患病既不想吃苦药,又不想打针等。在发生这种冲突时,个体往往会出现举棋不定、犹豫徘徊的现象,最终结果是趋向于危害程度较轻的事物或目标。

(3)趋避式冲突。当一个人面对一个既有吸引力又有排斥力的目标,既欲趋近它的益处又想避开它的不利之处时产生的心理冲突,称为趋避式冲突。例如:既想吃肉又怕发胖;想成名又畏惧成名途中的艰辛;想旅游又怕花钱;等等。

另外,还有一种冲突,即当一个人面对两个或两个以上既有吸引力又有排斥力的目标时,必须进行多重选择而发生的心理冲突,这种冲突被称为多重趋避式冲突。如在择业时,多个招聘单位在经济收入、工作环境、地理位置等方面,并非样样都好,应聘者此时易产生多重趋避冲突,那个单位都想去,那个单位都不情愿去。

动机冲突会影响人的意志行动,而且趋和避的动机程度过强也不利于意志行动的进行。解决这些动机冲突的策略应该是立足实际,考虑条件,权衡利弊,果断决策。

3. 拟订计划。经过动机斗争,冲突得以解决,奋斗目标确定,应立即拟定和选择实现目标的行动方案。有时只要目的一提出,行动的方案便确定了。但在更多的情况下,达到目标的方案可能不止一个,必须在拟订计划时进行选择。在选择方案之前首先要搜集资料,如果对情况不够了解或知识经验不足,就不能很快做出决策,也会产生动机斗争。因此,在掌握全面信息的情况下,比较各种方案的优劣,就可以做出决定,据此拟订出切实可行的并符合自己愿望的行动方案,并对方案的实施充满信心。

(二) 执行决定阶段

执行决定即将拟定的计划付诸实施,从而达到既定目的。执行决定是意志行为的完成阶段,是意志行动的最重要环节。由于各种条件的限制,从做出决定到执行决定的时间长短有所不同,而且在执行决定中,可能还会出现新的情况和问题,妨碍目标的实现。因此,必须克服种种困难,将意志行动进行到底。此阶段也是体现个人意志力是否坚强的关键阶段。

第三节　意志行为中的挫折

意志行为不可能总是一帆风顺的,也可能会因出现失败而产生挫折感,能否经受挫折、战胜挫折是对个体意志品质的严峻考验。适当的挫折对人的成长是有益的,它可以增强人的适应能力,使人不断成熟。

一、挫折的概述

(一) 挫折的含义

挫折是人们在意志行为过程中,遇到无法克服或自以为无法克服的干扰或障碍,致使预定目标不能实现时所产生的情绪反应。例如,自以为胜券在握的考试没有通过,自己的好意被朋友误解等,都会引起挫折体验。"人生逆境十之八九",生活中随时都会遇到挫折。挫折对人有利也有弊。从利的方面看,它能增长个体解决问题的能力,引导个体用更好的方法实现目标,满足欲望;从弊的方面看,如果挫折强度过大、出现频率较多,不能及时克服和排解,会使人内心感到痛苦,行为出现偏差,甚至引起种种疾病。

挫折的构成包括三种成分：①挫折情境，即导致意志行动目的不能实现的事件或情境，如比赛失利等；②挫折认知，即个体对挫折情境的态度、评价和解释；③挫折反应，即伴随挫折认知而产生的情绪和行为反应，如焦虑、攻击等。三者之中，挫折认知最为重要，同样的挫折情境，由于个人对其有不同的认知评价，则会产生性质不同的情绪和行为反应。

（二）挫折的种类

挫折可以根据不同的角度分为以下几种：

1. 根据导致挫折障碍的来源分为外部挫折和内部挫折。外部挫折是因外部环境中的障碍所引起的挫折。例如：因亲人突然病故而造成的生离死别；由于战争或灾难而造成的巨大损失；由于家庭贫困交不起学费而影响学业；等等。内部挫折是因个人身体或心理上的原因所引起的挫折。例如：由于生理上的缺陷或疾病，不能从事自己所喜欢的活动；因认知和人格的影响导致在工作、学习和人际交往方面的不成功；等等。

2. 根据挫折的性质分为需要挫折、行为挫折、目标挫折和丧失挫折。需要挫折是由于各种原因而造成的正常需要无法满足的状态，如多种需要并存，发生矛盾而难以妥善解决，或个体自认为需要被外界条件阻碍而不能得以满足；行为挫折是由于某些因素影响而使目标行为无法付诸行动；目标挫折是个体已经开始行动，但在行动过程中遇到无法克服的干扰或障碍而不能达到目标；丧失挫折是本来应属于自己得到的却未能得到。

此外，还有从心理发展的角度将挫折分为婴幼儿期挫折（如由于哺乳、断乳、节制排泄而产生的挫折）、儿童期挫折（如由于性别、年龄、集体行为规范的限制而引起的挫折，与父母、教师关系紧张而产生的挫折，学业失败引起的挫折等）、青少年期挫折（如由于独立性增长而未得到社会承认、恋爱失败等产生的挫折）等。

（三）产生挫折的原因

产生挫折的原因很多，可从客观因素和主观因素两方面加以分析。

1. 客观因素。客观因素包括自然因素和社会因素：①自然因素，即各种非人为力量所造成的时空限制、自然灾害、意外事故、生老病死等。②社会因素，即来自个体生存的社会环境的干扰或障碍，既包括政治制度、经济发展水平和文化等大环境，也包括学校、社团、家庭等小环境。同自然因素相比，社会因素更易引起个体的挫折感，而且影响也较大。

2. 主观因素。主观因素即个体自身因素，包括生理因素和心理因素：①生理因素，主要指个体的生理缺陷或疾病带来的限制。②心理因素，即个体的心理特点和心理水平。例如，因需要、动机、理想、信念及能力、气质、性格等所带来的影响。能力差的人容易在学习、工作中受挫，内向的人容易在人际交往中受挫，自我意识较差，对自己评价认识过高，自以为是，目空一切，结果到处碰壁。对成功的期望值过高,急于求成,缺乏失败的心理准备,认知出现偏差,多疑敏感,常常把问题想象得比实际遇到的更糟糕,庸人自扰,甚至无事生非,均易产生挫折。

(四)挫折反应

任何人都会遇到挫折,但不同的人对挫折的反应有较大差异,其中有些反应是理智的,有些是非理智的。

1. 理智反应。这种反应表现为:个体遭受挫折以后,能保持冷静态度,客观地分析挫折产生的原因,避免或减少焦虑反应。例如:个体能够奋发努力,克服困难,坚持不懈,不达目的誓不罢休;或者及时调整过高的或不合理的目标,使自己的条件同目标相适应,最终实现目标。

2. 非理智反应。这种反应主要有以下几种表现:

(1)过度焦虑,即焦虑是挫折后常见的心理反应。适度的焦虑对于提高个体的学习效率、发挥潜能有积极的作用,过度的、长时间的焦虑则易导致心理疾病。

(2)冷漠,即个体遭受挫折后表现出对挫折情境漠不关心或无动于衷的态度。此时,个体并非真正的潇洒坦然,而是将愤怒和痛苦暂时压抑。冷漠反应多在长期遭受挫折、处境艰险而又无法改变等情况下出现。

(3)攻击,即个体受挫后因发泄愤怒情绪而导致的过激行为,可分为直接攻击和间接攻击。直接攻击是指将攻击矛头指向引起挫折的人、物和事件,如打斗、辱骂、讽刺等。间接攻击是指把愤怒和不满发泄到与挫折产生不相干的其他人、物和事件上,即"找替罪羊"。间接攻击往往在以下两种情况下出现:一是个体意识到对引起挫折的真正对象不能直接攻击,如有人在单位受到领导批评,回到家里向家人发火;二是挫折的具体来源不明,可能是日常生活中各种压力、负担长期积累和综合的结果,由于找不到真正的挫折源,就把烦闷的情绪发泄到周围的人和事物上,有时自己也觉得莫名其妙。此外,还有人将愤怒和不满指向自己,导致强烈的自责、自虐甚至自杀。

(4)退化,即个体遭受挫折后表现出与自身年龄和身份不相符的幼稚行为。用简单幼稚的方式应对挫折,以求得别人的同情和照顾,如啼哭、无关动作的重复等。

(5)逃避,即个体不能或不敢正视挫折,采取回避或放弃目标的做法,如有的人受挫后沉溺在吸烟、酗酒中以逃避现实,缓解挫折感。

(6)刻板,即遭受挫折后,尽管情境发生变化,但个体仍旧重复一种无效的反应方式。

二、挫折承受力

挫折在很大程度上是主体的一种主观感受,并不完全由挫折情境决定。面对同样的挫折,有人冷静处之,有人烦躁不安;有人顽强进取,有人一蹶不振。不同个体之所以有不同表现,与他们的挫折承受力密切相关。

(一)挫折承受力的含义

挫折承受力是指个体遇到挫折时能够摆脱困扰以避免心理与行为失常的能力。人的挫折承受力存在较大差异,即使同一个人在不同情境下对挫折的承受力也有差异。例如:有人能承受学业上的失败,却无法忍受人际交往中的孤独;有人能承受物质生活上的艰辛,却不能承受心理或精神上的打击;等等。

(二)影响挫折承受力的因素

影响挫折承受力的因素主要有以下几种:

1. 生理条件。一般来说,身体健康、发育正常的人挫折承受力要好于体质虚弱、有生理缺陷的人。

2. 认知因素。对同样的挫折情境,个体的认知不同会产生不同的情绪和行为反应。美国心理学家艾里斯(Ellis)认为,情绪是由人的思维、信念引起的,人们陷入情绪障碍,是他们自己选择了这种情绪取向,自己使自己不愉快。例如,母亲生儿子的气,她认为是儿子的不听话使她生气。实际是因为她持有"儿子应该无条件地听母亲的话"这一不合理的理念所造成的。如果对挫折情境能持客观、冷静、灵活的态度,就能较轻松地应对挫折。一个人如能用辩证的观点看问题,既看到挫折的消极意义,也看到挫折的积极意义,如果具有"塞翁失马,安知祸福"的心态,就可以增强自己的挫折承受力。

3. 人格因素。人格中的个性倾向性和较稳定的心理特征对挫折承受力有很大影响。有远大理想的人比胸无大志的人有较强的挫折承受力;性格开朗、乐观、自信、坚强的人比孤僻、悲观、自卑、怯懦的人对挫折的承受力要强;多血质比抑郁质的人能更好地承受挫折等。

4. 个体经验。生活阅历丰富、饱经风霜的人比一帆风顺、涉世未深的人能更好地承受挫折。生活中的苦难能击垮软弱者,但也能塑造强者。一个人要取得成功,必须经受挫折的磨炼。正如孟子所说:"故天将降大任于斯人也,必先苦其心志,劳其筋骨,饿其体肤,空乏其身,行拂乱其所为,所以动心忍性,曾益其所不能。"(《告子·下》)对青少年进行必要的"挫折教育",有利于培养和磨炼青少年优良的个性品质,增强其挫折承受力。

5. 挫折的强度和频率。轻微的、偶尔的挫折较易承受,如果挫折强度太大,发生的频率较多,个体就难以承受。如亲人去世、父母离异、身患重症等对个体来说都是十分沉重的打击,如果一个人接二连三的遭受如此沉重的打击,就会降低其挫折承受力。

6. 社会支持。强有力的社会支持、朋友的关心都有助于个体战胜挫折。"两个人分担痛苦,痛苦就减少一半"。当一个人感到有人在关心、爱护和尊重自己时,就会减轻由挫折带来的痛苦,增强抵御挫折的信心,提高挫折承受力。

(三)挫折承受力的提高

挫折是不可避免的,每个人都应正视挫折,自觉地同困难做斗争,提高自己的挫折承受力。个体可以从以下几方面着手提高自己的挫折承受力。

1. 正确地对待挫折。认知是影响挫折产生和挫折承受力的重要因素。要提高个体的挫折承受力,应正确认识挫折。挫折不可避免,这就要求我们在工作、学习和生活中随时准备迎接各种困难和失败。有了心理准备,就不会在挫折面前惊慌失措。挫折具有两重性,它既可增长人的见识,丰富人生经验,激发人的进取心,促进其为改变逆境而奋斗,还可磨炼人的性格和意志。因此,不要视挫折如猛兽,变换一下思维角度和方式,从其他方面来审视和评价挫折,将有助于摆脱困境。在遇到挫折后,冷静地分析自己的目标、方法、努力程度及外在阻力等情况,找出受挫的真正原因。只有正视挫折,认真地汲取经验教训,才能最终战胜挫折。

2. 客观地认识和评价自己。自己应客观地认识和评价自己,既不过分抬高自己也不贬低自己,既不自傲也不自卑。自傲会使自己制定的目标高于实际水平而导致挫折,自卑会使自己缺乏面对困难的勇气,惧怕困难、逃避困难,或者陷入困境而不可自拔。

3. 恰当地运用心理防御机制。心理防御机制是指个体处在挫折与冲突情境时解脱烦恼、减轻紧张以恢复情绪平衡与稳定的一种适应性反应。当面临挫折时,出于自我保护本能,个体会自发地唤起心理防御机制,以缓解心理压力。心理防御机制有积极与消极之分:积极的心理防御机制能使人表现出自信、进取的倾向,有助于个体战胜困难与挫折;消极的心理防御机制则大多使人表现出退缩、逃避的倾向,虽能暂时缓解内心冲突,但从长远来看极易导致个体不愿面对现实、不思进取等不良后果,严重者可诱发心理疾病。因此,对待挫折,除了要有坚强的意志,努力克服困难外,还要建立并恰当运用有效的心理防御机制。

常见的心理防御机制有以下几种:

(1) 转移,即把对某一方的情绪反应转向另一方。例如,遇到不顺心的事情时,可以通过听音乐、打球和找朋友聊天等方式,转移自己对当前挫折情境的注意力,使消极情绪及时排解,减轻心理负担。

(2) 抵消,即以象征性的事情来抵消已经发生了的事情,消除心理上的不适感。例如,由于某些原因误解了朋友,伤害了对方,可以找机会帮朋友买饭、打水或找借口给朋友送件礼物等,以此来抵消内心的愧疚。抵消作用可缓解个体心中的不安和内疚,有助于维持良好的人际关系。

(3) 补偿,即用各种方法来补偿因生理或心理缺陷而产生的不适感。"失之东隅,收之桑榆"。补偿方法若运用得当,对维护个体的自身形象及应对挫折是非常有益的。例如,有某方面缺陷的人,可采用先天不足后天补、"西方不亮东方亮"的方式,努力追求新的目标,通过在其他方面获取成功来弥补不足。

（4）合理化，或称文饰作用，是指个体无法达到目标或行为不符合规范时，用有利于自己的理由来为自己辩解，求得解脱和自慰。例如，"酸葡萄效应"（凡自己得不到的东西都是不好的）和"甜柠檬效应"（凡自己拥有的都是好的），"破财免灾"，"知足者常乐"，"比上不足，比下有余"等。合理化作用若运用得当，可以暂时消除心理紧张，缓解挫折感，但如果运用过度则会妨碍个体去追求自己真正所需要的东西。

（5）压抑，即当个体的欲望无法满足或行为不符合社会规范时，可有意识地将其压抑、控制，并想办法延迟满足。在实际生活中，对于不愉快的事情，尽量不去回忆，以保持内心平静。例如，以冷漠的态度来掩饰自己对某人的爱慕或对某个目标的强烈追求。越是成熟的、有修养的人越能自如地运用压抑作用。但如果过分压抑，把本来无可非议的正常欲望也压抑下去，以至于无法自由行动的话，则会成为一种病态。

（6）升华，即把被压抑的冲动或欲望用符合社会要求的建设性方式表达出来，或是把消极情绪所引发的力量转移到积极方面。例如，遭遇挫折后通过写诗、绘画等抒发被压抑的情感，化悲痛为力量等。升华的作用不仅能使个体的心理冲突得到宣泄，还能满足个体的创作与成就需要。

（7）幽默，即当个人处于难堪境地时，以幽默的语言、开玩笑的方式来摆脱困境，或在无伤大雅的情况下，通过幽默间接表达意愿、解决问题。在适当场合通过使用幽默，可将大事化小，小事化无，以避免或减轻挫折感。

（8）投射，即把自己不喜欢的或不能接受的现实、观念等投射到他人身上，以减轻挫折感。

第四节　意志品质及其培养

意志行为在不同的人身上表现不同，一些人能独立采取决定，另一些人则容易受暗示；一些人具有果断性，而另一些人则优柔寡断等。如果这些行为特点在一个人的行动中具有明确性和稳定性，就成为个人特有的意志品质。

一、意志品质的主要表现

坚强意志的基本品质有许多，以下重点阐述四种品质：独立性、果断性、坚韧性和自制力。

（一）独立性

独立性是指个体倾向于自主地选取决定和行动，既不易受外界环境的偶然影响，也不易被周围人所左右。

与独立性相反的是依从性或受暗示性。这种人缺乏主见，人云亦云，想事处事,先看看左邻右舍,别人怎么干,自己也跟着跑,这是意志薄弱的表现。具有这种特点的人,难以充分发挥自己的智慧和个性,工作学习中也难以表现出应有的独创性。

独立性不同于独断性。独断性是以主观、片面、一意孤行为其特征,独立性则以冷静的理性思考为基础。因此,独立性强的人虽不人云亦云,但也不一概拒绝他人的合理见解而陷入刚愎自用。

(二) 果断性

果断性是指善于在复杂的情境中迅速而有效地采取决定。欲求成功,把握时机很重要,时机是变化的、瞬间即逝的,只有处事果断,才能抓住有利时机。这一点,在军事指挥员身上表现得尤其突出。战场形势错综复杂,瞬息万变,需要决断迅速及时。战斗的胜负不仅取决于指挥员决策的正确与否,而且取决于决策的及时与否。否则,即使是正确的军事布置,如果在时间上延迟、耽误,也会招致失败。

与果断性相反的特性有两种:一是优柔寡断。优柔者每遇抉择,总是犹豫不决,摇摆不定,动机斗争没完没了,难于做出最终选择,好不容易做了决定,又迟迟不付诸行动,生怕走错步子而后悔。这种人的智慧水平可能不低,但因其太缺乏行动性,结果限制了才能的发挥。莎士比亚笔下的哈姆雷特头脑清醒,感觉敏锐,感情丰富,但由于他太过分地耽于思索而怯于行动,结果错失多次良机,终难实现替父报仇的夙愿。二是鲁莽。鲁莽者办事倒也很少迟疑,说干就干,但他的行动虽快却不善于事前做周密考虑和斟酌,结果多半成事不足,败事有余。避免鲁莽,需要深思熟虑;避免优柔,需要当机立断。

(三) 坚韧性

人生是一个漫长的过程,实现人生的总目标,需要数十年的奋斗。长时期地向着既定目标奋进、拼搏,必须具有意志的坚韧性。鲁迅在"风雨如磐"的旧社会,特别强调要坚持"韧性的战斗"。许多卓有成就的革命家、科学家、文艺家之所以取得成功,除了他们的才能之外,无一例外地都具有意志坚韧性这一心理品质。正是这种坚韧性,使他们数十年如一日地克服种种艰难险阻,百折不挠地向前搏击。大目标是由一系列小目标积累而成的,小目标的实现,也需假以时日,不能一蹴而就。只有持之以恒,锲而不舍,才是最后的胜利者。

意志的坚韧性既不同于动摇,也不同于执拗。动摇的人,也可能开始有某种壮举,并显得决心不小,虎气十足,但一遇挫折,就知难而退,以各种借口原谅自己,甚至怀疑当初所做决定的必要性或可行性;执拗者则是刻板地依照一成不变的计划行事,不能敏锐地觉察情势的变化,不善于及时地根据新情况对行动方式、行动目的做出修正,一意孤行。顽固、执拗、我行我素,都是意志薄弱的表现。

（四）自制力

人不但是客观环境的主人，也应是自己的主人。人能根据正确的原则指挥自己，控制自己。人的各种愿望和冲动并不都是合理的，而合理的欲望和冲动在一定条件下也并不一定都是适当的。人生活在社会环境中，生活在同他人的相互关系中，个人的利益和愿望同社会利益和他人愿望时时会发生矛盾。有时，个人的一时冲动和愿望同他自己本人的根本利益也会存在矛盾。因此，人必须依据社会的规范来约束自己的行动，必须根据自己的根本利益来调节自己的行动。学生在课堂上能遵守纪律，在公共场所能遵守规章等，都是自制力的表现。自制力典型的范例是志愿军英雄邱少云，他为了不在敌人面前暴露目标，强忍烈火满身的煎熬，一动不动，直至失去生命，这是为了事业，为了全局利益，高度发挥了人的自制力。这一事例也证明，一个人的高尚而强烈的社会性动机可以在很大程度上制约和克服自己的生理性动机，体现出令人惊叹的意志力量。

自制力也表现在延迟满足方面，即个人为了长远利益或更有价值的结果而控制自己当前的冲动，延缓或放弃目前的较小满足。米歇尔（Walter Mischel）教授研究提出，儿童的延迟满足能力能够预测他们的学业成绩、工作业绩、情绪状况、人际关系，甚至生活是否幸福。米歇尔教授带儿童到一个单独的小房间，在他们面前摆一颗他们爱吃的棉花糖，并告诉孩子们可以选择立刻吃掉这颗棉花糖，也可以选择等实验员回来再吃。如果他们能等到实验员回来，他们将能额外再得到一颗棉花糖。一些孩子还没等实验员走开，就已经把棉花糖塞嘴里了。另一些孩子起初先不吃只是闻闻舔舔，慢慢地舔舔变成了咬一小口，进而又变成了咬半边，渐渐的整颗棉花糖也下肚了。值得注意的是，有三分之一孩子有的蒙上了自己的眼睛，有的开始踢桌子，有的甚至揪起了自己的小辫，他们想方设法将注意力从棉花糖上移去。最后，这三分之一的孩子成功抵御住了棉花糖的诱惑，每人获得了额外的一颗棉花糖，他们具有延迟满足的能力。米歇尔教授在随后的研究中发现，具有延迟满足能力的儿童，在以后的成长中能够在没有外界监督情况下适当地控制、调节自己的行为，抑制冲动，抵制诱惑，坚持不懈地实现既定目标。延迟满足是自我控制的重要成分。

自制力还表现在对情绪反应的控制上。对情绪的有效控制，也间接地调节着人的行动。突然遇到危险，人往往产生恐惧甚至惊慌失措，呆若木鸡，手忙脚乱，不但无助于应付险情，反而使事态更加严重；只有临危不惧，镇定自若，思考对策，才可化险为夷，而要做到这一点就需要自制力。

二、意志品质的培养

（一）树立长远而具体的人生目标

个人的人生奋斗目标对意志行动的诸多现实目的起着统帅和决定性作用，树立正确、长远和具体的人生目标是培养坚强意志品质的首要问题。而要树立这样的人生目标,离不开对人生价值的全面而深刻的认识。一方面是对社会现实的认识,要使自己的人生目标符合社会的发展趋势,符合客观规律和自身能力与素质;另一方面是对自己所肩负的历史使命与时代责任的认识,要使自己的人生目标有利于社会,有利于民众,有利于自身。只有这样,才能树立积极正确的人生目标,才能使目标通过努力而最终实现。

人生目标还应是长远的。远大目标既能使人站得高看得远,不为眼前的蝇头小利所折腰,也能使人胜不骄、败不馁,再接再厉,以求达到最终的成功。当然,在树立远大目标的同时,还应在人生历程的某一阶段或某个方面设置一些具体的、近期可实现的目标,采取"高目标,小步子"的方式,使意志行动在大小目标的导向中前进,既不丧失正确方向,又不流于空泛的口号,使自己的人生既充满激情,又不失理智,在不断地进取中实现目标,在实现目标的过程中形成坚强的意志品质。

(二)积极参加实践活动

意志品质是在长期的实践活动中磨炼出来的,实践活动不仅可以加深认识,还可培养志趣,陶冶情操,在不断克服困难中增强意志品质。因此,应当多参加实践活动,如学习中的实习与练习、社会调查与实践和志愿者活动等。实践经验越丰富,切身体验越深刻,处理问题则更加沉稳而果断,就会避免初涉尘世时的盲目、单纯和冲动。

(三)充分利用集体力量

集体力量对意志品质的培养有很大影响。在集体活动中,个人可以从成员之间的鼓励与帮助中获得必要的归属感,增强与困难做斗争的信心与决心,遇到挫折还可相互安慰与关怀。特别是在融洽和谐的人际关系和团结向上的集体中,每个成员更具有集体责任感和荣誉感,更乐于遵守集体纪律,愿以团体规范约束和调节自己的言语行为,这对增强成员的意志品质有着极为重要的积极作用;相反,一盘散沙、意志消沉的团体,会使成员缺乏进取向上的勇气,缺乏责任感,以致个人意志颓废。所以,应充分利用集体团结进取的积极力量,培养个人坚强的意志力。

(四)加强意志品质的自我培养

在意志品质的形成过程中,自我培养也起着关键作用。在个体发展中,人会自觉地评价自己的言行举止,形成自我意识,并按照一定标准提出改造个人意志的不良品质、塑造积极品质的自我培养任务。个体会系统地执行一些自己不感兴趣但又很有意义的行动任务,以培养个人的自制力,克服自由懒散等不良品质,增强意志力。当然,自我培养必须在正确的世界观、人生观指导下,而且要有一定的制度和连续性,要分析自己的言行,模仿好的榜样,坚持好的行为和做法等,并持之以恒。

案例分析

春天到了,在学校新一届运动会上,激烈的竞争热潮一浪高过一浪,平时身体素质好的同学纷纷踊跃表现。王益昕被这种场面深深感动,下决心自己要好好锻炼身体,争取在以后的运动会上也能有所作为。说到就要做到,而且要一鸣惊人。第二天,王益昕早早地就起了床,到操场跑了起来。可是没过多久,王益昕就开始气喘吁吁、步伐沉重了,他想自己一定要坚持住。经过努力,他最终跑完了五圈,他感到非常满足,心想,自己以后要每天都跑五圈,这样坚持一年,一定能实现在来年的运动会上有所作为的目标。第三天,王益昕又早早地起了床,经过巨大的努力,他又跑完了五圈,可是他感觉比昨天更累,也没了前一天的新鲜感。第四天,王益昕虽然在床上经过了一些思想斗争,可还是坚持起了床,来到操场,看着长长的跑道,王益昕感到有些害怕。跑了两圈儿,双腿就像灌了铅一样抬不起来了,但他的脑海中却有一个强烈的念头"坚持"。终于,在付出了极大努力之后,他完成了任务。但在第五天,王益昕无论如何也无法说服自己从温暖的被窝里爬出来,一想起那漫长的跑道,自己孤单的身影,疲惫的双腿和喘不上气时肺部的难受情形,就有一种说不出的恐惧与厌烦,原定的目标已变得遥不可及,好像也没了吸引力,他终于放弃了自己的计划。

王益昕的晨练计划没能实现的原因主要有:首先,起始目标较高。一开始就要在操场上跑五圈,有些不现实,因为身体条件一下子承受不了,运动负荷较大自然会带来困难。其次,缺乏坚韧性和克服困难的勇气。困难并不可怕,贵在有克服困难的勇气,坚持锻炼一段时间,情况就会有所好转。最后,自制力不强。遇到困难不能自己控制自己,"无法说服自己从温暖的被窝里爬出来",而且人为地把困难想象得较为可怕。据此分析,可调整计划,降低起始目标(一开始跑两圈),逐步加大距离,增强克服困难的勇气,战胜自己,先坚持跑两到三周,再持续下去,目标可能就会实现。

课后习题

一、单项选择题

1. 意志行为的基础是(   )。
   A. 随意运动　　B. 不随意运动　　C. 行为动机　　D. 行为目的
2. 一位小学生在没有人督促的情况下能够独立地完成好各项作业,这反映出意志品质的(   )。
   A. 坚韧性　　B. 果断性　　C. 依从性　　D. 独立性
3. 意志行为的开始阶段是(   )。

A. 执行决定　　　B. 采取决定　　　C. 形成动机　　　D. 拟订计划

4. "鱼与熊掌不可兼得"表现的动机冲突是(　　)。

A. 双趋式　　　B. 双避式　　　C. 趋避式　　　D. 多重趋避式

5. 挫折的构成包括挫折情境、挫折认知和挫折反应,其中最重要的是(　　)。

A. 挫折情境　　B. 挫折认知　　C. 挫折反应　　D. 三者都重要

6. 善于在复杂情境中迅速而有效地采取决定和执行决定的意志品质是(　　)。

A. 自觉性　　　B. 果断性　　　C. 坚韧性　　　D. 自制性

7. 意志行动的最重要环节是(　　)。

A. 确定目的　　B. 形成动机　　C. 采取决定　　D. 执行决定

8. 遇到紧急情况就"前怕狼后怕虎",优柔寡断错失良机,这是缺乏下列哪种意志品质(　　)。

A. 独立性　　　B. 自制力　　　C. 果断性　　　D. 坚韧性

9. 意志行为的心理过程可分为两个阶段,即采取决定和(　　)。

A. 确定目的　　B. 动机冲突　　C. 制定计划　　D. 执行决定

10. 意志对行为的调节作用表现在两个方面,即(　　)。

A. 兴奋和抑制　B. 发动和抑制　C. 动机和目的　D. 计划和执行

11. 富贵不淫,贫贱不移,威武不屈,它所体现的意志品质是(　　)。

A. 独立性　　　B. 果断性　　　C. 自制力　　　D. 坚韧性

12. 遇到不顺心的事情时找朋友聊天、打球、听音乐等,以排解消极情绪,这种心理防御机制是(　　)。

A. 转移　　　　B. 补偿　　　　C. 合理化　　　D. 压抑

13. 想旅游又怕花钱,想吃肉又怕发胖,这种冲突是(　　)。

A. 双避式冲突　B. 趋避式冲突　C. 双趋式冲突　D. 多重趋避式冲突

14. 下列活动属于意志行为的是(　　)。

A. 背诵课文　　B. 抓头挠腮　　C. 摇头晃脑　　D. 手舞足蹈

15. "一方有难,八方支援""两人分担痛苦,痛苦就减少一半",说明影响挫折承受力的因素是(　　)。

A. 认知因素　　B. 人格因素　　C. 个体经验　　D. 社会支持

二、辨析题(判断正误,并说明理由)

1. 克服困难是意志行为的最重要特征。

2. 课程作业的难度越高,越有利于培养学生的意志品质。

3. 意志是人类特有的高级心理活动过程。

4. 独立性强的人往往都固执任性、刚愎自用。

5. 由于考题太难而导致考试失败,学业受挫,因而挫折情境比挫折认知、挫折反应更重要。

三、简述题

1. 说明意志行为的特征。
2. 列出常见的动机冲突的形式。
3. 分析产生挫折的原因。

四、论述题

1. 分析意志品质及其培养。
2. 联系实际,分析影响挫折承受力的因素。

五、材料分析题(阅读材料,并回答问题)

在西点,长官曾问我:"你为什么不把鞋擦亮?"我说,"我太忙,没时间擦。"这样的回答得到的只能是一顿训斥。正确的回答只能是"报告长官,没有任何借口。"

"没有任何借口"是西点军校奉行的最重要的行为准则,它强化的是每一位学员想尽办法去完成任何一项任务,而不是为没有完成任务去寻找任何借口,哪怕看似合理的借口。其目的是为了让学员学会适应压力,培养他们不达目的不罢休的毅力。它让每一个学员懂得:工作中是没有任何借口的,失败是没有任何借口的,人生也没有任何借口。

"没有任何借口"看起来似乎很绝对、很不公平,但是人生并不是永远公平的。西点就是要让学员明白:无论遭遇什么样的环境,都必须学会对自己的一切行为负责!学员在校时只是年轻的军校学生,但是日后肩负的却是自己和其他人的生死存亡乃至整个国家的安全。在生死关头,你还能到哪里去找借口?哪怕最后找到了失败的借口又能如何?"没有任何借口"的训练,让西点学员养成了毫不畏惧的决心、坚强的毅力、完美的执行力以及在限定时间内把握每一分每一秒去完成任何一项任务的信心和信念。

但是,不幸的是,在生活和工作中,我们经常会听到这样或那样的借口。借口在我们的耳畔窃窃私语,告诉我们不能做某事或做不好某事的理由,它们好像是"理智的声音""合情合理的解释",冠冕而堂皇。上班迟到了,会有"路上堵车""手表停了""今天家里事太多"等借口;业务拓展不开、工作无业绩,会有"制度不行""政策不好""我已经尽力了"等借口;事情做砸了有借口,任务没完成有借口。只要有心去找,借口无处不在。做不好一件事情,完不成一项任务,有成千上万条借口在那儿响应你、声援你、支持你,抱怨、推诿、迁怒、愤世嫉俗成了最好的解脱。借口就是一张敷衍别人、原谅自己的"挡箭牌",就是一副掩饰弱点、推卸责任的"万能器",有多少人把宝贵的时间和精力放在了如何寻找一个合适的借口上,而忘记了自己的职责和责任啊!

(摘编自[美]费拉尔·凯普《没有任何借口》)

问题：

1. 用心理学知识解释"没有任何借口"中的"借口"在材料中的意思是什么？
2. 分析"没有任何借口"这一行为准则对人的意志品质会产生怎样的影响。

拓展阅读

1. [美]哈多克.意志力训练手册[M].高潮,译.北京:中国发展出版社,2005.
2. [奥]阿德勒.自卑与超越[M].曹晓红,魏雪萍,译.汕头:汕头大学出版社,2009.
3. 吕福松.意志与道德行为[J].江西社会科学,2006(6).
4. 孔德英.小学阶段是培养学生良好意志品质的最佳时期[J].教学与管理(中旬刊,小学版),2010(3).
5. 刘宗发,江琦,欧居湖.青少年网络成瘾的结构与测量[J].西南大学学报(自然科学版),2007(10).
6. 吴明霞,罗琴,李红梅,等.大一新生网络心理问题调查研究[J].心理科学,2004(4).
7. 陈建文,陈淑菊.大学生心理承受力词汇内隐观的初步研究[J].心理科学,2004(5).
8. 李董平,张卫,李丹黎,等.教养方式、气质对青少年攻击的影响:独特、差别与中介效应检验[J].心理学报,2012(2).

第十章

个体行为动力分析

学习目标

掌握需要、动机的概念和分类,理解需要、动机与行为之间的关系,以及需要理论及动机理论的基本观点,了解并掌握人类行为的产生原因、动力机制及运行规律。

第一节 需 要

一、个体行为模式

人的行为受需要、动机、价值观、信念和态度等人格倾向性的支配和制约,其中起关键作用的是需要和动机。需要和动机是构成行为动力的两个最基本要素。需要是一切行为动力的源泉。

人的行为是环境与个体相互作用的结果。用公式表示即 $B = f(P, E)$,其中 B 表示行为,P 代表个人,E 为环境,f 表示函数关系。具体可用图 10-1 来描述人的行为过程。

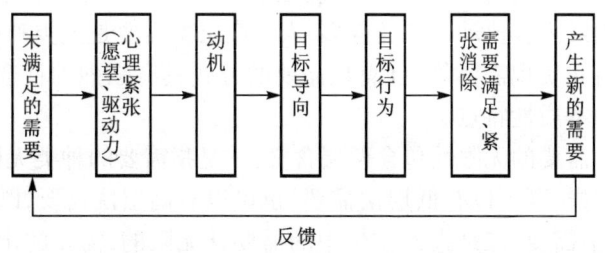

图 10-1 需要、动机与行为关系图

图 10-1 表明,人生活在现实环境中必然会产生各种各样的需要,当需要未满

足时将引起心理紧张、愿望和驱动力,这种需要一旦与外部诱因达到某种一致,就会使人产生行为活动的动机,而动机驱使人的行为朝向一定的目标,并在目标行为的作用下,实现需要的满足,心理紧张消除。然而,"欲壑难填",旧的需要满足了,又产生新的需要,导致新的动机、新的行为。人的一生就是这样不断产生需要、形成动机、引发行为、实现目标、满足需要的过程,即人生就是满足需要的过程,这就是个体行为活动的模式。

二、需要的概念和特征

(一)需要的概念

需要(Need)是有机体内部的一种不平衡状态,是个体感到缺乏而力求获得满足的心理倾向。它是个体自身和外部生活条件的要求在头脑中的反映。人作为生物体和社会成员必须完成两大任务:一是生存;二是发展。需要是人生存和发展的必然要求,它是个体缺乏某种东西时产生的一种主观状态,是对客观需求的主观反映。例如,当人因饥饿而缺乏营养时,血液中的血糖下降,这是一种客观需求,这种需求(血糖降低的信号会使脑激活)经过神经上传至大脑皮层,人就产生进食的需要;孤独时人会产生交往需要;生命财产得不到保障时就会产生安全需要等。人的需要是在与客观环境相互作用的过程中,在积极的实践活动中产生的。

(二)需要的特征

与人类认识的多样性和复杂性一样,人的需要也是复杂多样的。然而,凡需要一般都具有如下特征:

1. 对象性。需要总是指向一定对象的。例如,人在饥饿时会把食物作为需求的对象,孤独时总希望有朋友在身边等。

2. 动力性。需要是人产生动机的原因,它反映了人对某种目标的渴求或欲望。需要转化为动机就会驱动行为的发生,它是人从事各种活动的基本原动力,是人的一切积极性的源泉。

3. 社会性。人和动物都有需要,但满足需要的对象和方式有本质不同。人类满足需要的范围或内容比动物广泛得多,人的高层次需要是人类独有的,如求知需要、审美需要、自我实现需要等,且满足需要的方式具有强烈的社会制约性。社会性是人的需要的本质性特点。

4. 无限性。需要的无限性包含两层含义:一是指需要的种类无限多样,需要满足的方式无限多样,既可以有低层次需要,也可以有高层次需要,既可以有自然需要,也可以有社会需要;二是指人一生中的需要是无限的,需要的出现不是人生阶段中某一个时期的特殊产物,而是伴随人生的自始至终,而且需要的满足是发展的、无止境的。

5. 相关性。不同的需要之间存在密切的相互关联性,它们之间彼此联系,相互影响,构成一个完整的个体需要结构系统。例如,生理需要与安全需要密切相关,如果生理需要得不到满足,安全需要就会受到很大影响等。

6. 重复性。某些需要不是一次满足就永远满足,而是反复出现,反复满足。

7. 竞争性。在某一时期人可能存在着多种需要,但只有最强烈、最迫切的需要才有可能转化为动机,成为行为的主要支配者。例如,当一个人处于饥、渴、困倦情况下,解除饥饿、干渴是最迫切的需要,他会先解决吃饭喝水问题。吃饱喝足以后,再解决困倦问题,即休息。

三、需要的种类

人的需要是人对机体缺乏状况的主观体验,是一种主观心理倾向。这种主观体验是极其复杂的,是一个多维度、多层次的结构系统,可以从不同角度进行分类。

(一) 生理需要和社会需要

按照需要的起源来分,需要可分为生理需要和社会需要两大类。

生理需要是一个人生而具有的,它反映了人对延续和发展自己生命所必需的客观条件需求。如饮食、运动、睡眠、排泄、性等需要。生理需要带有明显的周期性特征,如果个体在相当长的时间里,正常的生理需要得不到满足,个体将无法生存或不能延续后代。生理需要虽为人和动物所共有,但人的生理需要和动物的生理需要有着本质的区别。动物只能依靠自然环境中现成的天然物质来满足需要;而人在社会生产劳动中,通过创造性的劳动来生产满足需要的对象,例如,人可以创造出独具特色的各种菜肴来满足人的高水平饮食需求。

社会需要是指与人的社会生活相联系的需要。它是在人类社会历史发展过程中,在生理需要基础上所形成和发展的人类特有的需要,是社会存在和发展的必要条件。例如,对知识的需要、交往的需要、创造的需要和实现理想的需要等。

(二) 物质需要和精神需要

依据需要所指向的对象不同,可以划分为物质需要与精神需要。

物质需要是指对维持个体和社会生存与发展所需的物质产品的需要。它既包含人对自然界的天然性需要,又包含人对社会文化用品的社会性需要。

精神需要是指个体参与社会精神文化生活的需要,是人类特有的需要。它是人对智力、道德、交流、审美和创造等方面发展的反映,是一种对观念对象的需求。人类在历史发展中最早形成的精神需要,主要是对劳动和交往的需要,学习的需要和参加社会活动的需要在人的精神需要中也占重要位置。

(三) 间接需要和直接需要

间接需要是指那些比较概括的、抽象的需要,它常常以理想、志向等形式表现出来。间接需要的满足需要以许多直接需要的满足作为基础和支撑,具有延时性满足的特点。

直接需要是指那些比较具体的需要。个体发展永远伴随着许许多多的直接需要的满足过程。它既可以是生理需要,也可以是精神需要,具有即时性满足的特点。

四、需要理论及其应用

(一)马斯洛需要层次论

1. 背景介绍。马斯洛是西方人本主义心理学的创始人。他起初信奉行为主义,后倡导人本主义。在《人类激励的一种理论》中,马斯洛正式提出了需要层次论,认为可以把人的动机分为两大类,一类为欠缺的动机,一类为生长的动机,每一类动机中都各有不同的需要。

图 10-2　亚伯拉罕·马斯洛

亚伯拉罕·马斯洛(Abraham Maslow,1908～1970),美国心理学家,人本主义心理学的创始人之一,心理学第三势力的领导者。1967 年当选为美国心理学会主席。

2. 需要层次论的主要内容。需要层次论主要包括以下四方面的内容:

(1)人类的基本需要有七种。马斯洛认为,人类有七种基本需要,分别是生理需要、安全需要、归属与爱的需要、尊重需要、求知需要、审美需要和自我实现需要(见图 10-3)。各种需要是相互联系、相互依赖和彼此重叠的,是一个按层次组织起来的系统。

生理需要(Physiological Need)是人类最原始、最基本的需要,包括饥、渴、性和其他生理需要,由体内的化学变化或神经中枢所控制。这类需要若不能得到满足,人类的生存就成为问题,因而是最强烈的需要,是其他一切需要产生的基础。

安全需要(Safety Need)指人们期望接受保护与免遭威胁,从而获得安全感的需要。典型的安全感有生命安全、财产安全、职业安全和婚姻安全等。

归属与爱的需要(Belongingness and Love Need)起源于人的两种需要:一是归属感,人都有一种归属于一个集团或群体的情感需求;二是爱的需要,人都希望伙伴、同事之间关系融洽、相互关爱。归属和爱的需要是人的社会性的反映,也称为社交需要。

尊重的需要(Esteem Need)是在生理、安全、归属与爱的需要得到基本满足后产生的一种自尊与受尊重的需要。自尊需要是指个人渴求力量、成就、信任、理解、自信和自主等需要。自尊需要的满足会使人更有信

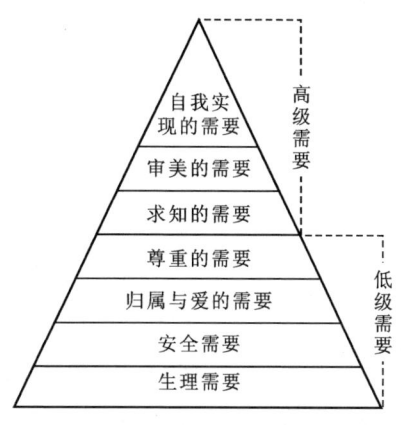

图 10-3 马斯洛需要层次图

心,对社会充满热情;缺乏自尊会使人自卑、失去信心。受尊重是指个人希望别人尊重自己,希望自己有名望,有公认的社会地位,希望获得赏识、高度评价,从而确立较高的地位。受尊重需要的满足会使人相信自己的潜能与价值,从而进一步产生自我实现的需要;相反,缺乏受尊重的需要会使人对自己丧失信心,怀疑自己的能力和潜力,难以产生更高层次的需求。

求知的需要(Need to Know)又叫认知需要或理解需要,是指个人对自身和周围世界的探索、理解及解决疑难问题的需要。

审美的需要(Aesthetic Need)是指对对称、秩序、完整结构等美的特征结构,以及对行为完美的需要。

自我实现的需要(Self-actualization Need)是一种要求挖掘自身的潜能、实现自己的理想和抱负,充分发挥自己全部能力的需要。这是最高层次的需要。

马斯洛认为,上述七种需要相互联系、相互影响,共同构成一个完整的需要系统。

(2)七种需要是由低到高按顺序逐级递升的。马斯洛认为,人类的需要具有层次性特征,七种需要可以分为高低两级,其中生理需要、安全需要、归属与爱的需要以及尊重需要属于低级需要,这些需要通过外部条件使人得到满足。求知需要、审美需要和自我实现的需要则属于高级需要。图10-4主要分析了五种基本需要的发展情况。

事实上,人与人之间的需要存在着差异,有时即使低层次的需要未被满足较高层次的需要也仍会存在。例如,美国的一般市民,生理需要大约满足85%,安全需要满足60%,尊重需要满足40%,自我实现需要满足10%。① 需要层次从低级向

---

① 任宝祟.组织管理心理学[M].北京:华夏出版社,1987:130.

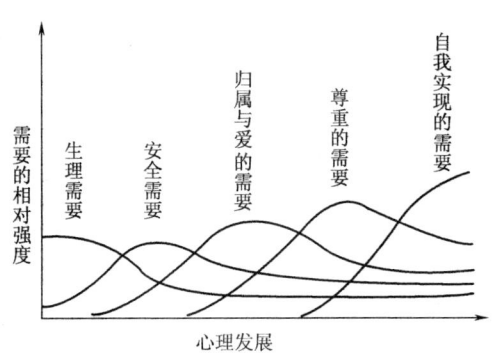

图 10 - 4　需要层次与不同心理发展时期的关系

高级递升,并不是突然的、跳跃式的,而是缓慢的、逐步发生的一个量变过程。

(3)在每一个时期,个体需要呈现出丰富性特征,多种需要共同存在,其中有占主导地位的需要,即优势需要,它对当前行为发挥关键作用。

(4)需要的发展呈金字塔形(见图10-3)。由塔底到塔顶,由下向上,愈来愈狭窄,即越向下的层次在全人口中的满足所占比例越大,越向上的层次在全人口中满足所占的比例越小,真正达到自我实现的人是很少一部分。其主要原因是低层次需要相对容易满足,而自我实现的需要受许多因素的制约。

3.需要层次论的应用。马斯洛的研究成果受到了企业界和心理学界的极大关注。根据这一需要理论,人们试图在管理中实现它的应用价值。有人提出了与需要的不同层次相对应的管理措施(见表10-1)。①

表 10-1　根据马斯洛需要层次论制定的管理措施

需要的层次	需要的目标	相应的管理措施
生理需要	薪水、健康的工作环境、各种福利	身体保健(医疗设备)、工作时间(休息)、住宅设施、福利设备
安全需要	职业的保障、意外的防止	职业保证、退休金制度、健全保险制度、意外保险制度
归属与爱的需要	友谊(良好的人际关系)、团体的接纳与组织的一致	协谈制度、利润分配制度、团体活动制度、互助金制度、娱乐制度、教育训练制度
尊重的需要	地位、名分、权力、责任、与他人比薪水之相对高低	人事考核制度、晋升制度、表彰制度、奖金制度、选拔进修制度、委员会参与制度
自我实现的需要	能发展个人特长的组织环境,具有挑战性的工作	决策参与制度、提案制度、研究发展计划、劳资会议

---

① 任宝祟.组织管理心理学[M].北京:华夏出版社,1987:133.

4. 简要评价。马斯洛的需要层次论的积极意义主要表现在：①比较客观地概括了人的需要发展的实际情况，符合人类需要发展的一般规律，具有普遍性；②将人的需要看做一个有严格组织的层级系统，具有整体性。

马斯洛的需要层次论的缺陷主要是：①脱离社会历史条件，抽象地谈人的需要和自我实现是不可取的，马斯洛认为，人的低级需要和高级需要都是与生俱来的潜能，忽视或否定了人类需要的社会性特征；②带有一定的机械主义色彩，马斯洛认为，低级需要不得到满足高一级需要就不会产生，在某种程度上把需要的层次看成是固定的，是一种机械的上升运动，忽视了人的主观能动性，忽视了高级需要对低级需要的调节作用。

(二) 其他有关需要的理论

有关需要的理论还有许多，见表 10-2，这里就不详细介绍了。

表 10-2 需要理论及其观点

需要理论	基本观点
赫茨柏格的双因素理论 (F. Herzbery)	该理论把需要满足与激励联系起来，提出有两种需要因素：一是保健因素（如工作安全感、个人生活、工作中与同事关系等），这类需要满足会避免产生不满意感，但无明显激励作用；二是激励因素（如工作中得到认可和赞赏、个人成长和晋升的机会、工作上的成就感等等），这类需要不满足会缺少满意感，若需要满足则产生满意体验，产生强烈的激励作用
阿尔德弗的 ERG 理论 (C. P. Alderfer)	该理论将需要划分为三个层次，即生存需要（Existence）、关系需要（Relatedness）与成长需要（Growth）。生存需要指全部的生理需要和物质需要。关系需要指人与人之间社会关系的需要。成长需要指一种要求得到提高和发展的内在欲望 该理论与马斯洛的需要层次论有相似之处。不同的是：需要层次论建立在"满足—前进"观点的基础上，即低层次满足，人就会转向较高层次的需求；而 ERG 理论除承认"满足—前进"观点以外，又提出了受挫—倒退观点，认为个人较高级需求受挫后，会把更大注意力放在低层次需求。它揭示了人被激励状况的两重性，满足则前进，受挫则倒退
麦克利兰的需要理论 (D. C. Mcclelland)	该理论通过利用主题统觉测验（TAT）及其他工具发现，在人的生理需要满足之后，就会出现三种重要需要：成就需要、社交需要及权力需要。权力需要强烈的个体具有很强的情感需要，并采取行动以影响他人的行为，热衷于为其追随者提供奖赏；社交需要强烈的个体倾向于建立、保持和恢复亲密的人际关系；成就需要强烈的个体力争优秀、出类拔萃，并以此作为其行动指南。在不同个体身上，三种需要排列层次及重要性不同

续表

需要理论	基本观点
默瑞的需要理论 （H. A. Murray）	该理论认为需要是个体行为的动力源泉，每个个体都有自己需要的结构特点，提出了多种需要分类的方法，并列举了20多种需要。他把需要定义为：用以代表脑区力量的构造物。这种力量引起一系列行为的反应，使原有的紧张情绪解除，具有定向目的性
弗洛姆的需要理论 （E. Fromm）	该理论认为人的生理需要满足后，还有五种基本需要：①关联需要，希望与他人建立联系，产生关联；②超越需要，希望人生积极主动，有创造；③寻根需要，希望归属于某个家庭、民族或国家，获得安全感；④认同需要，希望明确在社会生活中的独特个性或角色，与角色发生认同，被他人认可；⑤定向需要，希望人生有明确的方向，奋斗有目标，生命更有意义

第二节 动　机

一、动机概述

（一）什么是动机

动机（Motive）是激发和维持行为活动的内部动因。动机是在需要的基础上产生的，个体在自我调节的作用下，使自身的内在需求（如本能、需要和驱力等）与行为的外在诱因（外在条件、目标和奖惩等）相协调，从而形成激发和维持行为的动力因素即动机。

（二）动机的特点和功能

1. 动机的特点。动机具有以下特点。

（1）原发性。动机是个体行为活动的原发点，是推动人从事活动的原发力量，动机是个人行为的直接原因。

（2）隐蔽性。由于动机的产生是一个内在的心理过程，加之动机和行为的关系又错综复杂，因而，动机的产生及其对个体的作用往往是看不见的，具有很强的隐蔽性。

（3）活动性。俗话说"要得人不知，除非己莫为"，动机与行为活动互不可分，有动机必然有活动，根据行为活动可以追溯动机。

2. 动机的功能。具体来说，它具有以下基本功能：

（1）激活功能。动机能激发有机体产生某种活动。人类各种各样的活动总是由一定的动机引起的，没有动机也就没有活动。当个体发现与动机密切相关的刺激时反应十分敏感,从而激活个体去从事某种反应或发生某种行为。

(2)指引功能。动机与需要的根本不同在于:需要是个体因缺乏而产生的主观状态,这种主观状态的呈现有时可能无明确的具体目标;动机是针对一定目标而产生的,受目标的直接引导。

(3)维持和加强功能。动机维持个体活动指向一定目标,并调节着活动强度和时间的持续。如果达到了目标,动机就会促使个体终止这种活动;如果没有达到目标,动机将驱使个体维持或加强这种活动,最终实现目标。

二、动机的类型

人类的动机十分复杂,可以从不同角度、用不同标准对之进行分类。

(一)生理性动机和社会性动机

根据动机的起源,可以把动机分为生理性动机和社会性动机。

1. 生理性动机。生理性动机又称原发性动机、原始性动机、生物性动机。例如,饮食动机、性动机、睡眠动机、解除痛苦和躲避危险等动机。

2. 社会性动机。社会性动机又叫继发性动机、习得性动机和心理性动机,是以社会需要为基础的动机。社会性动机是后天习得的,具有持久性特征,其内容十分丰富,如兴趣、成就动机、权力动机和交往动机等都属于社会性动机。

(1)兴趣。兴趣是人对事物或活动的专注,是推动人们认识事物、探索真理的重要动机。人的兴趣有直接兴趣和间接兴趣。直接兴趣是由事物本身所引起,间接兴趣往往是由于主体认知该事物的重要意义而引起的兴趣。

兴趣具有以下品质:兴趣的倾向性,即兴趣所指向的内容的性质特征;兴趣的广度性,即兴趣包含的范围;兴趣的稳定性,即兴趣保持在某一特定对象或范围上的时间长短;兴趣的效能性,即兴趣对活动和对个人发展产生的影响作用。

(2)权力动机。它是指人们具有支配和控制影响他人的动机。权力动机强的人,常常表现为主动参与和组织各种社会活动,力图在活动中发挥主导和领袖作用;权力动机弱的人,在参与社会活动中表现出缺乏主动性和积极性,愿意处于被支配地位。权力动机又分为个人权力动机和社会化权力动机。前者主要是表现自我,满足自我私利;后者主要是通过权力为他人谋利,影响社会。

(3)交往动机。交往动机又称亲和动机,是在交往需要基础上产生的社会性动机,即个体愿意与他人接近、合作以及互惠互利发展友谊的动机。交往动机的一个特殊表现形式是社会赞许动机,它是以获得他人或团体的赞誉为目标的动机。

研究表明,人类的交往活动与恐惧有关。人处于恐惧条件下更喜欢合群,与人交往。交往动机也与忧虑有关,恐惧与忧虑对合群显示出相反的效应。高忧虑者较低忧虑者倾向不合群,他们和别人在一起时会使忧虑增加,因此选择回避他人。恐惧使合群倾向增加,忧虑使合群倾向减少(见图10-5)。

（二）近景性动机和远景性动机

根据动机影响范围大小和持续作用时间的长短，可以把动机分为近景性动机和远景性动机。近景性动机常常由对具体活动的兴趣所引起，影响范围小，持续时间短。如有的同学为了能通过英语四、六级考试，不得不突击学英语。远景性动机与活动的社会意义相联系，持续时间较长，比较稳定，影响范围广。如有的同学为了将来有更好的前途，十几年如一日刻苦学习英语等。

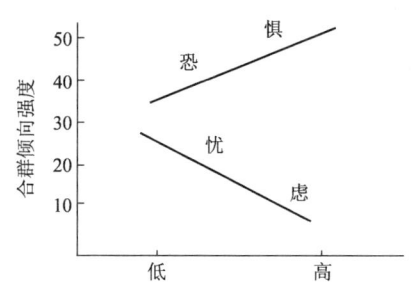

图 10-5 恐惧、忧虑与合群倾向

（三）高尚动机和低级动机

根据动机的正确性和社会价值分为高尚动机和低级动机。高尚动机符合社会要求或道德准则，能为他人或社会做出贡献，能较持久地调动人的积极性。低级动机违背社会要求和道德准则，不利于社会发展。例如，白衣天使为了救死扶伤，勇敢地走向抗击"非典"第一线，这是高尚动机的表现；相反，有的人为了避免疾病传染给自己，置病人于不顾，逃离战场，这是低级动机的表现。

（四）主导动机和辅助动机

根据动机在活动中的地位与作用大小不同分为主导动机和辅助动机。主导动机在活动中处于支配地位，发挥主导作用。辅助动机在活动中处于从属地位，只起辅助作用，但它能加强主导动机。个体活动往往被这两种动机所激励。

（五）意识动机和潜意识动机

根据对动机内容的意识程度不同分为意识动机和潜意识动机。意识动机指行为者对自己的所作所为能清晰地觉察到，是行为目标内容明确的动机。潜意识动机是指行为者意识不到，但能自主决定其活动倾向的动机。

（六）外在动机和内在动机

根据动机的起因不同把动机分为外在动机和内在动机。由外在刺激所诱发的动机称为外在动机。例如，学生为获得父母的奖励而努力学习。由内在条件（如兴趣、好奇）诱发的动机称为内在动机，它往往是影响一个人成功的重要因素。如因为喜欢数学而坚持不懈地努力学习数学。

（七）物质性动机和精神性动机

根据动机对象的性质把动机分为物质性动机和精神性动机。物质性动机是以物质性需要为基础的动机，如需要吃、穿、用等。精神性动机是以精神性需要为基础的动机，强调对精神产品的获取，如成就动机和交往动机等。

三、动机与需要、诱因

(一) 动机产生的条件

动机产生的基本条件有两个:一是内在条件;二是外在条件。前者是需要,后者则是诱因(Inducement)。

当人们产生了某种需要时,这种需要就会驱使人去寻找能满足的对象,从而使需要转化为活动动机。例如,人口渴时,喝的需要推动找水来满足需要,此时喝的需要就成为找水行为的动机。

诱因是动机产生的外在条件,即能满足个体需要的外部刺激。在动物实验中,增加作为奖赏的食物的数量或提高食物的质量就是诱因。奖赏的食物量大老鼠跑得就快;量小老鼠跑得就慢。老鼠也挑食,如果奖赏的食物是它最喜欢吃的,它跑得就快;如果奖赏的是普通的食物,它跑得就慢。

需要和诱因的关系非常密切。需要是内在的、隐蔽的,是支配有机体行为的内部因素;诱因是与需要相联系的外界刺激物,它吸引有机体的活动,并使需要有可能得到满足。

(二) 动机与行为

1. 动机与行为的非对应性。动机与行为的关系十分复杂,并非一一对应:①同一行为可能有不同的动机。同是学习活动,有的人是为了得到教师表扬,有的人是为了得到父母奖励,有的人则是对学习感兴趣。②相似或相同的动机可能引起不同的行为。同是学习动机,有人到图书馆查资料,有人去请教老师,还有人自己冥思苦想。③在同一个体身上,行为动机也可能多种多样,其中有的动机占主导地位,称为主导性动机,有的动机处于从属地位,称为从属性动机。

2. 动机与行为的社会效果。一般说来,动机和效果是统一的,即好的动机产生好的效果,坏的动机引起坏的效果。但二者之间也有不一致的情况,所谓"好心办坏事""画虎不成反类犬"就是指这种情况。

3. 动机与行为效率。二者之间的关系主要表现在动机强度与工作效率的关系上。一般认为,动机强度越高,对行为影响越大,工作效率也越高;动机强度越低,对行为影响越小,工作效率就越低。但事实并非如此。研究表明,动机强度与工作效率之间的关系不是一种线性关系,而是呈倒 U 形曲线关系。中等强度的动机最有利于任务完成,即动机强度处于中等水平时,工作效率最高,一旦动机强度超过了这个水平,反而会产生一定的阻碍作用。如果学习动机太强、急于求成,会产生焦虑和紧张,干扰记忆和思维活动的顺利进行,使学习效率降低,例如,考试中的"怯场"现象,主要由动机过强造成。

动机强度与工作效率之间的关系还随任务难度的变化而变化。耶基斯和多德森(Yerkes & Dodson)的研究表明,各种活动都存在一个最佳的动机水平。动机的最佳水平随任务难度不同而有差异。在容易任务中(如搬砖或挖土),工作效率随动机提高而上升;随着任务难度增加,动机的最佳水平反而有下降趋势。即在难度较大的任务中(如写作或解决复杂问题),较低的动机水平有利于任务完成。这就是耶基斯—多德森定律(Yerkes-Dodson Law)(见图10-6)。

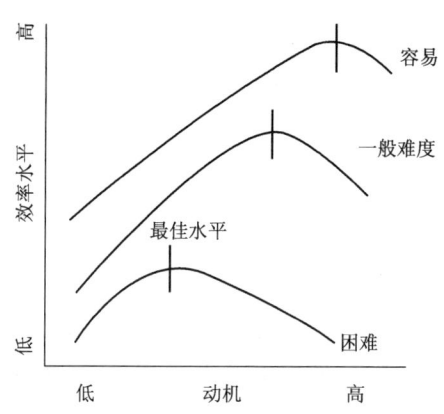

图10-6 动机强度、任务难度和工作效率之间的关系

四、动机的冲突与解决

动机冲突或动机斗争是指在同一时间内出现的彼此不同或相互抵触的动机,因不能同时获得满足而产生的矛盾心理。

动机冲突主要有四种形式:双趋式冲突、双避式冲突、趋避式冲突和多重趋避式冲突等(见意志一章)。此外,按照动机冲突的性质和内容,动机冲突还可分为原则性动机冲突和非原则性动机冲突。原则性动机冲突是指个人愿望与社会道德标准相矛盾的动机冲突,如公与私、义与利、个人利益与集体利益的冲突等。原则性动机冲突是重大的动机冲突,在抉择过程中使人内心非常矛盾痛苦,难以取舍。非原则性动机冲突是指与社会道德标准不矛盾,只涉及个人兴趣、爱好的动机冲突。例如,周末既想上网打游戏,又想到教室复习功课。

当动机冲突产生的时候,往往带来许多烦恼和紧张情绪,影响行为的进行。因此,要学会善于解决矛盾和冲突。首先,要在充分认识和理解各种动机特点的基础上,根据目标任务要求,权衡利弊,做出决定,选择出主导性动机。其次,在进行动机冲突的决策过程中,必须做到当机立断,切忌思前想后、优柔寡断,不做决定而贻误了动机决策的最佳时机。最后,动机决策做出后,要严格按照动机主次矛盾来决定行为方向,学会取舍,圆满完成任务。

第三节 动机理论及其应用

20世纪以来,动机研究出现了理论观点纷呈的局面,如本能论、驱力论、诱因论、需要论及各种各样的认知理论。以下重点介绍几种主要的动机理论。

一、成就动机理论及其应用

成就动机理论是一种对人们追求成就行为的认知解释,这种理论用认知观点对人们的成就动机进行了剖析,它在当今认知动机理论中占据重要位置。

(一)什么是成就动机

成就动机(Achievement Motivation)指个体在完成某种任务时力图取得成功的动机,它对个人发展和社会进步都具有十分重要的作用。20世纪30年代默瑞把成就动机列入人类20种心理需要之一。美国心理学家麦克利兰和阿特金森等人对成就动机进行了系统的实验研究。20世纪70年代后,人们对成就动机的研究进入一个新的阶段,主要是从认知理论出发,开始探讨个人成就的归因过程和对成就动机的测量。

(二)成就动机理论

麦克利兰和阿特金森是成就动机理论的主要代表人物。

1. 麦克利兰的成就动机理论。麦克利兰的成就动机理论被称为情绪激发理论。该理论认为,成就动机是一个人人格中非常稳定的特质,个体记忆中存在着与成就相联系的愉快的经验,当情境能引起这些愉快体验时,就能激发人的成就动机欲望。

麦克利兰通过主题统觉测试(TAT)对个体成就激励的强度进行了测量。该测试运用无结构性的图片以唤起被试者的多种反应,包括墨迹图形或可以衍生出各种故事的图片。答案无对错之分,该测试主要是为了准确地获得被试者对于外部世界的主观认知。通过测试,麦克利兰认为高成就动机者有三个特征:

(1)愿意为自己设立目标,不愿随波逐流,力求有所建树。

(2)高成就动机者注意选择适中的学习目标。他们不会选择过难或过易的学习目标,太容易会缺乏满足感,过难会因无法实现目标而产生失落感。

(3)高成就动机者更喜欢能及时地提供反馈信息的工作。目标对于高成就者而言十分重要,他们喜欢及时了解和掌握自己工作的情况,更喜欢选择能够及时提供反馈信息的工作和运动。

麦克利兰等人对成就动机做了长期的实验研究,确立了成就动机在人类动机研究中的地位,是对动机研究的重要贡献。但是,他们过分强调成就动机是决定个体复杂行为的根本原因有失偏颇,忽视了其他因素对个体行为的重要影响。同时,他们把民族的成就动机看做经济发展的唯一决定因素也是片面的,因为社会经济发展受许多因素的综合影响。

2. 阿特金森的成就动机理论。阿特金森的成就动机理论被认为是一种期望价值理论。该理论认为,动机水平依赖于三大因素:一是成功诱因值(Is),即对实现目标的价值判断;二是成功完成任务的可能性大小(Ps);三是成就需要,即主体追求成功的动机强度(Ms)。这三个因素发生综合影响,其结果是个人接近与成就有关的目标倾向(Ts)。Ts 是一个多重变量的函数,可以用下列公式表示:

$$Ts = Ms \times Ps \times Is$$

为了加深对此公式的理解,有几点需要说明:

(1)Ms 与 Ts 从含义上看似乎有些接近,但本质不同。Ms 代表追求成功的相对稳定或持久的特质,即个体在成就中体验到自豪的能力,这种体验随着人生成就的不断积累表现为一种人格特质、情感特质。而 Ts 则为面对具体任务时,通过 $Ms \times Ps \times Is$ 的相互影响,最后选择接近与成就有关的目标的倾向行为。

(2)阿特金森特别关注害怕失败的动机分析,假定避免失败的倾向(Taf)是:避免失败(Maf)、失败可能性(Pf)和失败诱因值(If)的函数。即:

$$Taf = Maf \times Pf \times If$$

(3)在上述两个公式的基础上,阿特金森深入地研究了接近或逃避成就取向活动的结果倾向关系,通过用接近任务的倾向力量减去无能为力逃避任务的倾向力量,最终获得个体最后选择接近成就取向的活动的结果倾向值,即结果成就动机。

麦克利兰的研究着重探讨特定社会中的成员如何在所处的社会文化影响下,通过社会化过程形成成就动机和对成就的态度及价值观等。阿特金森则主要从微观上进行研究,注重成就动机的实质、动机的发生发展等研究。研究的内容主要包括希望成功与害怕失败的动机,以及二者结合起来形成的结果成就动机。

此外,一些学者还研究和分析了影响成就动机的因素,结果表明:①成就动机的高低与童年所接受的家庭教育密切相关,严格而温和式的教育方式对孩子成长更为有利;②教师的言行影响学生成就动机的强弱,成就动机强的教师更有助于激发学生的成就动机;③经常参加竞争和竞赛活动的人比一般人的成就动机强;④学生的学习成绩与其成就动机呈正相关,学习成绩优秀的学生成就动机强于成绩差的学生;⑤个体对工作的看法影响成就动机,工作难度适中易引起较强的成就动机,工作难度过易或过难都不易激发成就动机;⑥人格因素影响成就动机;⑦群体成就动机的强度与自然环境和社会文化条件有关。

二、归因理论及其应用

归因(Attribution)是指人们对他人或自己的所作所为进行分析,指出其性质或推论其原因的过程,也就是把他人行为或自己行为的原因加以解释和推测。

归因理论的最早提出者是美国社会心理学家海德(F. Heider)。他认为,人们都具有理解世界和控制环境这两种需要,而使这两种需要得到满足的最根本手段就是了解人们行为的原因,并预测人们行为发生的方向和强度。一般情况下,人们对行为归因有两种:一是环境归因,如果将行为的原因归为环境原因(如他人的影响、外部条件、工作难易程度及工作要求高低等),个人无需对行为结果承担太多责任;另一种是个人归因,即把行为的原因归结为个人因素(如能力、努力程度、动机、情绪及人格等),个人必须对行为结果承担责任。

在海德之后,美国心理学家布特(T. B. Botter)把人的归因分为两类:一类是内归因,这类归因者往往认为自己可以左右环境,失败或成功都是由于内在原因造成的;另一类是外归因,这类归因者认为自己无力左右周围环境,失败或成功都是由于外界原因造成的。

美国心理学家韦纳在剖析了传统动机理论的基础上提出了认知动机理论,对行为结果的归因进行了系统的因素分析。他把归因分为三个维度:内归因和外归因;稳定性归因和非稳定性归因;可控归因和不可控归因。内归因和外归因称为归因结构的第一个维度,叫做部位,是把归因结构逻辑地区分为内在外在维度。稳定性是归因结构中的第二个维度。韦纳发现,同是内部原因,有些波动不稳定,有些保持相对稳定。例如,能力被看做相对稳定,而努力和心境等相对易变。控制性是归因结构中的第三个维度,努力是受意志控制的(个体能够增加或减少付出努力程度),而心境和疲倦的发作在大多数情况下,不能被意志所改变。这三个维度搭配起来可以构成八种不同成分的分类组合,见表10-3。

表10-3 归因的三维度成分模式

部位 \ 控制性 \ 稳定性	可控制性		不可控制性	
	稳定	不稳定	稳定	不稳定
内部	持久努力	一时努力	能力	心理疲倦
外部	他人持久努力 他人偏见	他人一时努力 他人帮忙	他人能力 任务难度	他人心境 运气机遇

韦纳的归因理论将动机和归因两大心理学领域有机地结合起来,取得了突破性进展。该理论全面系统地阐述了一种基于归因的认知动机理论,是所有动机理论中较为深入、系统和严密的理论,对动机研究和教育心理研究是极大的贡献,在教育和管理等实际工作中有较为广泛的应用前景。

首先,有利于教师深刻地理解学生学习成绩与动机及行为之间的关系,做到心中有数,改进教育教学工作,真正地实现因材施教的教学目的。

其次，可以依据学生的归因倾向预测学生的学习动机。教师通过学生对自己学习成绩的归因倾向，能够初步判断他今后的学习动机情况。例如，两个学生考试失败，甲同学将失败的原因归结为自己努力不够，而乙同学则将失败的原因归结为试题过难，由此可以预测在随后的学习中甲同学的学习动机强于乙同学。

最后，归因训练和教师期望有助于学生的成长与进步。归因意识和倾向可以通过有目的的训练逐渐形成。教师应让学生学会正确而有积极意义的归因，有义务对学生不正确的、消极的归因进行心理辅导和干预。一个学生如果长期处于不正确的归因，将阻碍他人格的正常发展。例如，逃避责任的归因会使学生缺乏应对困难的信心和勇气，将失败无条件地归于外部，把成功归因为运气好等，长此以往，会形成心理上的习惯性无助感，这对学生的健康成长十分有害。因而，教师对学生应进行归因训练，使学生获得心理支持，增强信心和自主性，逐步培养起一种积极主动的健康心态，客观科学地面对生活，勇于面对一切。

三、自我效能感理论及其应用

（一）背景介绍

自我效能感理论是美国心理学家班杜拉（Albest Bandura）提出的。所谓自我效能感（Self-efficacy），是指人对自己能否有效地进行某一行为的能力判断，它将影响行为的结果因素转化为先行因素对行为发生作用。

（二）主要观点

班杜拉认为，人们在有了相应的知识、技能和目标（诱因、强化）时，自我效能感就成为行为的决定因素。例如，学生虽然认识到取得好成绩的重要性，但如果感到这种期望的成绩力所难及就会望而却步。

在班杜拉看来，人的行为受两个因素影响：一是行为的结果因素，即强化；二是行为的先行因素，即期待。他承认强化的作用，认同强化是激发和维持行为动机的主要因素，但又指出，人在认知之后产生的期待，也可以形成新的行为模式。

班杜拉研究发现，期待有两种：一是结果期待，即人对自己行为结果的预测。如果个体预测某一积极行为会导致某一特定的良好结果，他就会选择此行为。例如，学生认识到只要刻苦学习，就能考上大学、考上研究生，那他就会非常刻苦地学习。二是效能期待，即人对自己能否完成某种成就行为的能力预测。当确信自己有这种能力时，就会产生高度的自我效能感，积极实施此项行为。例如，学生认为自己有能力考上硕士研究生，只要刻苦用功即可，那么，他就会十分认真地去复习。图10-7是期待与行为的关系图。

研究表明，影响自我效能感的因素有以下几种：

1. 个体成败经验。个体成败经验有两类。一类是个体成败的亲身体验，即直接体验。这是影响自我效能感的最重要因素。学习者具有丰富的成功经验会提高自我效能感;相反,屡次失败的经验会降低自我效能感。另一类是个体成败的替代性经验,即学习者看到与自己实力相当的示范者成功时,会增强自我效能感,"他行我也行";相反,会降低自我效能感,"他那么用功都失败了,我肯定不行"。

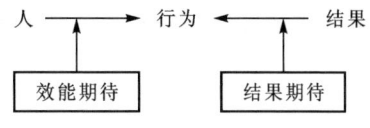

图 10-7 期待与行为关系图

2. 个体的归因特点。个体的归因方式也直接影响自我效能感的形成。把成功归因于外因、把失败归因于内因的人自我效能感比较低;相反,把成功归因于内因、失败归因于外因的人自我效能感会加强。

3. 言语说服。通过说服、建议、劝告、解释和自我指导,来改变自我效能感。

4. 保持良好的情绪和生理状态。积极的情绪和生理状态会提高自我效能感,消极情绪和不良的生理状态会降低自我效能感。教师应积极培养和激发学生的自我效能感,特别是对一些学习较差的学生,通过对他们的期待和鼓励,促进其自我效能感的增强,从而提高学习成绩。

案例分析①

皮格马利翁效应(Pygmalion effect)又叫罗森塔尔效应,是指人们基于对某种情境的知觉而形成的期望或预言,进而使该情境产生适应这一期望或预言的效应。教师对学生的期望,会使学生的学习成绩和行为表现发生符合这种期望的变化。美国心理学家罗森塔尔和雅各布森做过此项研究。他们在一所小学对 1~6 年级学生进行了一次名为"预测未来发展的测验",主要是智力测验。然后,把测验结果告知教师,其中部分学生被教师理解为"今后会有较大发展的儿童",教师对这些孩子充满了期望。8 个月后又进行了第二次测验。结果发现,被期望的学生,特别是低年级学生智商有了明显提高,而且从教师的鉴定中发现,被期望的学生在适应能力、求知欲以及思维活跃性等方面表现得更加优秀。而事实上这些优秀孩子只不过是当时随机抽取的 20% 的普通孩子。

这个有趣的结果说明了一个问题,即教师的期望对学生的学习成绩及行为发展产生很大的影响。教师的期望不仅成为学生的结果期待,也成为学生的效能期待,大大地促进和提高了学生的自我效能感,使学生表现出优异的学习成绩和良好的行为表现。而学生的行为表现又促进了教师进一步的期望,最终使学生的学习成绩和行为表现达到了老师所期望的目标。

罗森塔尔把这一现象称为皮格马利翁效应。皮格马利翁是古希腊神话中的一

---

① 资料来源:罗森塔尔,雅各布森. 课堂中的皮格马利翁——教师期望与学生智力发展[M]. 唐晓杰,崔允漷,译. 北京:人民教育出版社,1998.

个主人公的名字,相传他是塞浦路斯国王,善雕刻。他对自己用象牙雕刻的少女产生了爱慕之情,他的热诚和期望感动了少女雕像,她竟然变成了真人与他结为夫妻。

课后习题

一、单项选择题

1. 引起个体动机的外部条件是( )。
   A. 需要　　　　　B. 诱因　　　　　C. 兴趣　　　　　D. 信念
2. 下列不属于动机功能的是( )。
   A. 激活功能　　　B. 指引功能　　　C. 选择功能　　　D. 维持功能
3. 完成较高难度任务时,要取得最佳工作效率,动机水平最好处于( )。
   A. 较低水平　　　B. 中等水平　　　C. 较高水平　　　D. 以上都不正确
4. 阿特金森的成就动机理论认为,动机水平依赖于三大因素,一是成功诱因值,二是成功完成任务的可能性,三是( )。
   A. 成就动机　　　B. 成就需要　　　C. 个人能力　　　D. 任务价值
5. 自我效能感理论的提出者是( )。
   A. 麦克利兰　　　B. 阿特金森　　　C. 海德　　　　　D. 班杜拉
6. 人的行为动力的源泉是( )。
   A. 需要　　　　　B. 动机　　　　　C. 认知　　　　　D. 情感
7. "知人知面不知心""人心叵测"所体现的动机特点是( )。
   A. 活动性　　　　B. 原发性　　　　C. 隐蔽性　　　　D. 选择性
8. "要想人不知,除非己莫为",说明动机具有( )。
   A. 原发性　　　　B. 社会性　　　　C. 活动性　　　　D. 隐蔽性
9. 下列学习动机属于内部动机的是( )。
   A. 万般皆下品,唯有读书高　　　B. 书中自有颜如玉,书中自有黄金屋
   C. 为中华崛起而读书　　　　　　D. 读书是一种乐趣
10. 马斯洛需要层次论中最高级的需要是( )。
    A. 尊重需要　　　B. 自我实现需要　C. 安全需要　　　D. 社交需要
11. 有人对自己丧失信心,怀疑自己的能力和潜力,其原因主要是缺乏( )。
    A. 社交需要　　　B. 自我实现需要　C. 尊重需要　　　D. 安全需要
12. 一般来说,学习动机水平(强度)与学习效率之间的关系是( )。
    A. 线性关系　　　　　　　　　　B. U形曲线关系
    C. 倒U形曲线关系　　　　　　　D. 平行关系

13.某学生认为考试成功是自己勤奋努力的结果,这种归因是( )。
   A.内部、不稳定、可控制　　　　B.外部、稳定、不可控制
   C.外部、不稳定、不可控制　　　D.内部、稳定、可控制
14.阿特金森把成就动机分为两类:一类是力求成功的动机,另一类是( )。
   A.获取奖赏的动机　　　　　　　B.追求功利的动机
   C.回避困难的动机　　　　　　　D.避免失败的动机
15.研究表明,影响个体自我效能感的因素有( )。
   A.成败经验　　B.归因特点　　C.言语说服　　D.以上都是

二、辨析题(判断正误,并说明理由)
1.学习动机愈强,学习效率愈高。
2.动机是在外在诱因的基础上产生的。
3.既想看凌晨的世界杯足球比赛,又担心明天早上的物理期末考试考不好,这种心理矛盾是趋避式冲突。
4.自我效能感强的人,各方面能力都比较强。
5.一般来说,成就需要强的人,成就动机也比较高。

三、简述题
1.说明动机的特点与功能。
2.说明动机强度与工作效率之间的关系。
3.简述韦纳归因理论的主要观点及应用。

四、论述题
1.试析影响自我效能感的因素。
2.评介马斯洛需要层次论的基本观点。

五、材料分析题(阅读材料,并回答问题)
张佳同学很聪明,可平时贪玩学习不用功,每次考试成绩下来总是不理想,但他总把成绩不好的原因归结于考试题目太难、自己运气不好等。

问题:
请运用韦纳的归因理论分析:张佳同学的归因合适吗?这种归因对他后续学习会产生怎样的影响?

拓展阅读

1.[美]亚伯拉罕·马斯洛.动机与人格[M].许金声,等.译.北京:中国人民大学出版社,2007.
2.[美]罗伯特·E.弗兰肯.人类动机[M].郭本禹,等.译.西安:陕西师范大

学出版社,2005.

3. 王有智. 城乡中小学生学习动机差异的比较研究[J]. 陕西师范大学学报(哲学社会科学版),2003(2).

4. 王有智. 西北地区城乡中学生学习动机发展特点研究[J]. 心理科学,2003(2).

5. 陈琦,刘儒德. 教育心理学[M]. 北京:高等教育出版社,2011.

6. 艾兴. 中小学生学业负担:概念、归因与对策——基于当前基础教育课程改革的背景[J]. 西南大学学报(社会科学版),2015(4).

7. 李志华. 学生学习成就感缺乏的原因分析及对策——以高中化学教学为例[J]. 上海教育科研,2017(11).

8. 白学军,刘旭,刘志军. 初中生社会比较在成就目标与学业自我效能感之间的中介效应[J]. 心理科学,2013(6).

9. 施颖. 初中生学习倦怠的影响因素及干预研究[D]. 上海师范大学,2017.

10. 谭烨. 提高高中生学习自我效能感策略研究[J]. 当代教育理论与实践,2016(10).

11. 罗云,赵鸣,王振宏. 初中生感知教师自主支持对学业倦怠的影响:基本心理需要、自主动机的中介作用[J]. 心理发展与教育,2014(3).

12. 刘儒德,沈彩霞,徐乐,高钦. 儿童基本心理需要满足对上网行为和上网情感的影响:一项追踪研究[J]. 心理发展与教育,2014(1).

13. 王琦,俞国良. 刻板印象威胁对学习困难中学生成就动机的影响[J]. 心理发展与教育,2017(4).

14. 付晓洁,张雪莲,郑建君. 中学生成就动机对其学业成绩影响的实验研究[J]. 教育理论与实践,2014(17).

15. 林建树. 中学生成就动机与心理控制源的关系研究[J]. 现代中小学教育2013(10).

第十一章

能力结构与培养

学习目标

理解能力的概念、种类、结构和影响能力形成与发展的因素,掌握培养和提高能力的方法,以及如何对能力进行测量。

第一节 能力概述

一、什么是能力

在经济建设和社会发展的大潮中,总有人在不同领域取得令人赞叹的成就。在他们引人注目的成就背后,是什么保证他们走向成功？我们首先想到的就是他们的能力。

能力是人顺利实现或完成某种活动所必需的心理条件,是人格心理特征的一个重要方面。科学家要认识未知事物需要有良好的观察能力和探究能力,学生要完成学业需要有良好的记忆能力和思维能力,教师要完成教学任务需要有良好的语言表达能力等。缺少能力会直接影响相应的活动效率,甚至使活动不能顺利进行。

能力是一种人格心理特征,它和其他人格特征不同。人的性格、气质也对完成活动有一定影响,但这种影响是间接的,而能力对完成活动的质量和效率产生直接影响。

二、能力与相关概念辨析

（一）能力与知识、技能

能力与知识、技能既有区别又有联系。知识是人脑对客观事物的主观表征,是认知的结果,它是活动的自我调节机制中不可缺少的构成要素。技能是通过练习而形成的熟练化的动作方式和动作系统。能力则是顺利完成某种活动所必需的心理条件,属于稳定的人格心理特征范畴。因此,能力、知识及技能分属不同范畴。此外,发展能力比获得知识与形成技能要困难得多,能力与知识、技能的发展是不同步的。

然而,能力与知识、技能又是密切联系的。知识和技能是能力进一步发展的基础,但不是所有的知识和技能都能转化为能力,只有那些能够广泛应用和迁移的知识和技能才能转化成能力。人在掌握知识、技能的同时,也就在一定程度上发展了自己的能力。而且,根据知识、技能掌握的速度与质量,也能鉴别出一个人某方面能力的高低。

(二)能力与才能、天才

一般情况下,人所从事的活动都比较复杂,仅凭一种能力是难以胜任的,有赖于多种能力的有机结合。这种多种能力结合在一起的能力称为才能。例如,教师要有敏锐的观察力、流畅的语言表达力、比较严谨的逻辑思维能力和组织管理能力等,这些能力的有机结合就是教师的才能。能力的高度发展称为天才,天才不是天生的,它离不开个人的勤奋,也离不开特定的社会历史环境。

(三)能力与素质

素质是指有机体以遗传为基础的解剖生理特点,包括感觉器官、运动器官和神经系统的特点,特别是脑的构造与生理机能的特点。例如,脑皮质细胞群的配置和结构等。素质是能力形成的自然前提,是能力的物质基础。但素质不是能力本身,素质不能现成地决定能力。

三、能力的种类

依照能力的特征和功能,可以从不同的角度把能力划分为多种类型。

(一)一般能力与特殊能力

根据能力的范围可将能力划分为一般能力和特殊能力。一般能力也称为智力,是指在各种活动中表现出来的能力。例如,观察力、记忆力、思维力、想象力和创造力等都属于一般能力,思维力中的抽象概括能力是一般能力的核心。特殊能力是指在某种专业活动中表现出来的能力。它是顺利完成某种专业或特殊活动所必需的心理条件。例如,音乐能力、艺术能力、运动能力和绘画能力等均属特殊能力。

一般能力是特殊能力的必要基础和重要组成部分,特殊能力的发展对一般能力的发展具有促进作用。

(二)模仿能力与创造能力

根据能力的形成方式可以将能力划分为模仿能力和创造能力。模仿能力是通过长期观察他人的示范行为,而逐渐形成的对事物做出相仿反应的能力。在行为举止方面,子女模仿父母,学生模仿教师,影迷模仿演员等,这都是模仿能力的体现。创造能力是利用已知信息创造出某种新颖、独特、有社会或个人价值产品的能力。创造力的核心是创造性思维能力和创造性想象能力。一般来说,模仿在前创造在后,模仿力是创造力形成的前提和基础。

(三)流体能力与晶体能力

根据能力在人一生中的不同发展趋势,可以将能力划分为流体能力和晶体能力。流体能力或流体智力是在信息加工和问题解决过程中所表现出来的能力。比如,对事物关系的认识,逻辑推理能力,形成抽象概念能力等。这种能力较少地依赖于文化和知识的内容,更多地取决于个人的禀赋。流体能力的发展与年龄有密切关系,一般人在20岁以后,流体能力的发展达到顶峰。30岁以后将随着年龄的增长而降低。晶体能力是指获得语言、数学知识的能力,它决定于后天的学习,与社会文化有密切关系。晶体能力在人一生中是持续发展的,只是到25岁后,发展的速度渐趋平缓。

(四)认知能力、操作能力与社交能力

根据能力的特殊功能可将能力划分为认知能力、操作能力和社交能力。认知能力是接收、加工、储存与应用信息的能力。操作能力指操纵、制作能力,该类能力以具体的操作实践为基础,又成为顺利掌握操作技能的重要条件。社交能力反映在人际交往中,它是加强人际沟通、正确处理人际关系的能力,言语表达能力、组织管理能力、判断决策能力等都是社交能力的重要组成部分。

(五)元认知能力

元认知能力是相对于认知能力而言的。一个人头脑里储存着某种知识是一回事,这些知识能否被他在需要的时候加以利用却是另一回事;具有技能和应用该技能是两回事;改进某种作业和对该作业改进的了解也是两回事。对于这类差异,心理学家用元认知能力(Metacognition Ability)这一术语加以说明。所谓元认知能力是指个人对自己的记忆、理解和其他认知活动的评价和监控能力。人们的元认知能力是有很大差别的。专家和新手的明显区别不仅在于前者对本领域知识知道得较多,而且还在于善于应用和组织所知道的知识。

元认知活动是很复杂的。弗拉维尔认为,元认知是通过元认知知识、元认知体验、目标(或任务)和行动(或策略)这四类现象相互作用而发生的。元认知知识即有关认知的知识,其中最重要的是关于人的思维过程的能量和限度的知识,即关于人(特别是自己)作为认识者的主体特征的知识。元认知体验是指与认知活动相伴随的感情体验。目的(或任务)指认知活动的目标。行动(或策略)指用来达到这些目标的认知或其他行为。元认知能力的差异就表现在上述四种因素相互作用的不同方式上。据林传鼎的分析,元认知能力包括个人怎样评价自己的认知活动,怎样从各种已知的可能性中选择出解决问题的确切方法(策略),怎样集中精力注意待解决的问题,怎样决定何时对一种难以对付的问题停止工作,怎样判断到底一个人是否理解他所听到或看到的事,怎样从一种情境中所学到的原则或方法转用到另一种情境中去,怎样判断目标是否和自己能力相一致等。

四、能力的形成与发展

人与人之间在能力的充分发挥上存在时间差,既有"人才早熟",也有"大器晚成"。在能力结构方面也因人而异,有人善于分析,有人长于想象,有人则擅长记忆。那么,能力发展所表现的个体差异究竟是怎样形成的呢?一般而言,它是多种因素交互作用的结果。这些因素主要包括生物因素、教育因素、实践因素和个人的主观能动性。

(一)生物因素

对能力的形成有影响作用的生物因素有两项,即遗传素质和胎儿的生长环境。遗传素质主要指个体的高级神经活动类型,包括脑的生理素质、皮质细胞群的配置和结构等。它们直接影响个体对外界反应的速度、强度和灵活度,成为能力形成与发展的先天条件。目前,人们发现,血缘关系密切的人(如同卵双生子)即使生活在不同的环境中,他们的能力水平仍能保持一定的相关性。反之,在同一环境中长大的无血缘关系的人在能力表现方面则存在较大差异。这说明,遗传素质对能力的形成与发展有一定程度的影响。但遗传素质并不等于能力本身,要使遗传素质在能力形成与发展中发挥现实作用,必须有相应的外部条件。

胎儿的生长环境对胎儿出生后的个体能力的形成与发展也有较大影响。现已证明,母亲怀孕的年龄和母亲怀孕期的营养状况、心理状态、工作环境、服药与患病等都会在一定程度上影响胎儿的生长发育,进而对胎儿出生后的智力发展产生深刻影响。例如,强磁场、射线及某些药物会使胎儿细胞中的染色体受损,或发生基因突变,致使遗传基础发生改变。

(二)教育因素

教育在能力形成与发展中起主导作用。对儿童的教育主要包括家庭教育和学校教育。学龄前儿童的教育主要依靠家庭。六岁前是儿童智力发展的关键时期,这段时期对其以后能力的发展具有深刻影响。如果家长经常给儿童讲故事、玩游戏、参观访问等,使儿童广泛地接触丰富多彩的事物,激发儿童的言语交往、学习兴趣与探索热情,同时为儿童提供良好的榜样,尊重儿童的感情和志趣,理解儿童的困难,欣赏儿童的表现等,那么,在这种家庭环境中成长的儿童,其智力发展水平会比一般儿童高得多。

学校教育对人的能力的全面发展更具推动作用。学校教育是有目的、有计划、有系统的教育,这种教育使人在掌握丰富知识和技能的同时,也发展了能力和其他心理品质。人所具有的观察力、记忆力、逻辑思维能力、言语表达能力、分析决策能力及创造发明能力等都与学校教育紧密相关。

（三）实践因素

生物因素是能力发展的潜在可能，教育因素是能力发展的外部条件，潜在可能与外部条件只有通过个体自身的实践活动才能转化为现实的心理特征，成为能顺利完成各种活动的最直接、最基本的个性特征。因此，积极参加各种实践活动，是人的能力得以形成与发展的关键。对同卵双生子进行的追踪研究表明，尽管两者的能力有某种相关性，但差异性也是客观存在的。由于两者的生物因素与教育条件比较相近，这种差异只能归因于个体实践因素。特殊的实践经历所造就的特殊能力更能说明能力的形成与发展必须依附于实践活动。一个有经验的飞机检修师，能敏捷地分辨出发动机声音之间的极细微的差别，并根据这种细微差别来判断发动机的工作状况，但一般人总感到发动机的声音是不变的。有的纺织工人能分辨出40多种深浅不同的黑色。

（四）个人的主观能动性

能力的提高离不开人的自觉能动性。一个刻苦努力、积极向上、有广泛兴趣和强烈求知欲的人，他的能力就可能得到良好的发展；相反，自己不努力，无上进心，对周围事物态度冷淡，缺乏兴趣，其能力就不可能得到良好发展。能力的发展还依赖于自我认知。一个善于自我分析和自我评价的人，能够及时发现自己的优点和缺点，并通过努力加以提高；反之，自我认知能力相对较弱的人，不能监控自我的优势和弱点，从而无法及时调整自己的行为，也就不可能得到相应的提高。

第二节　能力理论

现代心理学研究已摆脱了思辨性猜测，对能力开始进行具体的"结构分析"，这有助于对能力做形象描述，也有助于对能力做客观测量。当前，有代表性的能力理论有以下几种。

一、能力的因素说

（一）独立因素说

能力的"独立因素说"是由现代教育心理学的创始人桑代克（E. L. Thorndike）提出的。该学说认为，人的能力由许多独立的成分（或因素）组合而成。如抽象能力、对社会关系的适应能力、对机械问题的适应能力等都是构成能力的主要成分（因素）。各成分或因素之间无任何内在联系，完全是独立自主的。后来，这一学说被大量的认知作业所证伪。

(二)二因素说

"二因素说"由英国心理学家、统计学家斯皮尔曼(C. E. Spearman)提出。该学说认为,人的能力由一般因素和特殊因素构成(见图11-1)。一般因素(general factor,简称G因素)在相当程度上是遗传的,它是人完成各项活动所需的主要因素,是人基本的心理潜能,决定一个人的能力高低。特殊因素(special factor,简称S因素)是完成特定活动所必需的智力因素。按斯皮尔曼的理解,主要的特殊因素包括口语表达力、数学计算力、机械能力等。

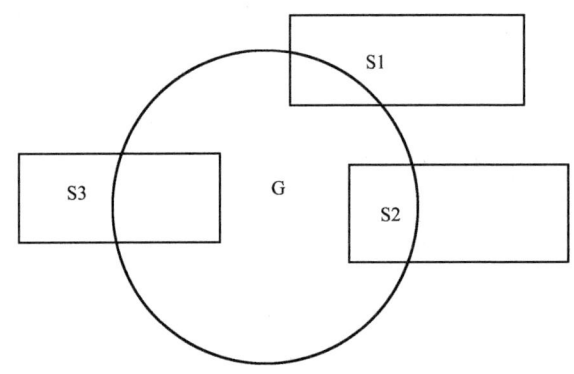

图11-1 斯皮尔曼的能力二因素理论

"二因素说"仍将能力看做由孤立部分拼合而成,是机械的镶嵌组合而无融合性的内在联系,这种观点显然有明显缺陷。事实表明,能力本质上是一种整体机能,作为能力结构成分的一般因素与特殊因素,二者之间是相互联系、相互渗透、彼此促进、共同发展的。

(三)群因素说

瑟斯顿(L. L. Thurstone)是能力结构"群因素说"的主要创始者。他认为,大多数人的能力可以分解为七种原始因素,即计算、言语流畅、词语理解、记忆、推理、空间知觉和知觉速度。不同的原始因素相互组合,构成独特的能力结构,体现特有的能力水平。瑟斯顿认为,能力结构除了原始因素之外,可能还存在次级因素(或一般因素)。不过,就原始因素与次级因素的相对关系而言,原始因素在反映人的能力水平上占据主导地位。

(四)智力多元论

美国心理学家加德纳(Gardner)通过对脑损伤病人的研究和对智力特殊群体的分析,提出人类已经形成了互不相干的多种智力。他认为,智力的内涵是多元的,它由八种相对独立的智力成分所构成。每种智力都是一个单独的功能系统,这些系统可以相互作用,产生外显的智力行为。这八种智力成分是:① 言语智力,包括阅读、写文章或小说以及日常会话的能力;② 逻辑—数学智力,包括数学运算与逻辑思考的能力;③空间智力,包括认识环境、辨别方向的能力;④音乐智力,包括对声音的辨别与韵律表达的能力;⑤身体运动智力,包括支配肢体完成精密作业的能力;⑥社交智力,包括与人交往且能和睦相处的能力;⑦自知智力,包括认识自己并选择自己生活方向的能力;⑧自然智力。第八种是 1995 年,加德纳在原有七种智力成分基础上新增加的。所谓自然智力是指能辨别动植物,对自然万物进行分门别类的智力,即植物学家智力。

图 11 - 2　霍华德·加德纳

霍华德·加德纳,也译为哈沃德·加德纳(Howard Gardner,1943～),美国发展心理学家和教育学家。

二、能力的结构理论

（一）层次结构说

阜南(P. E. Vernon)将能力结构概括为一种由上下四个层面组合而成的结构(见图 11 - 3)。最高层次为"普通因素"(一般因素);第二层次为大因素群,包括言语和教育、操作和机械因素;第三层次为小因素群,包括言语、数量及操作信息、空间信息等方面的能力;第四层次为各种特殊因素。四个层次自上而下形成完整的能力结构。

（二）两态结构说

理论心理学家卡特尔(R. B. Cattell)主张,人的能力由两种成分构成:一种是液态能力(Fluid Intelligence),主要体现在信息加工和问题解决过程中,它取决于个体原先的禀赋,较少依赖于文化与知识,如个体的瞬时记忆、反应速度、知觉的整合能力等都属液态能力;另一种是晶态能力(Crystallized Intelligence),它来自后天的学习,是日

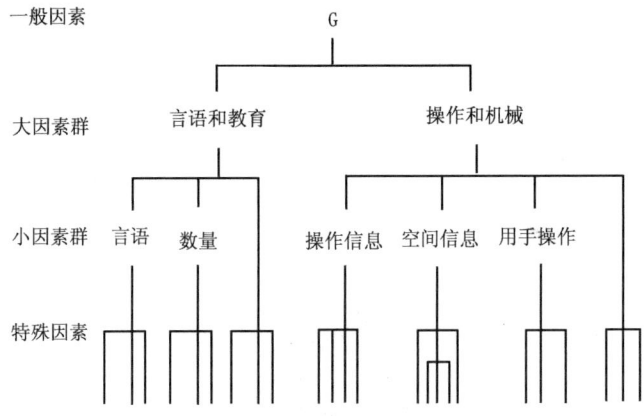

图 11 - 3　阜南的能力结构层次模型

常经验的结晶,主要体现为获得知识和技能的能力,如个体的词汇、计算能力等均属晶态能力。在个体发育的早期阶段,液态能力增长迅速,但成年后,渐趋衰退;与之相反,个体的晶态能力则随年龄的增长而增长,只是到了一定年龄(约 25 岁)后,其增长速度有所减缓。个体从事任何一项实践活动都需要二者共同协作。

(三)三维结构模型说

1967 年,吉尔福特(J. P. Guilford)将考察点从平面的板块组合转向三维立体,从静态转向动态,从而形成了全新的有关智力结构的"三维模型"。

吉尔福特认为,智力结构可区分为三个维度,即内容、操作和结果(见图 11 - 4)。第一维度是内容。内容是智力活动的对象或材料,包括听觉、视觉、符号(字母、数学等)、语义(语言的意义和观念)和行为。第二维度是操作。操作是由上述认识对象或材料引起的智力活动的过程,包括认知(理解、再认)、记忆(保持)、发散思维、聚合思维、评价。第三维度是结果。运用上述智力操作所得到的结果,即单元、分类、关系、转换、系统和应用。由于三个维度和多种形式的存在,智力可以在理论上区分为 $5 \times 5 \times 6 = 150$(种)。这些不同的智力可以分别通过不同的智力测验来检验。

三、能力的信息加工理论

(一)智力三成分论

斯腾伯格(R. J. Sternberg)提出智力的三成分理论。该理论认为,一个完备的智力理论必须说明智力的三个方面,即智力的内在成分、智力成分与经验的关系和智力成分的外部作用。这三个方面构成了智力成分亚理论、智力情境亚理论和智力经验亚理论。

智力成分亚理论认为,智力包括三种成分及相应的三种过程,即元成分、操作

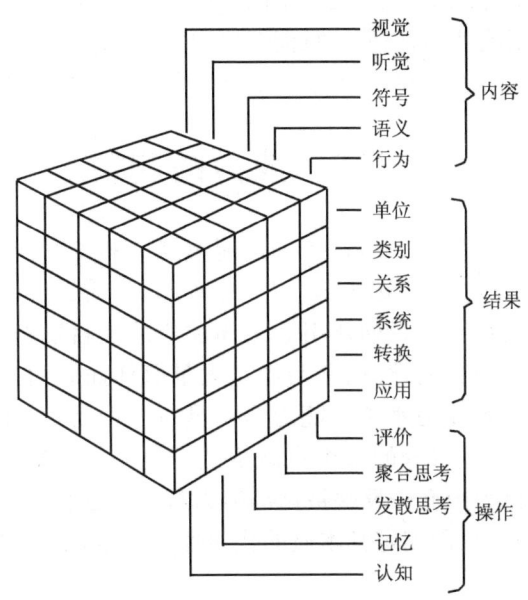

图11-4 吉尔福特的智力三维结构模型

成分和知识获得成分。元成分是用于计划、控制和决策的高级执行过程,如确定问题的性质、选择解题步骤、调整解题思路、分配心理资源等;操作成分表现在任务的执行过程中,接受刺激,将信息保持在短时记忆里并进行比较,负责元成分的决策;知识获得成分是指获取和保存新信息的过程,负责接受新刺激,做出判断与反应,以及对新信息的编码和存贮。在三种智力成分中,元成分起着核心作用,决定着人们解决问题时所使用的策略。

智力情境亚理论认为,智力是指获得与情境拟合的心理活动,表现为有目的地适应环境、塑造环境和选择新环境的能力,这些能力统称为情境智力。

智力经验亚理论提出,智力包括两种能力:一是处理新任务(个体以前从未遇到过的问题)和新环境(一种新的、富于挑战性的环境)时所要求的能力;二是信息加工过程自动化的能力。斯腾伯格认为,当个体初次遇到某个任务或情境时,应对新异性的能力就开始了,在多次实践后,人们积累了对任务或情境的经验,自动化的能力才开始发挥作用。

(二)智力的 PASS 模型

PASS 模型是由纳格利尔里和戴斯(J. A. Naglieri & J. P. Das)提出的关于智力的信息加工理论,PASS 是指"计划—注意—同时性加工—继时性加工"(Planning - Arousal - Simultaneous - Successive 简称 PASS)。它包含了三层认知系统和四种认知过程,其中注意系统又称注意—唤醒系统,它是整个系统的基础;同时性加工和继时性加工统称为信息加工系统,处于中间层次;计划系统处于最高层次。计划过程需要一个充分的唤醒状态,以使注意能够集中,进而促使计划的产生。个体如何加工信息也是计划的功能,同时性或继时性加工要受到计划功能的影响。

第三节 能力的测量

要了解一个人的能力发展状况,可通过能力测量来实现。利用能力测量可以鉴定能力水平、诊断病人状况、选拔专门人才、评价教育质量。

能力测量凭借的是有一系列能引起个体反应的项目所组成的标准化量表,通过给个体每一反应项目的评分,并与经过大量取样而获得的常模加以比较来间接地推定个体的某种能力水平。能力测量具有三个特征:①定量化。一定的量能反映一定的质,被试得分的多少也就反映了他的能力特性。②间接性。测量是以被测试的项目为中介来反映被试的能力特点。③代表性。对被试的某一能力特征进行测量时,只需测定其本质的代表性的方面,而不必也不可能测定其全部外部表现。

能力测量可以用于测定儿童的智力以做到因材施教,或用于对专业人才的选拔以做到人尽其才,还能对某些心理疾病进行早期诊断和检验某些理论等。

能力测量按能力种类可以分为一般能力测验、特殊能力测验和创造力测验;按测验方式可以分为个人测验和团体测验;按测验内容的表述形式可以分为非文字测验和文字测验。

一、一般能力测验

一般能力测验即智力测验,是指通过测验方法来衡量人的智力水平高低的一种科学方法。事实证明,人与人之间的智力有很大差异,这是实施智力测验的客观依据。通过智力测验,能把人的智力用数量形式较为精确地表示出来,为职业选择与指导、工作配置、职业开发、职业再设计等提供依据。

采用科学方法把测验编制成量表来测量人的智力的学者是法国心理学家比奈。1905年,他和西蒙合作,完成了世界上第一个智力测验量表,即比奈—西蒙量表。目前国际上常用的智力测验有:斯坦福—比奈智力测验和韦克斯勒智力测验。

(一)斯坦福—比奈智力测验

比奈—西蒙量表发表后,引起了许多心理学家的关注,各种文字的翻译本和修订本相继出现,其中最负盛名的是美国斯坦福大学心理学家推孟的修订本,称为斯坦福—比奈智力量表。该量表1916年出版,又经1937年、1960年、1972年3次修订,成为国际上最有影响的一个量表。在我国,陆志韦先生和吴天敏先生曾对斯坦福—比奈智力量表进行多次修订。1982年,吴天敏先生对《第二次订正中国比奈—西蒙测验》再修订,称为《中国比奈测验》。

斯坦福—比奈智力量表共有90个项目,首次采用了智商的概念,用来表示智力的水平。智商是通过测验所得到的儿童心理年龄(智力年龄)与他的实际年龄的比率,又叫比率智商。为了避免计算中的小数,将商数乘以100,其公式为:

$$智商(IQ) = [智力年龄(MA)/实际年龄(CA)] \times 100$$

一般来说,智商为100者,其智力相当于他的同龄儿童的一般水平,表明智力中等,智商高于100者表明其智力较高,智商低于100者则表明其智力较低。在一般人口中,智商呈正态分布,即中等水平的居多数,两极端的为少数。

(二)韦克斯勒智力量表

韦克斯勒(D. Wechsler)从1934年开始编制智力量表,他在这方面做出了很大的贡献。韦克斯勒智力量表是西方国家最常用的智力量表。该量表具有以下特点:

1. 适用范围广。韦克斯勒智力量表的适用年龄从幼年到老年,主要包括三套量表:韦克斯勒学龄前儿童和学龄初期儿童智力量表(WPPSI),适用4~6.5岁的儿童;韦克斯勒儿童智力量表(WISC),适用于6~16岁儿童和少年;韦克斯勒成人智力量表(WAIS,见表11-1),适用于16~75岁的成人。这三种量表国内都有修订本,它们的项目类别大同小异,差别仅在于内容的难度。

表11-1 韦氏成人智力量表的名称和内容

测验名称	测验内容
言语量表	
知识	知识的保持和广度
理解	实际知识理解与判断能力
算术	算术推理能力
相似性	抽象概括能力
数字记忆广度	注意力和机械记忆能力
词汇	语词知识的广度
操作量表	
译码	学习和书写速度
图画补缺	视觉记忆及视觉理解能力
积木图案	视觉的分析综合能力
图片排列	对故事情境的理解能力
物体拼配	处理部分与整体关系的能力

2. 每套量表包括言语量表和操作量表,设立了几个分测验。通过施测,不仅可以测出全量表智商,还可以测出言语智商、操作智商以及各种分测验的量表分;不仅可以对一个人智力结构的各种因素进行分析和比较,还可在人与人之间进行具体的比较。在韦氏量表中有相当比重的操作测验,对于非英语和文盲被试也是适用的。

3. 废弃了智力年龄的概念,保留了智商的概念。需要注意的是,韦氏量表的智商已不是传统的比率智商,而是离差智商(Deviation IQ)。1960年,斯坦福大学修订比奈量表时也采用了离差智商。所谓离差智商就是用标准分数来表示的智商。即让每一个被试和他同年龄的人相比,而不像以前比奈量表所用的智商是和实际年龄相比。1960年修订的斯坦福—比奈量表的离差智商使每一年龄都有平均分数,$M = 100$,标准差为 $\sigma = 16$;而韦氏成人和儿童智力量表,其均数也定为100,但标准差为 $\sigma = 15$。在韦氏智力量表中,一个人的智力可以用他的测验分数与同一年龄组其他人的测验分数相比较来表示。离差智商的计算公式是:

$$离差智商(IQ) = [15 \times (X - M)/S] + 100$$

式中,X 为某一年龄组个体测验的原始分数,M 是该年龄团体的平均分数,S 是团体分数的标准差。$(X - M)/S$ 是标准分数,它是一种以标准差为单位的相对量数。

假定某个年龄组的平均分数(M)为70分,标准差为10分,甲生测验得80分,他的标准分数即为 +1;乙生得60分,他的标准分数即为 -1。代入上述公式,标准分数为 +1 者(即 $+1\sigma$),智商是115,说明他的智力比84%的同龄人要高;标准分数为 -1 者(即 -1σ),智商是85,说明其智力比16%的同龄人高但低于一般人的水平。

另外,韦氏智力量表不仅能算出一个人在全量表上的离差智商,还能算出他在言语分量表、操作分量表上的离差智商。虽然言语智商和操作智商有很高的正相关(+0.77→ +0.81),但这两种分量表测得的毕竟是不同的能力。这就有可能对一个人的智力结构的诸因素进行比较和分析。

二、特殊能力测验

这类测验包括对艺术能力、音乐能力和机械能力等的测验。例如,梅尔美术判断测验(Meier art judgement test)分析了美术家绘画活动的特点,该测验以比例、平衡、明暗排列顺序、线条排列匀称、构图的统一等为指标,将著名的图画加以改编制成100对图画,要求被试从每对画中选择出他感到满意的图画。由于"正确的图画"反映了上述的艺术特点,并被25名美术家公认为较好的画,因此,被试得分就表明了其判断与美术家的判断相一致的程度。又如,西肖尔(C. E. Seashore)分析了学习音乐的能力,区分出组成音乐才能的六种特殊能力:辨别音高、响度、持续性、音色的差别、判断韵律的异同和音调记忆力,从而设计出六个分测验。上述这些特殊能力相对地不依赖于一般的智力。

三、创造能力测验

智力测验的内容一般是常识性的,并且只有一个正确的答案,测验的结果主要反映个人的观察、记忆、理解和一般推理的能力。创造力测验的内容不强调对现成知识的记忆和理解,而是强调思维的变通性、流畅性和异乎寻常的独特性,测验的结果主要反映了个人的发散式思维能力。例如,盖茨尔斯和杰克逊(J. W. Getzels & P. W. Jackson)设计的一套创造力测验,包括以下五个分测验:

词汇联想测验——如让被试对"螺钉""口袋"之类的十分普通的单词,说出尽可能多、尽可能新颖的定义。以定义的数目、类别、新颖性等进行评分。

物体用途测验——如让被试对"砖"之类的普通物品,说出尽可能多的用途。根据说出用途的种类及独创性进行评分。

隐蔽图形测验——给被试看一张印有各种隐蔽图形的卡片,让被试者找出这些图形。根据找图形的复杂性和隐蔽性进行评分。

寓言解释测验——给被试呈现几个短寓言,但这几个寓言缺少结尾,要求被试对每个寓言都给出三种不同的结尾:"有教育意义的""幽默的""悲伤的"。根据结尾的数目、恰当性和独创性进行评分。

组成问题测验——给被试几节短文,让其用所给的材料尽量组成多种数学问题。根据问题的数目、恰当性、复杂性及独创性进行评分。

例如,在物体用途测验中,对"砖"的用途,甲生回答:可以造房子、造墙、造炮楼、铺路等;乙生回答:除了造房子、铺路外,还可以用来抵门、做烟灰盒、当蜡烛台,甚至必要时当做武器打击敌人。对两生的回答进行分析可以看出,甲生缺乏创造力,因为他想到的都是平常的一种用途"建筑"。乙生有创造性,因为他所想到的用途不仅种类多而且新颖,有独创性。

除上述测验外,还有多种创造力测验。许多研究表明,智商与创造力分数之间的相关度是低的,但是正的。也有研究认为,智商与创造力之间的相关度高低是由创造力测验的性质而定的,某种创造力可能要求较高的智力,而另一些创造力又可能与智力相关不高。尽管在智力和创造力的相关程度上还有不同的看法。但比较一致的意见是,高智商并不能保证高度的创造性,而低智商的人肯定只能得到创造力的低分数。一定水平的智力(一般认为最低阈限智商约为120)对于从事文化教育、科学技术或艺术上的创新是必要的。

第四节 能力的培养

能力培养涉及多个方面,这里重点介绍对大学生的创造能力、自学能力、阅读能力、记忆能力的培养。

一、创造能力的培养

所谓创造能力就是运用一切已有信息创造出某种新颖、独特、有社会或个人价值的产品的能力。这种产品可以是新概念、新设想、新理论,也可以是新工艺、新技术或新的物质产品。很多研究表明,智力测验成绩和创造力测验成绩关系不大。吉尔福特曾经对智商在 70～140 分的学生进行创造力测验,结果表明:高创造力者的智商都在中等水平(智商的中数为 100)以上;智商低的人创造力也低;智商在中等以上的人中,有的人创造力高,有的人创造力很低。培养大学生的创造能力涉及面较广,下面主要介绍一些措施和方法。

(一)培养和激发创造动机

创造动机是激发和推动个体创造活动的内部动力。创造动机对于创造力的开发有推动、定向、调整和强化作用。

研究表明,创造动机来源于创造需要,而创造需要又与人的认识需要和自我实现需要密不可分。因此,培养创造动机应该从满足个体的需要,尤其是高层次需要开始,这些需要的满足对创造动机的发展具有积极的促进作用,最重要的是能为创造动机的发展创设一个自由、积极进取的心理环境。

也有人认为,一个人的创造动机的强弱与其抱负水平密切相关:抱负水平高、理想远大的人,其创造动机强而稳定;抱负水平低的人创造动机弱且不稳定。可见,适当地提高个体的抱负水平是激发其创造动机的重要手段。

(二)培养良好的创造性人格特征

有研究表明,创造力有六个要素:智力、认知风格、价值、目的、信念和策略。智力只是创造力若干要素中的一个,而认知风格、价值、目的、信念和策略均属于非智力因素或人格因素。还有研究认为,创造性人格具有以下特点:勇敢、甘愿冒险、富有幽默感、独立性强、有恒心、一丝不苟等。有人曾就非智力因素与创造力的关系问题,对日本 160 名有突出成就的科学家或发明家进行了调查,结果表明,他们具有恒心、韧劲,甚至在希望似乎很渺茫的情况下仍能坚持到底。他们在童年时代就具有强烈的求知欲望;不管承受多么严厉的训斥,总想试一试;有鲜明的独立倾向和独创精神;凡事有主见;雄心勃勃,肯努力,不甘心虚度一生;对自己充满信心,敢于坚持己见;精力充沛,干劲十足。显然,这些非智力因素在其创造发明中起到了特别重要的作用。

(三)创设积极良好的创造环境

长期以来,在我国高等教育中存在轻怀疑求新而重逻辑推演、轻发散求异而重概念内涵、轻形象直观而重师道尊严、轻环境培育而重课堂灌输的教育模式,这对大学生形成创造性思维和创造精神是极为不利的。因此,必须在课堂内外为大学生创设宽松自由的环境,课堂上改变"填鸭式"而采用启发式教学方法;课外要为大学生开展创造活动提供良好的条件,激发大学生的怀疑和探求心理,发展其创造性想象与幻想能力。

1. 提倡学习中的相互讨论法。有人将 68 名大学生分为两组进行实验,令其做需要思考与想象的作业。一组学生单独作业,另一组进行共同讨论。结果发现,共同讨论组的成绩较独自作业组更优。美国的薛奥根据自己对共同讨论实验结果的研究,认为共同讨论可以增进思考的正确性。这种思考和解决问题的方式,一方面能够提高对问题认识的广度和深度,另一方面在讨论中能够互相启发,取长补短,看到自己的长处后能够产生一种成就感,提高学习和创造的自信心。

2. 开展形式多样的课外活动。参加各种各样的课外活动,能够扩大兴趣爱好,拓宽知识面,有助于激发创造的火花。在浙江工业大学,有一个新型的"独立自学实验室",全天候开放,却无需专人管理。大学生凭 IC 卡进门,心里有什么设想和创意,随时可以动手自行设计、自行安装演示,不受任何人的干涉。这种全天候的独立自学实验室,在西欧、北美等一些大学非常流行。它向学生提供的只是一些基本的、不完备的实验环境。大学生置身在这种氛围里,思考的机会增多,可以随时将自己的想法付诸实践,这对他们创新意识和独立工作能力的培养是大有帮助的。

另外,高校可开设有关创造学方面的专业课程及与专业紧密结合的特色化的创造教育课程,使学生通过学习创造教育课程、参加发明创造协会及活动等方式,提高自己的创造能力。

(四) 重视发散思维能力的培养

辐合思维与发散思维是两种不同的思维形式。辐合思维通常表现为,当个体面临一个认知任务的时候,总是收集所有有关信息,考虑各种相关因素,最后提出一种解决问题的方法。而发散思维是指人们沿着不同的方向思考,重组眼前的信息和记忆系统中储存的信息,产生大量独特的新思想的思维。它通常表现为,当解决某一认知问题的方法和结果不仅仅限于一种的时候,个体能想出多种不同的方法去解决问题或给出关于某问题的多种回答。心理学家认为,那些在辐合思维测验中表现出色的儿童和成人的智力较高;那些在发散思维测验中表现出色的儿童和成人则具有较高的创造性思维能力。发散思维测验能在一定程度上预测儿童的艺术创造才华。托兰斯发现,从个体在高中时期所表现出来的发散思维水平可以预测其 12 年以后的创造性成就。可见,发散思维能力与创造能力关系密切,发散思维能力的提高有助于创造能力的提高。一些发散思维训练,如一题多解、发散思维问题(如报纸有多少种用途)等,能够有效地提高大学生的发散思维能力。

(五) 倡导参加科学研究活动

许多创造性成果都是科学研究的成果,因而,大学生应适当参加科学研究活动。首先,通过参加科研活动,可以培养大学生实事求是的科学态度。其次,通过参加科研活动和系统地科研训练,形成初步的科研能力(比如了解科研步骤——选题、查阅文献及初步调查了解、制定研究工作计划、收集并整理资料、分析研究、撰写研究报告),也可初步掌握进行科学研究的一些方法(如观察法、调查法、实验法、经验总结法、文献法和数据处理的方法等)。最后,通过参加科研活动可以把课堂上所学到的知识运用到科研课题的分析研究中去,从而激发学习兴趣,也可以使大学生所从事的、与社会生产和生活紧密联系的一些科研课题及其成果能够产生出应有的社会效益和经济效益。

二、自学能力的培养

自学能力是指一个人独立学习和获取知识的能力。提高大学生的自学能力能够提高掌握知识的质量和速度,并能不断扩大知识面。可以认为自学能力是一个人终身受益的法宝。培养自学能力的途径和方法主要有以下几种。

(一) 正确选择学习目标和制订学习计划

选择目标要以自己的需要和发展为基础。大学生可以把弥补自己某个薄弱环节作为一定时期的主攻目标,也可以根据自己的兴趣确定学习目标。在明确目标的基础上,还要为自己制定一个切实可行的计划。要养成按自己选定的目标和制定的计划去学习的良好习惯。制定一份有效的学习计划表可分为三步:第一步统计非学习活动及这些活动所占用的时间总量(可以通过核查用去的时间确定);第二步计算尚有多少时间可用于学习(可通过学习时间统计表来完成);第三步绘制一份每周活动图表,把学习时间列在突出位置(可通过应用日程表来做到)。通过有效利用时间,可以提高自学的效率和质量。

(二) 充分利用教学资源

应该学会使用工具书、教科书,充分利用图书馆、资料室、计算机网络,独立地查阅文献资料,收集各种必要的知识信息,这是搞好自学的重要手段。在学习或自学的过程中难免会遇到疑难问题,这就需要求师。专家、学者、教师、能人以及学有所长之人是老师,而期刊、文献、词典、参考书等也是老师。我国古代《学记》上说:"独学而无友,则孤陋而寡闻。"经常与同学、朋友交流学习心得,讨论学术问题,能互相启发、互相促进、活跃思想、提高自学效果。

(三) 掌握学习方法

怎样学习比学习什么更重要,学校最重要的任务是让学生学习怎样学习和怎样思考,即学会学习。为满足大学生学会怎样学习的需要,从20世纪80年代末期开始,我国一些高校开设了"大学生学习方法指导"选修课,许多图书馆都有一些指导学生怎样学习的书提供借阅。大学生的学习方法很多,主要有SQ3R学习法、问题解决学习法、发现学习法、浓缩学习法、抽象概括学习法、操作学习法、模仿学习法、社会调查法和使用工具书刊法等。

三、阅读能力的培养

大学生应重视开展阅读方法的训练,以培养阅读能力。下面介绍两种阅读方法:

(一)五步阅读(SQ3R)法

五步阅读法是英美等国流行的一种阅读方法,它包含浏览(Survey)、发问(Question)、阅读(Read)、复述(Recite)、复习(Review)五个步骤。这种方法适用于阅读内容需要记忆的读物,尤其适用于大学生的课文阅读。

运用五步阅读法,需要掌握各个步骤的要领。具体来说,五个步骤的要求可以概述如下:

1. 全面浏览。如果是阅读书籍,应重点看书的序言、内容提要、目录和书中的大小标题、图表、注释及附录的参考文献;如果是阅读文章,应着重看它的总标题和文中的小标题、文章的开头、结尾部分以及注释(或提示)。这一步骤的任务是对读物有一个大体的印象,知道将要运用哪些旧知识,需要理解和掌握哪些新知识,以便确定阅读重点。

2. 设置问题。一般应略读用黑体字标示出来的内容(如理工科教材中的定理、定律、公式)、文章前的提要、提示和文尾的结论(如科技论文)。如果是课文,还要留意编者设置的提示和问题,然后经思考提出自己应该重点阅读理解的问题。

3. 深入阅读。这一步的任务有两个:一是细读;二是思考。首先,带着问题细读,着重留意关键词语和重点段落,做好笔记和圈点批注;其次,联系阅读,分析理解问题,既解决疑难问题,又加深对读物的理解。

4. 回忆复述。这一步骤的主要任务是通过复述,检查阅读效果。复述可能是复述读物主要内容,也可能是联系问题进行解决性复述。在复述中发现尚未理解和掌握的问题,要及时弥补。

5. 复习巩固。这一步的主要任务是巩固掌握。复习方法可根据阅读的实际情况,分别采用重点复习和全面复习,对于需要熟记的内容,要反复记诵。

(二)质疑阅读法

"学贵有疑",质疑阅读法正是基于这个基本思想而提出来的。疑问是促进阅读理解的契机,读书善疑,则思维敏捷,思路开阔。运用质疑阅读法,首先是要善于起疑。从时间上讲,起疑的方式有开篇起疑、初读起疑和深析起疑三种。开篇起疑,是指阅读开始之前就有疑问。它包括问题和要求找书读,以及为此目的去读某篇文章、某本书。初读起疑是指刚开始阅读或第一遍阅读、概览思考之时产生疑问,或者根据阅读目的设问,使后边的阅读步骤围绕着这些疑问的解决而进行。深析起疑是指在阅读理解向深层次发展时而引起的疑问。这类疑问或者是怀疑,或者是对读物内容理解上的疑难,或者是对作者思想感受上的疑惑,或者是对文章写作技法理解上的新思索等,都需要进一步细读,才能获得答案。

质疑阅读的方式,也可以在与读物的联系上设疑问。例如,标题起疑、内容起疑和写作手法起疑等等。标题起疑是从标题的分析中发现或设问。如果读物的标题本身就是疑问,例如《钢铁是怎样炼成的》很容易引起读者思索,导出探测性的疑问。如果是非疑问式的,则应引起读者思索,导出探测性的疑问。还可根据非疑问式的表意重点或超出常规之点去设置"为什么"或"怎么样"一类的问题,把思路引向内容的理解。

运用质疑阅读法,还要善于解疑。具体方法应该根据阅读目标来确定,可以专门针对某个特定问题展开阅读,以求答案,并不一定对读物进行系统而全面的阅读分析。如果以阅读理解读物为目的,即使设置的疑问只涉及读物的一方面,或者只涉及读物的某个重点、难点,也需要对读物进行全面的阅读分析,在系统理解和掌握读物内容的基础上,着重解决那些已设疑的重点或难点问题。这样,才能真正达到阅读目的,收到良好效果。

案例分析

陈某,男,某高校大二学生。陈某在复习准备参加英语四级考试前发现自己怎么背单词都记不住,深感苦恼,前来咨询该怎样增强自己的记忆力。

记忆力也属于个人的一种必备能力,是学习中的一个极为关键的因素,记忆效果的好坏直接影响学习成绩的优劣,因此,人们总试图寻求一些提高记忆力的方法。谈到提高记忆力的方法,一般对培养记忆兴趣、明确记忆目的、丰富记忆内容等谈得较多。这里介绍另外几个提高记忆力的要素。

1. 要心情平静。谁都知道向波涛汹涌的江水中投石子,不会激起波纹或荡起的波纹会很快消失。但是,向平静的湖水投石子,则荡起的波纹却很难一下子消失。人脑记忆信息的情况也是这样。当人焦躁不安的时候,就会感到坐也不是,站也不是,思想难以集中。这时人是很难记住东西的。因而要记忆事物,首先要身心松弛,心情平静,然后再开始记忆。

2. 降低大脑的疲劳程度。脑力劳动的消耗是很大的。如果在工作学习前没有充分地休息,而是疲惫不堪地去上课,效率就不会高。因为疲劳会显著地降低脑细胞的活动能力,记忆力也随之而减弱。要提高记忆力,必须经常调整自己的身心状况,使脑细胞的活动处于良好状态。有人在考试前拼命干一个通宵,但效果并不佳,其原因就在这里。与其如此,倒不如索性睡觉,第二天早晨头脑清醒时再学,效果会好些。

3. 树立"一定能记住"的信心。信心会增强人的记忆力。

4. 要找到适合自己的记忆方法。良好的记忆方法虽有一定的规律,但有些方法还是因人而异。有的人第二天早晨把前一天学习的内容看一遍就能够牢牢记住。有的人边听边写就能很好地记住。还有的人边听音乐边学习。因此,了解自己最擅长的记忆方法,并灵活地运用这种方法是很重要的。不要去生搬硬套别人良好的记忆方法,那样可能会适得其反。

5.刺激能使脑细胞变得年轻而敏锐。要使脑细胞永葆青春活力,关键在于要常给予刺激。现实中那些政治家、企业家、学者,他们经常处于新刺激的环境中,虽然年逾古稀,但还朝气蓬勃、机智敏锐。因而多给自己刺激,扩大知识面,多接触各种信息,有利于记忆的提高。

以上几条只要灵活运用,就会对改善自己的记忆有极大帮助。

课后习题

一、单项选择题

1.直接影响个体完成某种活动的质量与效率的心理因素是(   )。
  A.气质　　　　　　B.性格　　　　　　C.能力　　　　　　D.人格
2.根据能力的形成方式可以将能力划分为(   )。
  A.一般能力与特殊能力　　　　　　B.流体智力与晶体智力
  C.模仿能力与创造能力　　　　　　D.认知能力与操作能力
3.下列不属于加德纳多元智力成分的一项是(   )。
  A.言语智力　　　　B.社交智力　　　　C.情绪智力　　　　D.音乐智力
4.提出智力三维结构模型的学者是(   )。
  A.吉尔福特　　　　B.斯腾伯格　　　　C.纳格利尔里　　　D.斯皮尔曼
5.在能力与知识技能的关系上,下面说法不正确的是(   )。
  A.能力影响知识技能掌握的速度和质量　　B.能力是掌握知识技能的前提
  C.知识技能的掌握有助于能力的提高　　　D.知识技能越多则能力水平越高
6.在下列选项中,属于特殊能力的是(   )。
  A.抽象概括能力　　B.逻辑推理能力　　C.分析综合能力　　D.绘画能力
7."高分低能"现象说明(   )。
  A.知识越多能力越低　　　　　　　　B.知识多阻碍能力发展
  C.知识与能力无关　　　　　　　　　D.知识与能力发展不同步
8.把能力的高度发展称为(   )。
  A.技能　　　　　　B.才能　　　　　　C.天才　　　　　　D.智力
9.下列选项中不属于加德纳"多元智力理论"的是(   )。
  A.音乐智力　　　　B.空间智力　　　　C.流体智力　　　　D.自知智力

10.按照吉尔福特提出的智力三维结构模型,在理论上可以区分出的智力有(   )。
　　A.150 种　　　　　B.140 种　　　　　C.130 种　　　　　D.120 种
11.斯滕伯格在智力成分亚理论中提出,智力成分有操作成分、知识获得成分和(   )。
　　A.内在成分　　　B.元成分　　　　C.外在成分　　　　D.经验成分
12.根据斯坦福—比奈智力测验量表,一个 8 岁儿童经智力测验得出智力年龄是 10 岁,他的智商(IQ)等于(   )。
　　A.105　　　　　B.115　　　　　C.125　　　　　D.135
13.韦克斯勒智力量表是目前使用较多的智力测验量表,该量表所采用的智商是(   )。
　　A.离差智商　　　B.比率智商　　　C.情商　　　　　D.乐商
14.在智力 PASS 模型中,处于最高层次的系统是(   )。
　　A.同时加工系统　　B.继时加工系统　　C.计划系统　　　D.注意系统
15.以下表述正确的是(   )。
　　A.智商高的人必然有高创造力　　　　B.智商低的人创造力也低
　　C.创造力高的人必然有高智商　　　　D.创造力低的人智商必然低

二、辨析题(判断正误,并说明理由)
1.遗传素质决定能力发展水平的高低。
2.能力就是知识和技能。
3.人的能力是在实践中形成和发展起来的。
4.只有能力对完成活动的质量和效率产生直接影响。
5.一个人的流体(液态)能力受文化教育影响较大。

三、简述题
1.说明能力与知识、技能的关系。
2.简述智力多元论。
3.简述智力三维结构模型说。
4.简述能力的信息加工理论。
5.列出几条培养中学生创造力的建议。

四、论述题
1.试述影响能力形成与发展的因素。
2.联系实际,谈谈如何培养大学生的创造能力。

五、材料分析题(阅读材料,并回答问题)
材料一:
著名国画家齐白石先生幼年家境贫寒,没有上学的机会,长大后做了木工,四十岁以后才开始自学绘画。他虚心求教,勤学苦练,终于在画坛独树一帜,成为著名的国画大师。

问题:在齐白石的成才过程中哪些因素起了关键作用?对你有何启示?

材料二:

在一次关于"如何培养学生创造力"的研讨会上,老师们纷纷发言。高老师说:"在我的课堂上,气氛比较沉闷,学生很少发言,即使发言也只是按照书本的答案回答。"李老师说:"我们老师非常赞成培养学生的创造力,可不知道如何去做。"张老师说:"在学校里,考试是个指挥棒,如果培养学生的创造力,解答问题时答案五花八门,学生怎么能通过考试?升学率如何提高?"

问题:请根据创造力培养的有关知识回答老师们所提出的困惑。

拓展阅读

1. 林崇德,白学军,李庆安.关于智力研究的新进展[J].北京师范大学学报(社会科学版),2004(1).

2. [美]霍华德·加德纳.大师的创造力:成就人生的七种智能[M].沈致隆,崔蓉晖,陈为峰,译.北京:中国人民大学出版社,2012.

3. 沈致隆.加德纳·艺术·多元智能[M].北京:北京师范大学出版社,2004.

4. 罗晓路.大学生创造力特点的研究[J].心理科学,2006(1).

5. 游敏惠,刘秀伦.大学生创造力培养与开发[M].北京:人民邮电出版社,2004.

6. 彭君,莫雷,黄平,周莹,王靖,昂晨.工作记忆训练提升幼儿流体智力表现[J].心理学报,2014(10).

7. 燕国材.非智力因素与教育改革[J].课程.教材.教法,2014(7).

8. 董琴琴,陆国志.充分发挥化学实验教学作用,加强学生创造能力培养[J].吉林师范大学学报(自然科学版),2012(3).

9. 蒋慧鸯,邹晓东.高中学生多元智能与创造力关系研究[J].清华大学教育研究,2016(6).

10. 李笑非.创造最适宜学生的"未来"教育——基于核心素养与学习能力的未来学校建设探索[J].教育科学论坛,2016(14).

第十二章

气质类型特征及其应用

学习目标

理解气质的概念、类型及其特征,了解有关气质的研究状况、气质对实践活动的影响,能够应用气质原理分析自己和他人的气质类型特征,并能将其运用于现实生活中。

第一节 气质的理论研究

一、什么是气质

在中国古典小说《水浒传》中,刻画了一群有血有肉、个性鲜明的起义英雄。李逵性情暴躁,易动肝火,喜怒形之于色;燕青活泼善言,多才多艺,广交天下朋友;林冲温顺隐忍,寡言少语,做事反复斟酌……这些人物之所以给读者留下如此不同的印象,是因为作者抓住了他们之间气质的鲜明差别。在日常生活中,有人性情急躁,易发脾气,遇事缺乏三思而后行;有人说话、做事总是慢条斯理,不轻易动肝火,遇事犹豫不决;有人活泼好动、善交朋友、易适应环境;有人则喜欢独处、安静、少言寡语,虽然内心不快,但不立即暴露出来等。这些心理活动的差别是人们不同气质的表现。所谓气质(Temperament)是指个体不以活动目的和内容为转移的典型的、稳定的心理活动的动力特性,是个人心理活动在发生速度、灵活性、强度和指向性等方面特征的综合。

具有某些气质特征的人,常常在不同的活动中显示出同样性质的动力特点。例如,有些学生上课时总是坐立不安、考试总是十分紧张、遇事总是沉不住气等,说明这些同学具有情绪易激动的气质特征。

气质是相当稳定的。当把气质同其他人格心理特征(如能力、性格)进行比较时,多数心理学家都认为气质是非常稳定的。"江山易改,禀性难移"。有人曾对同卵双生子进行14年的追踪研究,发现他们的气质几乎没有什么变化。当然,气质并不是一点不变,在生活条件和教育的影响下,它可以被掩盖并缓慢地发生变化,使之符合社会实践的要求,但其稳定性是主要的。

气质受遗传影响大,主要决定于个体的生物学因素(如人的高级神经活动类型特征),这也正是气质具有很强稳定性的原因。研究表明,新生婴儿已具有气质差异。在医院婴儿室可以看到,有的新生儿很爱哭、好动,而有的则文静一些。盖赛尔(Gesell)、斯卡尔(Scull)及我国心理学家林崇德等对同卵、异卵双生子的研究,均证实了气质的天赋性及个体间的差异性。

二、气质研究概况

(一) 气质的早期探索

气质是一个古老的概念,古今中外都有对它的研究。早在古希腊时代,著名医生希波克拉特(Hippocrates)在其所著的《论人的本性》一书中就论及气质的问题。他认为人体内有四种液体,即生于脑的粘液,生于肝的黄胆汁,生于胃的黑胆汁和生于心脏的血液,这四种体液的不同组合,就"形成了人体的特质",即血液占优势为多血质,粘液占优势为粘液质,黄胆汁占优势为胆汁质,黑胆汁占优势为抑郁质。具有不同特质的人有着不同的行事风格。后来,罗马医生盖伦(Galen)用拉丁语"temperamentum"一词来表示这种"人体特质",这就是英语中气质一词的最初来源。

在我国也有对气质的早期探索。例如,我国的《内经》一书,根据人体阴阳之气、禀赋不同,将人的气质分为:太阴之人、少阴之人、太阳之人、少阳之人、阴阳平和之人。还有运用五行学说将人的气质分为木、土、水、火、金五类。孔子也曾把人分为"狂""狷""中行"之类。这些早期探索虽然缺乏科学根据,但由于在人们的日常生活中确实存在着气质差异和这些气质现象,因此多血质、胆汁质等四种气质类型的名称一直被沿用至今。

(二) 气质的体质分类研究

科学心理学建立以来,学者们对气质进行了大量研究,形成了许多有关气质的体质分类学说,其中较为著名的有体型说、血型说、激素说、高级神经活动类型说等等,下面分别予以介绍。

1. 气质的体型说。1921年,德国著名精神病学家和心理学家克雷奇默(Kretschmer)在《体型与性格》一书中提出了气质的体型学说。基于对精神病人的研究,他将人的体型分为三类:肥胖型、细长型和结实型。肥胖型的人具有躁狂性气质,善交际,表情活泼,亲切热情;细长型的人具有分裂性气质,不善交际、孤僻、神经质、多思虑;体形匀称结实的人,谓之结实型,这类人具有粘着性气质,固执、认真,理解缓慢,具有冲动性。

美国心理学家谢尔顿(Sheldon)也是气质体型说的代表人物。为了对人的体质进行分类,谢尔顿从正面、侧面、背面拍摄了4 000名大学男生的裸体照片,通过对这些照片的分析,发现人体体型主要有三大类,即内胚层体型、中胚层体型和外胚层体型。这三种体质类型相当于克雷奇默所说的肥胖型、结实型和细长型。谢尔顿研究发现,体型与气质之间有高达0.8左右的正相关。体型、气质类型和行为倾向之间关系密切(见表12-1)。

表12-1 体型、气质类型和行为倾向的关系

体 型	气质类型	行 为 倾 向
内胚层体型	内脏紧张型	动作缓慢、爱好社交、情感丰富、情绪舒畅、随和、有耐心
中胚层体型	身体紧张型	动作粗放、精力旺盛、喜爱运动、自信、富有进取性和冒险性
外胚层体型	头脑紧张型	动作生硬、善思考、不爱交际、情绪抑制、谨慎、神经过敏

克雷奇默和谢尔顿的体型说对后人研究气质具有一定的启发作用。但后来的研究表明,体型与气质之间虽然有某种相关,但相关程度并不高,也并不像他们所讲的那么简单与直接。因此,该学说并未被科学界所接受。

2. 气质的血型说。气质血型说是由日本学者古川竹二于1927年最先提出,后经西冈一义等人加以发展的。该学说认为血型和"性格"(日本学者一般对气质与性格不作区分)之间有着密切的关系,血型有A型、B型、AB型和O型,气质也有相应类型(见表12-2),可以根据人的血型判断其气质,甚至预测爱情和事业。目前学术界普遍认为,凭人的血型来判定人的气质类型是没有科学根据的,也有不少人根据自己的实际体验认为血型说并不可靠。

3. 气质的激素说。生理学家柏尔曼(Berman)提出,人的气质是由某种内分泌腺的活动所决定的。他以某种腺体特别发达或不发达为标准,将人分为六种类型:肾上腺型、垂体型、甲状腺型、副甲状腺型、性腺型和胸腺型。不同类型的人具有不同的气质特点。例如,甲状腺分泌多者,感知灵敏,精神饱满,意志力强;肾上腺分泌多者皮肤浓黑、干燥,精神旺盛,好斗等。研究表明,内分泌腺分泌的激素缺乏或过剩对人的情绪和行为是有影响的,但这一学说过分强调激素的重要性,忽视神经系统对人气质的重要影响,存在片面性。

表12-2 血型与气质的关系

血 型	气质	心理行为特征
A	消极保守	性情温和、老实稳妥、多疑虑、怕羞、顺从、常懊丧追悔、依靠他人、独居少社交、感情易冲动
B	积极进取	感觉灵敏、不怕羞、不易受事物感动、长于社交、多言、好管闲事
AB	A型为主,含有B型成分	外表是B型,内里是A型
O	积极进取	志向坚强、好胜霸道、不听指挥、爱支使别人、有胆识、不愿吃亏

4.气质的高级神经活动类型学说。巴甫洛夫用高级神经活动类型来解释气质。他发现高级神经活动有两个基本过程,即兴奋过程与抑制过程。这两种神经过程有三个基本特征:①强度,即大脑皮层细胞经受强烈刺激的界限或持久工作的能力;②平衡性,即兴奋和抑制过程的强度对比关系,若强弱相似为平衡,强弱不相似(一强一弱)为不平衡;③灵活性,即对刺激的反应速度和兴奋与抑制过程相互转变的难易程度。由此,巴甫洛夫确定了神经活动的四种类型及其外部特征,并认为高级神经活动类型是气质类型的生理基础,两者有一定的对应关系(见表12-3)。但也有许多学者研究发现,神经活动类型并不总是和气质类型相吻合,个体的身体组织、所处的社会环境等因素对其气质也有重要影响。

表12-3 高级神经活动类型与气质类型的对应关系

高级神经活动过程			高级神经活动类型	气质类型
强度	平衡性	灵活性		
强	不平衡(兴奋大于抑制)	灵活	兴奋型(不可遏止型)	胆汁质
强	平衡	灵活	活泼型	多血质
强	平衡	不灵活	安静型	粘液质
弱	不平衡(抑制大于兴奋)	不灵活	抑制型	抑郁质

(三)现代气质理论

20世纪50年代中后期是现代气质理论研究的开端。人们开始用心理测试等方法来研究气质的结构和特质,并重视气质与个体活动及行为的关系,形成的理论主要有以下几种。

1.气质调节理论。20世纪80年代,波兰华沙大学心理学系教授简·斯特里劳(J. Strelau)经过25年的实验研究,在巴甫洛夫学说基础上提出了气质调节说。他认为,气质是生物进化的产物,但又受环境的影响而发生变化,它在人的整个心理活动、在人与环境关系中起着调节作用。气质可以在行为能量水平(反应性与活动性)和行为时间特点(反应速度、灵活性、节奏性等)方面表现出来。此外,他还提出了一系列气质的心理测量法,并探讨了气质与性格、气质与活动的关系。斯特里劳的理论并没有脱离巴甫洛夫学说的基本思想,在气质与人格关系问题上,有些观点难以为多数心理学家所接受。

2.气质EAS理论。1975年美国心理学家巴斯(A. H. Buss)与普朗明(R. Plomin)经过多年研究形成了气质的EASI理论。在他们看来,气质是人格的一部分,是指那些在生命第一年就出现、持续终生并得益于遗传的人格特点。这些特点主要有情绪性(Emotionality)、活动性(Activity)、社交性(Sociability)和冲动性(Impulsivity),故称

EASI 理论。他们根据人反应活动的特性,把气质分为四种类型:

(1)活动型的人。这类人爱活动,总是抢先接受新任务,不知疲倦。在婴儿期表现为手脚不停地动,在儿童期在教室里闲坐不住,在成年后有强烈的事业心。

(2)社交型的人。这类人渴望与别人建立亲密的联系,爱好社交。在婴儿期要求其保护人在其身边,孤单时常大哭大闹,在儿童期容易受环境的影响,易接受教育,成年后与他人的关系很融洽。

(3)情绪型的人。这类人觉醒程度和反应强度大。婴儿期经常哭闹,在儿童期容易激动,成年后喜怒无常,难以与他人合作相处。

(4)冲动型的人。这类人缺乏控制能力。在婴儿期等不得成人喂饭、换尿布等,在儿童期注意力容易分散,常常坐立不安,成年后行动带有冲动性。

1984 年,巴斯和普朗明发现冲动性并不是一个独立的气质特点,于是将其更名为 EAS 理论。

3.托马斯、蔡斯的气质发展理论。美国纽约大学医学中心教授托马斯(A. Thomas)和蔡斯(S. Chess)认为,气质"最好可视为涉及一个人行为方式的一般性概念。它与能力相区别,又与动机相区分……气质可视为人的行为的一般风格"。他们通过对新生儿大量的调查研究发现,在 1~3 个月新生儿中,存在着明显的、持久的气质特征,这些特征不容易改变,一直持续到成年。由此,他们提出了九个气质维度,即活动水平、生理活动的规律性、对新异刺激的接近或退缩、对变化的适应性、对刺激的反应阈限、反应强度、心境特点、分心强度和注意的持久性,并根据其中的五个,把儿童气质分为开朗型、难养型、启动缓慢型和中间型。

此外,现代气质理论还包括杰罗姆·凯根(Jerome Kagan)的气质行为抑郁性研究等。

三、气质的心理特征及其类型

(一)气质的心理特征

气质的心理结构由许多心理活动的特征交织而成。这些特征主要包括以下几种:

1.感受性,即人对内外界刺激的感觉能力,这是神经过程强度特征的表现。

2.耐受性,即人在接受刺激作用时表现在时间和强度上的承受能力,也是神经过程强度特征的反映。

3.反应敏捷性,即心理反应和心理过程进行的速度(如记忆的快慢、思维的敏捷程度、注意转移的灵活性等),这是神经过程灵活性的表现。

4.可塑性,即人根据外界环境变化调节自己以适应外界的难易程度,它与神经过程的灵活性关系密切。

5.情绪兴奋性,包括情绪兴奋强弱与情绪外观的强烈程度。

6.倾向性,即心理活动、言语和动作反应是表现于外部还是内部的特性。倾向性与神经过程强度有关,外向是兴奋过程强的表现,内向是抑制过程强的表现。

(二)气质的类型

气质类型是指在一类人身上共有的或相似的心理活动特征的有规律的结合。由上述气质心理特征指标的不同结合,并沿用希波克拉特体液说的命名方式,便构成各种不同的气质类型(见表12-4)。

一般认为典型的气质类型有多血质、胆汁质、粘液质和抑郁质。其特征具体表现如下。

1.多血质:活泼好动,反应迅速,动作敏捷,思维灵活,但往往不求甚解,注意力易转移,情绪不稳定,感情易表露且体验不深,易适应环境,喜欢交往,做事粗枝大叶,具有外倾性。

表12-4 气质类型的心理指标

气质类型	感受性	耐受性	敏捷性	可塑性	情绪兴奋性	倾向性	速度
胆汁质	低	较高	灵活	小	高	外向	快
多血质	低	较高	灵活	大	高	外向	快
粘液质	低	高	不灵活	稳定	低	内向	慢
抑郁质	高	低	不灵活	刻板	体验深刻	内向	慢

2.胆汁质:精力旺盛,反应迅速,智力活动具有极大灵活性,直率热情,表里如一,情绪体验强烈,易冲动,有顽强拼劲和果敢性,但缺乏耐心,整个心理活动笼罩着迅速而突发的色彩,具有外倾性。

3.粘液质:安静沉稳,喜欢沉思,反应缓慢,灵活性不足,比较刻板,注意稳定,不易习惯新环境、新工作,情绪不易外露,善于忍耐,坚韧执拗,具有内倾性。

4.抑郁质:敏锐稳重,情感体验深刻、持久、少外露,行动缓慢,胆小、孤僻、不善交往,遇困难或挫折易畏缩,有较强敏感性,容易体察到一般人不易觉察的事件,具有内倾性。

丹麦的皮特斯特鲁普的一幅漫画生动地描述了四种具有典型气质类型的人对同一事件的不同反应(见图12-1)。

值得指出的是,人的气质特征千差万别,上述四种气质类型的分类只是相对的。实际生活中纯属某一典型气质类型的人很少见,大多数人属于不同气质类型的混合型,或近似于某种类型,或介于某些类型之间。

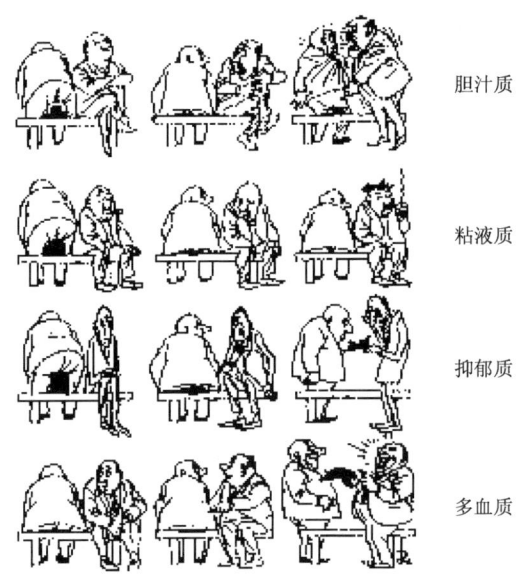

图 12-1 四种典型气质类型的人对同一事件的反应

第二节 气质对个体心理和实践活动的影响

一、气质对能力的影响

(一) 气质与智力活动

气质对智力活动的特点和方式有明显影响。例如,某班有两位学生 A 和 B,A 具有明显的多血质和胆汁质特征,B 有明显的抑郁质特征。学生 A 在学习时表现出精力充沛,在紧张学习和工作之后,只需短时间休息就能恢复精力,很少见他疲劳和学习间歇;他能一下子关心很多事物,复杂的情况和变化不会降低他的精力;他对了解新教材特别感兴趣,新的知识信息使他精神焕发、兴奋,且感到满足,但复习旧教科书时,缺乏兴趣。学生 B 经过一段时间学习后,很容易感到疲劳,需要休息或睡一会儿才能恢复精力;对简单作业要进行准备和沉思;学习新教材时常感到困难和疲惫,对复习旧教材表现出主动性,思维有着惊人的准确性和明晰性,抑郁质并没有妨碍他成为一个优秀生,也不妨碍他的智力发展和获得优异成绩,其思维的深刻性和细致性补偿了他智力活动的困难。

国内外研究表明,在中小学时期,学生的不同气质类型会影响其学业成绩,特别是气质中的情绪性与活动性对学业成绩有一定影响,但对大学生的研究没有发现气质类型对学业成绩有影响。[①]

（二）气质与运动能力

气质虽与能力不同，但彼此又相互影响。研究表明，某些气质特点有利于某些能力的发展，而有些气质特点则会阻碍某些能力的发展。对国家优秀运动员调查表明，优秀运动员由于运动项目的不同而具有不同气质类型的分布。例如，乒乓球运动员中进攻型选手以多血质、胆汁质者为多，防守型选手则以粘液质为多；短跑、跳高、击剑、摔跤等运动项目胆汁质者较为适宜；体操则以多血质者为宜；长跑、登山活动以粘液质者较佳。

二、气质对职业活动的影响

气质作为人行为方式的影响因素，虽对活动效果不起决定作用，但对职业活动，尤其是一些特殊职业活动来说却具有重要作用。了解气质，可以帮助大学生选择合适的专业和职业，也可以根据兴趣来"改造"或"掩盖"自己的气质。

（一）不同职业对从业者可能有不同的气质要求，不同气质的人对职业的适合度不同

世界上的职业林林总总，各具特色。例如，对于从事纺织工作的纺织女工，要求具有注意稳定且善于转移、动作敏捷等品质；对医务人员则要求具有反应灵敏、耐心、细致等品质。一般来说，要求速度的工作，多血质和胆汁质特征的人更适合；要求稳定、持久性的工作，粘液质特征的人更适合；要求精细、敏锐的工作，抑郁质特征的人更能胜任等。在一般性的学习和工作中，这种影响并不显著，这是由于气质的积极方面对其消极方面有补偿作用。例如，多血质的人注意转移灵活可弥补其注意不稳定的特点；粘液质的人细致耐心可适当补偿其速度的不足。而且，后天形成的性格也会掩盖其某些气质特征。例如，一个胆汁质的医科学生可能因为他专业的要求，而在后天培养起谨慎的性格特征，从而掩盖其粗心、冲动的一面。

不同气质特质的人对不同类型职业活动的偏爱也有所不同。研究发现，在律师、办公室人员及图书管理员这三种具有不同刺激负荷的职业中，被试的高、低反应性分布不同：在19名喜爱律师职业的被试中，14人为低反应性个体；在23名喜欢图书管理员职业的被试中，15人为高反应性个体。这说明气质特征与个体活动爱好有关，人可以通过选择活动、职业和环境来满足由自己气质特点决定的心理需求。

（二）气质与特殊职业

气质对职业活动的影响在一般职业人员中表现得并不明显，而在一些特殊职业人员中，如宇航员、参加国际比赛的运动员、雷达观察员等，职业对其气质特质的

---

① 朱琼瑶.大学生气质与学业成就的相关研究[J].大连教育学院学报,1999(3).

要求则较为严格。从事这些职业的人必须经过气质特质的测定,进行严格地选择和培训,才能胜任这类活动。比如,一级方程式赛车手的气质特质对其职业运动成绩起着非常重要的作用。苏联宇航员加加林在起飞前7分钟还能睡得很好,情绪稳定性是他成为宇航员的重要条件。英国学者艾森克(H. J. Eysenck)指出,外向的人不能很好地担任"警戒"任务,据此,雷达管理员应该由内向的人来担任。

(三)气质与职业成就

在一般职业活动中,气质并不决定一个人的职业成就。研究发现,俄国四位著名文学家,普希金属于胆汁质,赫尔岑属于多血质,克雷洛夫属于粘液质,果戈理属于抑郁质,他们虽属不同气质类型,但在文艺领域内都取得了突出成就。达尔文和果戈理虽都属于抑郁质类型,但都在他们的专业领域获得了伟大的成就。因此,气质并不能决定一个人职业活动的社会价值和成就高低,任何气质类型的人,都可以在各自的专业中发挥重要作用,成为出类拔萃的人。

三、气质对心理健康的影响

气质并无好坏之分,但每种气质都有有利于和不利于心理健康的一面。例如,多血质的人情绪丰富,容易适应新环境,但注意力不稳定,兴趣容易转移。抑郁质的人工作中耐受力较差,易感到疲劳,但感情比较细腻,做事审慎。相比较而言,在环境不良的情况下,那些典型或较典型的胆汁质或抑郁质的人,尤其是胆汁质—抑郁质混合型的人较容易产生心理问题,进而影响学习、生活和成功。从神经类型的角度看,对神经活动弱型的人来说,承受外界刺激的能力较低,容易在不良因素的刺激下产生心理障碍或身心疾病,如神经衰弱、抑郁症或胃溃疡。而对于神经活动强而不均衡的人来说,经常处于兴奋、紧张和压力之下,容易患心血管疾病,属于这些气质类型的学生应积极改善气质,扬长避短,促进自身心理健康。

此外,气质不同的人在说话、走路、与别人交流、学习、工作、休息以及怎样表现自己的痛苦与快乐,怎样对不同事件做出反应等方面都会有所不同。

四、气质与自我教育

(一)大学生气质类型分布

大学生作为社会的特殊群体,他们的气质类型分布如何?有哪些气质特点?有研究者曾对四川大学、南开大学、第四军医大学、复旦大学和安徽师范大学五所高校364名大学生进行气质测定,结果发现,在大学生中单一型气质占34.07%,混合型气质占65.93%。在单一型和以某一类型为主兼有其他类型的混合型中多血质最多(56.37%),其次是粘液质(14.13%)、胆汁质(13.73%),抑郁质最少(5.77%)。有研究者对98级579名大学生进行了气质类型调查分析,发现归属单一型气质的比例(31.6%)明显少于归属复合型气质的比例(68.39%);在单一型中属于多血质的最多,粘液质的最少,在混合型中则以多血质—胆汁质最多;理工科与医科大学生只有在胆汁质和混合型气质上有显著差异,即胆汁质的医科大学生明显多于理工科大学生,混合型气质的理工科大学生明显多于医科大学生,而文科大学生与理工科和医科大学生在气质类型和分布上均无显著差异。① 由此可见,大学生气质类型是多种多样的。

(二) 大学生了解自己气质类型的方法

对于自我意识较强的大学生而言,应该对自己的气质类型及特征有所了解。常用于了解气质的方法有观察法、心理测量法、谈话法和实验室评定法等。下面介绍两种在我国常用的气质测验量表。

1. 张拓基、陈会昌气质测量表。该表由我国学者张拓基、陈会昌编制的气质测量表,该量表依照古典气质四液说的分类,由60道测题组成,多血质、胆汁质、粘液质、抑郁质四种气质类型各15道题。在整个量表中,60个项目随机安排,要求被试根据自己的实际情况进行选择,最后根据评定标准,将气质分为13种类型,即多血质、胆汁质、粘液质、抑郁质、胆汁质—多血质、多血质—粘液质、粘液质—抑郁质、胆汁质—抑郁质、胆汁质—多血质—抑郁质、胆汁质—多血质—粘液质、多血质—粘液质—抑郁质、胆汁质—粘液质—抑郁质以及胆汁质—多血质—粘液质—抑郁质。这一量表在我国有着广泛的应用,自我测评效果也较好。

2. 瑟斯顿气质测量表(TTS)。该表由美国心理学家瑟斯顿(L. L. Thurstone)编制,共测评七种气质类型(见表12-5),每种特质设计20个项目,全量表共计140个项目,全部采用随机安排,有"是""否""不肯定"三种。

表12-5 TTS量表因子及其外在行为表现

气质特质(因子)	外在行为表现(高分)
A 活动型	通常做事动作较快,在必须安静时仍浮躁不安
J 健壮型	喜欢体育,喜欢从事户外工作,偏重体力、动作及使用工具的工作;爱好运用肌肉及消耗体力的活动,被称为"有大丈夫气概"
I 冲动型	乐观大方,无所谓,容易冲动,决定做事情快,喜欢竞争,常常调换工作,遇事常做出草率决定
D 支配型	常认为能负重任,应居领袖地位,虽具有领袖才能,但不跋扈。喜欢当众谈话,组织社交活动,提倡新计划;能说服别人,善于处理工作
E 稳定型	情绪稳定,即使环境嘈杂,仍能使自己宽松舒畅。在危急之中能保持镇静。注意力集中,即使工作有时为琐事打断,也不烦恼
S 社交型	喜欢与人相处,善交友,有同情心,易于合作,容易适应新环境
R 沉思型	深思熟虑,重理论轻实际,好独自安静及精细的工作,但计划多于实践

① 贾玉梅. 大学生气质类型的调查与研究[J]. 大连大学学报,2000(3).

(三)大学生应根据自身气质特点进行自我教育

气质虽然受先天影响较大,但在长期的学习生活和职业生涯中也可加以改造。大学生应充分重视气质对自己的学习、生活和行为的影响,扬长避短,发挥自己气质的优点,根据专业和兴趣培养优秀性格以掩盖气质中的不足。

多血质的学生灵活、反应迅速,学习兴趣广泛,但注意力容易分散,在求学时要防止自由散漫、用心不专,多培养集中注意力和核心兴趣,养成扎实专一的品质;胆汁质的学生思维敏捷,爽直果断,有进取心,不畏困难,但常易急躁,缺乏耐心,应养成良好的自我控制能力和耐心细致的作风;粘液质的学生沉着冷静,脚踏实地,但反应较慢,且较固执,缺乏生气,应开拓思路,克服墨守成规的呆板的学习方式,注意培养果断性;抑郁质的学生细心内向,谨慎温和,观察细致,但缺乏自信,敏感多虑,活动性不强,应注意克服忧郁、怯懦,培养自信心、自尊心和胸怀宽阔的品质。

人的气质类型各不相同,作为大学生既要认识到多彩的人生气质,又能客观地评价他人和自己的气质类型,更要不断调节和完善自己的气质特征。

案例分析

地点:某剧场门口。

时间:演出开始十分钟后。

人物:查票员和四位迟到的观众。

情节:剧场规定演出开始十分钟后不许入场。四位迟到者面对查票人的同一说明则表现各不相同。

第一位:大吵大嚷,怒发冲冠。

第二位:软硬兼施,找机会溜进去。

第三位:不吵不嚷,虽然遗憾但还是理解剧院的做法,并自我安慰"好戏都在后头"。

第四位:垂头丧气,委屈万分,认为自己总是很倒霉。

这四位迟到者的气质类型分别是:第一位应为胆汁质,具有脾气急躁、易冲动的典型特征;第二位为多血质,表现出灵活、反应快的特征;第三位为粘液质;第四位为抑郁质。他们分别反映了各自的气质类型特征。

课后习题

一、单项选择题

1. 民间故事中塑造的张飞属于胆汁质类型,刘备属于粘液质类型,诸葛亮属于多血质类型,哪一种气质好(　　)。
   A.粘液质　　　B.多血质　　　C.胆汁质　　　D.没有好坏之分
2."温和好静"是下列哪种心理活动的表现(　　)。
   A.兴趣　　　　B.气质　　　　C.性格　　　　D.情绪
3.气质的高级神经活动类型学说的提出者是(　　)。
   A.谢尔顿　　　B.克雷奇默　　C.巴甫洛夫　　D.希波克拉特
4.根据高级神经活动类型学说,具有强—不平衡—灵活特点的个体所对应的气质类型是(　　)。
   A.胆汁质　　　B.多血质　　　C.粘液质　　　D.抑郁质
5.下列说法中,正确的是(　　)。
   A.血型决定人的气质　　　　　B.多血质类型比粘液质类型聪明
   C.气质在社会评价上没有好坏之分　　D.抑郁质是一种不良的气质
6.下列选项中对气质描述错误的是(　　)。
   A.气质是一种稳定的人格心理特征　　B.气质类型差异是后天培养形成的
   C.气质在社会评价上无好坏之分　　　D.气质不能决定人未来成就的大小
7.巴甫洛夫认为,高级神经活动过程的基本特征有强度、灵活性和(　　)。
   A.兴奋性　　　B.抑制性　　　C.平衡性　　　D.选择性
8.最早提出气质体液说的学者是(　　)。
   A.柏尔曼　　　B.巴甫洛夫　　C.希波克拉特　　D.克雷奇默
9.巴甫洛夫认为,高级神经活动类型与气质类型有对应关系,多血质对应的高级神经活动类型是(　　)。
   A.不可遏止型　B.抑制型　　　C.安静型　　　D.活泼型
10.某人心境变化剧烈,直率热情但易急躁冲动,缺乏耐心,其气质类型倾向于(　　)。
   A.胆汁质　　　B.多血质　　　C.粘液质　　　D.抑郁质
11.下面描述多血质类型人主要心理行为特点的是(　　)。
   A.精力旺盛,勇敢果断,热情直率,但鲁莽,易感情用事
   B.活泼好动,善于交往,行动敏捷,但稳定性差,易见异思迁
   C.安静稳重,喜欢沉思,自制力强,但主动性较差,行动迟缓
   D.情绪体验深刻,多愁善感,不善交际,行为举止缓慢,胆小优柔
12.气质的稳定性表现在人的各种活动中,这说明它体现出下列特点中的(　　)。
   A.指向性和集中性　　　　　　B.调节性和集中性
   C.跨时间和跨情境　　　　　　D.扩散和集中
13.某企业招聘工作人员,要求应聘者兴趣广泛,活泼好动,善于社交等,比较适合的气质类型是(　　)。

A. 多血质　　　B. 粘液质　　　C. 胆汁质　　　D. 抑郁质

14.《红楼梦》中的林黛玉多愁善感、聪颖多疑、孤僻清高,其气质类型是(　　)。

A. 胆汁质　　　B. 多血质　　　C. 粘液质　　　D. 抑郁质

15. 人能根据外界环境变化调节自己的适应程度,说明气质也具有(　　)。

A. 感受性　　　B. 耐受性　　　C. 可塑性　　　D. 倾向性

二、辨析题(判断正误,并说明理由)

1. 气质是与生俱来的、稳定的,有好坏之分。
2. 气质影响性格特征形成的难易快慢。
3. 气质对智力活动的特点和方式有明显影响。
4. 与典型的胆汁质类型相比,多血质类型的人具有较强的冲动性。
5. 粘液质和抑郁质类型的人,具有较强的外倾性。

三、简述题

1. 说明典型气质类型及其特征。
2. 分析自己的气质特征及影响。

四、论述题

试述气质对个体心理和实践活动的影响。

五、材料分析题(阅读材料,并回答问题)

甲同学活泼好动,能说会道,反应灵活,动作敏捷,爱好交际,但他上课时爱搞小动作、不注意听讲,做作业比较粗心。乙同学安静稳重,喜欢沉思,情绪不易外露,自制力强,不善交际,但他上课时不爱发言,行为主动性不足。

问题:

1. 甲、乙同学的气质类型分别倾向于哪种类型?
2. 如果你是他们的班主任,应该如何教育他们扬长避短?

拓展阅读

1. 张文海,卢家楣. 国外现代气质研究的理论取向与展望[J]. 心理科学,2010(5).

2. 张明浩,陈欣银,陆祖宏. 气质的遗传因素:基因多态性研究[J]. 心理发展与教育,2010(2).

3. 于珺,张明浩,等. 婴儿气质的实验室观察与母亲报告的一致性及其影响因素研究[J]. 心理发展与教育,2011(3).

4. 张文海,卢家楣,张庆. 青少年气质对其情绪调节的影响:教师情感能力的作用[J].心理科学,2011(4).

5. 张晓,王晓艳,陈会昌.气质与童年早期的师生关系:家庭情感环境的作用[J].心理学报,2010(7).

6. 梁宗保,陈会昌,等.父亲情绪表达与儿童社会适应:气质的调节作用[J].心理发展与教育,2011(4).

7. 姜永杰,白蕾.大学生主观幸福感与气质关系的研究[J].心理科学,2009(6).

8. 李董平,张卫,李丹黎,王艳辉,甄霜菊.教养方式、气质对青少年攻击的影响:独特、差别与中介效应检验[J].心理学报,2012(2).

9. 齐晓栋,张大均,邵景进,王佳宁,龚玲.气质性乐观与心理健康关系的元分析[J].心理发展与教育,2012(4).

10. 纪林芹,张迎春,张良,赵树娟,张文新.气质、父亲教养与青少年早期个体的一般自我概念[J].心理发展与教育,2012(6).

11. 贾高鼎,曾明,王爱平,杨子京.父母教养方式对儿童自尊的独特贡献:儿童气质的调节[J].中国临床心理学杂志,2016(3).

12. 杨丽珠,沈悦,马世超.幼儿气质、教师期望和同伴接纳对自我控制的影响[J].心理科学,2012(6).

13. 张春晓,刘文,邵姝姮.幼儿情绪能力发展与母亲气质、教养方式的关系[J].学前教育研究,2015(3).

14. 李雪莹,李杨卓.父亲情绪表达与婴幼儿社会情绪能力的关系:婴幼儿气质的调节作用[J].学前教育研究,2018(4).

第十三章

性格及其培养

学习目标

理解性格的含义、结构、类型、特征及性格与气质的关系,掌握测定性格的方法,能够分析影响自己或他人性格的主要因素,并提出改进和培养良好性格的方法。

第一节 性格概述

一、性格的概念

如果说气质是一个人与生俱来的心理特征,那么,性格则是人与社会相互作用的产物,它具有强烈的社会性特点。当行人遭遇危险时,有的人可以毫不犹豫、全力相助;有的人选择明哲保身、退守观察;更有的人落井下石、趁火打劫……从心理学视角而言,这是个体不同性格使然。性格作为人格的核心成分,它与气质一起构成了人格的主要内容。在我国的心理学教材中一般把性格定义为:表现在人对现实的稳定态度和习惯化了的行为方式中的独特的心理特征的总和。在西方心理学中,性格与人格常常混淆,甚至互相代用。性格包含两个要素:一是稳定的态度;二是惯常的行为方式。虽然构成性格的因素很复杂,但只要有这两个要素的结合就可以看做是个体的性格特征。性格总是稳定的,偶然的、不稳定的态度和行为,不能看成是一个人的性格特征。例如,某同学在众人面前通常能健谈热情,乐观大方,但偶尔一次或几次,却显得沉默寡言、拘谨不安,这种偶然的表现不能看做是他的人格特征。

性格是人对现实的态度和行为习惯的统一体。在现实生活中,每个人的性格都由主导性格和派生性格组成,前者是一个人的基本性格,是其鲜明的个性特征,后者则具有从属性,分析一个人的性格,应抓住其基本性格。另外,每个人的性格都具有多重性和可塑性。

二、性格与气质的关系

性格与气质之间有着严格的区别。首先,两者表现人格特征的角度不同。性格是从个体对待现实的态度和行为方式方面来表现其人格特征;气质则是从心理活动的速度、稳定性与灵活性、强度与平衡性及趋向性等方面来表现人格差异。其次,两者可塑性程度不同。气质较多地受制于生物学因素,体现着高级神经活动类型的自然表现,可塑性较小,变化较缓慢;性格是后天形成的,由现实生活经历与个人实践决定,可塑性较大,虽然相对稳定,但较易改变。最后,两者的社会意义不同。气质所表现的只是心理活动特征,无好坏之分;性格则直接体现于社会生活之中,具有社会内容与社会意义,本身具有社会评价的好坏之分。

气质与性格又相互制约,相互影响,有着密切的联系。一方面,气质影响性格特征形成的快慢速度和表现;另一方面,性格在一定程度上掩盖和影响着气质,甚至渐渐影响一个人某方面气质特征的改变。人为了适应社会、发展自我,往往要学会控制自己,形成对社会的态度和习惯化了的行为方式,这种性格自我塑造的过程,往往也是对气质产生反作用的过程。

三、性格的形成

有的早期心理学家认为,性格的形成完全由遗传因素决定,也有的认为完全是在后天环境中受社会文化的影响而形成。而现代心理学家在这一问题上已初步取得共识,即性格的形成是在遗传与环境两种因素交互作用下逐渐形成和发展的。

第一,生理遗传因素为性格形成和发展提供前提条件,影响性格发展的方式和表现状况。巴甫洛夫认为性格的生理基础是神经类型和动力定型的"合金"。当人在现实生活的影响下,神经系统的特性影响着人对客观现实信号的加工和处理。

第二,性格是社会实践的产物,是人们在能动地认识世界和改造世界的过程中逐渐形成的。在社会客观条件的影响和制约下,人们自觉或不自觉地改造着自己的性格,以增强个人对生活环境的适应性与耐受性,久而久之就会形成一套稳定的态度与行为方式,即性格特征。因而,当认识到自身性格的缺陷时,不要悲观失望,应充分发挥自身的能动性,自觉地去改善它。

在性格的诸多要素中,与身体和生理有关的部分,如自我概念中有关身体意象、动机与情绪等受遗传因素的影响较大,而较复杂的人格特质,如兴趣、态度及价值观的形成则受环境影响较大。

四、性格特征的结构及表现

(一)性格特征的结构

性格特征的结构成分主要包括态度特征、意志特征、情绪特征、理智特征。下面结合当代大学生的性格特点对它们加以分析。

1. 态度特征。人在处理各种社会关系方面表现出来的性格特征,也称为性格的道德特征。大学生的态度特征包括:

(1) 对社会、对集体、对他人的态度。当代大学生关心社会进步,有强烈社会责任感,热爱集体,追求公平正义,正直诚实,富有同情心等。

(2) 对学习、工作、劳动的态度。多数大学生勤劳认真,学习努力,富有创造精神,实事求是。

(3) 对自己的态度。多数大学生有较强自信心,落落大方,朴实无华,能客观对待自己,严于律己宽以待人。

上述态度构成了性格结构的道德特征,是性格的核心和"灵魂",其他特征在不同程度上都受其深刻影响。

2. 意志特征。意志特征表现为人怎样对自己的行为活动进行调节、控制。当代大学生的意志特征包括以下几个特点:

(1) 多数大学生的行为具有明确的目的性、独立性与主动性,遇到困难能不断地调整自己的行为,朝既定的目标前进;少数大学生的行为表现出盲目性,容易随波逐流,无论在学习还是在为人处世上都显得被动。

(2) 多数大学生自控能力偏弱。个人在生活中为了达到自己预定的目标,有时需要控制个人的内心冲动与外部行为,有时则需要激发自己的追求欲望或强制自己实施外部行为,这就需要自制力。由于当代大学生多是在顺境生活中成长,有着较优越的生活和学习条件,加上正处于身心发展的旺盛时期,自控能力偏弱,个人行为往往不受自己意志左右,表现出一定的冲动性与随意性。当然,也有不少学生自制力较强,外部行为能服从于个人意志。

(3) 大学生在果敢性方面呈现出明显的差异性。果敢性就是个人在紧急或需做出决断时表现出来的意志特征。有的学生在面临意想不到的情况时,表现出镇定、勇敢、临危不惧的性格特征,有的则表现出惊慌、胆怯、不知所措;在面临重大选择时,有的学生能迅速根据情况做出判断,有的则表现出犹豫不决、优柔寡断,个体差异性较明显。

(4) 大学生的坚韧性相对偏弱。坚韧性是指恒心、耐力、毅力等。不少大学生由于涉世未深,缺乏承受挫折、克服困难的心理准备,在学习工作和生活中,稍遇挫折就半途而废,做事虎头蛇尾,兴致所至则可废寝忘食,稍有不顺则打退堂鼓,表现出意志脆弱的特征。

3. 情绪特征。情绪特征是指性格在情绪的外在控制、情绪的持久性、情绪的主导心境方面的特征。当代大学生与同龄青年群体相比,情绪特征整体上表现出热情、乐观、积极向上的特点,但在个体身上则表现出差异性,有些学生情绪有较大的波动,呈现出抑郁、焦虑、悲观的性格特征。

4. 理智特征。理智特征是指人们在感知、记忆、想象和思维等认知过程中所表现出来的特点。当代大学生是时代青年中的佼佼者,年龄处于身心发展的最佳时期,整体上具有较强的观察与理论思维能力,记忆力较强,想象力丰富。但在分析问题、认识问题和解决问题方面,往往片面肤浅,与实际相脱节,有极少数学生思维想象力过于贫乏、偏激。

（二）良好性格的主要表现

具有良好性格的大学生能够主动地安排自己的学习和生活,掌握自己的命运。对于个人,他们能意识到自己的优点与弱点、善与恶,并且容忍和认可它们;他们不是生活在往事之中,而是坚定地立足于现在,并注意到未来的目标与任务。他们强调适度紧张的重要性,渴望生活的挑战与刺激,追求新的目标与体验。所谓良好的性格表现可参考以下标准：

1. 能面对现实并接纳现实,而非一味歪曲现实、愤世嫉俗。
2. 能客观地评价和接受自己、他人与社会,而非排斥自己、拒绝别人、攻击社会。
3. 有较广阔的视野,就事论事,热爱自己周围的事物,有自己的追求与梦想。
4. 情绪和思想表达较为自然,不造作。
5. 有独立自主的性格,有独处的需要而不回避他人。
6. 能发展与他人的深厚友谊。
7. 能分辨目的与手段,对善与恶的区分态度较明朗。
8. 有适度的幽默感和创造性。

第二节 性格理论

许多性格理论从不同角度描述了性格类型及其结构,其中最有代表性的是类型论和特质论。

一、类型理论

类型理论主要用来描述一类人与另一类人的心理差异。性格类型理论有三种:单一类型理论、对立类型理论和多元类型理论。

（一）单一类型理论

这种理论认为,性格类型是依据一群人是否具有某一特殊性格来确定的。美国心理学家佛兰克·法利(Frank Farley)提出的 T 型性格是单一类型理论的代表。法利认为,T 型性格是一种好冒险、爱刺激的性格特征。依据冒险行为的性质,将 T 型性格可分为 T＋型和 T－型两种。当冒险行为朝向健康、积极、创造性的建设性方向发展时,就是 T＋型性格,有这种性格的人喜爱漂流、赛车等运动项目;当冒险行为具有破坏性质时,就是 T－型性格,这种人有酗酒、吸毒、暴力犯罪等反社会行为。在 T+型性格中,又可依据活动的特点进一步分为体格 T+型和智力 T+型。极限运动员代表了体格 T+型,这种运动员通过身体运动来实现追求新奇、不断刷新纪录的动机,而一些科学家或思想家则代表了智力 T+型,他们的冒险精神主要表现在科学技术的探新上。

(二)对立类型理论

这种理论认为,性格类型包含了某一性格维度的两个相反的方向。

1. A—B 型性格。福利曼和罗斯曼(Friedman & Rosenman)描述了 A—B 型性格类型,近年来,人们在研究性格和工作压力的关系时,常使用这种性格类型。A 型性格的主要特点有,性情急躁,缺乏耐性,成就高,上进心强,有苦干精神,工作投入,做事认真负责,时间紧迫感强,富有竞争意识,外向,动作敏捷,说话快,生活常处于紧张状态,但办事匆忙,社会适应性差,属于不安定型性格。具有这种性格特征的人易患冠心病。美国 20 世纪 60 年代进行的一次调查表明,在 257 位患有冠心病的男性病人中 A 型性格的人数是 B 型性格人数的两倍多。B 型性格的主要特点有,性情不温不火,举止稳当,对工作和生活的满足感强,喜欢慢步调的生活节奏,在需要审慎思考和耐心的工作中,B 型人往往比 A 型人适应好。对冠心病患者的调查表明,B 型性格只占患者的 1/3。

2. 内—外向型性格。瑞士著名人格心理学家荣格(C·G·Jung)依据心理倾向来划分性格类型,最先提出了内—外向性格类型学说。荣格认为,当一个人的兴趣和关注点指向外部客体时,就是外向性格,而当一个人的兴趣和关注点指向主体时就是内向性格。在荣格看来,任何人都具有外向和内向这两种特征,但其中一种可能占优势,据此确定一个人是内向还是外向。外向性格的特点有,注意外部世界,情感表露在外,热情奔放,当机立断,独立自主,善于交往,行动快捷,有时轻率。内向性格的特点有,自我剖析,做事谨慎,深思熟虑,疑惑困惑,交往面窄,有时适应困难。荣格认为,人的心理活动有思维、感情、感觉和直觉四种基本机能,结合两种心理倾向可以构成八种性格类型:

(1)外向思维型。这种人尊重客观规律和伦理法则,不感情用事。

(2)外向感情型。这种人对事物的评价往往感情用事,容易凭借主观判断来衡量外界事物的价值。

(3)外向感觉型。这种人以具体事物为出发点,容易凭借感觉来估量生活的价值,遇事不假思索,随波逐流,但善于应付现实。

(4)外向直觉型。这种人以主观态度探求各种现象,不接受过去的经验,只憧憬未来,容易悲观失望。

(5)内向思维型。这种人不关心外部价值,以主观观念决定自己的思想,感情冷淡,好独断,偏执,易被人误解。

(6)内向感情型。这种人情绪稳定,不露声色。

(7)内向感觉型。这种人不能深入到事物的内部,在自己与事物之间常加入自己的感觉。

(8)内向直觉型。这种人不关心外界事物,脱离实际,好幻想。

(三)多元类型理论

多元类型理论认为,性格类型是由几种不同质的人格特性构成的。中国古代就有人根据人的秉性对人进行划分,如刘沼将人划分为强毅、柔顺、雄悍、谨慎、坚韧、善辩、宽宏、清廉、坦诚、精细、质朴和机敏等12种类型;诸葛亮也曾将将领划分成仁、义、礼、智、信、步、骑、猛和大等九种类型。《灵枢·论用篇》根据人之勇、怯不同性格,结合体态、生理特征等,将人分为勇者与怯者两大类型。心、肝、胆功能旺盛,体质健壮者勇,勇者气血畅行,可以防御或消除惊恐等精神刺激的不良影响,故虽逢外界刺激,事过则已,常不病;心、肝、胆功能衰减,体质孱弱者怯,怯者心虚胆怯,不仅易惊善恐,而且易致气血滞留,因而外界事物刺激引起的情绪反应保持时间也较久,易于情志致病。大体说来,属阳性体质者,阳盛于阴,在性格气质特征上多呈现自信、兴奋、多喜、无忧无虑、多怒和外向性等;属阴性体质者,阴盛于阳,在性格气质特征上多呈现抑郁、悲忧、沉静和内向性等。人们对各种类型人的性格特征进行了详尽的描述,其中有些方面的看法至今仍有一定的借鉴意义。

德国心理学家斯普兰格(E·Spranger)按人类文化生活的六种形式及人们对这些生活形式的态度和价值标准,将人分成六种类型:①经济型,凡事以经济价值为主要出发点,注重实效,如企业家;②理论型,理论能力强而实际生活能力弱,表现出探究世界的兴趣,如哲学家、科学家等;③审美型,把感觉事物的美当做人生价值,对现实生活不够关心,富于想象力,如艺术家;④宗教型,以宗教信仰作为存在的最高价值,如宗教家;⑤权力型,以追求权力、支配他人为追求目标,如政治家;⑥社会型,以献身社会、服务社会及助人为乐为自我价值的最高体现,如社会活动家。与之相类似的分类还有美国心理学家霍兰德的划分,他根据性格特征与职业选择的关系,把人的性格划分为六种:研究型、现实型、艺术型、社会型、企业型和常规型。

美国哲学家莫里斯从思想史的研究中概括出了七种人生哲学。他按这些类型在美国大学生中进行了价值观调查,并根据调查结果将原来的七种类型扩展为13种。它们是:①中庸型;②豁达型;③慈爱型;④享乐型;⑤协同型;⑥努力型;⑦多彩型;⑧安乐型;⑨接纳型;⑩克己型;⑪冥想型;⑫行动型;⑬服务型。莫里斯又将这13种价值观类型制成问卷,对美国、加拿大、中国、印度、日本和挪威等国的大学生进行了比较研究。结果发现:中国大学生选择协同型和服务型明显较多,选择努力型、行动型也比较多;美国大学生享乐型和多彩型居多;加拿大大学生多彩型和安乐型居多;印度大学生中庸型和克己型居多;日本大学生豁达型和接纳型居多;挪威大学生慈爱型居多。

美籍心理学家弗洛姆则从精神分析学说出发,把性格分成三大类:①创发性性格,这种性格是健康的,也是人类发展的一种理想境界或目标;②非创发性性格,包括接纳型、剥削型、囤积型、平均型,是不够健康、有待发展的性格;③变态性格,包括恋尸狂、自恋狂等。

培因根据人的智力、情感、意志三种心理机能在性格中何者居优势的特点,把人分为理智型、情绪型和意志型。

日本学者能见正比古以人的血型为基础,将人的性格划分为 A 型、B 型、O 型和 AB 型四种类型。A 型人倔强、理智、谨慎、责任心强,情绪易波动;B 型人乐观热情、宽容随和、待人亲切、开朗坦诚、不够专心、易生畏难情绪;O 型人较自信、坚定、冷静、富于实干、勤奋上进、较固执、不虚心;AB 型是 A 型和 B 型的复合型,若 AB 偏 B 者,易有成就,若 AB 偏 A 者,显得孤僻、呆板。血型与性格究竟有多大关系,其科学依据何在,这值得进一步研究。

二、特质理论

人格特质理论主要代表人物是美国心理学家奥尔波特和卡特尔。特质理论认为,特质是决定个体行为的基本特性,是人格的有效组成元素,也是测评人格所常用的单位。

(一)奥尔波特的人格特质理论

奥尔波特(G. W. Allport)首次提出了人格特质理论,他把人格特质分为两大类(见图 13-1):一类是共同特质,即在某一社会文化形态下,大多数人或一个群体所共有的相同特质。在研究人格的文化差异时,可以比较不同文化中的共同特质。另一类是个人特质,即在个人身上所具有的特质。个人特质依其在生活中的作用又可分为三类:首要特质,这是一个人最典型最有概括性的特质,它影响到一个人各方面的行为,如多愁善感可以说是林黛玉的首要特质,狡猾奸诈可以说是曹操的

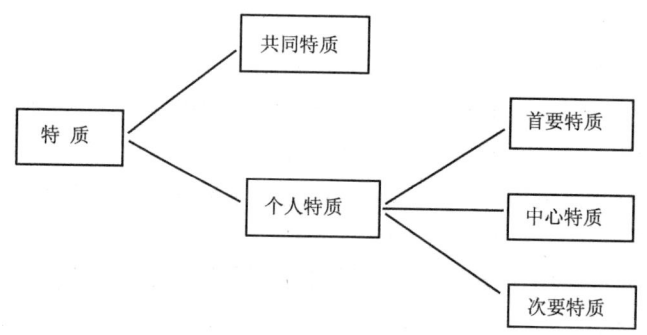

图 13-1 奥尔波特的人格特质结构图

首要特质等；中心特质，这是构成个体独特性的重要特征，在每个人身上大约有5~10个；次要特质，这是个体的一些不太重要的特质，只有在特殊情况下才会表现出来，除了亲近他的人外，其他人很少知道。如一个人在外面很粗鲁，而在自己母亲面前很顺从，这里的顺从就是他的次要特质。

（二）卡特尔的人格特质理论

卡特尔（R. B. Cattell）用因素分析方法对人格特质进行了分析，提出了基于人格特质的理论模型（见图13-2）。该模型分为四层：个别特质和共同特质；表面特质和根源特质；体质特质和环境特质；动力特质、能力特质和气质特质。

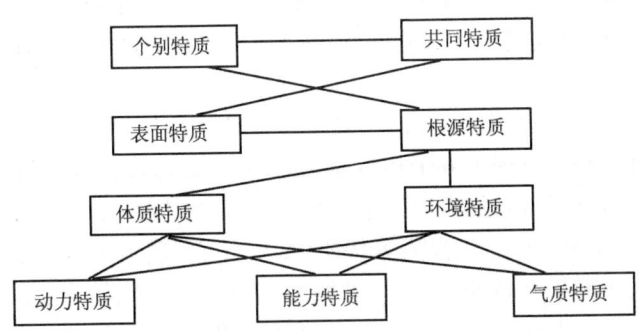

图13-2　卡特尔的人格特质理论模型

1. 表面特质和根源特质。表面特质是从外部行为直接观察到的特质。从表面看，他们好像是一些相似的特征和行为，实际上却处于不同的原因。如同样都是干家务活，在表面相似的行为中却可能有着不同的原因，如为了让妈妈得到更多的休息，为了得到零花钱等。根源特质是指那些相互联系而以相同原因为基础的行为特质，如焦虑是害怕考试和体育比赛时双腿发抖的同一原因，这里的焦虑就是一种根源特质。卡特尔用因素分析方法研究提出了16种相互独立的根源特质，如乐群性、聪慧性、情绪稳定性、恃强性等，据此编制了"卡特尔16种人格因素调查表"（16PF）。卡特尔认为这16种特质在每个人身上都具备，只是在不同人身上的表现有程度上的差异。表面特质和根源特质既可能是个别的特质，也可能是共同的特质，它们是人格层次中最重要的一层。

2. 体质特质和环境特质。在根源特质中又可以区分为体质特质和环境特质两大类。体质特质由先天的生物因素所决定，如兴奋性、情绪稳定性，而环境特质则由后天的环境因素决定，如焦虑、有恒性等。

3. 动力特质、能力特质和气质特质。模型的最下层是动力特质、能力特质和气质特质，这些特质同时受到遗传与环境两方面的影响。动力特质是指具有动力特征的特质，它使人趋向某一目标，包括生理驱力、态度和情操。能力特质是表现在知觉和运动方面的差异特质,包括流体智力和晶体智力。气质特质是决定一个人情绪反应的速度与强度的特质。

(三)现代特质理论

近年来,一些研究者在人格的理论建模上形成了比较一致的共识,提出了几种有代表性的现代人格理论。高德伯格(Goldberg)称之为人格心理学中的"一场静悄悄的革命"。

1. 三因素模型。艾森克(Eysenck)依据因素分析方法提出了人格的三因素模型。这三个因素是:①外倾性,它表现为内外倾的差异;②神经质,它表现为情绪稳定性的差异;③精神质,它表现为孤独、冷酷、敌视、怪异等偏于负面的人格特征。艾森克依据这一模型编制了人格问卷,简称EPQ,这个量表在人格评价中得到了广泛的应用。

2. 五因素模型。塔佩斯等(Tupes & christal)运用词汇学的方法对卡特尔的特质变量进行了再分析,发现了五个相对稳定的因素,以后许多学者进一步验证了五种特质的模型,形成了著名的大五因素模型。这五个因素是:①开放性,具有想象、审美、情感丰富、求异、创造和智能等特质;②责任心,显示了胜任、公正、条理、尽职、成就、自律、谨慎和克制等特质;③外倾性,表现出热情、社交、果断、活跃、冒险和乐观等特质;④宜人性,具有信任、直率、利他、依从、谦虚和移情等特质;⑤神经质或情绪稳定性,具有焦虑、敌对、压抑、自我意识、冲动和脆弱等特质。这五个特质英文单词的首字母构成了OCEAN一词,代表了"人格的海洋"。1989年麦克雷和柯斯塔编制了大五人格因素的测定量表。

3. 七因素模型。特里根等(Tellegen & Waller)用不同的选词原则获得了七个因素,构成了七因素模型。这七个因素是正情绪性、负情绪性、正效性、负效性、可靠性、宜人性和因袭性。与五因素相比较,七因素模型增加了正效性(如优秀的)和负效性(如邪恶的)因素。

人格理论在社会应用领域显示了广泛的应用价值,如外倾性、神经质、随和性等均与心理健康有关,外倾性和开放性是职业心理与工业心理研究中的两个重要因素,责任心等与人事选拔有密切关系。有学者研究了大五人格与青少年心理发展的关系,发现高开放性和高责任心的青少年具有优秀的学习成绩,而低责任心和低宜人性的青少年有较多的违法行为。高倾向性、低宜人性、低责任心的青少年,常发生与外界冲突的行为问题,高神经质、低责任心的青少年则经常表现出内心冲突引起的问题等。

第三节　性格的测定(人格的测定)

由于性格始终支配着人的行为及其方式,几乎涉及人的心理活动的全部特点与品质,因而要发展自我、充实自我、评价自我,就要从了解自己的性格入手。

一、性格的自我评价

性格的自我评价是根据自我观察,对自己的性格做出一个客观公正的评价。

请您准备好纸笔,写下这几个问题的答案:

①你自己最鲜明的性格特征是什么?请用3~4个最贴切的形容词加以描述。

②你性格中最优秀的人格品质是什么?最需要改善的人格特征是什么?

③你性格中最矛盾或最不明朗的特征是什么?

如果你对以上问题很快就做出一个有把握的回答,说明你对自己有一定的信心,自我意识较强,关注自身的发展;相反,如果你犹豫不决,无法做一个确切的回答,则表示你平时不够关心自己,对自己的信心不足,有依赖他人的倾向。

性格的自我评价也可以结合性格的意志、情绪、理智三个方面的结构特征对自己做出一个基本评价。如果对自我评价结果信心不足,可从两方面加以修正和补充:一是通过他人特别是相识较深的人对自己的性格做出评价,如父母、朋友等;二是通过与自己性格相类似的人进行比较修正。

二、性格的量表测定

(一) 自陈量表

性格的量表测定是了解评价性格最多的一种方法,一般多采用自陈式量表。自陈量表的题目形式主要有是非式、折中是非式、二择一式、文字量表式和数字量表式。其特点是:测量工具一般为调查表;题目数量多;在同一个测验中往往包含几个量表,可同时测量多个特质;测验通常采用纸笔形式,可进行团体施测。

目前较为有名的自陈式量表有:明尼苏达多相人格测验、卡特尔16种人格因素测验、爱德华个性偏好量表、艾森克人格问卷等。这些量表的运用日益广泛,很多公司选拔新职员、政府机关选拔公务员等都用到过这些量表。

1. 明尼苏达多相人格测验(MMPI)。MMPI是美国明尼苏达大学教授郝兹威与莫金利于20世纪40年代初期采用经验法编制的。MMPI共有566个自我报告形式的题目,其中16个为重复题目(主要用于检验被试反应的一致性),实际只测550题。题目内容范围广,包括生理状况、精神状态及对家庭、婚姻、宗教、政治、法律、社会等问题的态度。MMPI的临床量表有十个,均以所采用的效标组命名:疑病、抑郁、癔症、精神病态、男性化—女性化、妄想狂、精神衰弱、精神分裂、轻躁狂和社会内向。其中男性化—女性化与社会内向量表只能说明人格的趋向,与疾病无关。从这十个量表可得到十个分数,即代表十种人格特质。MMPI还设置了四个量表去识别被试是否做假:说谎分数、诈病分数、校正分数和疑问分数。

MMPI是目前应用最广的人格测验,它的各个量表都是根据经验法编制的,较为客观。另外,MMPI 在编制时采用正常与异常两组人为样本,因此,也可用于正常人的人格评定。MMPI 的缺点和局限在于信度较低,施测时间较长,测验结果不易解释。

2.16 种人格因素测验(16PF)。16 种人格因素测验是美国心理学家卡特尔教授编制的。这 16 种人格因素是:乐群性、聪慧性、稳定性、恃强性、兴奋性、有恒性、敢为性、敏感性、怀疑性、幻想性、世故性、忧虑性、实验性、独立性、自主性、紧张性。这些因素各自独立,每一种因素与其他因素的相关度极小。经研究,这些因素普遍存在于年龄及文化背景不同的人群中。由于因素的不同组合,构成了一个人不同于其他人的独特人格。16PF 不但能明确描绘 16 种基本人格特征,还能根据测验结果推算许多种可以形容人格类型的次元因素:适应与焦虑性、内向与外向、感情用事与安详机警性、怯懦与果断性。

16PF 英文原版共有 A,B,C 三个复本,每本各有 187 题。每一种人格因素由 10~13 个测题组成的量表来测量。16 种因素的测题按序轮流排列,以便于计分,并保持受测者做答时的兴趣。为防止被试勉强做答不合作,每一测题都备有三个可能的答案,使受测者有折中的选择。为了克服动机效应,尽量采用"中性"测题,避免含有一般社会所公认的"对"或"错"的题目。被选用的问题中有许多表面上似乎与某种人格因素有关,但实际上却与另外一种人格因素相关,因此受测者不易猜测每一测题的用意,从而据实做答。

3.爱德华个性偏好量表(EPPS)。美国心理学家爱德华于 1953 年编制的"爱德华个性偏好量表",是以美国心理学家默瑞 1938 年提出的人类 15 种需求为理论基础编制的。全量表包括 225 个题目(其中 15 个重复题目,用以检查反应的一致性),每题包括两个第一人称的陈述句,要求受测者按自己的个性偏好从二者中圈选其一。这 15 种需求是:成就、顺从、秩序、表现、自主、亲和、省察、求助、支配、谦逊、慈善、变异、坚毅、性爱和攻击。

全量表的题目平均分配测量这 15 种需求,构成了 15 个分量表,施测后每人得到 15 个分数。根据个人所得的 15 个分数绘制的剖析图,即可对个人的心理倾向有个概括的了解。EPPS 的主要特点是采用强迫选择法来控制社会赞许性。这里的社会赞许性是指题目内容受社会舆论赞许和反对的程度。强迫选择法就是要求受测者在两个(或多个)具有相同社会赞许性而又测不同特质的题目之间做一个选择。

4.艾森克人格问卷(EPQ)。艾森克人格问卷是由英国心理学家艾森克教授编制的。他搜集了大量有关人格方面的特征,并通过因素分析归纳提出决定人格的 3 个维度:内外向、情绪性和心理变态倾向。人们在这三方面的不同倾向和不同表现程度构成了自己的人格特征。

EPQ 目前有成人问卷和青少年问卷两种。成人问卷包括 90 个条目,让被试根据自己的情况回答是否。然后,按 E,N,P,L 四个量表记分。E,N,P 分别代表艾森克人格结构的三个维度,L 是后来加进的一个效度量表。

E:内外向。分数高表示人格外向,分数低表示人格内向。

N:情绪性(又称神经质)。其两极是情绪稳定和神经过敏。

P:心理变态倾向(又称精神质)。并非指精神病,它在所有人身上都存在,只是程度不同,但如果某人在此维度上的分数明显较高,则易发展成行为异常。

L:测量被试的掩饰、假托或自身隐蔽的程度。L 与其他量表的功能有联系,但它本身也代表一种稳定的人格功能。

(二)评定量表

评定量表法是被试通过观察他人某种行为或品质做出评价的方法。评定量表法在形式上与自陈量表法有些相似,但自陈量表是被试对自我的评价,而评定量表是被试对他人的评价,二者评价对象不同。

1. 评定量表的类型。评定量表的类型有以下几种:

(1)数字评定量表。这种量表提供一个数字系列,由评定者给被评者的某种行为或品质(如评定某人的自尊水平)确定一个数值。

(2)描述评定法。这种量表提供一组具有顺序性的文字描述等级,如优、良、中、差等,让评定者选出一个适合于被评者的等级描述。

(3)标准评定量表。这种量表提供不同类型人的行为描述,让评定者判断被评者的行为和哪种类型相像。

(4)检选量表。这种量表提供一个由许多形容词、名词、陈述句组成的词汇表。评定者将表中所列的词汇与被评者的行为逐一对照,选出与之相符的词汇。

例如,检选内容为外向、内向、乐观、悲观、坚定、果断、温柔、嫉妒、宽容、固执、独立、支配、灵活……

选出与某人相符的词汇有:外向、乐观、果断、支配等。

(5)强迫选择评定表。这种量表提供许多对词汇或陈述句,让评定者必须在每对中选择一个最能代表被评者行为或心理品质的词汇或陈述。

2. 评定量表的特点。由于是对他人的评定,可以防止自陈法的主观性。但这种方法也有可能出现误差,如有人过分挑剔,有人偏于较优一端,有人避免做极端评定,有人受光环效应影响等。

(三)投射测验

美国电影《替罪羔羊》中有两个双胞胎姐妹,她们俩长得特别像,但性格却相差甚远。妹妹为人阴险,姐姐忠厚善良。妹妹杀了人,想嫁祸于姐姐,由于她们长得实在太像,光凭长相难以分辨出谁是在作案现场的凶手,警察对这个案子一筹莫展。后来是在一位心理学家的帮助下,才得以水落石出。这位心理学家让姐妹俩做了一个心理测验,让她们对一张模糊的图片讲自己所看到的东西。结果通过她们各自的描述,心理学家分辨出了谁是真凶,谁是替罪羔羊。这个心理学家做的测验就是投射测验。

"投射"这个词在心理学上是指个人把自己的思想、态度、愿望、情绪、性格等人格特征,不自觉地反映于外界事物或他人的一种心理作用。也就是说,不同的人对外界的解释是不一样的,通过对这种解释的分析,可以看出他隐藏着的人格特征。

投射法是指向受测者提供一些意义比较含糊的刺激情境,让他在不受限制的情境下,自由地表现出他的反应,然后分析反应的结果,推断他的人格特征。利用这种方法编制的测验称做投射测验。投射测验在临床心理学中使用非常广泛。

投射法的基本假设是:人们对于外界刺激的反应都有他的心理原因,并且是可以预测的;这些反应固然决定于当时的刺激或情境,但个人当时的心理状况及整个人格结构、对当时的知觉与反应的性质和方向,都发生了很大作用;人格结构的大部分处于潜意识中,当人面对一种不明的刺激情境时,可以使隐藏在潜意识中的欲望、需求、动机等"泄露"出来,即把一个反映他的人格特点的结构加到刺激上。

投射测验具有以下特点:测验材料没有明确结构和固定意义,其结构和意义完全由受测者自己决定,受测者可做多种反应;受测者不知道测验的目的;可同时测量几个人格维度,并对结果做整体性分析。投射法因刺激的暧昧性而使被试不易发现其目的,因而可以克服问卷法的缺点(问卷项目意义较明确,被试者往往有意识地进行防卫)。

根据受测者的反应方式可将投射测验分为五类:①联想法,让被试说出某种刺激所引起的联想,如文字联想测验和罗夏克墨迹测验;②构造法,要求被试根据他所看到的图画,编造一套含有过去、现在、将来等发展过程的故事,如主题统觉测验;③完成法,提供一些不完整的句子、故事或辩论等材料,让被试自由补充,将它完成,如语句完成测验;④选排法,让被试根据某一准则来选择项目,或做各种排列,可用图画、照片等作为测验材料;⑤表露法,让被试利用某种媒介(如绘画、游戏、心理剧等)自由表露他的心理状态,如画人测验。

投射测验五花八门,下面介绍最有名的两种投射测验:罗夏克墨迹测验和主题统觉测验。

1. 罗夏克墨迹测验。前面讲的电影《替罪羔羊》中,心理学家给两姐妹做的投射测验就是罗夏克墨迹测验。罗氏测验由十张卡片构成,在每张图片中印刷有左右对称的墨迹(见图13-3),五张是黑白的,五张是墨迹加彩色的。施测时每次出示一张,同时对受测者说:"要给你看的图片上印刷着偶然形成的墨迹图像。请你将看图所联想到的东西,不论什么,都自由地、原封不动地说出来。回答无所谓正确不正确,请你看到什么就说什么。"

观看图片时,允许受测者转动图片从不同角度去看,然后让受测者按照自己所想象的内容做自由描述，此为自由联想阶段，没有时间限制。主试者要逐字逐句详细地记下受测者的话，并记下每张图片从出现到第一次反应所需的时间、各反应之间较长停顿的时间、每张图片反应所需的总时间、受测者的情绪表现、附带的动作及其他重要行为等。接下来是询问阶段，主试再将各图片逐一交给受测者，并询问受测者是根据墨迹的哪一部分做出反应的，以及引起反应的因素是什么，对其回答也要详做记录。受测者在此期间可能进一步对其先前的反应加以补充或澄清。

 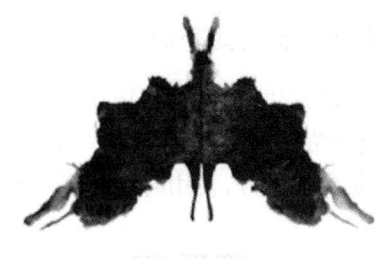

图13-3 罗夏克墨迹测验图例

墨迹测验的主要应用是在精神医学的临床诊断方面，由于该测验不受语言文字的限制，还广泛用于人格发展和跨文化研究。对罗氏测验有各种截然不同的评论。对该测验的主要批评是记分困难，未受过专门训练的人不易掌握，而且对结果的解释带有主观性，测验本身的效度与测验者解释分数的效度难以分清。

2. 主题统觉测验(TAT)。主题统觉测验是由默瑞与莫根于1938年在美国哈佛大学创制，其理论基础是默瑞的"需要—压力"理论。

全套测验包括30张内容模糊的黑白图片，另加一张空白卡片。图片内容多为人物，兼有部分景物（见图13-4）。就刺激情境而言，TAT比墨迹测验更有意义。TAT对受测者的反应不加限制，任其自由凭想象去编造故事。

主题统觉测验的基本假定是：个人面对图画情境所编造的故事与其生活经验有密切关系。受测者在编造故事时，常常是不自觉地把隐藏在内心的冲突和欲望等穿插在故事的情节中，借故事中人物的行为宣泄出来，也就是把个人的心理历程投射在故事之中。主试若能对受测者编的故事善加分析，便可了解受测者心理的需求。

图13-4 主题统觉测验图例

除以上投射测验外，其他重要的投射测验还有：完成句子测验、绘画测验（包括画人和画树）、逆境对话测验及团体人格投射测验等。

投射测验的优势就在于它可以对人格做综合的、完整的探讨,对受测者的内心生活做深层的探索,并做出动态解释。由于测验本身不显示任何目的,受测者很难有意防范而做虚假的反应,因此,测验结果一般比较真实。

投射测验的缺点在于:评分缺乏客观标准,难以量化;缺少充分的常模资料,测验结果不易解释;信度和效度不易建立;原理复杂深奥,非经专门训练者不易使用;与其他测验相比,被试更易受实施情境的影响。

三、性格的其他鉴定方法

性格的鉴定方法还有很多,比如血型鉴定法、笔迹鉴定法、图画鉴定法、排行鉴定法、居室设计法、办公桌鉴定法、衣着鉴定法和站立姿态鉴定法等。这些鉴定方法中有一些是合理成分,使用时应注意与实际情况结合加以分析,慎重对待。

第四节 良好性格的培养

怎样使个人的性格逐步向健全方向发展?这是一个涉及范围较大且有一定实践难度的问题。这里提供几点建议,仅供参考。

一、深刻体验自我,准确评价自我性格

复杂的社会现象反映在人的头脑里,经过思维加工和实践验证,形成了个人对生活的自我体验,由此产生出个人较稳定的自我心理倾向,它强烈地支配着个人对生活的认识态度,对塑造个人良好的性格特征产生重要影响,也直接关系到个人的事业成败。作为一名大学生,首先要做到自知,在此基础上,才可能做到自尊、自信、自强、自立。

了解自己、认识自己是一个什么性格的人,自己的性格具有哪些长处、哪些短处。在自知的基础上,对自己做出客观的评价和进行符合实际的自我设计、自我选择,从而在生活和事业上扬长避短,有效改正自己的缺点,防止缺点被人利用,避免处于被动地位。

要了解自我,可从以下几方面着手:①认识自己性格中的首要特征、中心特征和次要特征,尽量用准确、清晰、有条理的语言表达出来,比如是活泼的还是安静的、是勤奋的还是懒惰的;②通过人格测查,可用卡特尔16PF人格测验量表对自己的人格因素做一个初步的了解;③通过他人评价,将自我评价与他人评价相比较,然后加以修正,在此基础上,将自我性格的积极面和消极面分类列出,并注上哪些性格特征需继续保持与强化,哪些性格特征需改造更新。这种性格分析评价的过程是个人自我认识不断深化的过程。

二、有意识地调整自我,积极塑造良好性格

美国心理学家奥尔波特通过对人格的形成、发展和完善等一系列过程的研究,认为在人格尚未成熟之前,自我意识只是集中在个人身上,随着人格的成熟和经验范围的增大,个人增长超出自身的兴趣和要求。奥尔波特认为,成熟的人格应具备七个标准:①对社会活动有强烈的参与意识,以显示自我存在;②在与人交往中,有领悟痛苦、热情、恐惧和失败的能力,能理解他人的行为,容忍他人的缺点;③承认环境对人情绪的影响,不掩盖个人情绪,不做情绪的俘虏,对情绪的控制不是压抑,而是采取有效的手段调节情绪,不致形成对自己的威胁;④对挫折的阻碍有耐受力,但不听命于挫折,而是勇于消除或跨越阻碍,走自己的路;⑤能客观理智地面对现实,积极改变现实环境中不利于自己的因素,使其适合自己的需要,承认现实的本来面目,做事不违背客观条件;⑥对社会有强烈的责任感和义务感,渴望掌握安身立命的生活特征,为事业成功能够做到全神贯注,热心工作;⑦对自己有充分的认识,了解自己是什么样的人,他人又认为自己是什么样的人,并能因此自觉发挥自己的长处,巧妙地利用自己的优点,对未来有稳定而长远的生活目标,能把事业作为生活的基石,脚踏实地、孜孜不倦地追求目标的实现。

成熟的人格,并不意味着人格的完美,但它对人生的价值、态度、责任以及生活方式、思维习惯、道德情操、义利观念都有一套较为稳定的态度取向和行为表现。

人本主义心理学家马斯洛根据自我实现是人类追求最高境界的理念,对希望自我实现者提出七条建议:①把自己的感情出口放宽,莫使心胸像个瓶颈;②在任何情境中,都能够从积极乐观的态度看问题,根据长远的利害关系做决定;③对生活环境中的一切,多欣赏,少抱怨,有不如意之处,设法改善,坐而空谈不如起而实行;④设定积极可行的生活目标,然后全力以赴求其完善,但不能期望未来的结果一定不会失败;⑤对是非争辩,只要认清真理正义所在,纵使违背公议,也应挺身而出,站在正义一边,坚持到底;⑥莫使自己生活僵化,应给自己在思想与行动上留一点个性空间,偶尔放松一下身心,将有助于自己潜力的发挥;⑦与人坦率相处,使别人看见你的长处与缺点,也让别人分享你的快乐。以上几条,很值得借鉴。

对于大学生个体而言,塑造良好性格应注意做好以下几点:

第一,保持心境开朗,学会有意识地控制和调节自己的情绪,建立积极正常的情绪生活。

第二,加强意志锻炼,有意识地、自觉地、主动地控制自己的外在不良行为,培养自己经受挫折的耐受力,在挫折面前既不盲目冲动,也不消极低沉。

第三,自觉检查、修正自己的性格弱点,培养健康的性格模式。

第四,提高思维能力,学会独立分析和解决各种问题的能力,养成良好的思维品质。

第五,培养良好的情操,加强思想品德修养,树立远大理想和科学的人生观,把自我修养与社会需求结合起来,在求知与实践中实现自身素质的提高。

三、勇敢面对自我,克服性格弱点

一个人的缺点仿佛是自己优点的继续,如果优点的继续超过应有的限度,表现得不是时候,不是地方,那就会变成缺点;相反,缺点也能成为优点。人格的塑造应把握好度,具体包括:坚定而不固执,勇敢而不鲁莽,豪放而不粗鲁,好胜而不逞强,活泼而不轻浮,机敏而不多疑,果断而不冒失,稳重而不寡断,谨慎而不胆怯,忠厚而不愚蠢,老练而不世故,忍让而不软弱,自信而不自负,自谦而不自卑,自强而不自傲,自爱而不自赏。

克服不良性格弱点,还可通过心理训练改变性格,具体包括:

第一,不断保持最佳心理状态,通过成功的想象,使自己的身心保持思维活跃,情绪稳定,坚定果断,自尊自强的性格特征。

第二,自我激励,以模范人物或崇敬的成功者为榜样,不断地鞭策自己。

第三,自我暗示,自我提醒,自我督促,自我激励。

第四,习惯潜化,即习惯成自然,习惯的力量比任何理论的力量来得更大。

性格修养的关键在于努力培养自己良好的生活习惯和工作学习习惯。从培养习惯到改变性格,要求能够针对暴露出来的性格弱点,有意识地培养与之相反的习惯。通过新的习惯来克服和改变原有的性格弱点。在个人最容易暴露性格弱点的地方,要坚决克服对抗,用相反的习惯去克服战胜它。这种办法将有助于个人积小胜为大胜,最后达到完全改变性格弱点的目的。

第五节 人格的基本特性及其形成发展

人格由人格倾向和人格心理特征两部分构成。人格倾向中的需要和动机,人格心理特征中的能力、气质和性格等内容,在前面有关章节均已阐述,这里仅对人格的基本特性及影响人格形成发展的因素做概括介绍,便于读者对人格心理的总体把握。

一、人格的基本特性

人格一旦形成,便具有以下基本特性:

(1)独特性。个体的人格是在遗传、成熟、环境、教育等先天与后天环境交互作用下形成的。"人心不同,各如其面"就是指人格的独特性。宏观上有不同的气质类型、性格类型和能力类型等,微观上有人开放豁达,有人闭关自守,有人沉默寡言,有人豪爽健谈,有人谨小慎微,有人大胆妄为等。

（2）稳定性。稳定性是指那些经常表现出来的人格特点，是一贯的行为方式的总和，具有不同时空下的一致性。"江山易改，禀性难移"，人格特质一旦形成，要想改变是较为困难的。

（3）整体性。人是极其复杂的，虽然人的心理行为表现出多元性、多层次性，但人格结构的各方面是彼此和谐一致的，这也是健康人格的体现。否则，就会出现各种心理矛盾，导致"人格分裂"。

（4）功能性。人格影响着一个人的喜怒哀乐，决定着一个人的生活是否幸福和工作事业的成败，所谓人格决定命运、人格成就人生。当一个人的人格健全、功能发挥正常时，人则健康而有活力。当一个人的人格出现问题或有缺陷、功能失调时，人则懦弱无力，失控甚至变态。

二、人格形成与发展的影响因素

人格的形成与发展是先天遗传与后天环境交互作用的结果。

（一）生物遗传因素

生物遗传因素对人格的作用程度随人格特质不同而异。通常在智力、气质这些与生物因素相关较大的特质上，遗传因素的作用较为重要，但非遗传决定论。在需要、动机、价值观、信念和性格等与社会因素关系密切的特质上，后天环境的作用更重要。

（二）家庭环境因素

家庭环境对人格的影响主要体现在家庭结构、经济条件、居住环境、家庭氛围和教养方式上。以教养方式为例，权威型教养方式的父母在子女教育中表现得过于支配，孩子的一切都由父母来控制，在这种环境下成长的孩子容易形成消极、被动、依赖、服从、懦弱，做事缺乏主动性。放任型教养方式的父母有时对孩子过于溺爱，让孩子随心所欲，在这种环境中成长的孩子多表现为任性、幼稚、自私、野蛮、无礼、唯我独尊等。民主型教养方式的父母与孩子处于一种平等和谐的氛围之中，父母尊重孩子，给孩子一定自主权，并能循循善诱积极引导，促使孩子形成积极的人格品质，如活泼开朗、快乐自信、彬彬有礼、善于交往、富于合作、思想活跃等。

（三）童年经验

早期经验对人格的影响一直被心理学家所重视。弗洛伊德特别强调婴幼儿期的生活经验对人格发展的重要意义，认为婴幼儿期是人格发展的最重要阶段，一个人从出生长到6岁时，人格的基本模式就大致形成了，一直保持到终生几乎没有什么大的变化。如果成人的人格出现适应问题，往往可追根溯源至他的童年生活找到原因。民间俗语"三岁看大，七岁看老"。可见，童年生活经验对人格形成的影响极为重要。幸福快乐的童年有利于形成和发展健康的人格，遭遇不幸的童年会对人格发展造成消极影响,形成不良人格或出现人格障碍。

(四)自然物理因素

生态环境、气候条件、空间拥挤程度等这些物理因素,与人们的感知、想象、思维、观察视角、情绪、社会交往等心理过程和社会化发展密切相关,进而影响人格的形成与发展。生活在城市、农村、沿海、内陆、山区、高原、沙漠等不同地域的人,其人格都有着不同的特征和差异,可见,自然环境对人格形成与发展的影响作用是可以肯定的。

(五)社会文化因素

社会文化是与人们生产和生活实际紧密相连,具有地域、民族或群体特征并对社会群体和个体施加广泛影响的各种文化现象和文化活动。如社会意识形态及与其相适应的文化制度和组织机构。每个社会都有与自己社会形态相适应的社会文化,如哲学、宗教、艺术、政治思想、法律制度、伦理道德、核心价值观等。人是社会中的一员,社会文化塑造了社会成员的人格特征,使其人格结构朝着相似性方向发展,既维系社会和谐稳定,又使个人牢固"嵌入"此种社会文化之中。如生活于不同民族文化的个体大多具有其民族固有的性格。弗洛姆研究认为,一个社会中绝大多数成员所具有的基本性格结构就是社会性格,它是群体成员在共同处境下,在共同的生活方式和基本实践活动基础上形成的,是社会经济、政治、文化诸因素交互作用的结果。因此,社会性格就是社会文化的产物。可见,社会文化在人格形成和发展中扮演着非常重要的角色。

案例分析

某大学三年级女生张某,在校期间担任学院文艺部部长,工作讲求效率,在工作岗位上将自己的才能发挥得淋漓尽致。可是,张某却常常处于紧张、焦躁、忙乱状态,有时情绪反应非常强烈。在前段时间,失眠、头痛的次数明显增加,怀疑自己是不是患了什么疾病,去医院检查并未发现疾病征兆,所以前来做心理咨询。

咨询者在与张某的谈话中及心理测量后都发现,张某是典型的A型性格。对待A型性格要扬长避短,吸收B型性格之精华,及时地调整、放松自己,做到劳逸结合,张弛有序。为了有效地矫正A型性格,咨询者提出以下建议:第一,确定自己的生活目标,集中精力为此而奋斗,不要追求那些未必值得拥有的东西;第二,放弃自己要做一个完人的想法,勇敢地接受自己的缺点,信任别人,相信别人也能做好各项工作;第三,尽量淡化荣誉、成就观念,要注意学习、生活、工作的和谐,注重生活的质量和体验;第四,培养多种兴趣爱好,增强生活的艺术情调,经常听音乐,看电影,培养艺术修养;第五,在时间安排上要井然有序而留有余地,要从容不迫、踏实稳健地去干每件事,不要以数量来衡量成绩,要讲究工作的质量;第六,主动控制、调节自己的情绪,避免争论和冲突,以幽默的态度去化解生活中的波折,培养宽容、广博的胸怀;第七,善于倾听别人的意见,不要打断别人的讲话,不要把别人干的事情抢过来,对别人要多加鼓励和赞赏;第八,有目的地利用机会培养自己的耐心和悠闲感,比如排队、逛公园等;第九,多交些知心朋友,建立归属感和安全感,多体会与朋友交流交心的真切感受。

课后习题

一、单项选择题

1. 人格的核心成分是(　　)。
   A. 气质　　　　B. 性格　　　　C. 意志　　　　D. 情感
2. 艾森克认为,人格维度包括(　　)。
   A. 共同特质与个人特质　　　　B. 表面特质与根源特质
   C. 外倾性、神经质、精神质　　D. 体质特质与环境特质
3. 在塔佩斯提出的人格五因素模型中,包括开放性、责任心、宜人性、神经质和(　　)。
   A. 外倾性　　　B. 聪慧性　　　C. 精神质　　　D. 恃强性
4. 最先用内、外倾向来划分性格类型的人是(　　)。
   A. 弗洛伊德　　B. 卡特尔　　　C. 艾森克　　　D. 荣格
5. 下列不属于人格自陈量表的是(　　)。
   A. MMPI　　　 B. 16PF　　　　C. TAT　　　　D. EPQ
6. 性格特征的结构成分主要包括态度特征、意志特征、情绪特征和(　　)。
   A. 生理特征　　B. 社会特征　　C. 理智特征　　D. 行为特征
7. 下列选项中不包括在卡特尔提出的人格特质理论模型中的是(　　)。
   A. 表面特质和根源特质　　　　B. 体质特质和环境特质
   C. 首要特质、中心特质和次要特质　D. 动力特质、能力特质和气质特质
8. "江山易改,禀性难移"说明人格具有(　　)。
   A. 独特性　　　B. 稳定性　　　C. 整体性　　　D. 功能性
9. 人在处理各种社会关系时表现出来的真诚与坦率、虚伪与遮掩等性格特征属于(　　)。
   A. 态度特征　　B. 意志特征　　C. 情绪特征　　D. 理智特征
10. 编制16种个性因素测验(16PF)的心理学家是(　　)。
    A. 奥尔波特　　B. 卡特尔　　　C. 吉尔福特　　D. 艾森克
11. 在人格结构中,具有社会道德评价意义的是(　　)。

A. 气质　　　　　B. 认知风格　　　C. 能力　　　　　D. 性格

12. 用图片或墨迹作为刺激,让被试自由回答从而测量其性格的方法是(　　)。
A. 自然实验法　　B. 投射法　　　　C. 问卷法　　　　D. 个案法

13. 艾森克提出的人格三因素是(　　)。
A. 内倾性、外倾性和开放性　　　　B. 内外倾性、随和性和精神质
C. 内倾性、精神质和神经质　　　　D. 外倾性、神经质和精神质

14. 下列选项中属于投射测验的是(　　)。
A. 明尼苏达多相人格测验(MMPI)　　B. 主题统觉测验(TAT)
C. 爱德华个性偏好量表(EPPS)　　　 D. 艾森克人格问卷(EPQ)

15. 关于良好性格的形成,以下说法错误的是(　　)。
A. 深刻体验自我,准确评价自我性格　B. 有意识地调整自我,积极塑造良好性格
C. 回避参加社交活动,以免暴露缺点　D. 勇敢面对自我,克服性格弱点

16. 人们通常认为"北方人开朗、豪爽,南方人含蓄、细腻",根据奥尔波特的人格理论,上述人格特质属于(　　)。
A. 共同特质　　　B. 首要特质　　　C. 次要特质　　　D. 中心特质

17. 当面对挫折与失败时,坚强者能发奋拼搏,懦弱者会一蹶不振,这表现的人格基本特性是(　　)。
A. 独特性　　　　B. 稳定性　　　　C. 整体性　　　　D. 功能性

18. "人心不同,各如其面",这体现出下列哪种人格特性(　　)。
A. 独特性　　　　B. 稳定性　　　　C. 整体性　　　　D. 功能性

19. 个人行为中表现出胜任、公正、条理、尽职、成就、自律、谨慎和克制等人格特质,这些属于大五因素模型中的(　　)。
A. 宜人性　　　　B. 开放性　　　　C. 责任心　　　　D. 外倾性

20. 奥尔波特首次提出人格特质理论,并把个人特质分为首要特质、次要特质和(　　)。
A. 中心特质　　　B. 共同特质　　　C. 根源特质　　　D. 表面特质

二、辨析题(判断正误,并说明理由)
1. 人格的独特性是一个人与他人内在的区别,故也叫人格的差异性。
2. 童年经验对个人一生的人格发展起决定性作用。
3. 与气质相比,性格主要是后天环境教育的结果。
4. 由于性格对个人发展的影响作用,因而人们常说"性格决定命运"。
5. 心理学中的人格就是通常所说的人品。

三、简述题
1. 说明性格与气质的关系。
2. 简述人格的现代特质理论。

3. 说明性格的类型理论。
4. 说明良好性格的主要表现。
5. 简介鉴定性格的方法。

四、论述题

联系实际,谈谈如何培养良好的性格。

五、材料分析题(阅读材料,并回答问题)

初中二年级小飞同学上课不遵守纪律,注意力不集中,听课不专心,有时还会发出怪叫声,故意破坏纪律引起他人的注意。当老师批评他或同学责备他时,他不仅毫无羞怯之意,反而感到高兴。平时,小飞和老师、同学都很少沟通,不愿意交流,有些以自我为中心,他顽皮、好动,喜欢接老师的话茬,而且常常在当面或背地里给同学或老师起绰号,有时还无缘无故地欺辱同学。当然,他也有值得肯定的地方,他性格直率,敢作敢为,勇于承担任务,而且身强体壮,体育成绩好,每次校运动会都能给班里争光。

问题:如果你是班主任,你认为应该如何教育培养小飞同学形成良好的性格?

拓展阅读

1. [美]兰迪·拉森,戴维·巴斯.人格心理学[M].郭永玉,等.译.北京:人民邮电出版社,2011.

2. [美]杰里·M.伯格.人格心理学[M].北京:中国轻工业出版社,2010.

3. 黄希庭.人格心理学[M].杭州:浙江教育出版社,2005.

4. 郑雪.人格心理学[M].广州:暨南大学出版社,2003.

5. 王有智.认知风格、内外向性、情绪稳定性与图形推理效果的关系[J].心理科学,2003(6).

6. 王有智,罗静.高低拖延者的冲动性特征与延迟折扣差异研究[J].心理科学,2009(2).

7. 赵宇晗,余林.人格特质与认知能力的关系及其年龄差异[J].心理科学进展,2014(12).

8. 杨丽珠.中国儿童青少年人格发展与培养研究三十年[J].心理发展与教育,2015(1).

9. 邓林园,武永新,孔荣,方晓义.冲动性人格、亲子沟通对青少年网络成瘾的交互作用分析[J].心理发展与教育,2014(2).

10. 刘立立,缴润凯.自我概念、自立人格与师范生教师职业成熟度的关系[J].心理发展与教育,2013(3).

11. 刘文婧,许志星,邹泓.父母教养方式对青少年社会适应的影响:人格类型的调节作用[J].心理发展与教育,2012(6).

12. 安媛媛,伍新春,刘春晖,林崇德.情绪性人格对青少年创伤后成长的影响:应对方式的中介作用和社会支持的调节作用[J].心理发展与教育,2013(6).

13. 孙鹏,邹泓,杜瑶琳.青少年创造性思维的特点及其对日常创造性行为的影响:人格的中介作用[J].心理发展与教育,2014(4).

14. 邓琳双,郑雪,杨帮琰,李慧玲,胡金凤,罗琳.人格与青少年疏离感的关系:社会支持的中介作用[J].中国临床心理学杂志,2012(5).

15. 曾昱,夏凌翔.中学生自立人格与主观幸福感的关系:心理资本与感恩的中介效应[J].西南大学学报(自然科学版),2013(12).

第十四章

学习心理与辅导

学习目标

理解学习动机、自我效能感、学习策略等基本概念,以及学习观、学生学习的特点、学习类型、学习理论和影响学习的主观因素,掌握培养和提高学习动机、自我效能感、学习策略的基本方法。

第一节 学习心理概述

对学习的研究一直是心理学中的一个较为核心的课题。什么是学习,在心理学中有种种界说,以往较为广泛的定义是:学习是个体在特定情境下由于练习或反复经验而产生的比较持久的行为变化。但随着信息社会及知识经济时代的发展,学习的观念也在不断革新。近期被大家广为接受的定义是:学习是由经验引起的行为或思维的比较持久的变化。所谓经验包括外部的环境刺激、个体的练习、个体与环境之间复杂的交互作用等。经验引起学习而导致个体发生的变化既有外部行为的变化,也有内部心理结构的变化,如思维方式、思维品质的改变等。学习所引起的行为、思维的改变是较为持久的,它不同于因疲劳、药物、适应所引起的短暂的、水平较低的行为变化,也不同于因成熟引起的缓慢变化。下面我们对有关学习的几个基本问题加以论述,以增强对学习的认识。

一、学习观

(一) 全面学习观

全面学习观就是学习者应以浓厚且广泛的学习兴趣尽可能多地进行多方面、多层次的学习,积极拓展知识面、丰富知识结构,促使自己成为一个适应能力强的复合型人才。过去,我国曾流传一句顺口溜:"学好数、理、化,走遍天下都不怕",这在当时背景下,具有一定的社会现实性,然而在当前,随着科学、技术、经济的迅猛发展,社会分工越来越细,社会生产、生活的复杂程度也越来越高,要求人必须有高度发展的能力系统,只有具备综合能力的人,才能在现代竞争中获胜。现代人才不仅要具有扎实宽厚的学科知识,还要具有将知识应用于社会实践的能力和创新能力。

（二）自主学习观

自主学习观是指学习者要把自己当成学习活动的主人,掌握学习主动权,从而积极、主动且创造性地进行学习。俗话讲:"师父领进门,修行在个人"。在同一背景、同一环境下学习的学生为何成绩参差不齐,其中学习主动性是一个重要因素。学习过程是学习主体对学习客体主动探索、不断创新,从而不断发现客体新质、不断改进已有认识和经验,建构自己认知结构的过程。学生在学习过程中要从以下几方面树立自主学习观:

第一,自我定向,即自己确定学习目标,安排学习程序,制订学习计划,做学习的主人。

第二,自我探究,即按照自己的基础和习惯、水平和能力,去读、想、做、说、议、画,通过动手、动脑、动口等自主活动,独立发现问题、解决问题,得出科学结论。

第三,自我评价,即基于对自己的认识,依据学习目标和自身的评价指标,对自身的学习目标、策略、方法、计划进行自我反思与评价,进而对学习过程进行积极的监测。

第四,自我调控,即对照自己的学习目标,寻找学习差距,考虑如何改进自己的学习策略和方法,并采取针对性措施,及时调整自己的学习目标、策略和方法,以促进目标的达成。

第五,自我激励,即在学习过程中,要不断激励自己战胜困难,获得学习成功,使自己始终处于积极、活跃的学习状态。

（三）创造学习观

创造学习观是指学习者在学习过程中应具有创新意识,运用多元思维,理解掌握知识、革新知识、发展知识。创造性是学习者自主性的展现,虽然学生在校学习是以再造性思维为主要形式,但发展创造性思维,产生前所未有的新异观念、行为及作品才是教育及人类学习的最终目的。物理学家、诺贝尔奖获得者温柏格曾说,不要安于书本上给你的答案,要去尝试发现与书本上不同的东西,这种素质可能比智力更重要,往往是最好的学生与次好的学生的分水岭。那么,怎样培养自己的开拓创新能力呢?一是积累知识,增长才干;二是培养想象力;三是培养发散性思维能力。

常用的促进创造过程的方法有以下几种:

1. 头脑风暴法,即让群体成员在轻松、自由的环境下随心所欲,互相启发,尽量提出某一问题的多种解决方法,集思广益。

2. 检查单法,即把现有事物的要素进行分离,然后按照新目的加以改变。
3. 希望点列举法,即通过列举某物被希望拥有的特征,找到新的思路。
4. 组合法,即把两项以上的技术组合在一起产生新的产品。
5. 卡片排列法,即先把对象的要素一一记在卡片上,然后把卡片混合,再根据某一标准进行重新整理。

(四)终身学习观

终身学习观是指学习者应着眼于终身充分发展的需要,培养自身不断学习、不断接受新信息的方法,并且树立活到老、学到老的意识和信念。学习不是某一阶段的任务,只能说是某一阶段的主导性活动。当今社会的各个领域都在快速发展,致使知识陈旧速度也非常快。因此,参与到社会生活中的人们都在而且必须通过各种形式进行继续学习。对于在校的学生来讲,除了学好书本知识外,更重要的是以终身学习观为指导,掌握并能灵活运用适当的学习方法,为终身学习打下坚实基础。

(五)建构学习观

建构主义者认为世界是客观存在的,但对于世界的理解和赋予意义是每个人自己决定的。人们是以自己的经验为基础来建构或者至少说解释现实,由于个人的经验以及对经验的信念不同,对外部世界的理解也不一样。因而,知识并不是对现实的准确表征,它只是一种解释、一种假设,并不是问题的最终答案。它会随着人类的进步而不断被"革命"掉,并随之出现新的假设。建构主义者更关注如何以原有的经验、心理结构和信念为基础来建构知识,强调学习的主动性、社会性和情境性,对学习和教学提出了许多新见解。

1. 学习是学习者主动建构信息意义的过程。学生所学的知识大多是课本知识,课本知识是一种关于各种现象的较为可靠的假设,而不是解释现实的"模板"。学习不是知识由教师向学生的传递,而是学生建构自己的知识的过程,是学生主动建构信息意义的过程。维特罗克(M. Wittrock)认为,学习是学习者通过原有的认知结构与从环境中接受的感觉信息相互作用来生成信息的意义的过程,人脑并不是被动地学习和记录外界输入的信息,而是主动地建构对输入信息的解释,主动选择一些信息,忽略一些信息,并从中得出推论。

2. 学习过程包含两方面的建构。认知灵活性理论(cognitive flexibility theory)认为,建构包含两个方面:①对新信息的理解是通过运用已有经验,超越所提供的信息而建构的;②从记忆系统中提取的也要按具体情况进行建构,而不仅仅是提取。建构不仅是对信息的意义的建构,而且还包含对原有经验的改造和重组。

认知灵活性理论将学习分为"初级学习"和"高级学习"两种。初级学习是学习中的低级阶段,所涉及的是结构系统联系紧密的知识领域,称为结构良好领域。初级学习中,教师只要求学生知道一些重要的概念和事实,在测验中只要求他们将学到的东西按原样再现即可。而高级学习则涉及结构不良领域的知识。结构不良领域有两个特点：一是知识应用的每一个实例中，都包含着许多应用广泛的概念的相互作用（即概念的复杂性）；二是同类的各个具体实例中，所涉及的概念即相互作用的模式有很大的差异（即实例间的差异）。结构不良领域普遍存在，在所有的领域中，只要将知识用到具体情境中去都有大量的结构不良的特征。因此，不可能将已有知识简单地提取出来去解决实际问题，只能根据具体情境，以原有的知识为基础，建构用于指导问题解决的模式。

二、学生学习的特点

学生学习主要有以下三个特点：

（一）主要掌握间接经验，直接经验的习得相对较少

人类的认识是从实践开始的，而学生的学习则未必如此，他们可以从学习现有的经验、理论开始，同时补充以感性经验。虽然学生的学习也要求个人有一定的经验基础，但学生与其他成年人的实践活动目的不同。学生对间接经验的学习是主要的，教师在教学组织和教学方法上，特别要把学校学习与实际生活和学生的原有经验联系起来。

（二）学习的时间有限

学生学习是在有计划、有目的、有组织的情况下进行的，学习必须在有限的时间内完成，并达到社会的要求，因而需要教师的指导。由于教师既掌握所教知识的内在联系，又了解学生学习过程的特点，能够保证在较短时间内，采用特殊有效的方法，帮助学生学会学习，完成掌握前人经验和建构自己认知结构的学习过程。

（三）学习具有一定的被动性

学生的学习更多的不是为了适应当前的环境，而是为了适应将来的环境，当学生意识不到他当前的学习与将来生活实践的关系时，就不愿为学习付出更大努力。因此，教师要注意用多种方法来培养和激发学生的学习动机，提高其学习的主动性和积极性。

三、学习的类型

学习过程非常复杂，学习内容也非常广泛，学习的形式更是多种多样，因而很难对学习进行统一分类。许多心理学家根据不同的研究目的和标准对学习进行了多种分类，了解这些类型有利于我们进一步认识和把握学习活动的本质。下面介绍几种不同的分类方法。

（一）按照学习的水平与结果分类

美国现代著名心理学家加涅（Gagne）根据学习的繁简水平与学习的结果对学

习进行了不同的分类。

1. 根据学习的繁简水平将学习分为八类。

(1)信号学习。在经典条件作用的基础上形成的、对信号刺激做出的某种特定反应。例如,小孩看见穿白大褂的护士就联想起打针,从而表现出恐惧,这种恐惧是由信号学习引起的。信号学习是形成行为的最小单位,也是最基本的学习。

(2)刺激—反应学习。这是基于操作性条件作用的学习,学习时具有一定的情景,有机体做出某种行为后得到强化,该行为再次出现并得到巩固。例如,儿童在课堂上由于正确回答问题而得到表扬,多次以后变得爱在课堂上回答问题。

(3)系列学习。又称"连锁"学习,是将一系列刺激—反应动作联合起来。各种技能的获得都离不开系列学习。例如,学蛙泳就必须学会如何用手划水并夹水、蹬腿并夹水、抬头呼吸,以及如何将上述三个主要动作组成一个和谐的系列。

(4)言语联想学习。这类学习与系列学习相似,只不过学习的单元是语词刺激,言语联想学习就是一系列连续性词语的联结。

(5)辨别学习。学习辨别多种刺激的异同,并对之产生不同的反应。

(6)概念学习。在对刺激进行分类时,学习对同一类刺激做出相同的反应,即对该类事物的抽象特征做出反应。进行概念学习时,人不仅要比较事物的异同,而且要将事物的本质特征抽取出来,并将有同样特征的事物归为一类,由此形成概念。

(7)原理学习。原理是指两个及两个以上概念之间的关系,原理学习就是对概念关系的学习。

(8)问题解决的学习。在各种情况下运用所学原理去解决问题。

2. 根据学习的结果将学习分为五类。

(1)言语信息的学习,即学习的结果或掌握的内容是以言语信息表达出来的。

(2)智慧技能的学习,即过程知识的学习,言语信息的学习帮助学生解决"是什么"的问题,而智慧技能的学习要解决"怎么做"的问题。

(3)认知策略的学习,认知策略是学习者支配自己的注意、学习、记忆和思维的方式,它表现为一种内部控制的过程。自己管理自己思维过程的内在的有组织的策略,这是目前教育心理学研究的热门课题。

(4)态度的学习,即学习影响个人对现实存在的事物、任务、事件等的认识、情感和愿望等内部状态。它主要从校内外活动和家庭中得到,也可从各种学科的学习中得到。

(5)运动技能的学习,即动作技能的学习,如操作仪器技能、体操技能、写字技能、作图技能等。上述分类对帮助学生学习、更好组织教学具有应用价值。

(二)按照学习的目标分类

布卢姆(B. Bloom)以教育目标和教育任务为出发点,将教育目标分为认知、情感和动作技能三个领域,其中认知领域的学习分为六类:①知识,即对知识的简单回忆;②理解,即能解释所学的知识;③应用,即在特殊情况下使用概念和规则;④分析,即区别和了解事物的内部联系;⑤综合,即把思想重新综合为一种新的完整的思想,产生新的结构;⑥评价,即根据内部的证据或外部的标准做出判断。布卢姆的这六类学习是由简单到复杂,由具体到抽象化,每一项都建立在先前获得的技能或能力的基础之上。

(三)按照学习进行的方式及学习材料与学习者原有知识的关系分类

奥苏贝尔(Ausubel)根据学习进行的方式将学习分为接受学习和发现学习。同时,他还根据学习材料与学习者原有知识的关系,把学习分为有意义学习和机械学习。

1. 接受学习和发现学习。奥苏贝尔认为,接受学习是讲授者将学习的内容以定论的形式传授给学生,学习是被动"接受"知识的过程,不要求学生主动去发现什么,只是要求把学习内容内化为自身的知识,以后能在恰当的时候把知识提取出来或加以运用。发现学习是讲授者不直接把学习内容教给学生,而是在学生内化之前,让学生自己去发现这些内容。学生的主要任务是先发现,然后再将发现的内容加以内化,成为学习者自身的知识。

2. 意义学习和机械学习。意义学习是通过符号、文字使学习者在头脑中获得相应的认知内容。要在用符号代表的新知识与学习者原有的知识结构之间建立起一种实质性的和非人为的联系。实质性的联系是指人们可能用不同的符号来表达知识,但它代表的意义是相同的。非人为的联系是指这种联系是内在的而不是任意的。机械学习与意义学习正相反,在机械学习中,学习者没有理解学习符号的真实含义,只是在学习内容与已有的知识结构之间建立一种非本质的、人为的联系,机械学习常表现为一种死记硬背式的学习。

除上述学者对学习的分类之外,国内外学者还有许多分法,如我国著名心理学家潘菽先生按照学习内容与结果将学习分为知识的学习、动作技能的学习、智慧技能的学习和社会行为规范的学习四类。还有按照学习的层次分为最低层次的学习、人类的学习、学生的学习、特定领域的学习和模拟人类学习的机器学习等。

四、学习过程与阶段

学习是一个过程。这个过程是由一系列的事件(即学习事件)所构成的。根据现代信息加工理论的观点,加涅认为学生的每一个具体而完整的学习活动,其过程可以分为动机、领会、习得、保持、回忆、概括、作业和反馈八个阶段。

动机阶段。学习是由动机或期望所驱动的。学生有了学习的动机或期望,就会使学习的行动指向学习的目标,并会因达到目标而感到心理上的满足。

领会阶段。对于有了学习的动机或期望的学生来讲,首先必须注意与学习有关的刺激。当学生把所注意的刺激特征从其他刺激分化出来时,这些刺激特征就被进行知觉编码并贮存在短时记忆中。

习得阶段。习得阶段的工作是对贮存在短时记忆中的信息做进一步编码并将其转入长时记忆中。

保持阶段。学生将习得并经过编码的信息进入长时记忆的贮存阶段。

回忆阶段。学生将习得的信息,通过作业的形式表现出来。其中,信息的检索和提取是必需的一个环节。

概括阶段。学生提取习得的信息的过程,并不局限于与原先学习相同的情境,更重要的是将习得的知识运用到各种类似的学习情境中去,这就是加涅所说的概括。学习过程必然要有一个概括的阶段。这里的"概括"基本上与"学习的迁移"是同义的。

作业阶段。通过作业可以反映学生是否已经习得了所学习的内容。作业的功能不仅是为了获得反馈,而且还可通过作业看到自己的学习结果,这对有些学生会产生一定的满足感。

反馈阶段。加涅所讲的反馈,类似于其他心理学家所讲的强化。加涅认为,需要注意的是,强化在学习过程中之所以起作用,是因为学生在动机阶段形成的期望在反馈阶段得到了肯定。

第二节 学习理论简介

20世纪以来,心理学家们在积极地探讨、挖掘以求揭示学习的规律,但由于其哲学基础、学科背景、研究角度及研究手段等不同,所以形成了十多种各有特色、又相互联系的学习理论。各派理论都试图解释、说明一切学习现象,然而由于其本身仅是从一个或几个方面找出了学习的部分规律,因而难以涵盖全部。可喜的是,建立学习理论的各派在争鸣的过程中,又相互取长补短,共同促进学习理论的研究不断走向深入。回顾学习心理研究的历史,尽管学派林立,但对这些理论形成的背景、研究角度等进行梳理,可将其大体分为联结论、认知论、社会学习论和人本主义学习论四类。

一、联结学习理论

学习的联结理论强调复杂行为是建立在条件联系上的复合反应,学习就是在刺激与反应之间建立联结的过程。联结论又称刺激(S)—反应(R)学习理论,是由"教育心理学鼻祖"——美国心理学家桑代克创立,华生、斯金纳等行为主义者提出的行为学习论由于未超出 S—R 范式,故归于此类。

（一）桑代克的联结学习理论

桑代克最初研究学习问题是从各种动物实验开始,通过一系列的动物实验提出了联结学习理论,其主要观点有下面四方面：

1. 学习是以神经连接为基础产生的情境刺激与反应之间的联结("联结"即结合、关系、倾向)。

2. 学习的过程是一种渐进的、盲目尝试与逐渐减少错误的过程。学习开始时正确反应的出现是偶然的,通过反复尝试,错误的反应逐渐减少,正确的反应会逐渐增加(此即"试误说"),终于在一定刺激与一定反应之间形成了牢固的联结。

3. 人和动物的学习都遵循三条重要规律：①准备律,即学习者在学习开始时的预备定势,准备以某种方式反应且能实现此反应则满意,学习就有效,有准备而不让其行动则会烦恼,无准备而强制以活动也会感到烦恼；②练习律,即通过有奖励的练习,可以增强刺激与反应之间的联结；③效果律,即反应的结果(如喜悦或烦恼)影响着刺激与反应联结的加强或减弱。

4. 人类的学习比动物的学习要复杂。按其复杂程度可将学习分为形成动物式的刺激—反应的直接联结；形成观念的联结；形成抽象的联结；形成选择性联结。桑代克的学习理论曾指导了大量的教育实践,发挥了该理论应有的历史作用。

（二）行为学习理论

行为学习理论的代表人物有华生、斯金纳。其中,斯金纳的操作条件反射理论最具代表性。斯金纳认为一切行为都是由反射构成的。行为可分为应答性行为(由已知刺激引起的反应,如遇火烧而缩手等)和操作性行为(由有机体自身发出的、而非已知刺激引起的反应,如出拳、蹲下、吹口哨等),与两类行为相应,斯金纳把条件反射分为应答性条件反射(或经典条件反射)和反应性条件反射(或操作件反射),前者是S—R型条件反射,后者是R—S型条件反射。学习可以看成是形成操作条件反射的过程。操作条件反射的形成与强化有极为密切的关系,因而,他对强化进行了较全面的研究,所形成的强化理论成为他学习理论的最重要部分和基础。斯金纳认为行为之所以发生变化是因为强化物的强化作用所致,对强化的控制就是对行为的控制。所谓强化可简单理解为能增强反应概率的效果。强化作用是通过强化物来实现的。凡是能增强反应概率的刺激和事件都叫强化物。强化有积极强化与消极强化之分。积极强化通过呈现刺激增强反应概率,消极强化通过中止不愉快条件来增强反应概率。这对教育实践具有很大的借鉴作用。

联结论对学习心理问题提出了非常有价值的见解,许多理论至今仍在指导教育、学习实践活动,但其根本缺陷就是忽视了对学习的内在心理过程的深入分析,比较适合于解释动物的学习和人类的低层次学习。

二、认知学习理论

认知学习理论是现代学习理论的主流。该理论强调从整体上探讨学习的本质,切入学习的内在过程研究学习活动。认知学习理论的主要理论分支有以下几种。

(一)格式塔学派的学习理论

格式塔心理学又称完形心理学,该学派关于学习的理论观点主要有:

1. 学习是对问题情境的整体知觉和理解,是对完整结构(完形)的组织,而不是刺激—反应的联结。

2. 学习是由顿悟实现的,即顿悟学习。所谓顿悟就是自发地对某些事物间关系的突然贯通或理解。

3. 创造性思维是建构"格式塔"的过程。所谓"格式塔"是指"合理的结构"。创造性思维是结构上的一种操作过程,这种过程就是打破旧的格式塔、建立新的格式塔过程。例如,用6根火柴搭成4个三角形,如果不打破"平面几何"这个旧的格式塔,问题就很难解决。格式塔学习理论强调整体观和知觉经验组织的作用,对后来的认知派学习理论的研究具有积极的启迪作用。

(二)布鲁纳的发现学习论

布鲁纳是当代最杰出的科学教育家之一,是发现学习论的创始者。发现学习是让学习者自己主动去发现知识的结构、结论和规律的学习过程,是用自己的头脑亲自获得尚未知晓的知识的过程,也包括人类尚未知晓的事物。这种学习要求学生像科学家那样去思考、探索未知,最终达到对所学知识的理解和掌握。布鲁纳认为学习一门学科,包含知识的获得、知识的转化与评价这些几乎同时发生的过程。他还强调学生内在动机的作用,认为发现学习有助于培养学生良好的学习心理品质,表现在以下几方面:

1. 有利于开发利用学习者的潜能,学习者在亲自参与发现活动中会主动去获得信息,解决问题。

2. 有利于外在奖赏向内部动机转移。发现学习是以自我奖赏来强化个体的学习活动,在发现学习中,外在奖赏的强化作用会逐渐减弱,学习者会在主动积极地解决问题的过程中获得自我奖赏。

3. 有利于学习者学会探索的最优方法和策略。发现学习是归纳推理的一种类型,即从个别的、特殊的事物中推断出一般原理与规律。归纳方法的掌握,对于学习者今后解决任何问题都是十分有用的。

4. 有利于信息的保持和检索。发现学习可以使学习内容按照个人的兴趣和认知结构组织起来,使学习内容易于检索,记忆效果更好。因而,应在学习过程中提倡发现学习。

(三)奥苏贝尔的认知同化学习理论

奥苏贝尔根据学习内容和已有知识经验的关系把学习分为意义学习和机械学习两类。所谓意义学习是指在对事物理解的基础上,依据事物的内在联系所进行的学习;机械学习是指对学习材料进行单纯重复、死记硬背的学习。奥苏贝尔认为学生的学习主要是意义学习,当学生把新学的内容与自己的认知结构(学生现有的知识结构)联系起来时意义学习便发生了,而多数的意义学习是通过同化而实现的。

同化学习有以下三种方式:

1. 类属学习,又称下位学习,是指在知识学习中新知识与原有知识的部分关联,把新知识归入认知结构中的有关部分的过程。类属学习有两种形式:一种是派生类属学习,即新知识只是认知结构中原有观念的一个特例,或者直接从原有知识中派生出来;另一种是相关类属学习,即新知识是原有知识的深入、精制、修饰或限定。

2. 总括学习,又称上位学习,指原有知识为从属概念,新知识为上位概念。例如,儿童往往是在熟悉"胡萝卜""绿豆""菠菜"这类从属概念之后,再学习"蔬菜"这一上位概念的。

3. 并列组合学习,指新概念与认知结构中的原有知识既不能产生类属关系,也不能产生总括关系,新旧知识为并列组合关系。例如,质量与能量、冷热与体积、遗传与变异、需求与价格的关系等。这类关系的学习既不从属于学生已掌握的有关特征,也不能总括原有概念,但它们之间仍然具有某些共同的关键特征,根据这些共同特征形成组合关系。因此,奥苏贝尔认为同化理论的核心是,学生能否习得新信息,主要取决于他们认知结构中已有的有关观念(如已有知识的可利用性、可辨别性和固定性)。

(四)信息加工学习论

信息加工学习论主要是解释人对环境中的有关信息怎样经由感官察觉、注意、识辨、转换和记忆等内在心理活动吸收并加以运用的历程,即用信息加工的观点和术语说明人的认知过程的一种理论。它关注学习的内在过程,认为学习的实质是学习者主动建构认知结构的过程,同时将学习心理研究与教学结合起来,重视教育情境的实际应用研究。这种理论大大地促进了学习心理研究,也引发了一场学习观念的变革。信息加工学习论在教育上有以下启示:短时记忆的容量是有限的,如果一味地要求学生在短时间内掌握大量的信息,不给他们留有加工或思考的余地,结果会适得其反;根据组块的概念,为了使学生在短时间内学习更多的知识,必须把知识组织成有意义的组块,减少机械学习;信息编码不仅有利于学生的理解,而且也有助于信息的储存和提取。该理论的局限性在于:其一,缺乏系统性与完整性,理论范式比较松散,还需进一步完善;其二,人机类比,以偏概全,不免有些机械主义的色彩;其三,侧重于研究认知过程,而难以解决人的情感、动机等问题。

三、社会学习理论

社会学习论是一种在"刺激—反应"学习原理及认知学习论基础上发展起来的理论,着重阐述人是怎样在社会环境中学习的,其主要代表人物有班杜拉、米勒、多拉德。社会学习论的主要观点有以下几种:

三元交互学习论。行为主义强调环境决定论,认知理论强调个体内在因素决定论,班杜拉综合两派的学说,提出三元交互作用论,认为环境、对环境的认知及学习者行为等因素决定学习者的学习行为,但环境起决定性作用。此理论既包含了行为主义学习论中环境因素对学习的影响,也包含了认知学习论中认知因素对学习的影响。

观察学习和模仿学习。这是班杜拉社会学习理论中的重要概念,认为人的社会行为是通过观察榜样人物行为及其行为结果后,在模仿的基础上学得的。模仿对象多是学习者心目中的重要人物和同性别的人。

自我调节学习论。这种观点认为,行为后的自我评价和外界反应决定先前行为的增强、减弱或消失。社会学习论积极探索人的行为形成的内部原因,许多观点已被广为接受。它对教育的启示有:强调社会因素在个体观察学习中的作用,对于促进学生良好行为的习得具有指导意义;观察学习理论有别于直接的、机械的行为模仿学习,更强调自我强化、自我效能感等主体认知因素,充分反映了个人的主观能动性;个人、行为、环境三者交互作用论提示了个人与社会环境的相互关系,对于从整体上认识人的行为具有重要作用。社会学习理论也有局限,主要是班杜拉的大部分研究是在实验室情境下得到的,它与现实的教育情境有一定距离。实验室的榜样行为可以改变儿童的一些道德观点和行为,但能否完全用实验室的方法改变现实中儿童的行为,有待进一步探索。

四、人本主义学习理论

当代西方人本主义学习论的代表人物有马斯洛、罗杰斯和康布斯等。人本主义学习论认为学习是人固有能量的自我实现过程。马斯洛认为每个个体生来就具有天性,这种天性由经验、无意识思想与情感所塑造,但它不是由这些因素决定的,个体控制着他自己的大多数行为;罗杰斯提出教育要以学习者为中心,在学习上要给他们以自己选择方式的机会;康布斯强调,教学的基本目的就是帮助每个学生发展一种积极的自我概念。人本主义强调学习形成自我;学习促进自我实现;学习是通向健康生活的钥匙,说明学习对于自我的发展具有极为重要的作用。人本学习论还强调人类学习过程中的一些非智力因素如动机、情感、人际关系等对学习的影响作用,比较符合实际,有较强的指导意义。

第三节 影响学习的心理因素及其辅导

学习是一种复杂的活动,影响因素可概括为两大类,即主体因素与客体因素。主体因素有:学习动机、自我效能、学习策略及其他心理因素等;客体因素如家庭环境、学校教育环境、社会环境等。由于客体因素有时是学习者无法改变与摆脱的,因此,这里主要探讨影响学习的主体因素。

一、学习动机

(一)学习动机概述

动机是个体行为的内在动力,它为个体行动提供能量与方向,是一种具有很强内隐性的内在心理过程。对其研究一般是从外部观察到的行为反应上做出间接的推断。学习动机是指激发个体进行学习活动、维持已引起的学习活动并导致行为朝向一定学习目标的内在过程或内部心理状态。这种内部动力机制可以表现为多种多样,但比较常见的有三种:推力、拉力与压力。推力是发自个体内心的学习愿望和需求,它可以通过学生对学习的必要性的认识、对学习的求知欲、对未来的理想等产生;拉力指外界因素对学习者的吸引力,使学生从事学习活动;压力指客观现实对学习者的要求,迫使其从事学习活动,考试、家长与学校的要求、社会现实都可以成为压力。这三种机制都可以促使个体进行学习,但压力往往难以独立、持久地起作用,必须真正地转化为推力和拉力才能发挥其动力作用。

学生的学习动机有以下几种类型:

1. 外在动机与内在动机。外在动机是指受外部因素影响而形成的学习动机。例如,为了获得优秀成绩、考入重点中学、考研、考博、受到老师与父母的表扬等。内在动机是因个体内在需求而产生的学习动机。例如,出于提高自身文化素质需求,满足求知欲、兴趣与爱好乃至自尊自信而努力学习。内在动机比外在动机能更持久地推动个体学习。

2. 近景性动机与远景性动机。近景性动机是指与学习活动本身直接相联系的,表现为对学习内容的直接兴趣和爱好,以及追求学习活动直接结果的学习动机。教师生动的讲解,新颖的教学内容,灵活多样的教学方法,以及获得优良成绩,都可以激发学生的近景性动机。远景性动机是指与学习的间接结果相联系的学习动机。例如,为了实现个人的理想,为了贡献于社会等都是远景性动机。近景性动机往往是远景性动机的基础,远景性动机可成为近景性动机的方向,在学习辅导中两者都应兼顾。

3. 普通型学习动机与偏重型学习动机。有些学生对所有的学科活动都能积极参与,而另一些学生只对某些学科有学习动机。前者表明有普通型学习动机,后者则是偏重型学习动机。这两种动机都不是一时所能形成的,而是与学生长期的学习活动有关。有经验的教师都知道,一贯品学兼优的学生往往持有普通型学习动机,这类学生对学习的动机、兴趣、态度乃至意志、价值观等已融为一体。具有偏重型学习动机的学生之所以"偏科",往往与其学习史上学业失败或师生关系不佳有关。例如:对成功的学科有学习动机,对失败的学科则回避;对自己喜欢的教师任教的学科感兴趣,而对自己不喜欢的教师任教的学科缺乏学习动机。

(二) 学习动机的作用

动机对学生学习行为的作用主要表现在以下几个方面:

1. 使个体的学习行为朝向具体的目标。动机促使个体为达到某一目标而努力,影响着做出何种选择,比如是玩游戏还是做作业。

2. 使个体为达到某一目标而努力。动机决定了个体在某一活动中所投入的努力、热情的多少。动机越强,努力越大,热情越高。

3. 激发和维持某种活动。动机决定了学生在多大程度上能主动地从事某种活动并坚持下去。学生更愿意做他们想做的事情,并能克服某些困难坚持完成。

4. 提高信息加工的水平。动机影响着加工何种信息以及怎样加工信息。具有学习动机的学生注意力更集中,必要时更易于通过其他的多种途径来促进对某一任务的完成,他们更倾向于进行有意义的学习,力求理解所学的内容,而不是在机械的水平上进行。

5. 决定何种结果可以得到强化。学生取得学业成就的动机越强,获得好成绩时的自豪感(自我强化)越强,获得不良成绩时的受挫感或厌恶感也越强。具有学习动机的学生因某种结果得到强化而趋向它,因某种结果受到惩罚而避开它。

6. 导致学习行为的改善。这是上述各种作用的最终体现。良好的、适当的学习动机最终将促进学习行为的改善,提高学习能力。

(三) 学习动机理论

国外有种种一般的动机理论,却没有专门的学习动机理论,用一般的动机理论也可以解释人的学习行为。

1. 早期的动机理论。20世纪60年代以前的主要动机理论有:驱力理论、强化理论、需要层次理论和成就动机理论等。

(1)驱力理论是以生理学观点为基础的早期动机理论,强调生理性需要与相关行为的联系,但对于解释人类复杂的社会性行为就显得很局限。

(2)强化理论以行为主义观点为基础,把动机看做是由外部刺激引起的一种对行为的冲动力量,特别重视用强化来说明动机的引起与作用。

(3)需要层次论指某些人类活动是由生物需要的满足驱动的,反对一切人类动机都可以用剥夺、驱力和强化来解释的观点。该理论认为人有基本生理需要、安全需要、归属与爱的需要、自尊需要、认知需要、审美需要和自我实现需要。这些需要由低到高排成一个层级,较低级的需要至少必须部分满足之后才能出现对较高级需要的满足的追求。

(4)成就动机理论。阿特金森认为,成就动机是在人的成就需要基础上产生的,它是激励个体在自己认为重要的或有价值的工作中力求获得成功的一种内在驱动力。成就动机由两种不同因素或相反倾向组成:一种是力求成功的动机,即人们追求成功和成功带来的积极情感的倾向性;另一种是避免失败的动机,即避免失败和由失败带来的消极情感的倾向性。成就动机的水平与完成学业任务的质与量紧密相关。奥苏伯尔认为成就动机由三个方面的内驱力构成:一是认知的内驱力,这是一种要求获得知识、技能以及善于发现问题与解决问题的需要,表现为好奇心、求知欲、探索、操作等;二是自我提高的内驱力,是一种把学业成就看做赢得相应地位的需要,表现为自尊心、荣誉感、自信心、胜任感等;三是附属内驱力,是一种为了获得长者和同伴们的赞许和认可而努力搞好学习的需要,表现为一种依附感。这三种内驱力在学习活动中的作用不是固定的,通常随学生的年龄、性别、人格特征以及社会历史和文化背景等因素而变化。

2. 归因理论。最早提出归因理论的是奥地利社会心理学家海德,他认为,人们具有理解世界和控制环境两种需要,这两种需要得到满足的最根本手段就是了解行动的原因及预言如何行动。行为的原因或者在于环境,如他人的影响、奖惩、运气、工作难易等,或者在于个人,如人格、动机、情绪、态度、能力、努力等。如果把行为的原因归于环境,个人对其行为结果可以不负什么责任。如果把行为的原因归于个人,个人对其行为结果应当负担责任。无论归因于环境还是个人,都对自己今后的行为有一定影响,其影响的性质和作用因归因的倾向性不同而异。目前在解释归因的具体作用时,大家普遍采用韦纳的观点。韦纳认为,能力、努力、任务难度和运气是人们在解释成功或失败时知觉到的四种主要原因,并将这四种原因按照控制点、稳定性、可控性三个维度分为内部的与外部的、稳定的与不稳定的、可控与不可控的因素。韦纳特别强调内部、稳定和可控制归因维度对行为影响的积极作用。

3. 成就目标理论。成就目标理论是近20年来形成的一种社会认知取向的动机理论。该理论认为成就目标、期望、归因、动机定向、自我能力知觉、社会比较和成就行为之间存在密切关系,从成就动机到成就行为存在更深层的内在机制。

(四)学习动机与学习

学习动机对学习的促进作用表现在以下几个方面:

1. 决定学习的方向。学习动机使学生明白为什么而学,必须朝什么方向努力。

2. 决定学习的态度。学习动机水平高能增强学习的坚持性,使学生能在长时间的学习活动中保持认真的态度,有坚持把学习任务胜利完成的毅力和决心,那些学习动机水平低的学生则缺乏学习行为的稳定性和持久性。

3. 对学习成绩有很大影响。研究表明,学习动机的水平与学生的学习成绩具有一定的正相关,即学习动机较高的学生,其学习成绩也较好。当然,动机与学习结果的关系并不总是一致的。有些学生学习动机水平较高,但学习成绩却不理想。这种现象并不否认动机对学习的作用,只能说明动机并不能代替学习本身。动机对学习的影响并不直接卷入认知过程,只能间接增强与促进学习效果。学习结果要通过知识基础、智力水平、学习技能和方法等各种中介因素而实现。因而不能仅以学习成绩的高低推断动机作用的强弱。

动机与学习之间存在一种辩证关系。奥苏伯尔指出:动机与学习之间的关系是典型的相辅相成的关系,绝非一种单向性的关系。动机可以增强行为的方式促进学习,而所学到的知识反过来又可以增强学习的动机。当学生尚未表现出对学习有适当的兴趣或动机之前,教师没有必要推迟学习活动,可以通过学习活动的进行去培养或激发学生的学习动机。对于那些尚无学习动机的学生来说,教学的好方法应当是,不管他们当时的动机状态如何,教师都要集中注意于尽可能有效地去教他们。学生尝到了学习的甜头,就有可能产生要学习的动机。所以,在某些情况下,提高学习动机的最适宜的方式是把重点放在学习的认知而不是动机方面,依靠富有成效的学习效果去增强学生进一步学习的动机。

(五) 学习动机的培养与激发

学习动机不是与生俱来的,没有哪一个人天生愿意学习或不愿意学习,学习动机需要有意识地采取一定的方法去培养和提高。在学习动机的培养与激发方面,我国学者经大量研究提出了许多方法。从动机培养角度提出的有:教育者要高度重视对学生学习动机的培养训练,设置具体学习目标及达到的方法,设置榜样,培养学习兴趣,利用原有动机的迁移和注意学生的归因倾向等。学习动机激发是指利用一定的诱因,使已形成的学习需要由潜在状态转入活动状态,使潜在的学习动机转化为学习的行动。激发学习动机应注意的问题有:要坚持以内部动机作用为主,外部动机作用为辅;实施启发式教学,"创设问题情境",激发认识兴趣和求知欲;利用学习结果的反馈作用;正确运用竞赛、考试和评比;注意内外动机的互相补充;注意学生的个别差异等。下面主要从学习者方面谈谈培养和激发学习动机应注意的问题。

1. 确立学习目标。学习者可根据自己的实际情况,确立正确、合理的学习目标。目标既不要过高,"可望而不可即";也不要过低,不用努力即可实现。一般来说,学习的最佳目标是在现有学习基础上提高20%。同时,应注意既要确立每天、每周学习的具体而明确的近期目标,又要确立一学期、一年或两年的长远目标。远近目标结合才能保持学习积极性的持久。

2. 检查学习效果。学习者应定期检查自己的学习效果,从而找出与学习目标的差距。较好的成绩可以进一步鼓舞激励自己,提高学习自觉性,增强学习的努力程度;较差的成绩可以促使自己寻找差距,也可督促自己去加倍努力学习。在检查自己的学习情况时,应更多地看到自己的成绩,客观地肯定自己的进步,切忌过多地关注差距而使自己丧失信心甚至厌弃学习。

3. 适当参加学习竞赛活动。一般在竞赛过程中,学生的好胜动机和成就需要更加强烈,学习兴趣和克服困难的毅力会大大增强。实验表明,完成同类工作,"竞赛者"的效率比"不竞赛者"的效率增加26%,说明竞赛的环境或氛围有利于积极性的调动。因而,学习者应积极主动地参加一些学习竞赛活动,也可以暗中给自己树立一个竞赛对象,培养竞争意识,在比、学、赶、超中增强学习动力,还可以与个体自身进行竞赛,即今天的我与昨天的我在学习上有哪些进步或变化等。

4. 正确归因。一般而言,将成功归因于内部的、稳定的和可控的因素,就会产生自豪感,使动机提高,争取成功的积极性加大;相反,将成功归因于外部的、不稳定的和不可控的因素,则会产生侥幸心理,不会产生多大的动力。把失败归为内部的、稳定的因素,如"能力不足",就会产生羞愧感、绝望感,归为可控因素如"努力不够",将会继续努力;相反,把失败归为外部的、不稳定的和不可控的因素,就会生气和绝望。

5. 掌握科学学习方法和策略。学习方法和学习策略是影响学习效率与效果的重要因素。无论学习动机有多强,归因模式再正确,如果学习方法和学习策略不当,往往只会事倍功半甚至劳而无功,若这种状况持续时间较长,就会削弱学习动机。科学的学习方法及合适的学习策略,可以通过有关学习方法与策略的专项学习及探索性的运用而掌握,或接受别人的经验而获得。

6. 树立学习榜样。孔子曰:见贤思齐,榜样的力量是无穷的。学习时可以在历史人物中、实际生活中寻找一个学习榜样,特别是身边学习优秀的同学,掌握他们观察问题、思考问题、谈话方式和行为方式的特点,在向榜样努力的过程中增强自己的学习动力。

7. 建立和发展积极的自我概念。自我概念是自己对自己的认识和看法,即认识到自己是个什么样的人。积极的自我概念对学习活动起促进作用,反之则起阻碍作用。要确立正确、积极的自我概念,可以从以下几方面着手:第一,围绕学习进行有效的社会比较,形成正确的自我评价;第二,积极参加与学习有关的活动,在学习活动中获得自我归属感、需要感与价值感,形成积极自我概念的情感基础;第三,抢抓机会担任学习角色,在所担任角色的行为中,吸纳积极自我,提高原有自我概念水平。

8. 享受学习成功感。虽然,成功与失败都对学习动力有增强作用,但有研究表明,成功体验对动机的激发作用大于失败体验。因此,为能在学习中享受到成功感,应注意:第一,不要把学习目标定得过高;第二,多进行自我的纵向比较;第三,多回忆以前取得优异学习成绩时的喜悦。

二、自我效能感

(一) 自我效能感与学习

自我效能感是指人们对实现特定领域行为目标所需要的能力的信心或信念。班杜拉认为,自我效能感影响人们的行为选择,决定着人们将付出多大的努力,以及在遇到障碍时能坚持多久。自我效能感体现在学习方面则形成学习效能感,即学生在学习活动中对自己的学习和作业能力的主观评价。

学生的学习自我效能感对学业成就具有很大影响。科林斯在一项研究中考察了个体自我效能感与其实际行为表现之间的关系,他以中小学生为被试,以数学问题解决为作业任务,结果发现,虽然这些中小学生的数学知识技能是影响作业完成情况的重要因素,但其自我效能感在其中也产生了必要的影响,它与学生的学习成绩呈一定程度的正相关。托马斯·约翰等人经研究发现,自我效能感与学习成绩有显著正相关,自我效能感高的学生不但乐于学习,而且善于学习,学习成绩优良。自我效能感通过对学生学习过程进行监控和调节,进而影响学习效果,其影响学习成绩的作用方式有:

1. 通过影响学生的自我期望程度而影响学习成绩。自我效能感高的学生对学习有较高的自我期望,为达到自己的奋斗目标,就会主动地付出比别人多的努力,取得比较好的成绩,而这种成功又会提高自我效能感,呈良性循环;相反,自我效能感低的学生自我期望不高,"差不多就行了",付出的少,回报也就"差得多了"。

2. 通过迁移或泛化影响学习成绩。学生对某方面自我效能感的高低会影响整个自我效能感水平,也影响其他方面的自我效能感水平,进而扩散影响到学习成绩。

3. 通过影响对学习内容层次性的选择影响学习成绩。自我效能感高的学生倾向于选择难度较高的学习内容,越是这样的内容,越能激发他们战胜困难的欲望和勇气,使学习活动获得成功;自我效能感低的学生倾向于选择那些不必做出很多努力,易于完成的内容,学业成绩很难提高。

4. 通过影响学生的归因模式影响学习成绩。每个人做事情,无论成功还是失败,其后都会自觉或不自觉地进行归因分析,然后调整与控制自己的行动以继续工作,但自我效能感不同的人其归因方式也不同。自我效能感高的学生把自己的成功归因于自己有较高的能力和付出较多的努力,倾向于内归因,进而更加努力地获取成功;自我效能感低的学生往往把自己的成功归因于外部因素,即运气好或难度小,当他失败的时候会归因于缺乏能力,而不再努力尝试,降低自己的效能水平,形成一种恶性循环。

(二) 学习自我效能感的培养与提高

1. 让学生在学习活动中体验更多的成功。成功的经验会提高自我效能感,失败的经验会降低自我效能感。教师在教学中应尽量避免学生的直接失败经验,让学生在学习活动中更多地体验到成功,使不同水平的学生都能看到自己的进步,从中获得信心,提高自我效能感。

2. 为学生提供适当的榜样示范。教师对教学内容的讲解和详细、具体的演示、解答等操作行为对学生是一种榜样示范,学生从中可以判断自己能否掌握和解答同样的问题;其他同学在课堂上回答问题也构成一种榜样示范行为,个人可通过观察、比较、判断自己能否胜任同样的问题。当学生看到与自己水平差不多的榜样获得成功,会增强自我效能感,认为自己也会完成同样的任务;相反,如果看到与自己相似的榜样失败,会降低自我效能感。因此,教师除自身做好教学示范外,还要为学生提供多个不同水平、不同层次的同伴榜样,并使这些榜样尽可能成功地解决问题,使好、中、差不同类型的学生都能从中找到适合自己的榜样,从而受到鼓舞。

3. 指导学生树立适当的学习目标。为学生设定适合自己特点的学习目标,可使学生在达到目标时,体验到自我效能感;同时,在目标实现过程中,学生将学习情况和作业情况同既定的目标相比较,了解进步情况,也可以增强自我效能感。

4. 指导学生制订学习计划、学会对学习情况做自我观察和记录。通过制定具体的学习计划,使学生能够充分有效地利用学习时间,提高学习效率。教师可以帮助指导学生制定每天学习计划和每周学习计划。计划执行过程中,教师应指导学生对学习情况进行自我观察和记录,学会分配学习时间,养成良好习惯。

5. 给学生以积极的归因反馈,并指导进行适当的自我归因。学生在学习中有成功,也会遇到失败,如何看待成功和失败的具体原因会影响自我效能感。教师应指导学生进行正确的归因训练,及时给学生以归因反馈,使学生学会积极的自我归因。

6. 给学生以适当奖励。当学生取得进步时,教师对学生进行奖励,会使学生从中获得自己进步的信息,增强自我效能感。在实施奖励时,教师应把奖励程度与学生的进步情况相联系,奖励大小随进步程度而有所变化,奖励的形式以精神奖励为主,适当辅以物质奖励。

7. 指导学生掌握正确的学习策略和学习方法。教师对学生进行一般性的学习方法指导,使学生知道如何预习,如何听课,如何记忆和复习,如何做作业等具体方法,同时结合各学科,教给学生每门学科特殊的学习方法和技巧。

8. 培养学生良好的心理品质。自卑、紧张、焦虑、怯懦、回避、退缩等不良个性特点,会使学生低估自己的学习能力,感到难以获得学习成功,因而降低学习自我效能感;相反,乐观、开朗、自信、顽强等良好的个性品质,会受到教师和家长及同学的好评,会使学生对自己的能力有充分信心,学习自我效能感不断提高。

三、学习策略

(一)学习策略概述

学习策略是当今教育心理学界研究的一个热门课题,其研究目的就是为了使学生掌握并运用一定的学习策略学会学习。什么是学习策略呢？大致可分为三种：一是把学习策略视做学习活动或步骤；二是把学习策略看做学习规划、学习技能或学习能力；三是把学习策略理解为学习计划。综合对学习策略的不同理解，我们认为，学习策略就是在学习中根据学习内容和自身的学习特点，选择、组织、加工、运用学习方法，从而提高学习质量与效率的方案。学习策略是在研究学习方法的基础上产生，研究者试图找到一种适用于所有学习者及一切学习条件的"最佳"学习方法，使人们一旦掌握了它就能一劳永逸地进行学习。然而事实证明，这样的"方法"是不可能找到的。于是，近二三十年来，心理学家就把学习方法的研究应用于广泛的学习情境，观察各种学习变量对学习方法的影响，于是产生了高于学习方法研究水平的学习策略。学习策略不仅包括学习过程中的认知过程和一系列具体学习方法的应用，而且包括为达到最佳学习效率与质量而有机组合的各种学习方法，即对学习方法进行选择、组织和加工，自觉进行调控的过程。

学习策略有以下特点：

1.主观能动性。它是学习者为了达到学习目标而积极主动地使用学习策略，它是主体有意识的心理过程。学习者首先要有需求与动机，然后才能自觉地分析学习任务和自身特点，制定适当的学习方案。

2.有效性。运用学习策略是为了取得学习的高效率。一个人在完成某科学习任务时，使用最原始的方法，最终也能达到目标，但效果不会好，效率也不会高。因此，低效的学习效果一定不是好的学习策略所致。

3.过程性。学习策略是有关学习过程的，它规定学习时做什么不做什么、先做什么后做什么、用什么方式做，做到什么程度等诸方面的问题。

4.通用性。学习策略是学习者制定的学习方案，由于学习任务和学习者个人特征不同，每个人、每次学习采用的学习策略都不可能完全雷同。但相对而言，对于同一种类型的学习，存在着基本相同的计划，这些基本相同的计划就是常见的一些学习策略。从知识分类的角度看，学习策略是一种程序性知识，由一套规则系统或技能构成，具有通用性。

（二）学习策略分类

目前，具有代表性的观点主要有以下几种。

1.单瑟洛（Danseresu）的二分法。单瑟洛把学习策略分为基本策略和支持策略。基本策略是指用来直接操作学习材料的各种学习策略，主要包括信息获得、储存、信息检索和应用的策略，如记忆、组织、回忆等策略。支持策略主要用来帮助学习者维持良好的学习心态，主要包括计划和时间安排，注意的集中和自我监控。

2.迈克卡（Mckeachie）的三分法。迈克卡将学习策略概括为认知策略、元认知策略、资源管理策略。

认知策略包括三种具体策略，分别是：①复述策略，如重复、抄写、做记录和画线等;②精细加工策略,如想象、口述、总结、做笔记、类比和答疑等;③组织策略,如组块、选择要点、列提纲和画地图等。

元认知策略包括:①计划策略,如设置目标、浏览和设疑等;②监视策略,如自我测查、集中注意和监视领会等;③调节策略,如调查阅读速度、重新阅读、复查和使用等;④应试策略。

资源管理策略包括:①时间管理,如建立时间表、设置目标等;②学习环境管理,如寻找固定的地方、安静的地方、有组织的地方等;③努力管理,如归因于努力、调整心境、自我谈话、坚持不懈和自我强化等;④其他人的支持,如寻求教师帮助、伙伴帮助、使用伙伴/小组学习、获得个别指导等。

3. 温斯坦(Weinstein)的四分法。温斯坦认为学习策略包括:①认知信息加工策略,如精细加工策略;②积极学习策略,如应试策略;③辅助性策略,如处理焦虑;④元认知策略,如监控新信息的获得。温斯坦与同事所编制的学习策略量表包括这样十个分量表:信息加工、选择要点、应试策略、态度、动机、时间管理、专心、焦虑、学习辅助手段和自我测查。

(三)基本学习策略

1. 复述策略。这是指在学习者的有意控制下,主动地以语言的方式,出声或不出声地重复先前学过的材料,以帮助记忆。如让小学生看图记住以下生词:梳子、苹果、月亮、猫、旗子、房子。这是一个序列学习的任务,采用复述策略来完成这个任务,就是要学生主动陈述或重复学习上述各个刺激项的名称。可有以下几种复述策略:累积复述、部分复述、叫出名称。复述策略运用可以通过逐字复述、画线和概括等形式进行。

2. 组织策略。这是对学习材料进行一定归类、组合的学习策略。一般来说,学习者首先能回忆的是有组织的信息,其次才是个别信息。组织策略经常用于学习较为复杂的材料,其中包括轮廓法,即让学习者通过建立标题来增进理解;地图法,是对重要概念的确定和概念之间相互关系的说明。

3. 精细策略。这是指学习者利用表象、意义联系或人为联想等方法对学习材料精心加工,以增加理解和记忆。具体包括以下几种:首写字母连接,即将材料的首写字母连接成有意义的词;辅助词法,即先将一系列实物的音韵用一定的形式联系起来,然后学习者对每一项学习内容与实物联系起来想象;位置法,把所要学习或记忆的项目,与一个特选的熟悉的地方或位置上的事物联系起来帮助记忆;关键词法,先选择一个发音与外语生词类似的母语词,然后想象成一个句子,将外语单词的意义与母语词联系起来,以帮助记忆外语单词。

对学习者来说,掌握学习策略并在学习中加以运用是关键。学习者要不断地测查与评价自己的学习效果,适时应用并调整学习策略。教育者在强调学生理解并掌握学习策略的同时,要鼓励学生自我调节学习,即在学习中积极主动地激励自己使用适当的学习策略。自我调节学习者是一个积极的学习者,面对学习任务,学生能够设置管理目标,运用先前知识、考虑可选的策略、设计实施计划、遇到困难时考虑相近的策略等,以此来监视和控制自己的学习行为。一些研究者认为,自我调控或积极的学习者与被动的学习者相比,在选择和注意课文中或演讲中的重要信息时,拥有更好的策略,并能够以更有效的方式组织材料。

四、其他个性因素

影响学习的因素除上述几方面外,还有一些其他的个性因素。

(一)智力因素

心理学界对智力概念没有统一界定。西方心理学家对智力的解释主要有:智力是抽象思维能力;智力是学习能力;智力是适应新环境的能力;智力是学习能力、保持知识、推理和应付新情境的能力。我国心理学家一般认为,智力是指各种认识能力的综合,即注意力、观察力、记忆力、思维力与想象力等的综合,其核心因素是抽象思维能力。研究表明,智力影响个体的学业成就(包括学习成绩与工作业绩)。一般来说,个体的智力水平高,其学业成绩也较好,两者之间存在中度的正相关关系,相关系数在 +0.5 左右。但研究也显示,智力对学业成就并不具有决定作用。一项研究结果表明,一个人的成就与其少年时代智力的高低并无很大关系;最有成就的人并非是家长和教师认为是最聪明的儿童。心理学家罗森塔尔将智力平常的学生作为智力非常好的学生秘密地介绍给教师,结果这些学生逐渐变得成绩出众,说明智力对学习成绩并不具有决定性影响。美国学者道格拉斯的研究表明,智商大约只占学生成绩变化程度的35%~40%,如果只根据智商区别天才儿童,会排斥70%的最有创造才能的儿童。

(二)非智力因素

非智力因素如动机、兴趣、态度、价值观、性格、气质、情绪、情感、意志等,在一定意义上,这些非智力因素对学习的影响远远大于智力因素。非智力因素对个体的学习活动具有动力、指向、巩固、弥补智力不足等作用。下面我们简要地分析几种与学习有关的非智力因素。

1. 对知识价值的认识、学习态度和学习兴趣。对知识价值的认识(知识价值观)是对学习是否有用的看法,它影响着学习的态度和兴趣,并通过学习动机来影响学习活动。"读书无用论"者,对学习自然持消极态度,兴趣索然。只有认识到知识对个人发展的真正价值,学习者才会积极地、兴趣盎然地、坚定不移地去学习。学习态度是指学习者对学习所持的评价及相应的行为倾向。学习态度影响学习者的行为选择,积极的学习态度能促使其主动去适应学习环境,自觉地吐故纳新,不断地满足自己求知上进、丰富和发展自我的需要;消极的学习态度,使学习者变得懒散、颓废、无所作为。学习兴趣是指好奇心与求知欲在学习上的体现。在上述三个因素中,兴趣通过学习动机对学习的影响较大。成功的真正秘诀是兴趣,在学习过程中,强烈而稳定的学习兴趣可以使人主动并善于去适应环境,开阔眼界;可以使人勇于探索、迎接挑战,积极克服学习中的困难;还可使人丰富知识,开发智力,完善人格。

2. 气质与性格。气质影响着学生掌握知识技能过程的特点和智力活动的方式。林崇德等人研究发现,气质在五种思维品质(即深刻性、独创性、灵活性、批判性和敏捷性)上存在差异,在其中四种思维品质上达到显著和极显著的差异水平。苏联心理学家斯米尔诺夫的研究也表明,神经系统强型的人记忆大量的无意义音节效果较好,神经系统弱型的人记忆大量有意义的文章效果较好。气质还影响智力活动的特点和方式。例如,具有明显多血质和胆汁质特征的学生,在学习时表现为精力充沛,对学习内容"喜新厌旧",能一下关心很多事物;而具有明显抑郁质特征的学生,学习一段时间后,易感疲劳,学习新内容时感到困难和疲劳,复习旧内容时表现出思维高度的准确性和明晰性。性格品质是否积极,对学习也有明显影响。良好的性格特征有助于学习。例如,果敢与审慎的性格特征有利于探索事物,在接受知识过程中具有思辨性。有恒心、有毅力的性格特点能在学习过程中坚忍不拔,不轻易放弃,在困难条件下善于自我控制等。不良的性格特征如懒惰、轻率、墨守成规等不利于学习。

3. 情绪、情感与意志。情绪、情感是学习过程中非常重要的激励因素和抑制因素,情绪、情感与认知过程和注意联系密切。学习者若产生紧张、焦虑、抑郁、愤怒等情绪,可使其知觉面变窄,思维变得迟钝,注意力不易集中,不利于学习的进行;愉快和适度紧张等情绪可使知觉面变宽,思维敏捷,注意较稳定,促进学习效果提高。另外,情绪、情感是否正常也是心理健康的重要标志,而心理健康与否正是学习能否顺利进行的重要保障。意志是影响学习的另一重要因素,对学习行为具有发动、坚持、制止、改变等控制调节作用。意志坚强的学生,在学习中有韧性、有恒心、有毅力,能善始善终地完成学习任务;意志薄弱的学生,则表现出自制力差,缺乏恒心和毅力,遇到困难就退缩等特点。

(三)健康与疲劳

身心健康是学习活动顺利进行的前提基础。身体健康是指无病变、损伤或缺陷,它对学习的影响是不言自明的。心理健康是指既无心理障碍和疾病,又能积极适应环境。心理不健康如长期的焦虑、抑郁、严重自卑感、不安全感、嫉妒、敌对、犯罪感、自我无价值感等都会影响学习活动持续、顺利进行。

当然,上述影响学习的主体因素并不是单独起作用,而是各因素相互作用、共同影响学习过程与学习效果,教育者应在学生学习过程中因人制宜,针对具体情况加以辅导。

第十四章 学习心理与辅导

案例分析

某大学一年级学生李某,刚入大学后感到大学的学习没有中学的压力大,上完课后就比较自由了,一学期布置两三次作业,随便对付一下也就交差了,还显得比较轻松。于是李同学逐渐放松自己,对学习持有一种顺其自然的态度,想学就学,不想学就玩,老师布置的参考资料从来不去借阅。他的入学成绩(即高考成绩)名列全班第五,可大学一年级各科成绩综合考评排列全班倒数第五。虽然高考成绩较好不能完全说明他大学学习成绩就一定会好,但两者的差别如此之大值得思考。

造成李同学学业退步的主要原因有:一是不能很快适应大学的学习方式。中学生的学习在很大程度上依赖于老师或家长的督促、检查,作业量大且门类多,不得不去完成。大学则不同,学习的自主性大大增强,自己支配自己的时间、机会远比中学多得多,依赖性强、自控力差的学生往往一下子无所适从,很容易放松自己。二是学习态度问题。学习态度是学生对学习所持的评价及相应的行为倾向,它影响学生对学习行为的选择。积极的学习态度能促使人主动适应学习环境,自觉地吐故纳新,不断地满足自己求知上进、丰富和发展自我的需要;消极的学习态度能使学习者变得懒散、颓废、无所作为。三是缺乏进取、竞争的心理。

课后习题

一、单项选择题

1. 俗话讲,"师父领进门,修行在个人"。它反映的学习观主要是( )。
   A. 创造学习观   B. 建构学习观   C. 自主学习观   D. 终身学习观
2. 学生学习主要掌握的是( )。
   A. 直接经验   B. 间接经验   C. 感觉经验   D. 知觉经验
3. 加涅把学生学习的过程分为8个阶段,其中第一个阶段是( )。
   A. 领会   B. 习得   C. 保持   D. 动机
4. 对学习材料进行一定归类、组合的学习策略是( )。
   A. 复述策略   B. 组织策略   C. 精细策略   D. 调节策略
5. 根据学习的定义,下列现象中属于学习的是( )。
   A. 蜜蜂采蜜   B. 猴子攀爬   C. 小鸭浮水   D. 小孩做游戏
6. 主张学习者要把自己当成学习活动的主人,掌握学习主动权,从而积极主动且创造性地进行学习。这种学习观是( )。
   A. 全面学习观   B. 创造学习观   C. 自主学习观   D. 建构学习观
7. 让群体成员在轻松自由的环境下随心所欲,互相启发,尽量提出某一问题的多种解决方法,集思广益。这种促进创造的方法是( )。

A. 头脑风暴法　　B. 检查单法　　C. 希望点列举法　　D. 卡片排列法

8. 学习是学习者主动建构意义的过程,这种学习观是(　　)。
   A. 终身学习观　　B. 建构学习观　　C. 创造学习观　　D. 自主学习观

9. 布卢姆将教育目标分为认知目标、动作技能目标和(　　)。
   A. 情感目标　　B. 意志目标　　C. 人格目标　　D. 知识目标

10. 学蛙泳必须要学会如何用手划水并夹水、蹬腿并夹水、抬头呼吸,以及如何将上述三个主要动作形成一个和谐的系列。这种学习就是加涅所提出的(　　)。
    A. 信号学习
    B. 刺激—反应学习
    C. 系列学习
    D. 辨别学习

11. 学习过正方体、长方体的体积计算公式后,再学习一般柱体的体积计算公式,这种学习属于(　　)。
    A. 并列组合学习　　B. 类属学习　　C. 下位学习　　D. 上位学习

12. 小璐经常将学习内容要点以划彩色线的方式在书上做标记,这种学习策略是(　　)。
    A. 复述策略　　B. 调节策略　　C. 监控策略　　D. 计划策略

13. 桑代克在联结学习理论中提出,学习遵循的三条规律是准备律、练习律和(　　)。
    A. 效果律　　B. 因果律　　C. 关系律　　D. 接近律

14. 提出教育要以学习者为中心的人是(　　)。
    A. 马斯洛　　B. 班杜拉　　C. 罗杰斯　　D. 布卢姆

15. 儿童在熟悉"胡萝卜""南瓜""菠菜"这些名称后,再来学习"蔬菜"这一概念,这种学习是(　　)。
    A. 下位学习　　B. 上位学习　　C. 并列组合学习　　D. 机械学习

16. 在加涅根据学习结果对学习进行的分类中,学习用于调节支配自己的注意、记忆和思维的方式,表现为一种内部控制的过程,这种学习属于(　　)。
    A. 言语信息的学习
    B. 认知策略的学习
    C. 智慧技能的学习
    D. 运动技能的学习

17. 首先提出"尝试—错误学习"的心理学家是(　　)。
    A. 斯金纳　　B. 桑代克　　C. 托尔曼　　D. 苛勒

18. 斯金纳认为,教育就是塑造行为,而塑造行为的关键是(　　)。
    A. 试误　　B. 顿悟　　C. 强化　　D. 模仿

19. 奥苏贝尔认为成就动机由三方面内驱力组成,下列哪一种不属于奥苏贝尔所说的成就动机之一(　　)。
    A. 本能内驱力
    B. 认知内驱力
    C. 自我提高内驱力
    D. 附属内驱力

20.布鲁纳提出的学习理论是(　　)

A.认知目的说　　B.认知同化说　　C.认知发现说　　D.认知接受说

二、辨析题(判断正误,并说明理由)

1.学习所引起的行为、思维的变化是较为短暂的。

2.学生的学习主要是掌握间接经验。

3.智力水平越高,学习成绩越好。

4.学习动机越强,学习效率越高。

5.学生的学习具有一定的被动性。

三、简述题

1.说明学生学习的特点。

2.说明格式塔学习理论的主要观点。

3.试述学习动机对学习的促进作用。

4.简述自我效能感对学习成绩的作用方式。

5.学习的元认知策略都有哪些?

四、论述题

联系实际,谈谈如何培养和激发学生的学习动机。

五、材料分析题(阅读材料,并回答问题)

胡老师今年刚当上班主任,干劲十足,一心想将班级的整体成绩提高到全年级第一名,为此他对学生的学习要求非常严格。同学们的作业每出现一次错误,都要改正十遍,严重的还要写检查保证自己不再犯错。胡老师还总会搞"突袭",在本应讲授新知识时突然考试检查学生的学习效果。

问题:请根据桑代克的学习理论,分析这位老师的做法。

拓展阅读

1.[美]罗伯特·斯莱文.教育心理学理论与实践[M].姚梅林,等,译.北京:人民邮电出版社,2008.

2.陈琦,刘儒德.当代教育心理学[M].北京:北京师范大学出版社,2007.

3.王有智.学习心理学[M].北京:中国社会科学出版社,2010.

4.[美]罗伯特·J.斯滕伯格,温迪·M.威廉斯.教育心理学[M].张厚粲,译.北京:中国轻工业出版社,2003.

5.莫雷.教育心理学[M].广州:广东高等教育出版社,2003.

6.王有智,王淑珍,欧阳仑.贫困地区初中生学业自我效能、内部动机与学业成绩的关系研究[J].心理科学,2005(4).

7. 马郑豫,张家军.中小学学生学习策略的调查研究[J].教育研究,2015(6).

8. 杨勇.有效教学与有效学习的方法和路径[J].课程.教材.教法,2014(3).

9. 孙智昌,项纯,李兰荣,等.我国中小学生学习动力与学习策略的现状与对策[J].课程.教材.教法,2016(3).

10. 傅海伦,李丛,吕冰冰.性别刻板印象对数学学习的影响及策略分析[J].教学与管理,2018(9).

11. 李志华.学生学习成就感缺乏的原因分析及对策——以高中化学教学为例[J].上海教育科研,2017(11).

12. 昌明.试论基于发现学习的高中数学导学内容设计原则[J].江苏教育研究,2017(26).

第十五章

品德心理与教育

学习目标

理解品德心理的结构、内容与特点,认真解读品德理论的基本观点,掌握品德形成与发展的影响因素,充分认识品德教育的重要性,把握品德教育的规律和途径,探索适合我国国情的品德教育的有效方法。

第一节 品德心理概述

一、品德与道德

道德是人类社会特有的现象。品德是人格中最具有道德评价意义的部分,既表现为个体如何处理与他人、社会、集体、国家和自然等利益的关系,也表现为如何对待学习、劳动、工作及科学等社会生活事务的惯常态度和做法。

(一)道德的概念、功能与评价形式

1. 道德的概念。道德是调整个人与他人、个人与集体、个人与社会之间关系的原则和规范的综合。道德是善恶评价的标准,是社会调控的一种方式,也是个体自我完善的一种精神力量。道德是一种社会现象,它渗透在社会生活的方方面面,其基本内容涉及社会公德、职业道德及家庭美德等。

2. 道德的功能。道德的功能集中表现在调节功能、导向功能和教育功能方面。

(1)调节功能,即运用道德规范指导人们的行为,告诉人们应该怎样做、不应该怎样做。它既规范个人的行为,也规范集体的行为,以此来协调个人与他人、个人与社会之间的关系,实现社会的和谐与安定。

(2)导向功能,即道德以"应当怎样"为尺度,对行为进行善恶评价,引导人们抑恶扬善,激励人们不断地追求先进的道德理想,推动全社会道德不断向更高层次发展。

（3）教育功能，即道德通过舆论评价、规范引导和榜样激励等方式，影响人们的道德意识和道德行为，指导道德实践。这种功能有助于人们提高道德认知，形成内心的道德信念，增强道德修养的自觉性和道德选择的正确性，培养高尚的道德情操和良好的道德品质，从而使个体成为有益于人民、有益于社会的人。

3. 道德评价的形式。道德评价是人们依据一定的道德准则，通过某种形式对他人或自己的行为进行善恶判断，表明赞成或反对的态度。道德评价主要有三种形式：社会舆论、内心信念和传统习惯。

（1）社会舆论，通常是指众人的观点，包括报纸、杂志、广播、电视及网络等媒体公众的看法，也包括所在集体的评价和周围人的议论。社会舆论关乎人的社会声誉、社会形象和个人的政治与经济利益。因此，社会舆论无论正确与否，对人们的意识和行为均具有非常重要的规范、监督和导向作用。舆论褒贬无疑对个人的行为有一种约束力。

（2）内心信念，即人们在一定的认识基础上确立的对某种道德主张、道德思想、道德规范、道德理想的真诚信仰和对道德义务要身体力行的强烈责任感。内心信念是个体进行道德判断和道德选择的精神力量，并且通过"良心"对自己的行为发挥评价、约束和指导作用，促使人们纠正自己的不道德动机和行为，遵守道德规范。如果自己的行为违背了自己的内心信念，就会感到受"良心"的谴责，产生不安、内疚感。

（3）传统习惯，即人们在长期社会生活中逐渐形成的、习以为常的认识和行为倾向，包括传统观念、社会风俗、生活习俗等。传统习惯在道德评价中具有特殊作用，它是以社会成员的行为是否合乎习俗作为善恶评价的标准，对行为有强大的束缚作用。传统习惯渗透在生活的方方面面，并与社会心理和民族文化密切相连，具有长期性和稳定性特点，人们习惯于服从传统，为的是避免受到传统习惯的谴责和排斥。

（二）品德及其特点

品德，即道德品质，是指个人依据一定的道德行为准则行动时表现出来的稳定特征。品德有优劣、好坏之分。例如，尊老爱幼、助人为乐、热爱集体、遵纪守法、勤奋学习、敬业奉献等是优秀的品德；而自私自利、损人利己、目无尊长、损公肥私、好逸恶劳、违法乱纪等则是不良甚至是恶劣的品德。品德是在社会道德舆论的熏陶下，在家庭、学校教育的影响下形成的，它是一种个体现象，是社会现实在个体头脑中的反映，是一定社会道德规范在个体身上的凝结。品德具有以下几个特点：

1. 品德是道德意识与道德行为的有机统一。品德既包含道德意识的特质，更包含行为特质，是这二者特定属性的综合统一。道德意识是个体品德的内在表现，包括道德认知、道德情感、道德意志和道德信念等因素，是支配道德行为的内在动因。有什么样的道德意识，就会有什么样的道德行为。道德行为是个体品德的外在表现,离开道德行为,就不能确定他的道德品质。一个人的道德品质是高尚还是低下,既取决于这个人的道德意识,更取决于他的道德行为。

2. 品德是一系列道德行为的综合体现和稳定倾向。对一个人来说,某种道德行为持续不断地进行,以至养成一种习惯,就成为这个人的某种品德。品德是行为者一系列道德行为的统一,是在全部道德行为的总体中表现出来的稳定的倾向和特征。

3. 品德是自觉意志的结果。品德是个体在长期生活实践中形成的行为习惯。这种习惯是个人凭借意志力量审慎选择之后逐渐养成的。人们需要不断地挑战自身弱点,排除来自环境的种种干扰,不断克服原有的不良习惯,从一点一滴、一言一行做起,日积月累、不断修养。

品德与道德既有联系又有区别。品德与道德的发展都受社会发展规律的制约,但道德的产生、发展和变化服从于整个社会发展的规律,与社会经济、政治、法律等关系极为密切,它不以个人的存亡、个别人品德的好坏为转移;而品德的发生、发展和变化在深受社会影响的同时,也依赖于个体的心理活动规律,依赖于个体的认识、意志力及行为选择能力等因素。道德是社会现象,是社会成员应共同遵守的行为规范,品德是个体现象,是社会道德在个体身上的具体体现;社会道德是个人品德的内容,个人品德是社会道德教化的结果;社会道德的发展要依靠社会全体成员的共同努力,而社会大多数成员的品德状况又直接表明社会道德发展的水平。一定社会的道德具有一致性和规范性,而一定社会的个人品德则具有差异性和独特性。

二、品德的心理结构

(一)品德的心理要素

品德是一个综合性概念。在心理层面,它由道德认知、道德情感、道德意志、道德信念和道德行为五方面的要素构成。

1. 道德认知。道德认知即人们对于各种道德概念、道德关系、道德原理、道德原则和规范的意义的认识和理解,也指在道德实践中,依据社会的道德标准和内心的道德信念进行道德判断、道德评价和道德选择等思维过程。

2. 道德情感。道德情感是人们基于一定的道德认知和道德理想,面对现实中的道德关系和道德行为而产生的倾慕或鄙弃、热爱或憎恶、欣赏或不屑等态度倾向的内心体验。道德情感包括正义感、责任感、义务感、集体荣誉感、崇高感、荣辱感和厌恶感等。

3. 道德意志。道德意志是人们在面对具体的道德情景时,克服困难,做出道德决断,使行为动机、目的付诸实践的自觉努力和矢志不渝的坚持精神。它主要表现在履行道德义务的果断性、自觉性、坚持性和自制性等方面,其功能在于使行为者果断地确定道德行为的方向,努力排除来自内心和外界的各种干扰,坚决履行道德义务,为实现道德理想顽强奋斗。没有道德意志的作用,道德认知和道德情感就不会转化为道德行为,也不能产生和保持高尚的道德情操。

4. 道德信念。道德信念是人们对道德理想、道德原则、道德规范的正确性和正义性的深刻而又坚定的信仰。道德信念是深刻的道德认知、炽热的道德情感、顽强的道德意志的集中体现和有机统一,具有持久、稳定、清晰的特点。

5. 道德行为。道德行为是个人受一定道德信念支配而表现出来的具有道德意义的外部活动。道德行为是品德的外部表现形式,是衡量一个人品德的重要标志。当个人按照某种活动方式长期稳定地行事而达到自动化水平时,这种道德行为就称为道德习惯。

上述品德心理要素的五个方面也构成品德心理的发展机制,即通过对社会道德的认同形成道德认知,进而产生关于善恶、荣辱、正义、公平和责任等稳定的道德情感,并升华为果断、坚韧、自控的道德意志,在这个基础之上,形成坚定的道德信念,从而指导行为,最终形成良好的道德品质。

(二) 品德心理的主要内容

品德心理的内容主要包括道德需要、道德动机和道德自我意识等。

1. 道德需要。道德需要是个体为了一定的利益或者为了满足自身成长和发展的需要而产生的对一定品德的欲求。例如,当一个人希望自己事业有成就的时候,就会自觉地学习某些成功人士的优秀道德品质,并从中看到自己的差距,产生一种对自己的不满足感和对某种品质的欠缺感,从而形成完善自我的欲望和要求。

2. 道德动机。道德动机是主体追求一定的品德信息以满足自己的某种品德需要的主观愿望。道德动机表现为个体对特定社会品德信息的关注和对一定品德行为的积极践行的状态。

3. 道德自我意识。道德自我意识是自己对自己的品德结构各方面的属性、状态、水平以及自己与周围人的道德关系的一种意识。它包括自我认识、自我体验、自我控制等心理活动过程和状态。道德自我意识是个体进行道德修养的自觉能动性的重要表现之一,是进行道德修养的不可缺少的要素。

(三) 品德心理能力

品德心理能力是指个体完成品德活动的本领,是有效地开展品德活动、实现品德目标的心理特征的综合表现。它既包括对品德问题的观察力、注意力、记忆力、想象力和思维力等,也包括对复杂的道德现象的认知、评价、判断和选择能力,还包括道德实践和修养能力。品德心理能力要通过学习和掌握一定的品德知识,并接受一定的品德训练,特别是经过长期的实际锻炼才能得到发展和提高。品德教育的目标之一,就是要使受教育者形成较强的品德心理能力,促进个体最终形成良好的道德品质。

品德心理要素、心理内容和心理能力是个人品德系统的有机组成部分,各系统诸要素之间存在着相互依存、相互渗透、相互包含、相互补充、相互转化和相互促进的矛盾统一关系。当个人的道德信念与其需要、动机、自我意识及品德践行能力等要素有机结合,转化为个人的品德行为时,社会道德所容纳的内容才能被受教育者真正接受。

三、品德心理结构的特点

(一)整体协调性

首先,品德各成分相互作用、协调发展、统一于个体的心理和行为中;其次,影响品德形成的因素非常多,只有各种因素相互配合、协调统一,才能形成良好的品德。

(二)动态发展性

品德心理是主体在社会关系中通过各种活动形成的。随着社会关系的变化、主体心理发展水平的提高、活动范围的扩大、社会交往的复杂化、情感需求的分化,品德的结构系统也处在动态发展中。

(三)相对稳定性

一旦社会道德规范在道德认识前提下形成积极的道德情感和道德意志,并在道德行为受到强化的情况下,转变为某个个体坚定的道德信念,成为人格的组成部分,品德心理结构就具有一定的稳定性。但品德的这种稳定性只是相对的,是稳定的环境的函数。

各种品德心理成分之间有一定的联系,但就其结构的形成来说却有着不同的开端,而并非是机械的、一成不变的。

第二节　品德形成与发展的理论

一、皮亚杰的道德认知发展论

瑞士心理学家皮亚杰用认知发展的观点解释道德发展,提出关于道德认知发展的理论。他认为,道德发展是认知发展的一部分,认知发展表现出一定的阶段性,道德发展也会表露出阶段性。他研究指出,儿童道德判断的发展阶段与智慧发展阶段是平行的,并揭示了儿童道德判断的发展进程,将其区分为他律和自律两个时期。他律期是受外界支配的时期,大约5~8岁的儿童(皮亚杰认为5岁以前是"无律期"),其行为一般是服从外部规则,接受权威指定的规范,只根据行为后果来判断对错。自律期或自主期,大约是小学中年级,8~9岁以后的儿童属于这一时期,表现为不再无条件服从权威,但道德判断还是不成熟的,11~12岁以后,才能进行独立判断。通过大量实证研究,皮亚杰得出以下有关儿童道德判断发展的结论。

图 15-1　让·皮亚杰

皮亚杰(Jean Piaget,1896~1980),瑞士儿童心理学家、日内瓦学派的创始人,创建发生认识论。

(一)从单纯的规则到真正意义上的准则

皮亚杰认为,义务的意识在品德发展中特别重要。儿童对规则的意识是随年龄的增长而发展的,并遵循从单纯规则到真正意义准则的发展规律。早期儿童虽然已经能够意识到游戏规则的存在,但并没有意识到是他们在游戏中应该遵循的行为准则。只有当儿童意识到有一种义务去遵循这些规则时,规则对于儿童来说才能成为行为的准则;否则,它只是一种单纯的规则而已。

(二)从客观责任到主观责任

皮亚杰认为,儿童的道德判断有一个从客观责任到主观责任的发展过程。研究发现,儿童在对过失行为和说谎行为的道德判断中,都存在两种明显的判断形式:小孩子往往根据行为的客观后果判断;大孩子则往往根据行为者的主观意向判断。这两种判断形式不是同时出现和同时发展的,而是客观责任判断在先,主观责任判断在后,它们有相互重叠的时相,皮亚杰认为这正是道德法则的内化阶段。

(三)从服从的公正到公平和公道的公正

皮亚杰研究发现,儿童道德判断是从服从的公正到公平和公道的公正发展的,幼儿是以成人的观点为标准的,服从就是好的,不服从就是不好的,尚不能理解公正的概念。随着儿童社会交往的继续发展,儿童逐渐可以用公平与不公平、公道与不公道作为标准进行是非判断,从关心人和同情心出发去做判断,认识到在依据准则进行判断是非时,还应该考虑到他人的具体情况。皮亚杰认为公道感是公正观念的高级形式。

(四)从抵罪性惩罚到报应性惩罚

皮亚杰发现,早期儿童倾向于用强制性手段使犯错误者遵从成人的命令,并认为最严厉的惩罚是最公正有效的。皮亚杰称此为抵罪性惩罚,即谁犯过错,谁就应该接受惩罚以抵罪。以后,儿童已经认识到行为准则与同伴行为之间的关系,认为过错行为为社会所不容,会受到嫌弃。因此,无需从外部施加强制性惩罚,皮亚杰称此为报应性惩罚,即谁犯过错,谁就会遭到同辈的报应。皮亚杰认为,抵罪性惩罚是他律道德的表现,报应性惩罚是自律道德的表现,前者不利于儿童发展公正观念,后者会促进儿童是非观念的发展,较易形成同辈之间相互尊重的情感。

(五)从他律到自律

皮亚杰认为,儿童的道德发展过程是一种由他律的品德逐渐向自律的品德过渡的过程。大约5~8岁的儿童在道德判断上具有强烈的尊重准则的倾向,根据外部规则(成人的看法、道德准则)做出他们的道德判断,这种自身以外的价值标准所支配的道德判断是一种他律水平的品德。11~12岁儿童已能从主观意向性方面去做出他们的道德判断。他们已经认识到社会准则是共同约定的,在道德上它不是绝对的,为了保障人的需要,它是可以改变的。这种为儿童自己的主观价值标准所支配的道德判断具有内在性,是一种具有自律水平的品德。

在皮亚杰看来,儿童道德判断从他律到自律的变化主要是认识上的成熟。他指出,他律的品德源于自我中心的幼儿期,幼儿自发地尊重年长人的权威和力量,成人则常会由于所处地位而任意对儿童施加约束,但成人的约束并不能促进儿童道德的成长。只有促进儿童与同伴间形成相互交往的合作关系,使儿童摆脱幼稚的自我中心主义,而且还要以牺牲成年人的约束为代价,才能使儿童的品德向自律方面过渡。另外,由于他们与同伴之间建立了真正的社会交往和合作关系,增强了角色扮演能力,使他们能够从不同的角度去看待某个道德问题。皮亚杰认为,只有当儿童的道德发展达到自律水平时,才能称得上真正的品德。

二、柯尔伯格的三水平六阶段论

美国教育家柯尔伯格(Lawrence Kohlberg)让不同社会文化背景、不同年龄(6~21岁)的被试对道德两难问题做出判断,从被试处理道德问题的思维方式上,发现他们的道德判断水平有差异,因而,他认为皮亚杰关于道德发展与认知发展两者密切关联的理论是有坚实根据的。在此基础上,他提出了道德发展阶段论,认为道德判断能力的发展与逻辑判断能力的发展有关;道德发展是有阶段性的,可以创造条件促进道德的发展;社会环境对道德发展具有巨大的刺激作用,道德发展在很大程度上受社会环境的支配。他把人们的道德判断概括为三种水平,每种水平可分为两个阶段,形成了三种水平六个阶段理论。

(一)前习俗水平(前道德水平)

前习俗水平的主要特征是,儿童的道德观念纯是外在的。儿童已能辨识有关是非好坏的社会准则和道德要求,但他是从行动的物质后果或是能否引起自身快乐(如奖励、惩罚、博取欢心等)的角度来认识的。儿童是为了免受惩罚或获得奖励而顺从权威人物规定的行为准则,即儿童的道德判断着眼于行为的具体后果和自身的具体利害经验,而不涉及行为的道德意义。这一水平包括以下两个阶段。

阶段一:惩罚和服从的定向阶段。这一阶段的儿童对行为好坏的判断并没有固定的准则概念,而是以是否会受到惩罚、是否服从父母或其他权威的命令为准则。凡是免受惩罚的行为就是好的,遭到批评指责的行为就是坏的。

阶段二:工具性的相对主义的定向阶段。此阶段具有互利交换的实用主义和朴素的利己主义色彩。儿童判断行为的好坏,以能否适合自己的利益、能否取得成功、获得奖赏,以及导致满足相互间的需要为依据。儿童的道德判断往往是从自身利益出发的。

(二)习俗水平

习俗水平的主要特点是儿童为了得到奖赏和表扬或维护社会秩序而服从各种准则。道德判断着眼于遵从社会的标准,对集体好的事情对自己也是好事。处于这一水平的儿童已经能理解维护自己的家庭、集体或国家的期望的重要性,而不理会那些直接的和表面的后果。儿童的态度不只是遵从个人的期望和社会的要求,而是忠于这种要求,积极地维护这种要求,并为他辩护。这一水平也包括两个阶段。

阶段三:人际关系和谐或"好孩子"定向阶段。此阶段儿童心目中的道德行为就是取悦于人,有助于人或获得别人的赞赏。他们认为行为的正确与否要看是否为别人喜爱或赞扬,舆论认可的和社会赞许的都是好行为,好的行为就是帮助别人、使别人愉快、受他人赞许的行为。他们在很大程度上是遵从大多数人的或"惯常如此"的行动。

阶段四:"法律与秩序"的定向阶段。该阶段以权威和维持社会现有秩序为准则。在这一阶段,儿童做判断的依据是相信规则和法律的作用,认为法律总是公正的,倾向于用权威、法则来维护现存的社会秩序。

(三)后习俗水平

在后习俗水平上的人,其行为原则已经超出了某个权威人物的规定,有了更普遍的认识,表现为个人的义务感、责任感。他们力求对正当而合适的道德价值和道德原则做出自己的解释,按自己的信念与原则做出道德判断,而不管当局或权威人士如何支持这些原则,也不管他自己与这些集体的关系,即发展到超越现实道德规范约束的完全自律的境界。这一水平也分为两个阶段。

阶段五:社会契约的定向阶段。这一阶段具有功利的意义,特别看中相互之间的契约关系,即相互承担义务和享有权利,也看中法律的效力,认为法律能帮助人们维持公正。个人的权益和社会集团的福利同样重要,但社会个别成员的权益仍需社会契约来维护。

阶段六:普遍的伦理原则的定向阶段。该阶段的特点是以普遍的伦理原则、普遍的人权和良心为准则。他们认为人类普遍的道德意义是高于一切的,坚信个人为这一崇高原则而献身是值得的。公正被看做是自我选择的伦理原则,这些原则不是具体的道德准则,而是抽象的、普遍的公正原则,实质上是人的权利的公平和对等原则,是尊重全世界每个人尊严的原则。这是道德判断的最高阶段。

柯尔伯格继承并扩展了皮亚杰的儿童道德认知发展理论,使其更加细化。根据自己的大量研究,他提出了学校道德教育的一种发展观点。他认为,德育也像智育一样,应该以促进儿童对道德问题和道德决策的积极思维为基础。学校教育的目标应是促进儿童道德推理的发展。在学校的道德教育中应该经常给儿童提供生活中所遇到的道德两难问题,引起他们的讨论,激发他们向更高的道德阶段不断前进的愿望和动机。

三、价值澄清理论

价值澄清理论是美国心理学家拉斯(Raths)、西蒙(Simon)和哈明(Harmin)等人创立的。该理论认为人的价值观是人所固有的潜能,由于它不能一开始就被人清醒地意识,或由于多元价值冲突的影响,使得价值观难以指导人的行动。教育者通过学习、评价、分析和批评、思考等方法,揭示并解决学生自己的价值冲突,开展交流,鼓励学生辨析自己的价值观及这些价值观与其他价值观的关系,以形成学生自己的价值观念体系,据此选择行事。

价值澄清理论认为,任何一种观点要想真正成为个人的道德价值观,必须经历三个阶段七个步骤。

第一阶段——选择。第一步,自由选择,如让学生思考"你认为你是从什么时候第一次产生这一想法的?";第二步,在多种可选范围内选择,如让学生思考"在你产生这一想法之前,你经常考虑什么事情?";第三步,充分考虑各种选择的后果之后再选择,如让学生思考"每一种可供选择途径的后果将怎样?"。

第二阶段——赞赏。第四步,珍爱自己的选择并感到满意,如让学生考虑"你为这一选择高兴吗?";第五步,愿意公开自己的选择,如让学生回答"你会把你知道的选择途径告诉你的同学吗?"。

第三阶段——行动。第六步，按自己的选择行事，如教师对学生说"我知道你赞赏什么了，现在你能为它做什么呢？需要我帮忙吗？"；第七步，作为一种生活方式加以重复，如教师问学生"你知道这一途径已经有一段时间了吗？"。

可见，价值澄清的方法基本是诱导性的，教师的作用就在于设计各种活动，运用各种方法和技术来诱发学生暴露、陈述、思考、体验并实现某种价值观。拉斯等人在实践研究中发现，应用价值澄清法能取得八个方面的德育效果：①不良行为的强度和频率下降；②反叛和骚乱（如课堂骚乱）减少；③自我概念、自信心提高；④具有较成熟的价值观；⑤学习风气日渐浓厚；⑥人际关系改善，盲目冲动减少；⑦缓和个人压力；⑧师生关系改善。因此，价值澄清法将对现代德育产生重要影响，值得我们借鉴。

四、班杜拉的观察学习理论

美国心理学家班杜拉认为，儿童主要是通过观察学习他人的行为表现而学会新的行为反应的。所谓观察学习是指通过观察他人（榜样）所表现的行为及结果而习得复杂行为的过程。学习者在观察学习过程中可以不直接做出反应，也不必亲自体验直接的强化，只需要通过观察他人接受一定的强化进行学习。这种建立在替代基础上的学习模式是人类学习的重要形式。因此，班杜拉特别强调示范作用在人的社会化过程中的作用——即社会引导成员用社会认可的方法去活动。

图 15-2　艾伯特·班杜拉

艾伯特·班杜拉（Albert Bandura，1925~），美国心理学家，提出社会学习理论、自我效能理论等。1972 年，班杜拉获得美国心理学会杰出贡献奖，1974 年被选为美国心理学会主席。

班杜拉把道德发展看做是一种学习过程，强调模仿在儿童品德形成中的作用。

他认为,儿童的道德行为模式是从社会学习中获得的,模仿的行为经过认同就可以成为个性的构成物。模仿和认同是青少年最主要的学习形式,它可以使个体学到好的行为和品质,也可以学到不良的行为和品质,这既取决于榜样本身的社会价值,也取决于来自外在和内部酬赏的预期。品德学习和其他行为学习并无两样。品德的形成和发展就是道德行为模式的改变。

班杜拉认为,学习者并非被动地接受环境的示范作用,而是经过自己认知过程的加工,对示范行为有所取舍,逐渐形成自我教育的能力。习得的行为不仅受到行为结果的影响,即无强化的行为被遗弃、有强化的行为被保持,而且还受个体内部预感或预期结果的影响。观察学习是通过一定模式实现的,榜样对品德的形成与发展起着极为重要的作用。

第三节 品德的教育培养

一、影响品德形成和发展的因素

人是社会关系的总和,人的品德是社会经济、政治、文化的产物,是在一定的社会环境和物质条件下,通过教育和社会生活经验的积累,以及个人自觉锻炼和修养而逐步形成的。

(一) 社会因素

个人品德的形成和发展,要受一定社会环境的制约,其中影响较大的是社会物质生活条件、社会风气和社会宣传等。

1. 社会物质生活条件。任何一个人的道德品质,都不是与生俱来的善或恶、好或坏,都是在进入社会生活领域以后,在现实社会物质生活条件及其所造成的社会道德关系和其他社会关系的影响下逐步形成的。离开一定的社会物质生活条件和具体历史环境,任何个人的道德品质都难以形成,也根本无法说明这种道德品质是怎样的。

2. 社会风气。社会风气作为一种社会现象,不是某个人所为,而是与社会政治、经济、文化及法律等多方面因素有关。良好的社会风气,有益于规范人们的行为,进行健康的社会交往,形成良好的道德品质,不良的社会风气则有可能使一些人盲目效仿,以致误入歧途,形成与社会道德要求相违背的不良品德。

3. 社会宣传。社会宣传主要是借助大众媒体向社会成员传播有关社会要求,以促进其品德发展。社会宣传具有非常重要的导向作用,社会提倡什么,反对什么,通过社会宣传可以很快造成一种舆论氛围,从而直接或间接地对社会成员的思想和行为起指导作用。

(二) 家庭环境因素

家庭环境对人品德影响较大的因素有家长的素质(如心理健康和品德状况)、

对子女的态度和教养方法、家庭成员之间的人际关系、家庭成员对财物的态度和使用方式、家庭成员的娱乐内容和方式等。概而言之,家庭的物质和精神环境都对每个家庭成员品德的形成和发展起着一定的教育和潜移默化作用。从父母人格特征来看,父母是孩子的第一任老师。父母的责任心比较强,待人诚恳、热情,人格健康或没有明显缺陷,人际关系良好,彼此尊重,互相关爱,生活方式和情趣健康、高雅,都有利于培养孩子的良好品德。从家庭教育方式来看,实践表明,民主型家庭比溺爱型、放任型、专制型、虐待型家庭更适合于孩子的健康成长;相反,家长如果对子女缺乏尊重和关爱,教育方法简单粗暴,或者过分娇惯溺爱子女,都可能使其子女存在这样或那样的品德缺陷。

(三)学校教育因素

学校教育在人的品德发展过程中起主导作用。学校教育影响品德教育效果的因素涉及教育者的素质、教育内容、方法和手段,班风、学风和校纪校风,校园文化氛围和各种教育活动的开展情况等方面。其中尤为重要的是:

1. 教育者的德育素养。教育者要想使自己的德育工作收到预期的效果,必须加强自己的思想品德和理论修养,强化为人师表的观念,树立强烈的德育意识,高度重视德育工作,真诚热爱教育对象,系统熟练地掌握德育原则与方法,追求德育艺术。培根说:只有信念才能培养信念。教育者对传递的社会道德规范信息必须有坚定的信念,否则,"小和尚念经"——言不由衷,想培养学生形成一定的品德信念就是一句空话。教师的教书育人不仅体现在课堂上,还要能根据学生的特点科学地开展各种丰富多彩的有意义的教育活动,努力创造良好的校风、班风、学风,促使学生形成良好的道德品质。

2. 严格遵循德育规律。教育者在德育过程中的根本任务是遵循德育规律,顺利实现培养受教育者良好品德的目的。德育的基本规律是教育者所掌握的品德规范、教育内容与受教育者原有的品德基础之间的矛盾。受教育者品德的形成和发展就是这一基本矛盾运动的结果。教育者只有引起了受教育者主动接受品德规范的要求,使受教育者从被动的客体转变为主动的主体、并发挥主体的作用时,德育过程的基本矛盾才可能得到顺利解决,社会所要求的品德规范才可能转化为受教育者个人的品德。

(四)个体因素

个体内在的主观条件是品德形成与发展的基础,外部因素只有通过内在因素才能发生作用。内在因素有个体身心发展的状况、个体原有的品德基础、个体内在需要和个体的人格特征等。

1. 身心发展状况。这包括个体的生理特点、心理特点、健康状况等。当社会发布德育信息时,首先要受教育对象个体身心发展状况的制约。不同年龄、不同文化水平的学生对道德原则、规范的理解能力、接受能力和践行能力都不同,在不同的身心健康水平和不同的觉醒状态下,人们对德育信息的感受性、注意力、记忆力和思维力也会不同。

2. 原有的品德基础。个体原有的道德境界、道德价值定向、道德经验和道德行为习惯等直接影响个人对社会道德教育的接受程度。人们常常根据自己已有的经验和体会来理解新的概念。当接受的品德信息与原有品德认识水平一致,道德教育与自己原有的价值取向趋于一致,品德经验又比较丰富,那么,他对德育信息的理解就可能比较正确、深刻和全面,对德育的接受程度也会比较高;反之,可能会出现认识上的肤浅性和片面性。

(五) 性别差异

关于性别差异对品德形成发展的影响,理论界的研究成果还不完全一致,相关研究还有待进一步深入。成年人一般认为,女性的行为比男性更道德,也有研究发现,当女性发现欺骗有效时,她们的欺骗行为并不比男性少。当进行道德判断测试时,女性的品德发展明显比男性快。还有研究表明,女性比男性更具有同情心,更容易对别人的需要做出反应。

二、品德的教育培养

在分析影响品德形成与发展因素的基础上,积极开展品德教育培养活动。

(一) 晓之以理,掌握道德概念,提高道德评价能力

晓之以理,即教育要使学生通晓道德原理,掌握道德概念,提高道德评价能力。道德概念是道德认知过程中高级阶段的产物,是社会道德现象的一般特征和本质特征的反映。道德知识的掌握常常是以道德概念的形式表现出来,它是道德认知的理性阶段,是品德形成的基础。道德评价是指根据自己所掌握的道德规范,用好、坏、善、恶、荣、辱、正义、不正义、福、祸等词语,对道德现象做出分析、判断和鉴别。教育者要多提供实践的机会,扩大和丰富学生的道德经验,加深学生对道德意义的理解,使学生的评价能力得到从肤浅到深刻、从片面到全面、由具体到概括、从表面到本质的提升。

(二) 动之以情,丰富道德情感体验

道德情感是人的道德需要是否得到实现所引起的内心体验,道德情感伴随道德认识而产生。在进行品德教育时,教育者要重视学生的情感体验,充分利用现实中的生动事例、文艺作品、艺术形象等激发学生积极的情感需求。

(三) 持之以恒,增强道德意志力

道德意志主要体现在道德动机产生和道德行为实施的过程中,表现为个体克服内外干扰,抗拒诱惑,按一定道德准则实施道德行为。它包括道德动机斗争,做出道德判断和选择,按照道德选择去行动。现实环境中存在着各种各样的诱惑,它

会引起人们内在动机的激烈斗争,要做到个人行为符合社会的道德标准和行为规范,必须要有坚强的意志力。意志力的培养贵在坚持,教育者要结合前面所讲的有关意志品质的培养,通过多种练习、奖励反馈,使学生形成坚强的道德意志力。

(四)导之以行,养成良好道德行为习惯

道德行为是品德的外部标志。道德行为的形成包括道德行为方式与技能的掌握及养成道德行为习惯,其中,道德行为习惯的形成是关键。教育者要经常对学生的道德行为表现给予指导,可通过表扬、奖励、提供良好榜样行为、创造良好行为表现的机会等,以使学生努力养成良好的道德行为习惯。

三、学生品德不良的矫正

(一)品德不良学生的心理特点

品德不良学生的心理特点主要有以下几点:

1. 品德不良学生大多道德观念模糊,缺乏正确的道德判断能力,是非不分、善恶颠倒,其言行是在一些错误的处世观念支配下产生的。

2. 缺乏正确的道德情感,爱憎颠倒,荣辱不分,贪婪低级情趣、重江湖"哥们义气",缺乏真正的正义感。

3. 道德意志薄弱,缺乏自制力。这点一方面表现在履行道德义务时,不能坚持用正确的道德动机战胜错误的道德动机,屈从于个人的欲望和情绪冲动;另一方面表现在犯了错误,经过教育有悔改之意,甚至暗下决心,洗手不干,但经不起考验,易受到外部条件的诱惑和熏染,时改时犯,反复不断。

4. 从小养成了不良的行为习惯,有的不诚实,惯于说谎;有的养成张口就骂、动手就打的不良习气;有的抽烟、赌博,好吃懒做,爱占小便宜;在学习方面,课后不独立完成作业,或是抄袭,或是让人代做,考试作弊等。

品德不良学生虽然犯有过错,但并不是不可纠正的。只要我们采取符合其心理活动规律和特点的教育措施,满怀热情地去关怀和引导他们,品德不良学生的行为完全可以得到纠正或改变。

(二)矫正学生品德不良的基本原则

矫正学生品德不良的基本原则是学校、社会与家庭协同教育,三位一体。

家庭是儿童的第一课堂。随着年龄的增加,儿童进入学校和社会接受教育,虽然父母与子女接触的时间减少、影响逐渐减退,但父母对子女仍然具有相当的影响力,这是不容忽视的。

学校是学生接受系统教育的场所,也是学生品德形成与培养的最重要力量。学校对于一些问题行为的征兆应严加注意,一旦问题行为出现,应在其初期采取必要的措施加以控制,而不是简单地采用"开除"方法一推了之。学校对学生问题行为的矫正主要是通过教师来实施的,因此,教师提高自身素质、掌握一定的矫正方法和技能技巧也很重要。

社会是学生活动的大课堂,学生一方面在社会活动中得到锻炼,逐渐趋于成熟,另一方面社会环境因素也对学生具有潜移默化的影响。因此,在问题行为产生之初,社会各界也应密切关注。

(三)矫正不良品德的措施

矫正不良品德可以借鉴以下几种措施:

1. 创设信任与关爱的教育环境,消除疑惧心理和对立情绪。首先,教师应真心实意地尊重、关心和爱护这些学生,使他们从实际感受中相信教师的诚意,把教师当做知心人,接受教育的时机才会到来。其次,教师还要教育同学班集体正确地对待和热情帮助这些学生。机智的教师应充分利用集体的气氛和力量,使不良学生感到集体的接纳和温暖,使他们在集体中享有一定地位,体验到自身的价值和尊严。当学生体察到教师的信任感,乐于接近教师接受指导,乐于参与集体活动,乐于与其他同学交往时,才能产生积极的教育效果。

2. 善于发现积极因素,长善救失。利用学生的积极因素,帮助他们扬长避短,择善去恶,增强其克服缺点或错误的内在精神力量。

3. 抓住转变的教育时机,促使其向积极方向转化。品德不良学生的转变是一个由量变到质变的过程,一般经历醒悟、转变、反复、巩固和稳定等阶段。如何抓住醒悟和转变的教育良机,促进其向好的方向转化,这对转变品行不良学生有着决定性意义。

通常,学生在犯错误后心中会感到不安、恐惧、羞愧,感到继续坚持错误的危险性,开始有了改正错误的愿望,这就是醒悟。醒悟的产生固然是学生自身思想斗争的结果,但也有其外部的契机。例如,犯了严重错误,意识到后果严重时,或者来到一个新的集体中时,或者碰到一位新教师时,所有这些时机都会点燃他重新生活的愿望,诱发醒悟的产生。教师抓住这一时机,及时鼓励和帮助非常重要。

所谓转变,是指学生开始在行动上有了改正错误的表现。希望做出个样子给大家看看,以此得到老师和同学的关注和赞扬。处在此阶段的学生对教师的态度特别敏感,甚至对老师的一个眼神都特别注意。老师要理解他们这时的心情,对他们很微小的进步也要给予肯定、表扬和鼓励,激起他们前进的热情和信心,并使其正确的行为不断得到强化和巩固;相反,如果教师采取熟视无睹的态度,或采取冷漠办法就会扼杀他们的上进心,使他们重犯旧错。

反复是指学生转变后又重犯错误。品行不良学生在进步过程中出现反复是正常现象,由于内外各种因素的影响,进步往往是迂回曲折、螺旋式上升的。这时教师不能表现出厌烦情绪或放弃教育,应正确分析反复的原因,并在反复中寻找积极的方面,坚持不懈地做工作。

当学生的行为不再出现反复和动摇时就进入了巩固期,良好的行为习惯开始形成,也开始获得同学们的广泛信任,自己也体验到"变好了的"快乐。但教师仍不能放松教育,要鼓励学生再接再厉,使其良好品行不断地完善和巩固,并纳入个体道德体系,成为稳定的人格特征。

4. 提供范例,增强是非感。教师要进行说理教育,组织正确舆论,严格要求,开展批评与自我批评,坚持正面教育,以奖励表扬为主,奖惩分明等,都是提高是非观念,增强辨别能力的行之有效的方法。

5. 通过实践活动,不断地养成合乎道德规范的行为习惯。在实践活动中有意识地引导和组织学生进行必要的道德行为训练是非常必要的。教师可以通过组织生动活泼、有意义的课内外、校内外的集体活动,让学生在集体活动中逐步养成好的行为习惯,也可结合日常生活随时把道德要求与日常行为方式紧密结合,促使他们产生与道德动机相一致的行为效果。

6. 锻炼与诱因斗争的意志力,巩固良好的行为习惯。要使品德不良学生向好的方面转化,既要改变错误观念,还要有效地控制外部诱因的影响,引导他们与诱因断绝联系,锻炼与诱因做斗争的能力。

案例分析①

11岁男孩王征(化名),生性顽皮好动,热爱踢足球,在他床前贴满了球星的照片,他最大的愿望就是长大后当个运动员。可现在,不管是在课堂上还是在走路时,他总是用一只小手捂着半个脸,独自一人,不愿正面与他人接触。无论同学们怎样叫他去踢足球他都不去,原因是踢足球时不可能捂着脸。他的脸怎么了?他的脸上刻着一个"贼"字,一个用红墨水染过的"贼"字,而这个刻字人正是他的班主任老师——一个有一大堆荣誉证书、工作兢兢业业的优秀教师。提起当时的情景,小王征至今心有余悸。那天上体育课时,王征从同学的文具盒里拿走了10元钱,结果被班主任老师用锥针在左脸颊上刻上了个"贼"字,并涂上红墨水,以示"训诫"。王征说:"她两条腿把我一夹,把我按到桌子上,我脚踢不起来也蹬不着她,就被她刻上了。"从那以后,同学们都说他是"贼娃子"。

班主任老师说:"王征这个学生纪律差、学习差,坏毛病特别多。为了教育他本人,也为了对社会负责,以后不至于……铁窗里多出这样一个分子。就这种心理,所以我当时较了一个劲","这个字是不太光彩的一个字,也是一个很丢人的字。刺激一下他,从他的心灵上挽回一些自尊心,然后呢,使他学会自爱。"

现在,王征已经将老师告上了法庭,希望通过法律来讨回公道。但他依然用那只小手捂着半个脸,尽管人们都知道那是一个怎样的字,遮掩也无济于事。但这件

---

① 资料来源:尹力.今日说法系列丛书(2)[M].北京:中国公安大学出版社,2001.

事给他今后的生活和成长将带来什么样的影响呢？毕竟他今后的路还很长。

这件事在社会上和教育界引起了强烈反响，人们众说纷纭，有的愤怒，有的痛心，有的忧虑，有的不以为然……

仔细分析这件事，有两点值得注意：一是老师的行为违反了两个法律——《中华人民共和国义务教育法》和《中华人民共和国未成年人保护法》。《中华人民共和国义务教育法》第16条明确规定禁止体罚学生，《中华人民共和国未成年人保护法》第15条也很明确地提出，小学和幼儿园的教职工应当尊重小学生、儿童的人格尊严，不能对他们进行体罚和变相体罚，或其他形式的侮辱人格的行为。二是对于品德不良的问题学生更要坚持尊重关爱原则，尊重是教育的前提。用这种伤害肉体与尊严的做法非但起不到教育作用，反而会造成学生心灵的创伤，产生逆反心理，严重者还会引起仇恨。

课后习题

一、单项选择题

1. 把个人依据一定的道德行为准则行动时表现出来的稳定特征称为（　　）。
   A. 道德　　　　B. 良心　　　　C. 品德　　　　D. 人格
2. 个人受一定道德信念支配而表现出来的具有道德意义的外部活动是（　　）。
   A. 道德意志　　B. 道德行为　　C. 道德情感　　D. 道德信念
3. 提出道德发展三水平六阶段论的学者是（　　）。
   A. 科尔伯格　　B. 皮亚杰　　　C. 拉斯　　　　D. 班杜拉
4. 道德评价是人们依据一定的道德准则，通过某种形式对他人或自己的行为进行善恶判断，表明赞成或反对的态度。其评价形式有社会舆论、传统习惯和（　　）。
   A. 新闻媒体　　B. 内心信念　　C. 社会风俗　　D. 宗教文化
5. 衡量一个学生品德水平的重要标志是（　　）。
   A. 道德认知　　B. 道德意志　　C. 道德行为　　D. 道德情感
6. 小兰在课堂上不停地给同学传纸条，小红提醒她这是不遵守课堂纪律的表现，但小兰就是不听，小红因此认为小兰不是一个好学生。根据科尔伯格的道德发展阶段理论，小红的道德发展处于（　　）。
   A. 惩罚和服从阶段　　　　　　B. 工具性的相对主义的定向阶段
   C. "好孩子"定向阶段　　　　　D. "法律与秩序"的定向阶段
7. 皮亚杰把儿童道德判断发展进程区分为他律和自律两个时期，他律期是受外界支配的时期，年龄大约在（　　）。

A.5 岁以前　　　　B.5~8 岁　　　　C.8~9 岁　　　　D.11~12 岁

8.品德心理结构的特点有整体协调性、动态发展性和(　　)。
　A.相对稳定性　　B.明确方向性　　C.公平公正性　　D.自我调节性

9.儿童的道德判断经历着从单纯的规则到真正意义上的准则、从客观责任到主观责任等的发展过程,提出这些观点的人是(　　)。
　A.柯尔伯格　　　B.皮亚杰　　　　C.西蒙　　　　　D.班杜拉

10.价值澄清理论认为,任何一种观点要想真正成为个人的道德价值观,必须经历三个发展阶段,即(　　)。
　A.定向—选择—行动　　　　　　　B.赞赏—选择—行动
　C.选择—赞赏—行动　　　　　　　D.行动—选择—赞赏

11.在皮亚杰看来,儿童道德判断从他律到自律的变化,主要是(　　)。
　A.认知上的成熟　　　　　　　　　B.情感上的成熟
　C.人格上的成熟　　　　　　　　　D.个性上的成熟

12."亲其师,信其道",主要体现了下列哪个选项的作用(　　)。
　A.道德认识　　　B.道德情感　　　C.道德动机　　　D.道德意志

13.在皮亚杰看来,儿童道德判断发展的自律期大约在(　　)。
　A.5 岁以前　　　B.5~8 岁　　　　C.8~12 岁　　　　D.12 岁以后

14.根据柯尔伯格的观点,个体道德判断发展的最高阶段是(　　)。
　A."好孩子"定向阶段　　　　　　B.惩罚和服从定向阶段
　C.普遍的伦理原则定向阶段　　　　D.法律与秩序定向阶段

15.儿童为了得到奖赏和表扬或维护社会秩序而服从各种准则,此时儿童的道德判断水平处于(　　)。
　A.前习俗水平　　B.习俗水平　　　C.后习俗水平　　D.前道德水平

二、辨析题(判断正误,并说明理由)

1.柯尔伯格通过研究被试对道德两难问题的判断,把人们的道德判断概括为"三水平六阶段"。

2.皮亚杰认为,儿童主要通过观察他人的行为表现而学会新的行为反应。

3.品德与道德在性质上是一样的。

4.衡量一个人品德的重要标志是道德认知。

5.良好品德的形成主要受社会因素、家庭环境和学校教育的影响,个体因素影响很小。

三、简述题

1.说明品德构成的心理要素。

2.简要说明皮亚杰的道德认知发展理论。

3.简要说明科尔伯格的三水平六阶段理论。

四、论述题

1. 分析影响品德形成和发展的因素。

2. 联系实际,谈谈如何矫正学生的不良品德。

3. 结合实例,分析一个人道德价值观的形成过程。

五、材料分析题(阅读材料,并回答问题)

初三学生晓茹家庭环境不错,生活条件很好。可是她每次逛超市时,都会控制不住自己,从货架上偷拿一些不是很贵重的物品,偷偷摸摸地带回家。每次偷东西时,她也很担心被人发现,名誉扫地,但是偷窃的快乐总是占上风,导致她乐此不疲。在学校时,她慢慢开始偷拿同学的东西,喜欢的圆珠笔、好看的橡皮……被同学发现后,她很羞愧,但还是控制不住自己。以后又发展为偷窃同学的零花钱,被老师发现,通报批评,从此她再也抬不起头来,同学们也不跟她交流。她很苦恼,开始逃避现实,逃课上网,不愿意去学校。

问题:作为老师,如何矫正这位同学的品德不良行为?

拓展阅读

1. 赵小红.学生品德问题与教育方案[M].北京:中国轻工业出版社,2009.

2. 马晓辉,雷雳.青少年网络道德与其网络偏差行为的关系[J].心理学报,2010(10).

3. 赖文龙.大学生品德发展研究[J].心理科学,2009(4).

4. 王美芳,闫秀梅,姚利.儿童青少年对身体攻击和关系攻击的道德判断[J].中国临床心理学杂志,2010(4).

5. 辛未.由思想品德结构看中学生品德教育[J].基础教育研究,2018(1).

6. 钱冰华.娱乐文化对中学生思想道德品质的影响与对策研究[J].黑龙江教育学院学报,2017(1).

7. 蔡斌,朱宝红,李育民.中学生品德发展路径探索[J].创新人才教育,2016(3).

第十六章

交往心理与良好人际关系的形成

学习目标

理解人际交往的含义、功能及人际关系的形成发展过程,理解并掌握人际交往的类型、特点和影响因素,能正确处理常见的交往障碍,掌握人际交往的基本技巧与调适方法。

第一节 人际交往概述

一、人际交往的含义

人们几乎每天都要和他人打交道。有人估计,每个人每天除八小时睡眠以外,其余16个小时中有70%的时间是在进行人际交往,沟通信息。可以说生活是由人际关系编织而成的,个人是在复杂的人际交往中不断成长与发展的。那么,什么是人际交往?

从动态角度来说,人际交往是指人与人之间的信息沟通和物品交换。当我们用语言、用眼神、用表情或用身体的其他动作来表示我们的意见、情感或态度时,我们就与别人进行着信息沟通。当我们买东西、送礼物或进行其他物质交换时,我们之间的关系既有物质的交换又有信息的沟通。

从静态角度来说,人际交往是指人与人之间已经形成的某种关系,即通常所说的人际关系。广义的人际关系是指人与人之间的各种关系,包括血缘关系、地缘关系、经济关系、政治关系、法律关系、角色关系、文化关系以及心理关系。狭义的人际关系是指人们为了满足某种需要,通过交往形成的较为稳定的心理关系。心理学中所讲的人际关系主要指这种关系,比如,家庭中的亲属关系、单位的同事关系、学校中的师生关系等。它是人与人之间相对稳定的情感纽带,其好坏程度反映着人与人之间心理距离的大小。

二、人际关系的基本成分

各种各样的人际关系都是由三个相互联系的成分组成的,即认知成分、情感成分和行为成分。理想人际关系的基本标志是相互理解,情感融洽,行动协调。

(一)认知成分

认知成分是通过知觉、表象、想象、思维、注意和记忆,由浅入深、由表及里的认识而实现的人与人之间的相互感知和理解。人际认知具有等同性的特点,相互之间能够理解就容易形成融洽的关系;否则,如果由于某种主客观条件的影响,彼此产生错觉、偏见或误解,就难以形成融洽的关系。因此,认知是人际关系中首要的基本心理成分。

(二)情感成分

情感成分是人与人之间交往联系的纽带,是评价和判断人际关系的主要指标。它包括情绪状态是积极的还是消极的、各种状态之间是否有冲突(个体内部的或人与人之间的)、情绪的敏感性和对他人或对自己的成功感的评价态度等。人与人的心理距离近,双方都会感到心情舒畅、情投意合、感情融洽,易于达到和谐;相反,就会情绪对立、关系紧张。因而,情感基础是人际关系最重要的特点,是人际关系的晴雨表。

(三)行为成分

行为成分主要包括各种活动、行动的结果、举止表情、手势及言语,它是心理活动的外在表现。人际关系的协调性主要体现在活动的配合上,表现在劳动、学习、工作等具体活动中的相互支持与协作。

上述三个成分相互联系,相互制约,共同组成人际关系的统一整体。根据人际关系的三个基本成分,可以看出理想人际关系的基本标志是相互理解,情感融洽,行动协调。

三、人际交往的基本过程

人际交往的过程实际上是信息传递和接受的过程,以及由此产生的一系列相互作用。个人在信息传递过程中是积极主动的活动者,并且在信息传递过程中,信息还在不断地被充实与发展。信息接受者按自己的知识经验、需要和兴趣对信息进行处理,有选择地接受信息并做出及时反馈。

任何信息的传递过程都是信息发送者运用符号系统所表示的意义发出信息,信息通过载体或媒介被接受者所接收。这一过程包括四个要素:①发信者(信源),是使传递的信息符号化并将符号化的信息发送出去的个体或群体;②信息,即传递的具体内容,包括人所发出的指令、观点、情感和态度等;③信道,即信息由发信者传达到受信者的载体或媒介物,如声音、电波和报纸等;④受信者,即接受信息、理解符号、做出反应的个体或群体。

在信息传递过程中,发信者和受信者双方的位置并不是固定不变的。如果沟通过程存在反馈联系,则受信者发出反馈信息,由受信者变为发信者,而原来的发信者则变为受信者,产生两者的位置互换。交往过程可用模式图 16-1 表示。

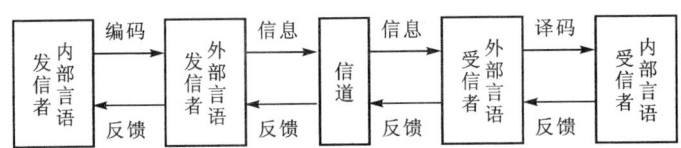

图 16-1 人际交往过程模式图

四、人际交往中的心理效应

人际认知是人际交往的第一步。然而,人际认知往往会受到一些因素的干扰,出现这样或那样的偏差。

(一)首因效应与近因效应

在人际交往中第一印象至关重要,它对印象形成的作用最大。这种由先前信息所形成的最初的印象及对后来的影响,就是首因效应。由于对对方的表情、身材、容貌以及声音等的印象好,才能产生双方继续交往的兴趣;如果第一次见面就你看不中我,我看不中你,那两人就没法再交往下去。这种初次的印象会影响人们对他人以后一系列特性的认知,即所谓的"先入为主"。虽然第一印象是最鲜明最牢固的,但它并非总是正确的,随着长期的交往和了解,它会不断地得到修正和改变。

近因效应是指新近印象对人的认知具有强烈的影响。例如,当给人先后提供两种信息,两种信息间隔一段时间,结果后来的信息有较大的影响力。在人与人的交往中,有时候左右人们对人认知评价的是最后形成的印象。

首因效应与近因效应不是根本对立的,它是一个问题的两个方面。人们在相互交往和认识过程中第一印象很重要,而最后或最近的印象也很重要。一般来说,在对陌生人的知觉中,首因效应比较明显;在对熟人或分别很久的人的认识中,近因效应所起的作用更加明显。

(二)晕轮效应

晕轮效应是指在人际知觉中,人们常从对方所具有的某个特征而泛化到其他一系列的特征上,从知觉到的信息推及未知觉到的特征,从局部的信息形成一个完整的印象。在对人知觉时,判断者常从或好或坏的局部印象出发,扩散而得出全部好或全部坏的整体印象。就像月晕一样,从一个中心点而逐渐向外扩散成越来越大的圆圈,故称之为晕轮效应。"爱屋及乌","情人眼里出西施"就是晕轮效应的一种表现。晕轮效应对不同的人影响程度不同,独立性强、灵活的人受其影响小;情绪不稳定、适应性差的人则受其影响较大。如果能有意识地训练自己从不同角度、不同方面去观察评价他人,便可较好地矫正晕轮效应造成的偏差。另外,在防止自己受到晕轮效应影响的同时,还应在交往中利用该效应的影响。例如,优化自己的言谈举止,培养良好的外在形象等,以便在交往中获得更大的成功。

（三）投射效应

投射效应是指在人际交往中,认知者在形成对别人的印象时总是假设他人与自己有相同的倾向,即把自己的特征投射到其他人身上。例如:爱议论别人的人总以为别人时常在背后议论自己;自己有某种不良欲望或缺点,便认为别人也是如此。投射可以分为两种类型:第一种类型的投射是指个人没有意识到自己具有的某些特征,而把这些特征加到他人身上。例如,一个人若是对另一个人怀有敌意,那么这个人总感觉到对方对他怀有刻骨仇恨,似乎对方的一举一动都带有挑衅的色彩。第二种类型的投射是指个人意识到自己具有的某些不称心的特征,而把这些特征加到他人身上。如考场上想作弊的学生,总感觉到他人都在作弊,自己若不作弊就吃亏了。

由于人类有许多本质上共同的特性,因此投射效应有时会帮助人们互相理解,但过多地受制于此,便会适得其反。克服这种心理倾向的关键是认清别人与自己的差异,不能总是以己之心度人之腹。另外,需要客观地认识自己,既要接受自己,又要不断地完善自己。

（四）刻板印象

刻板印象是指社会上对于某一类人或事物形成的一种比较固定、概括而笼统的看法,也叫社会刻板印象。例如,山东人是豪爽正直,能吃苦耐劳;而江浙一带的人则是聪明伶俐,善于随机应变。可见,刻板印象表现为将交往对象机械地归入某一类群体中,并把自己对该类群体的习惯化概括附加到交往对象身上。由于刻板印象将同样的特征赋予团体中的每一个人,而不管其成员的实际差异如何,所以很可能形成某种偏见,影响交往的顺利进行。因此,若能时时提醒自己把交往对象看成一个独特的人,以此为基础进行交往就会大大弱化刻板印象。

五、人际关系的形成与发展

人际关系的形成与发展是由无到有、由浅入深的过程。根据交往的深度可分五个阶段（如图 16-2 所示）,人际间的友谊与爱情即在此过程中形成。

第一阶段:彼此陌生,互不相识,甚至彼此均未注意到对方的存在（如图 16-2A 所示）。

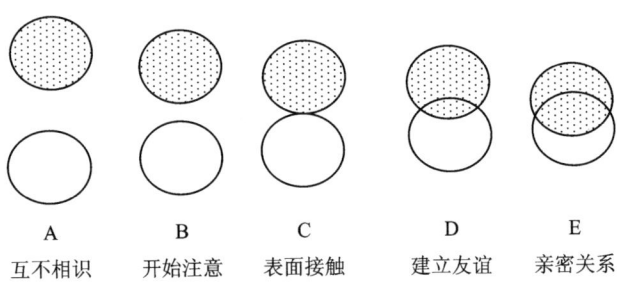

　　　　　　　A　　　　B　　　　C　　　　D　　　　E
　　　　　互不相识　开始注意　表面接触　建立友谊　亲密关系

图16-2　人际关系的发展（引自莱文杰 & 斯奈克，1972）

　　第二阶段：单方或双方开始注意到对方的存在，也可能知道对方是谁（如同校同学），但从未接触过（如图16-2B所示）。

　　第三阶段：单方或双方受到对方的吸引，与之（或彼此）接近，构成表面接触（如图16-2C所示）。即使当时双方或单方心存情谊，但在此阶段也只有很表层的自我表露。例如，谈谈自己的学习、职业、工作、对最近发生的新闻事件的看法等。虽然这时形成的只是很表面的人际关系，但这一阶段所形成的第一印象在人际关系发展上甚为重要。如果双方都有好感，产生了继续交往的兴趣，那么就可能进入第四阶段。

　　第四阶段：双方交感互动，开始了友谊关系（如图16-2D所示）。此阶段双方在心理上有一个重大的转变，逐渐开始将对方视为知己，愿意与对方分享信息、意见与感情，双方有了进一步的自我表露，建立了基本的信任感，彼此有比较深入的情感卷入，开始谈论一些相对私人性的问题。例如，诉说工作学习中的感受、生活中的烦恼，讨论家庭中的情况等。人际关系发展到彼此都能自我表露的程度时，就到了友谊形成的阶段。友谊是人愿意与他人建立和维持良好关系的一种情感需求。

　　第五阶段：朋友之间的友谊也有程度深浅之分。就朋友间的自我表露而言，有的朋友只重视信息与意见等的交换，感情上则表露的较少，这是以事业或学问为基础的友谊关系。也有的朋友在信息与意见的交换外，更重视感情的表露，彼此在感情上达到相互依赖的程度。人际关系发展至此，无疑是达到了"你中有我、我中有你"的地步（如图16-2E所示）。如双方属同一性别，就成为莫逆或至交；如双方是异性，而且在感情上有添加性的需求、奉献与满足的心理成分，就成为爱情。

　　爱情是一种特别亲密的关系。斯腾伯格提出了爱情三角形理论（Triangular Theory of Love），认为爱情有三个基本成分：亲密、激情与承诺。亲密是两个人相处时有相互喜欢、亲近的感觉；激情是在两人交往关系中令人兴奋激动的部分，包括性的吸引；承诺是愿意爱对方，并保持关系，承担责任和长相厮守的决策。这三种成分以不同的比例相结合,可以得到七种不同类型的爱情(如图 16-3 所示)。

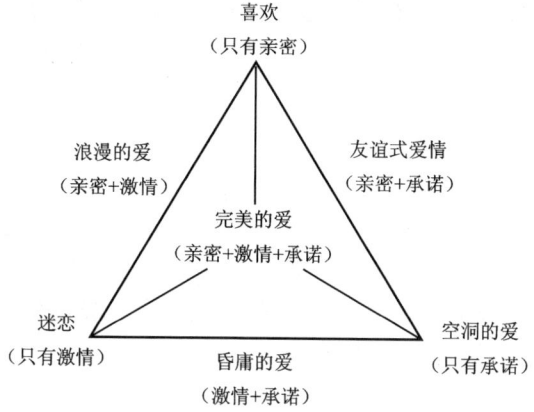

图 16-3 斯腾伯格爱情三角形理论

第二节 人际交往的心理分析

一、人际交往的心理功能

人际交往是个体能够适应生活环境,适应社会,担当一定社会角色,形成丰富健全人格的基本途径。它既有社会功能又有心理功能,其心理功能有以下几点。

(一)交流信息,丰富思想

研究认为,在一般人际交往沟通中 9% 以书面写作方式进行,16% 以阅读方式进行,其余 75% 分别用听取别人和自己说话的交谈方式进行。在许多情况下,一个人百般探索、长期冥思苦想而不得其解的问题,往往在与他人交谈中,得到启示产生灵感。正如萧伯纳所说:如果你有一种思想,我有一种思想,彼此交换我们每个人就有了两种思想,甚至多于两种思想。通过人际交往获得的信息比书本上学到的信息内容更广泛,渠道更直接,速度更迅捷。

(二)协调行为,提高效率

人际交往有协调人际间亲密关系及提高行为效率的作用。通过人际交往,可增进了解,沟通思想,求得谅解,让紧张的关系和矛盾冲突得到缓解,达到协调和平衡,进而使人结合起来形成一个整合的主体,形成一股合力。若个体间能相互协调、密切合作,其合力会大于各个局部之和,行为更加一致高效。

(三)以人为镜,认识自我

人对自己的认识往往是通过人际交往、通过与他人的相互作用产生和发展的。首先,个人以他人为镜,从与他人的比较中认识自己。费斯廷格(Festinger)的社会比较理论认为,当人们缺乏客观的社会标准时,他们将通过与他人的对比来评估自己,通过与他人的对比来获得有关自己的智力、性格、能力等方面的信息,增强对自己的认识。其次,人们还通过他人对自己的态度与评价,以及自己与他人的关系来认识自己的形象。

(四)排解情绪,心理保健

人都具有强烈的交往需求与合群愿望,正是通过交往诉说排解各自的喜怒哀乐,增进彼此的感情,在心理上形成必要的归属感和安全感,增强心理保健。特别是当一个人处于危急、孤独、焦虑和压抑的境遇中时,更加需要与人交往,也更看重交往的价值。即使在很平静和安逸的状况下,当一个人被剥夺正常的交往,也会产生不安全感和孤独感,使人难以忍受。

二、良好人际交往的意义

对大学生而言,在学习、生活乃至以后的工作上的困扰或障碍,很可能首先就是人际关系出现问题。人际关系直接影响到大学生的健康成长和成才,良好的人际关系对他们的成长发展至关重要。

(一)有助于知识的获得

良好的人际关系能使同学之间相互仿效,相互帮助,交流心得,畅谈理想,切磋未来;使师生之间情感相融,教学相长,从而使学生视野不断得到扩展,思想不断受到启迪,逐步提高他们的理想层次,激发起他们为理想的实现而努力学习的积极性。

(二)有助于加快个体社会化的进程

大学阶段是青年社会化的重要时期。人际交往是他们加速实现社会化的重要途径。良好的人际关系能使大学生在与家人、同学、老师的交往中积累、深化社会经验,学到社会生活所必需的知识、技能、态度及伦理道德规范,意识到自我在社会中的地位与责任。大学生应努力培养自己的人际交往能力,掌握交往主动权,尽早学会扮演适宜的社会角色。

(三)有助于人格的完善

丰富的人际关系是大学生塑造自我、完善人格的重要条件。一方面,在良好的人际关系条件下,大学生能通过他人对自己形象的映射,了解自己行为表现的恰当性与能力的高低,从而不断调整自己的行为,努力进取,完善人格,使自己的潜能得到进一步发挥;另一方面,大学生在广泛的人际交往中,可以把他人的态度、价值观念、优良品质、精神风貌等吸收过来,取人之长,丰满自己,使自己的人格更加完善。

(四)有助于心理健康

良好的人际关系是大学生保持心理健康的法宝。人际交往的时间与空间越大,人的精神生活就越丰富,得到支持的机会就越多,心理也就越能保持平衡。因交往而赢得的友谊、支持和理解,能提高大学生的自信和自尊,增强对自我价值的肯定。如果人际交往的需要得不到满足或常常发生障碍,情感孤寂、惆怅、空虚,就会增加孤独感、挫折感,引发内心的矛盾冲突,带来一系列不良情绪反应。这些不良情绪又会成为各种疾病的催化剂,削弱人的抗病能力,削弱神经系统的工作能力,导致心理障碍。如果建立了良好协调的人际关系,能得到周围人的广泛支持和赞许,就能保持积极的情绪体验,使个性变得乐观、开朗、主动、向上,极大促进人的身心健康。

三、学生人际关系的类型

依照不同线索,人际关系可分为多种类型。根据大学生人际关系建立的动因,将其划分为以下几种类型。

(一)业缘型

业缘型指大学生以所学专业为纽带形成的人际关系,包括师生关系、同班同学关系、同系或同院同学关系、校友关系、同专业的校际同学关系等。同班同学关系是大学生业缘型人际关系中最主要的关系,由于朝夕相处,他们不仅有认识上的深刻了解、情感上的深厚联系,也有学业上的合作与竞争,因此,这种关系大多都保持终生。在成年人中,同事、同行都属于业缘关系。

(二)趣缘型

趣缘型指大学生以兴趣为主而结成的人际关系。大学生对学业的追求、业余文体生活的爱好,都能导致相互之间的意气相投。观点、意见和态度的趋向不仅使自己的想法得到了赞同,自尊心得到了满足,而且可以使交往双方进一步加深好感,相互欣赏对方,乐于与对方协调行为,进而倾心、深入地与其交往,使友谊加深。趣缘型人际关系专指业余兴趣形成的人际关系,像诗社、剧团、球类的各种团队,棋类、武术的各种协会等。同时,专业兴趣所造成的业缘人际关系也属此列。

(三)情缘型

情缘型指男女大学生为满足爱情的需要,通过与异性交往而建立的人际关系。在大学生人际关系需求中,爱情需要占了重要位置。情缘型人际关系日趋成为大学生中最为主要的人际关系。在北京市两所高校的调查中发现,积极考虑和正在考虑恋爱的大学生占89.36%,其中以女性追求情缘关系的为多。一些男女大学生一旦找到异性朋友,就会全身心投入把一切精力与时间都花在上面,两个人沉浸在爱情的小天地里,无心也无暇再去顾及原来的同性朋友,将原有的业缘型、趣缘型人际关系都冷下来,从而在一定程度上限制了人际交往面。

（四）地缘型

地缘型主要指大学生因来源地域相同而结成的人际关系。最为常见的一种形式是同乡会，它在刚入学的新生中尤为突出，同乡会总能使新生们在异地感到乡情的温暖。

（五）血缘型

血缘型是大学生的一种天然人际关系，他们与父母、兄弟、姐妹、姑舅亲属等的关系均属此类。

除了上述分类外，还有其他一些分类方法。如依据交往心理与行为的不同，可以将大学生的人际交往类型划分为积极型、被动型与沉静型；从大学生人际关系建立基础的角度来划分，还可分为学习型、生活型和活动型。

四、学生人际交往的特点

当代大学生作为当代青年的一个特殊群体，既具有当代青年人际交往的特点，又有自身交往的显著特征，体现出时代的特色。

（一）开放性

当今社会，大学生之间的人际交往越来越频繁，交往范围也越来越广泛，具有明显的开放性特征。

首先是交往对象的开放，由同班同性同学到异性同学，由老师到社会各类人员；其次是交往范围的开放，由班级、宿舍到其他系、班、院校，大学生个体、群体的社交辐射圈，较以往都有成倍的增长；最后是交往内容的开放，虽仍以学习为中心，但许多社会上的事情已渗透到大学生的社交内容中来。"双向选择"的就业模式促使大学生学会自我推荐，交往中的依赖心理不断减弱，主体交往意识的觉醒成为大学生开放性的核心与内因。

（二）平等性

大学生在人际关系中十分重视平等交往，大多数人认为人与人是平等的、互助的。平等特点是由大学生彼此关系的非利益冲突和较强的平等交往意识决定的。大学生之间是同学关系，具有共同的学习任务和比较一致的学习目的，加之学校、老师对他们布置的任务、提出的要求、给予的机会也都是平等的，不会因为个人家庭的政治经济背景不同而区别对待，这就使得每个大学生在班级和学校都是平等的一员。

（三）交往需求迫切，但实际交往又不尽如人意

几乎所有的大学生都感到交往很重要，但有的大学生担心别人不愿意与自己交往，或自知"不善言谈"而不敢主动开展交往，即使与他人交往也常常表现为过分紧张、羞怯，不敢涉足新的交往，把自己的交往范围囿于原有的小圈子内。可见，

大学生的交往层次具有浅表性特点,实际交往与他们所希望的追求心灵结合的朋友关系有很大距离。

(四)交往动机中功利性和情感性并重

这种交往寓含着市场经济交换中"代价—报酬原则"(又称利益交换原则)基础上的互惠原则,体现为大学生交往的互助、功利性。同时,由于大学生之间利益关系纽带不强,彼此无经济上和思想上的依赖性,因此,大学生的人际交往表现出较强的感情联系。就大学生个体而言,对交往本身往往有着矛盾心理。例如,在就业问题上,一方面迫于社会的现实,深感应当积极行动,为自己的毕业出路拉点"关系";另一方面,又深知要自立于社会应靠真才实学,因而又反对或嫉恨拉"关系"、走"后门",其真实情感与直接功利性动机形成一对鲜明的心理矛盾。

第三节 人际交往障碍及其解决对策

一、学生人际关系困扰的现状及其原因

从总体情况来看,大学生的人际关系状况不很理想。[1] 他们有的"不善于与人交往",完全不能解决交往中产生的问题,视人际关系为畏途;有的追求人际关系的完美,期望自己能左右逢源,对人际交往中没有处理好的情况感到苦恼;还有的甚至完全厌烦学校中的人际关系,此类学生不同程度上都有人际交往中的自卑、不善言谈、交往不主动等障碍。其实,造成大学生人际交往困难的原因并不复杂,[2] 主要可以归结为以下四方面的原因。

第一,多数学生没有经历过集体宿舍生活。进入大学之前,他们一般都处在家庭的呵护下,进入大学后集体生活中没有他们所熟悉的关心和体谅,加上生活不便,沟通不及时,往往因一些小事导致同学之间出现隔阂。

第二,环境和交往地位的变化。大学生在中学时期一般都是同学中的佼佼者,在学校里受到老师的注意和同学的崇拜,在家里受到家长的宠爱,进入大学新环境后,远离家庭和原来熟悉的环境,失去了原来多方面受宠的心理环境,很容易产生不顺心、不温暖、不合群的失宠心理。然而,在时间充裕的大学环境中,大学生交往欲望又极为强烈,他们既希望了解他人的内心世界,也希望他人能够真正地理解自己,但自己又有较强的心理闭锁性。这种矛盾成为大学生出现人际交往困扰的内在原因。环境的变化要求学生们在人际交往中由被动变主动,由受照顾、被体谅变成乐于给他人以照顾和体谅,多数人没能自觉地进行这种转变,因而对人际交往感

---

[1] 唐为民.大学生人际关系的特点及转换的印象知觉对其影响的研究[J].心理科学,2001(24):1.
[2] 李全彩.大学生人际关系的现状与对策[J].中国学校卫生杂志,2002(23):1.

到困扰。闭锁性与强烈交往愿望的矛盾更增加了大学生处理人际关系的难度。

第三,归因不当。人际交往中出现矛盾是正常的,关键在于如何看待造成矛盾的原因。大学生在谈到人际交往中出现问题的原因时,普遍谈他人的责任多,谈自己的失误少。这种态度不利于个人从挫折中吸取教训,且使问题变得更难于解决,人际关系长期处于紧张状态。

第四,缺乏人际交往的经验。近几年入学的大学生,独生子女占相当大的比例,入学年龄也偏低,由于经验不足,难免出现交往挫折。有些大学生不能正确对待人际交往的成功与失败,成功欲极强,而对挫折和失败缺乏心理准备,一旦失败,就对人际关系状况不满,进而又导致其心理封闭,失去与他人沟通的愿望,产生难以排解的自卑,畏惧交往。面对人际交往中出现的问题与障碍,大学生要找准原因,对症下药。

二、学生人际交往中的情绪障碍及其调适

(一) 易激动愤怒

易激动愤怒是指容易发火、发怒、过分急躁,因一点小事与他人发生矛盾,表现出粗野蛮横。大学生正处于身心急剧发展、情感丰富强烈、情绪波动大的青年期,更容易在外界刺激下产生愤怒情绪。研究表明,暴躁的人对外界的容纳性相当低,人在愤怒时意识范围变小,考虑问题偏激,主观化严重,自控能力也随之下降,这就可能对人际关系产生不良影响。一些人发怒是出于哥们义气,还有些动怒是因为存在一些错误认知,如认为发怒可以威慑别人等。此外,不良的家庭环境和教育、个性修养方面的缺陷,以及先天的气质类型也是一些大学生易怒的重要原因。

无节制地发怒或是压制愤怒都不是恰当的方法,不利于建立良好的人际关系。对待愤怒,健康而有效的方式是化解和有分寸的表达。化解是把挫折、不如意、不公正看做生活的组成部分平静面对现实。若一定要表达你的愤怒应选择一种具有建设性的"升华"表达方式。

(二) 交往恐惧感

交往恐惧感是指人在社交时出现的一种带有恐惧色彩的情绪体验。比如,见生人害羞、脸红,说话紧张,怯于与人交往,甚至变得有些神经质。究其原因,交往恐惧感主要有三种情况:一是一部分人属于气质性恐惧,如有一些抑郁型气质的人,从一开始就常常表现出交往恐惧;二是由于缺乏交往经验而出现交往恐惧;三是属于自我保护意识过强而造成的交往恐惧。交往恐惧感主要表现为两种类型,即丧失性恐惧感和形象焦虑。克服交往恐惧可从以下几方面着手:

1. 积极行动,主动参与。这一点至关重要,即明确人际交往是必不可少的生活技能,积极参与交往活动,在活动实践中培养和提高与人交往的能力。

2. 寻找恐惧的原因,增强心理承受能力。找出交往恐惧感的真正原因,有针对

性地进行人际交往挫折的教育与锻炼,提高承受能力,克服交往恐惧感。

3. 了解个性,改善个性。不良的个性常常是人际交往恐惧感的罪魁祸首,而且是交往恐惧感得以存在和蔓延的前提。因此,了解自己个性中的不良倾向,有针对性地加以改善,是克服人际交往恐惧感的根本途径。

（三）嫉妒

嫉妒是指在人际交往中发现自己的才能、名誉、地位或境遇等方面不如别人而产生的不悦、自惭、怨恨、烦恼等负性情绪体验。嫉妒通常表现为对他人的长处、取得的成绩心怀不满;看到别人出头冒尖不甘心,总希望别人比自己相差无几或比自己落后,看到别人比自己落后时感到莫大的安慰。嫉妒者往往没有竞争的勇气,不是正面去面对和解决自己在竞争中所处的不利状态,而是采取不合法、不道德的行为发泄自己的不满。嫉妒心是一种危害较大的不健康心理状态,一旦产生,就会对自己和他人的生活造成影响,使人际交往失去和谐,交往质量差。

嫉妒心的产生往往源于两种错误的认识:一是认为别人取得了成绩就说明自己没有成绩,别人成功了就说明自己失败了;二是认为别人的成功就是对自己的威胁,是对自己利益的侵害。

嫉妒对个人的认知有明显的影响,这种情绪干扰个人的正常判断和思维,会造成人格的扭曲。因此,应自觉地对嫉妒心理进行调适。首先,要纠正这些不正确的想法,要知道与周围人对比是人际交往的必然结果,应勇敢地向对方提出挑战,以更大的成绩去证明自己的能力,在正当的竞争中建立和谐的友谊;其次,要增强道德法制观念,约束并战胜自己的嫉妒心理,不要任其发展,引发破坏性行为;最后,要积极升华,把嫉妒变为上进的力量,通过积极上进的办法赶上或超过对方以达到心理平衡。此外,还可改变比较的角度,因为对他人的嫉妒常常是由于自己太在意对方在某方面的优势而引起的,如果改变与对方比较的角度,拿自己的长处与对方做对比,或者把自己与稍差一点的人比较,失衡的心理就会获得新的平衡。

（四）羞怯

大学生具有一种强烈的交往意识,但在实际交往过程中有的学生又没有勇气。无勇气来源于两方面原因:一是害羞;二是胆怯。羞怯心理主要表现为:①自卑性羞怯。这种人对自己的现状悲观,觉得自己不得志,不如某某人,因而害怕与人交往,尤其害怕与有所成就的人进行交往,怕他人瞧不起自己。②敏感性羞怯。有的同学一到人群中就觉得不自在,紧张不安,总感到别人在注意自己、挑剔自己,轻视或敌视自己,以致无法安下心来做事,他们常担心自己被别人否定,总把别人看做是自己的法官。③挫折性羞怯。它有三种表现形式:一种是反射性羞怯,如在大庭广众面前受到过冷遇,以后遇到类似情况就有种羞怯感;另一种是演化性羞怯,在与陌生人交往中曾碰到过冷遇,而后与所有陌生人打交道时就出现紧张;还有一种是习惯性羞怯,一般是由孩提时代的羞怯形成的习惯。

如何克服交往中的羞怯心理呢？以下建议可供参考：第一，丢下包袱，即不要怕在交往中做错事，说错话，要认识到错误是可以改正的。第二，增强自信心，不要过分关注别人对自己的评价。不管别人怎样评价自己，我还是我。第三，解决害羞的直接有效的办法就是积极地进行人际交往，这是最重要的一点，必要时要强迫自己或请求他人督促自己进行交往活动。只有在不断地交往中总结经验教训，肯定自己的成功之处，才能逐步摆脱害羞心理。

三、自我认知的障碍及其消除

（一）自我认知障碍的表现

1. 自大自傲。自大自傲是过高估计自己的一种自我认知。自傲者以自我为中心，有很强的优越感，处处表现自己，对自身的长处无限夸大并炫耀，对他人只看缺点不看优点。

心理学家柯里说：如果一个人只看到自己比别人好，别人都比不上自己，这样就会产生盲目乐观情绪，自我欣赏，自以为是，因此就不能处理好人际关系，不能调动主客观双方的积极性，而且还会遇到社会挫折，产生苦闷。过于自傲的自我意识往往对自己提出过高的要求，尝试承担无法完成的任务和义务，极易导致失败，导致别人的不信任，造成情感创伤和内心冲突。

2. 自卑。自卑是由过多的自我否定而产生的自惭形秽的体验。有自卑感的人往往轻视自己，过分在意自己的短处，否定自己的长处或对自己的长处没有足够的认识，常表现出胆怯、畏惧、怀疑，担心被人嫌弃和拒绝，行为中采取逃避方式。大学生产生自卑感的原因可分为主观与客观两类：客观原因包括像生理因素、能力因素、家庭经济因素及挫折因素等；主观原因是源于大学生自身的气质性格因素或意志力因素。例如，缺乏正确的自我认识，气质抑郁、性格内向的人大都对事物感受性强，对事物带来的消极后果有放大倾向，而且不容易将消极体验及时宣泄和排解，产生自卑的可能性相应增大。

研究表明，自卑感强的学生，常常有以下心理缺陷：其一，缺乏稳定的自我意识，往往把自己封闭起来，以掩饰自己的弱点；其二，对一切事物特别敏感，很容易遭受挫折；其三，倾向于超脱现实而陷入幻想世界，缺乏社会活动的积极性，容易陷入孤独；其四，缺乏社会竞争意识。

3. 自我中心。人际交往是双方的，在交往过程中只有双方都获得一定的满足，才有可能继续维持和发展交往。如果只想自己从交往中获得好处，而不顾及对方的意愿和利益，必定会造成交往的失败。例如，一位身材矮小的男生，为了保护自己，与一位体育系的同学结成了好朋友，有一次，他与其他系的同学发生冲突，这位运动员朋友并没有为他出气，一怒之下，他再也不与这位运动员朋友来往了。

（二）良好自我认知的培养途径

自大自傲、自卑和自我中心都是由对自己做出过高或过低评价的自我认知的偏差引起的，要避免此类障碍对人际交往的影响，首先要有恰当的自我认知。培养大学生客观、全面、深刻的自我认知应从以下几方面入手。

1. 客观全面地认识自我。这是消除自我认知障碍的基础。如果一个人对自己的智力、人格及社会地位、经济地位有一个比较全面、客观的认识和评价，明确自己的优缺点，就能取长补短，扬长避短，发展自己，完善自己。人无完人，人各有所长，也各有所短。只有客观地、正确地认识自己，经常反省自己，敢于批评自己、肯定自己，这样才不至于自以为是或自暴自弃，才能以人之长补己之短。

2. 正确地对待自我。这主要表现为以下两点：

（1）要有恰当的自我态度，这是正确对待自我的基础。自傲的人常常自我炫耀，以居人之上而压倒别人，很容易使人反感，成为"众矢之的"。自卑的人常常怀疑自我，不敢积极主动地面向别人，容易使人感到懦弱，成为"被遗忘的角落"。恰当的自我态度应是谦虚，谦虚是一种良好的道德品质和性格特征，谦虚者在评价自身时，虽不炫耀自己，但因有较强的自信心支持，也不怀疑自己。有了自信，才不至于一会儿"天生我材必有用""天将降大任于斯人"，一会儿又"我是一只小鸟，想要飞怎么也飞不高"。

（2）要积极地悦纳自我。在正确认识自己的基础上要积极地悦纳自我，即满意地接受自己。首先，要无条件地承认自己、接受自己的一切。好的、坏的、成功的、失败的都要敢于面对和接受；在美国一间黑人教堂的墙上，刻着这样一句话："在这世界上你是独一无二的一个，生下来你是什么这是上帝给你的礼物，你将成为什么这是你给上帝的礼物。上帝给你的礼物你无法选择，但你给上帝的礼物你可以选择。"其次，要正确认识自己的挫折和失败。有的大学生由于对自己期望很高，总希望自己能够表现得很完美，事实上聪明人不是不失败，而是能够从失败中吸取教训。失败对于成功具有重要价值，可以使人获得更丰富的经验、提高心理承受能力。最后，获取积极的自我体验。对自我有积极的情感体验，才会悦纳自我，才会对自己有期望和要求，才能自我实现。如果对自我缺乏积极的体验，对自己不满意、不喜欢，甚至厌恶，就可能自我否定，甚至自暴自弃。获得积极自我体验的途径很多，包括积极进取，克服困难，获得成功的体验；关爱他人，多行善事，获得道德的体验；热爱生活与艺术，培养美的体验。

3. 有效地控制自我。自我控制是消除自我认知障碍的主要手段。屠格涅夫曾说过：劝那些刚愎自用的人，说话前要多想，在舌头上多绕几圈。自傲、虚荣的人如果总是以位高自居、以貌美自赏、以才多自炫，对别人尖酸刻薄、出言不逊，自然会失去别人的尊重和信任，这种人应当有意识地控制自己。自卑的人应经常进行积极的自我暗示、自我鼓励，相信事在人为。当面临某种情况感到信心不足时，不妨自己给自己壮胆:"我一定会成功!一定会的。"或者不妨自问:"人人都能干,我为什么不能干?"如果你怀着豁出去了的心理去从事活动,事先不过多地体验失败后的情绪,你就会产生信心。

四、学生人际交往中的人格特征问题及其克服

(一)偏执

性格中有偏执倾向的人似乎特别热衷于争论,这类人很固执,爱钻牛角尖,对问题看法偏激且不易改变。他们往往容易动怒,对于不符合个人信条的事物表现出激烈的对立情绪与对立行为。他们常常会从他人的言行中"捕捉"到一些"不正确"的东西加以反驳。他们缺乏幽默感,也难以接受他人的玩笑。总之,偏执的人具有苛刻、多疑、固执、易激怒的特征。这些特征在人际交往中是巨大的障碍,这类人的人际关系往往很差。

克服偏执人格,首先要学会接纳宽容异己。对那些与自己不同的人和事,要学着去理解。其次,要主动与他人交流看法。可以争论,但目的应放在解决问题上,而不要总想着以击败对方为快。最后,要学会制怒。不顾后果的激怒往往葬送掉友谊、爱情。第四,要培养幽默感,学会轻松地看待人生,参与生活。

(二)怯懦

怯懦的人在生活中常常以"老好人"的形象出现。怯懦者害怕面对冲突,害怕别人不高兴,害怕伤害别人,害怕丢面子……总之由于"怕",他们变得习惯于委曲求全,习惯于通过忍气吞声来求得相安无事,但实际这种个性往往给个人交往带来诸多不利。一方面,交往中过多的退让强化了别人不适宜的行为与态度,教会别人不把当事者放在眼里;另一方面,当事者做出过退让后,常常会产生一种自我挫败感,使其自信心下降,并对交往对象产生怨恨情绪,从长远看不利于人际关系的顺利发展。

克服怯懦个性,首先要从观念上强化自己作为一个人的权利与尊严。交往中需要做出适时的、有分寸的忍让和妥协,但这要有一个限度,否则会物极必反。在交往中尤其是在大学生之间的交往,平等、尊重是首要的条件。当这种权利受到侵害时,每个人都应该进行有理、有利、有节的斗争,这样才能赢得真正的友谊与人格尊严。其次,要从行动上改变自己的风格。将那些经常出现的、别人有所失礼的情况列出来,然后想出相应的对策。当同样的情况再次出现时就加以应用,并逐步完善这些对策。例如,见人不要躲闪,迎着对方走去;讲话最好注视对方的眼睛,不要总低头;讲话声音要洪亮,不要吞吞吐吐等。

(三)鲁莽

如果说性格怯懦的人在交往中是表现不足的话,那么鲁莽的人就是表现过度。

他们的言行举止具有冲动性,不是理智上深思熟虑的结果,往往在恰当性与分寸感上把握得不好,容易伤及别人而招致不满,有时还会造成严重后果。

鲁莽的人应把"三思而行"铭记在心。可以用延迟法克服冲动的习惯,即给自己规定,每当要说话或做事时,先延迟十秒到一分钟。还可用冷处理法,即放慢动作,把将要实施的激烈行动先压下,待心情平静下来后再做决定。

(四)戒备

交往戒备心理是指在人际交往过程中,由于某些消极心理因素的影响,形成的不切实际的固执的心理偏见,是人们在认识特定对象时的一种心理状态。由于这种偏见的存在,在与别人交往时会歪曲从交往对象发出的信息,影响正常交往。

交往戒备心理的主要表现形式有:

1. 孤僻,即通俗地说,就是不随和、不合群,不能同大多数人打成一片。产生孤僻的原因有三个方面:其一,孤芳自赏,自命清高,不愿与别人为伍,认为别人的言行都是庸俗浅薄、低级趣味的,为自己所不齿,不值得接近。似乎世人皆醉我独醒,世人皆愚我独智,因而经常独来独往;其二,过分谦卑,不敢与人交往,认为自己这也不行,那也不行,从而人为地把自己孤立起来;其三,有不良的言行习惯或嗜好,如说话时动作粗鲁、语言肮脏等,使别人无法接纳,从而影响了人际交往。

2. 封闭,即把自己的真实思想、情感和欲望等掩饰起来,不愿对朋友敞开心扉,以诚相待。有的人甚至严重到对任何人都不信任,对任何人都谨小慎微,怀有很深的戒备心,从而阻碍了人与人之间心与心的交流。

3. 猜忌,即对别人的言语和动作过于敏感、多疑,认为天下所有人都不可靠,别人一举手、一投足都有某种针对性或含沙射影之意,从而顾虑重重,甚至担忧之心溢于言表。在人际关系中受过严重挫折的人最容易产生这种心理。

4. 敌意。它是一种比较严重的人际交往障碍,它不是一般程度上的猜忌心理。怀有这种心理的人常常讨厌他人、仇视他人,认为别人总在寻找机会暗算自己、陷害自己,把人与人之间的关系视为尔虞我诈,从而逃避与人交往。

交往戒备心理的消除主要可从以下几方面进行:

首先,彼此多交流、多沟通信息,克服人际知觉偏见。在人际交往过程中,人们由于受到主客观条件的限制,往往难以全面地看问题,常常因各种偏见的影响而造成歪曲的人际知觉,形成交往戒备心理。因此,大学生多参加集体活动,彼此多交往,积极沟通思想,增进相互了解,澄清事实,是克服认知偏见、消除交往戒备心理的有效方法。

其次,积极、全面、正确地认识人际关系。对人际关系有一种积极、全面、善意的认识是进行良好人际交往的基础和前提。如果把人与人之间的关系视为尔虞我诈或虚伪、冷漠、不可信任等,那么这种偏见、先入为主或刻板效应就会影响正常的人际交往。因此,大学生要努力加强理论和文化修养,增强集体观念,学会全面、辩证地分析问题,正确看待人际关系,减少人际交往中的认知偏见。

最后,学会适当的自我暴露,消除自我封闭心理。人们常常喜欢与自己比较了解的人交往,扩大彼此心里的公开区域是同别人交往的第一个步骤。因此,学会自我暴露,坦诚地向交往对象透露自己的一些秘密,对于促进良好的人际交往大有好处。然而,也不是暴露得越多越好,如果把自己的一切暴露无遗,反而会让对方小看自己,从而阻碍人与人之间的交往。一般来说,进行自我暴露时应当遵循两条原则:第一,自我暴露的安全律,即与人初交不宜暴露过多,特别是不宜暴露深层次的内容,只进行浅表层次的自我情况的介绍;第二,自我暴露的对等律,即自我暴露的进行要随着人际关系的不断深化而逐渐加深,一方进行自我暴露以后,另一方也应做相应程度的自我暴露,由此相互对应地深化下去,不能不等对方做出相应反应就彻底地将自己暴露无遗。

第四节 提高人际交往魅力

一、学生人际交往的影响因素

影响学生人际交往的因素很多,如环境因素、生理因素、心理因素、时间因素等。在所有的因素中,心理因素是最根本的因素,是影响学生人际交往的内因。归结起来,影响人际交往密切程度的因素主要有以下几个方面。

(一)外表的吸引力

在初次交往时,一个人如五官清秀、举止从容,风度优雅大方,衣着整洁得体,就会对他人产生很强的吸引力,这种第一印象的吸引力促使人们进一步接触,从而结成良好的关系。正如亚里士多德所言:美貌比一封介绍信更具有推荐力。心理学家布里斯林(Brislin)和李维斯(Lewis)研究表明:对方外貌的吸引力,与第二次是否与之约会的相关系数为0.89。爱美是人的天性,美的外貌、风度能使人感到轻松愉快,构成一种美的享受,这使得在人际交往中人们往往无法消除由对方外表而形成的影响。

(二)态度的相似性

在人际交往中,两个人对一件事的态度相似与否,可以在一定程度上决定他们的心理是否相容。若态度类似,则易于得到对方情感上的共鸣和行为上的支持,彼此较容易建立和谐的人际关系。俗语所说:"物以类聚,人以群分",正是这个道理。心理学家纽科姆(T. M. Newcomb)曾做过一个实验,向大学生们免费提供住所四个月,经测试发现:大学生们起初的交往在很大程度上取决于空间距离,即同室的交往较多;但到后期,彼此之间态度、价值观和人格特征的相似程度,超过了空间距离,成为建立友谊的主要基础。"志同道合"是人际交往的基本心理条件。

（三）需要的互补性

需要的互补性是指双方在交往过程中获得互相满足的心理状态。当各自的需求与对方所具备的条件成为互补关系时，就能产生强烈的吸引。这是因为交往可以彼此弥补自身的不足，获得心理上的快感和满足。如主动型的人与被动型的人交往，彼此的需求动机都可以得以实现，相得益彰，这种情况极易建立良好的人际关系。

（四）情感的相悦性

形成良好人际关系的双方有一个最基本的条件，即双方相互喜欢。只有双方在心理上都有接近和相互帮助的要求，才能减少人际间的摩擦事件与心理冲突。研究发现，一般人都相信他所喜欢的人也喜欢他，即所谓的"爱人者，人恒爱之"。在日常生活中可以看到，人们常常喜欢那些愿意接纳自己和喜欢自己的人，而排斥那些对自己吹毛求疵、挑剔和斥责的人。

（五）距离的远近

人与人之间地理位置越接近，越容易形成彼此之间的密切关系，正如俗语所说的"远亲不如近邻"。美国心理学家费斯廷格等人曾对住在同一楼房里的家庭彼此之间成为亲密朋友的情况进行了研究，结果表明：人们认为与隔壁邻居要比隔一个门的邻居更亲密一些。人们选择朋友的41%是隔壁邻居，而隔一个门的邻居只有22%。其原因很简单，与隔壁邻居见面机会多，自然而然地就容易建立人际交往关系。

（六）正面互动频率

交往本身可以产生人际吸引，人们彼此之间交往的频率越高，越容易形成较密切的关系。因为交往次数越多，越容易形成共同经验，产生共同语言。例如，有一个实验将个性不同的大学生安排在同一宿舍里，结果发现，他们之间并没有因为个性差异而关系紧张。但是如果交往仅限于每次只是点点头、打声招呼而已，并不能形成深入持久的人际关系，要想维持与发展良好的人际关系还需要进行正面互动。例如，能够主动替别人着想，认真倾听别人的谈话，热情地帮助他人等。

（七）人格因素

人格主要包括人格特征和人格倾向两方面。气质、能力和性格等是人的人格特征，人的理想、信念、兴趣、价值观和抱负水平等则属于人格倾向。志趣相投者，一见如故，难舍难分；相反，则"话不投机半句多"，处处别扭。性格互补者，交往正常，持久不变。即使是人格特征不同，但人格倾向相同，彼此也能友好相处，甚至成为朋友。如脾气暴躁与脾气随和的人，由于观点或态度一致而结合在一起，工作、学习起来，也会配合默契。这种结合常常相互弥补，取长补短，使彼此的成就更高。因此，在交往过程中，既要注意人格特征的差异性，又要关心人格倾向的一致性，只有这样,才能更好地协调人际关系。

同时,性格本身也是引人注意与令人欣赏的重要条件。如果一个人品行端庄,待人真诚、热情,就会使人产生钦佩感、敬重感和亲切感,从而产生人际吸引力。帕里等人曾就友谊问题访问了 40 000 多人,结果表明,吸引朋友的良好品质有信任、忠诚、热情、支持、帮助、幽默感、宽容等 11 种品质,其中忠诚是友谊的灵魂与核心。安德森(Anderson)研究不同的人格特质受到重视的程度,列出了 555 个描写人品质的形容词,让大学生被试指出在多大程度上喜欢具有某项品质的人。结果如表 16-1 所示,当时的美国大学生评价最高的也是忠诚。

表 16-1 人格特质受到喜欢的程度(部分结果)

最受喜欢的品质	中性品质	最不受喜欢的品质
真诚	固执	作风不正
诚实	循规蹈矩	不友好
理解	大胆	敌意
忠诚	谨慎	饶舌
真实	追求完美	自私
信得过	易激动	目光短浅
理智	文静	粗鲁
可靠	好冲动	自高自大
有思想	好斗	贪婪
体贴	腼腆	不真诚
可信赖	猜不透	不友善
热情	易动情	信不过
友善	害羞	恶毒
友好	天真	烦人
快乐	闲不住	虚伪
不自私	好空想	不老实
幽默	追求享受	冷酷
负责任	反叛	邪恶
开朗	孤独	假装
信任别人	依赖	说谎

二、人际交往的基本原则

人际交往过程中必须遵守一定的原则,这样才能拥有和谐、友爱、互助的人际关系。人际交往的原则可归纳为以下四条。

(一)充满自信,平等待人

平等原则即在交往中互相尊重、一视同仁,这是和谐交往的基本前提。平等在一定程度上可以说是交往的最重要原则。萧伯纳有一次在写作休息时,和邻居的小女孩一起玩耍。当送小女孩回家时,他对小女孩说:"知道我是谁吗?回家告诉你妈妈,就说和你一起玩的是萧伯纳。"小女孩天真地回应说:"知道我是谁吗?回家告诉你妈妈,就说和你一起玩的是克里·佩丝莱娅。"大文豪不禁惭然。后来萧伯纳对朋友谈起此事,感慨一个7岁的小女孩给自己上了人生中最好最重要的一课,一个人不论有多大的成就,他在人格上与任何人都是平等的,这个教训一辈子也忘不了。交往是平等的,只有尊重自己的人,才可能会得到别人的尊重;只有尊重他人的人,才能得到别人的尊重,从而真正实现自我的尊严。

(二)诚实守信,言行一致

诚实守信、言行一致是人际关系的基石,是深化友谊的保证。待人接物要以诚为本,能否以诚待人是衡量朋友质量的一个主要标准。轻易许诺但失信于人,会给人一种极强的不信任感,缺乏交往的诚意,这是人际交往的大忌。孔子说:人而无信,不知其可也。因此,应认识到,许诺是非常郑重的行为,对不应办或办不到的事情,不能轻易许诺,不要碍于面子答应,之后又无法兑现承诺。只有诚心才可以使人在人际交往中随时获得别人的信任,并把那些具有同样优秀品质的人吸引到自己身边,建立无需伪装自己的轻松、愉快的社交圈。

(三)互帮互助,互利互惠

互帮互助、互利互惠是人际交往的润滑剂。人与人之间的交往本质上是一种社会交换过程,这种交换虽不等同于市场上买卖关系的交换,但所遵循的原则是相似的,即人们希望交换对自己来说是值得的,希望在交换中得大于或等于失,交往双方应相互获得满足。当各自的需求与对方所具备的条件正好成为互补关系时,就会产生强烈的吸引。互助要注重双向性、互利性,如果一方只索取不给予,或只给予不索取,则容易使另一方或者认为自己被人利用,或者误解对方的诚意,不敢再进一步向对方敞开心扉,从而中断交往。事实证明,交往中互利性越高,双方的关系越稳定和密切;互利性越低,双方的关系越容易疏远。

(四)严于律己,宽以待人

严于律己、宽以待人是人际交往的黏合剂。严于律己一方面是能严格要求自己,不损害他人的利益,另一方面是在受到别人误解甚至责难时能驾驭自己的情感,控制自己的情绪,对朋友不可斤斤计较、求全责备。宽以待人即不计较他人的细枝末节,甚至能容人之短。要能宽容别人,首先要理解别人,学会设身处地地为别人着想。而要真正理解别人,为别人着想,又要多交流,深入了解各自的性情爱好和价值观念,这样才不至于在出现问题后无端猜疑,引发不必要的纠纷,从而有利于形成宽容和谐的交往气氛。

三、良好的交往品质

良好的品质在人际交往中是非常重要的,以下五种良好的交往品质有助于大学生形成良好的人际关系。

（一）真诚

"人之相知,贵相知心"。真诚的心能使交往双方心心相印,彼此肝胆相照,真诚的人能和交往者的友谊地久天长。

（二）信任

美国哲学家和诗人爱默生说过,你信任人,人才对你重视。以伟大的风度待人,才能表现出伟大的风度。在人际交往中,信任就是要相信他人的真诚,从积极的角度去理解他人的动机和言行,而不是胡乱猜疑,相互设防。信任他人必须真心实意,而不是口是心非。

（三）克制

与人相处,难免发生摩擦冲突,克制往往会起到"化干戈为玉帛"的效果。克制是以团结为重,以大局为重,即使是在自己的自尊与利益受到损害时也是如此。但克制并不是无条件的,应有理、有利、有节,如果是为一时苟安,忍气吞声地任凭他人的无端攻击、指责则是怯懦的表现,而不是正确的交往态度。

（四）自信

俗话说,自爱才有他爱,自尊而后有他尊。自信也是如此,自信的人对自己的不足有所认识,并善于听从别人的劝告与帮助,勇于改正自己的错误。培养自信要善于"解剖自己",发扬优点,改正缺点,在社会实践中磨炼、摔打自己,使自己尽快成熟起来。

（五）热情

在人际交往中,热情能给人以温暖,能促进人的相互理解,能融化冷漠的心灵。因此,待人热情是沟通人的情感、促进人际交往的重要心理品质。

四、人际交往的基本技能

（一）主动而热情地待人

热情是最能打动人、对人最具有吸引力的人格特征之一。一个充满热情的人很容易得到大家的欢迎,进而拥有良好的人际关系。首先让自己变得愉快起来是必要的,一个面带微笑的人很容易被人接纳。

(二)对别人真诚地感兴趣

不少人都错误地想方设法使别人对自己感兴趣,而不明白要使别人对自己感兴趣,首先自己应对别人感兴趣。只要你对别人真心地感兴趣,在两个月之内,你所得到的朋友会比一个要别人对他(她)感兴趣的人在两年之内所交的朋友还要多。事实上,人们更喜欢那些对自己感兴趣的人。

(三)发现和赞扬别人的优点

威廉·詹姆斯说,人生中最深切的禀赋,是被人赏识的渴望。我们应努力发现别人的长处,赞赏别人的优点。有效地赞赏是赞扬他人身上不显而易见的长处,如赞扬一位漂亮女孩聪明或会干家务,而不是只夸她很美丽,这种善于发现他人长处的能力会帮助你在短时间内赢得他人。再者,可采取间接赞美的方式,百无一失的赞美应该是间接的。一般来说,背着当事人在其他人面前赞扬其优点,当事人得知后,会觉得你的赞美是真诚的,因此会感到十分高兴。直接赞美别人会怀疑你的动机,而间接赞美很容易被接受。

(四)注意人际交往中的语言技巧

语言艺术主要是把握说和听的分寸。人际交往中的大部分信息是通过口头或书面语言来交流的,其中最常用的方式是交谈。交谈的方式和语言的效果息息相关,有几种通病在交谈中必须避免:一忌不理会对方的意见和反馈,只喋喋不休地发表自己的意见;二忌不能专注地听别人讲话,交谈中总是频频打岔或不停地左顾右盼;三忌交谈中总是质问对方,让对方感到自己像被审问的罪犯一样;四忌过于亲善或急于巴结对方,语气措辞肉麻不堪让人难以忍受。交谈是一门大有学问的艺术,谈话者一定要有备而来,交谈前要了解清楚交谈的对象、交谈的环境以及交谈的内容。

善于聆听也是交往言语技巧的一个重要组成部分。交往是双向的,讲与听是一次交谈中必不可少的两个方面。一位当代伟人说过:主耶稣给我们两个耳朵,一张嘴,很明显的,就是要我们听比说要多两倍以上。还有人说:很少有人能够经得起别人专心听讲给予的暗示性赞美。大学生在谈话时更喜欢陈述己见,以引起别人的注意。事实上,倾听别人的讲话会有助于深入的了解。做一个好听众,往往更能引起别人的喜欢。

(五)行为规范和体态语言的恰当运用

要站有站相,坐有坐相,所谓"站如松,坐如钟"。站立时不要来回晃动身体或手总是无处可放,坐时一般不要跷二郎腿,礼节性行为如点头、握手等要适当,不要过于献媚、讨好,也不要自以为是,居高临下,微笑和专注的神情在交往中很重要,切忌眼光游移不定,左顾右盼,或死盯住对方眼睛,要与对方视线保持一种若即若离的自然状态。总之,行为和体态语言的运用要给人一种自然得体、富有涵养的印象。

(六)恰当的角色扮演

在人际交往过程中,角色变换频繁,如果不能对自己与他人的关系有明确的认识,就容易产生角色困惑。例如,亲属关系中的言行不适用于师生的交往;一般朋友关系中的言行不适用于恋人关系的交往……在交往中明确地认识和对方的关系,因为这样才使自己确知本身的所在。

(七)讲求批评的艺术

人人都有毛病和缺点,但经常被他人指出不足是我们大多数人所反感的。因此,我们在批评他人时要讲究一下技巧。首先,不要当众批评他人,批评应尽量在单独的场合进行。其次,批评要对事不对人。比起一些具体的言行来,人们对自身的人格、能力等更为看重,因而批评时避免对他人的人格能力进行否定,而应提出某个具体言行的错误。再次,批评应针对现在,而不要纠缠过去。如果习惯于用"你怎么总是……"之类的形式批评别人是不会取得好效果的。因此,批评最好只针对当前某一件事进行。

案例分析[①]

李颖同学是一位来自农村的大学生。走进大学校门后,她发现宿舍里农村来的同学与城市来的同学在许多方面都有明显的差异。比如说,同宿舍的农村同学赵丽质朴善良、勤奋进取、性格倔强,而城市同学王梅活泼好动、娇气任性、性格直爽,她们之间经常发生摩擦。这不,一件不愉快的事情又发生了。王梅同学发现她的 100 元钱找不见了,她想起放钱的那天只有赵丽一人在场,因此对赵丽起了疑心。王梅在宿舍里大叫大嚷,说她的 100 元钱是有记号的,她一定要查出来,并且真的动手搜查起宿舍同学的衣物、书柜、抽屉,搜查的重点明显地放在了赵丽同学身上。当搜查到李颖时,李颖觉得有损自己的人格尊严,但是如果不让查,又怕别人说自己作"贼"心虚。

1. 请问,李颖该怎么办?并请说明你的理由。
   A. 让查　　　　　B. 坚决不让查　　　　　C. 不让查,委婉地说出理由

李颖同学拒绝让王梅搜查,两人发生了激烈的争吵,好在王梅最后从自己的柜子里找到了她的 100 元钱,事情总算水落石出。赵丽对李颖心存感激,二人从此成为好友。赵丽的家庭很不幸,母亲过早病逝,父亲再婚以后,家庭经济很紧张,生活比较宽裕的李颖对她甚是同情,经常借钱给她,可赵丽由于生活困难,总是无力偿

[①] 资料来源:刘美玲.讲授"人际交往的基本原则"的体会[J].山西高等学校社会科学学报,2002(10).

还向李颖所借的钱。有一次,赵丽又向李颖借钱100元。

2.请问,李颖该怎么办?这么做会产生怎样的结果?

A.不借　　　　B.继续借　　　　C.借一半

李颖最终没有借钱给赵丽,赵丽很失望。正好在这段时间,赵丽的父亲来信表示以后不能再供养她了,大学生活要完全靠她自己,赵丽想起与她同父异母的弟弟依然在中学读书,心中甚感不公,起了状告父亲之意,她征询好朋友李颖的意见。

3.请问,李颖该怎么办?不同的做法有何利弊?

A.事不关己,高高挂起　　　　B.义愤填膺,全力支持

C.权衡利弊,竭力劝阻

李颖支持赵丽走上了法庭,与亲生父亲对簿公堂。由于赵丽已经是成人,大学教育又不属于义务教育的范畴,而赵丽的父亲确实是生活困难,赵丽最终败诉。无奈之下赵丽每天晚上出去打工,自谋生路,但由于她回来得很迟,严重地影响宿舍同学休息,不明真相的同学对此非常有意见,王梅乘机将晚回宿舍的赵丽关在了门外,当李颖给赵丽开门并提醒她注意时间时,心情郁闷的赵丽没好气地说:"我的事你以后别管了"。王梅则冷嘲热讽,骂李颖是"狗拿耗子,多管闲事",李颖的心中极为委屈。

4.请问,李颖该怎么办?如果你选择C,你打算如何与其沟通?

A.针锋相对,立刻还击　　　　B.温良恭俭让,忍了算了

C.寻找时机,逐一沟通

分析:在这四个问题中,如果你大多数选择了C,说明你能较好的遵循人际交往的基本原则,而且有一定的人际交往艺术,有利于人际关系的协调;如果你大多数选择了B,说明你在遵循人际交往的基本原则方面缺乏一定的灵活性,影响人际关系的协调;如果你大多数选择了A,说明你在遵循人际交往的基本原则方面存在一些问题,不利于人际关系的协调,应该引起你的注意。

课后习题

一、单项选择题

1.构成人际关系的基本成分有认知成分、情感成分和(　　)。

A.个性成分　　B.行为成分　　C.意志成分　　D.动机成分

2.在人际知觉中,人们常常从对方所具有的某个特征而泛化到其他一系列特征、从局部信息形成一个完整的印象,这种效应是(　　)。

A.首因效应　　B.投射效应　　C.刻板印象　　D.晕轮效应

3.一般来说,师生关系、同学关系、校友关系等,属于人际关系类型中的(　　)。

A. 趣缘型　　　　B. 业缘型　　　　C. 情缘型　　　　D. 地缘型

4. "如果知道我爱的人关注他人比关注我多，我会愤怒不已。"常有这种想法的爱属于(　　)。

A. 实用主义的　　B. 利他的　　　　C. 占有式的　　　D. 游戏式的

5. 通常所说的"先入为主""第一印象"等属于下列哪种心理效应(　　)。

A. 晕轮效应　　　B. 情绪效应　　　C. 近因效应　　　D. 首因效应

6. 在构成人际关系的三种基本心理成分中首要的是(　　)。

A. 行为成分　　　B. 意志成分　　　C. 认知成分　　　D. 情感成分

7. 爱议论别人的人，总以为别人经常在背后议论自己；考场上自己想作弊，总以为他人也在作弊；等等，这些属于下列哪种心理效应(　　)。

A. 旁观者效应　　B. 投射效应　　　C. 责任分散效应　D. 刻板印象

8. "爱屋及乌""情人眼里出西施""一好遮百丑"等，这种心理效应是(　　)。

A. 近因效应　　　B. 刻板印象　　　C. 晕轮效应　　　D. 旁观者效应

9. 斯腾伯格认为，爱情的三个基本成分是：亲密、激情和(　　)。

A. 金钱　　　　　B. 房子　　　　　C. 担当　　　　　D. 承诺

10. 人际关系是人与人在沟通交往中建立起来的直接的联系，这种联系主要是建立在(　　)。

A. 心理上　　　　B. 认知上　　　　C. 行为上　　　　D. 道德上

11. 刻板印象可以使人的社会知觉过程简化，因而它具有一定的(　　)。

A. 消极性　　　　B. 社会性　　　　C. 破坏性　　　　D. 概括性

12. 男女大学生以满足爱情需要为基础而建立的人际关系类型属于(　　)。

A. 业缘型　　　　B. 趣缘型　　　　C. 情缘型　　　　D. 地缘型

13. 小张在与人交往时常伴随一种力图摆脱又无能为力的惧怕体验，面对这种情况不适宜的做法是(　　)。

A. 积极参与人际交往　　　　　　B. 寻找恐惧原因
C. 了解并改善自己的性格　　　　D. 独来独往

14. 在人际交往中，由过多的自我否定而产生的自惭形秽的体验是(　　)。

A. 自恋　　　　　B. 自卑　　　　　C. 自谦　　　　　D. 自我中心

15. 建立良好的人际关系，最为重要的(基石)是交往双方要(　　)。

A. 诚实守信，言行一致　　　　　B. 互帮互助，互利互惠
C. 严于律己，宽以待人　　　　　D. 充满自信，平等待人

二、辨析题(判断正误，并说明理由)

1. 人际认知是人际交往的第一步。
2. 在对熟人的认识中，首因效应比近因效应所起的作用更大。
3. 个体之间距离越近，交往的频率就越高，越容易建立良好的人际关系。

4. 友谊是爱情的基础,但友谊未必成为爱情。

5. 嫉妒是一种危害极大的不健康心理状态。

三、简述题

1. 说明人际交往的心理功能。

2. 说明大学生人际交往的特点。

3. 何谓良好的交往品质?

4. 试述大学生人际交往中的情绪障碍及其调适。

5. 如何消除人际交往中的戒备心理?

四、论述题

1. 举例说明,大学生人际交往中的自我认知障碍及其调适。

2. 结合个人实际,阐述人际交往中应遵守的基本原则。

3. 假如你是一名中学心理咨询老师,请你设计一份改善和提高中学生人际交往技能的教育方案。

五、材料分析题(阅读材料,并回答问题)

材料一:

小A与小B是某艺术院校大三的学生,同在一个宿舍生活,入学不久,两个人成了形影不离的好朋友。小A活泼开朗,小B性格内向、沉默寡言。小B逐渐觉得自己像一只丑小鸭,小A却像一位美丽的公主,心里很不是滋味,认为小A处处都比她强,把风头占尽,时常以冷眼对小A。大学三年级,小A参加了学院组织的服装设计大赛,并得了一等奖,小B得知这一消息,先是痛不欲生,而后怒火中烧,趁小A不在宿舍之机,将小A的作品撕成碎片,扔在小A的床上。小A发现后,不知道怎样对待小B,更想不通为什么她要遭受这样的对待?

问题:

1. 材料中的小B主要表现出一种什么心理?其产生原因是什么?

2. 请提出一些帮助小B调适心理的建议。

材料二:

某女生C,在家是独生女,聪明漂亮,学习优秀,堂表兄弟姐妹中数她最出色,父母爷姥万千宠爱,家庭经济条件好,很早就有自己独立的卧室。到学校后四人一间宿舍,感到委屈和不适应,经常抱怨寝室同学,还耍娇小姐脾气,支使别人干这干那,好像是理所当然的。这样一来,其他三位同学开始逐渐疏远她,她感到十分孤单,却又不知道别人为什么远离她。

问题:请结合材料,为新生适应学校集体生活、建立良好人际关系提出建议。

拓展阅读

1. 戴维·迈尔斯.社会心理学[M].侯玉波,乐国安,张智勇,等.译.北京:人民邮电出版社,2006.

2. 李维.社会心理学新发展[M].上海:上海教育出版社,2006.

3. 张梅,辛自强,林崇德.青少年社会认知复杂性与同伴交往的相关分析[J].心理科学,2011(2).

4. 田丽,安静.网络社交现状及对现实人际交往的影响研究[J].图书情报工作,2013(15).

5. 杨雪花,陈万明.大学生人际交往能力对宿舍人际关系及幸福感的影响[J].中国学校卫生,2016(2).

6. 赵晶,郑林科,肖琼,董建红,魏晓言.大学生成人依恋与人际交往效能感的关系[J].中国健康心理学杂志,2016(1).

第十七章

心理健康教育与维护

学习目标

理解心理健康的含义、标准及其表现,了解学生最常见的心理问题,掌握心理健康教育的方法,自觉维护和保持心理健康。

第一节 心理健康概述

一、心理健康的含义

世界卫生组织前总干事马勒博士曾提出这样一种思想:健康并不代表一切,但失去了健康,便丧失了一切。英国教育家洛克也曾强调没有健康,就不可能有什么幸福可言。健康是人生的第一财富。没有健康做基础,人生的一切将会黯然失色。健康已成为人们当前生活中关注的一大主题。什么是健康?世界卫生组织在1978年的《阿拉木图宣言》中提出:"健康不仅是疾病与体弱的消失,而且是生理健康、心理健康和社会适应的完美状态。"可见,健康是一个综合性概念,它既包括生理健康,也包括心理健康,以及对社会的良好适应。以往所说的身体没病就是健康是极为片面的。随着现代信息社会的迅速发展,心理健康显得越来越重要。

什么是心理健康?从心理结构而言,心理健康就是个人具备健全的智力、情感、意志和统一的人格结构;从适应性而言,就是个人对自己、他人和社会具有正确的认知和良好的适应;从现实性而言,就是既没有心理疾病,又能始终保持一种积极发展的心理状态。因此,所谓心理健康是指个人能够充分发挥自己的心理潜能,妥善处理和适应人与人之间、人与社会之间的相互关系,经常保持心理处于最佳发展状态。

二、心理健康的等级和标准

(一)心理健康的等级

从评价角度而言,对心理健康的评价比生理健康的评价更为复杂和困难,因为心理健康的标准并不像生理健康那样具体、精确和绝对。心理现象是主观精神现象,它的度量很难有一个固定而清晰的界限。从宏观角度看,中外心理健康专家们经过研究,将人的心理健康水平大致分为三个等级:

1. 心理常态。它表现为心理经常愉快,适应能力强,善于与别人相处,能较好地完成同龄人正常发展水平上应做的活动,包括具有调节心情的能力。

2. 心理失调。它主要表现为与他人相处略感困难,生活自理有些吃力,缺乏同龄人所应有的愉快。若主动调节或通过专业人员帮助,可恢复常态。

3. 心理病态。它表现为严重的适应失调,不能维持正常的生活与工作。如不及时治疗可能恶化成为精神病患者。

(二)心理健康的标准

由于心理健康问题的复杂性,在制定心理健康判断标准时往往要以人的主观感受性、适应社会情况等各方面作为依据。因而,至今尚未形成一个公认的心理健康标准。以下简要介绍几种观点,以帮助我们形成对心理健康的基本认识。

1. 坎布斯的特质标准。美国学者坎布斯认为,一个心理健康的人应有四种特质:

(1)积极的自我观念。它是指自己能悦纳自己,也能为他人所悦纳。能体验到自己的存在价值,能面对并处理好日常生活中遇到的各种挑战。

(2)恰当地认同他人。它是指能认可别人的存在和重要性,既能认同别人而又不依赖或强求别人,能体验自己在许多方面与大家是相同的。能与别人分享爱与恨、乐与愁,以及对未来美好的憧憬。

(3)能面对现实和接受现实。它是指即使现实不符合自己的希望与信念,也能设身处地、实事求是地去面对和接受现实的考验,能多方寻求信息,倾听不同意见。

(4)主观经验丰富,能对自己周围的事件及环境有较清楚的认知,不会迷惑或彷徨。它是指在自己的主观经验世界里,储存着各种可用的知识和技能,并能随时提取使用,以解决所遇到的问题。

2. 马斯洛的自我实现者标准。美国人本主义心理学家马斯洛研究提出心理健康者(或称自我实现者)的15个特征,是目前人们引用较多的心理健康标准。这15个特征是:

(1)正视现实。心理健康者能以客观的态度看待现实,较好地认识事物的本来面目,而不是以自己的主观臆断看待外界。

(2)接纳自然、他人和自我。心理健康者能对周围事物进行正确辨别,对他人缺点有足够度量,承认这是人性的自然,对自己的优点和缺点能做出客观评价,毫无抱怨地加以承认,并不因此而感到羞愧或内疚。

(3)言行坦率。心理健康者言谈直率,行为自然,不矫揉造作,不刻意哗众取宠,不隐藏自己的情绪,除非其表现会伤害别人。

(4)热爱事业。心理健康者热爱自己的工作,能献身于使他们发挥最高才能的事业,从事工作不是为了金钱、名誉或权利,而是视工作为最高享受。

(5)独立独处。心理健康者喜欢安静独处,以使自己的思维和创造性不受外界干扰。

(6)自主性。心理健康者不受环境支配,且能有效利用环境。

(7)热爱生活。心理健康者有反复欣赏生活的能力,对周围事物具有持续的新鲜感,不因生活经验的重复出现而烦恼。

(8)有高峰体验。高峰体验是一种瞬间产生的、压倒一切的敬畏情绪,是瞬间即逝的极度强烈的幸福感,产生这种心理体验的人,会感到自己窥见了终极真理、事物的本质和生活的奥秘。

(9)强烈的社会责任感。心理健康者同情他人,关心他人,愿意帮助他人。

(10)人际关系深刻。心理健康者对他人有爱心和认同,能与他人友好相处,在共同价值观念基础上,可与他人结为知己。

(11)待人民主平等。心理健康者能宽容和接受所有人,虚心向一切有见识的人学习。

(12)信守道德准则。心理健康者有明确的伦理道德准则,并能在一切场合坚守这些准则。

(13)富于幽默感。心理健康者能以一种诙谐风趣、富有哲理的方式,将人世间的荒诞和不协调现象恰当地表现出来。

(14)富有创造性。心理健康者可在各种活动中表现出独创、发明和革新的特点。

(15)不随波逐流。心理健康者有自己的信念和行为准则,走自己的路,在重大问题上坚持自己的观点,能顶住环境的压力。

上述特征并非尽善尽美,但可作为评价心理健康的重要参考。

3.我国现代学者有关心理健康的标准。我国学者认为心理健康并不是固定的状态,它不是使所有的人都变成一个样子,而是使个人依据自己的情况获得充分发展。刘华山教授认为,心理健康的标准有以下几点:

(1)对现实能正确认知,看问题能持客观的态度。

(2)自知、自尊与自我接纳,能现实地评价自己,不过分显示自己,不刻意取悦别人,既接纳自己的优点,也接纳自己的缺点。

（3）自我调控能力，能调节自己的行为，既能克制自己的冲动，又能调动自己的身心力量，在实践中实现自己的更高级目标。

（4）与人建立亲密关系的能力。关心他人，善于合作，不为满足自己需要而苛求于人。

（5）人格结构稳定协调。这方面主要包括理想与现实差距的调适，认知与情感的协调等。

（6）生活热情与工作效率。人人都会有苦恼，但心理健康的人能从生活与工作中寻得快乐。

另外，还有一些学者提出心理健康的六条现实标准，即自我意识正确、人际关系协调、性别角色分化、社会适应良好、情绪积极稳定和人格结构完整。

总之，目前还没有一个大家公认一致的心理健康标准。上述标准可在实际应用中加以借鉴。

三、学生心理健康的主要表现

（一）智力正常

智力是衡量心理健康的一个重要标准。大学生心理健康的表现之一就是智力能够正常、充分地发挥其效能。智力正常是大学生学习、生活、工作的最基本心理条件。一般来说，大学生的智力都是正常的，甚至智力总体水平较高于同龄人。

（二）情绪积极稳定

心理健康的大学生，对客体有正确的认知和合理的态度，在大多数情况下都能产生正常适度的情感体验，而不会有过强（小刺激大反应）、过弱（大刺激小反应）或歪曲的情绪反应；在其情绪体验中，愉快、乐观、开朗及满意等积极情绪状态总是占优势，虽然也会有悲伤、忧郁和愤怒等消极情绪体验，但一般不会长久；同时能适度地表达和控制自己的情绪，情绪相对稳定，不会反复无常，动辄失去平衡。

（三）意志健全

意志是人完成一种有目标的活动时所进行的选择、决定与执行的心理过程。意志健全者在行动的自觉性、果断性、顽强性和自制力等方面都表现出较高水平。在各种活动中都有自觉的目的性，能适时地做出决定，运用切实有效的方法解决所遇到的各种问题，在困难和挫折面前能采取合理的反应方式，行动中能控制情绪和言行。

（四）人格完整

心理健康的人人格结构的各要素完整统一，这主要表现为：有较高的能力；完善的性格;积极的气质特征;合理的需要;正确的动机;广泛的兴趣;坚定的信念;健全的自我意识;心胸开阔;真诚待人;言行一致;表里如一;热爱生活;积极进取。

（五）自我评价正确

正确的自我评价是大学生心理健康的重要表现。大学生是在与他人的相互关系中,在实践活动中不断地认识自己的。一个心理健康的大学生,能正确地认识自己,包括自己的身体状态、认知水平、行为表现、气质、性格和能力等,能实事求是地看待自己的学业和成就,有切合自己实际的志向和水平,对优点感到欣慰,但不狂妄自大,对弱点既不回避,也不自暴自弃,善于积极地"自我接纳"。

（六）人际关系和谐

和谐的人际关系既是大学生心理健康不可缺少的条件,也是大学生获得心理健康的重要途径。在对待人际关系问题上,大学生应乐于与人交往,有稳定而广泛的人际关系,有知心朋友。在交往中不卑不亢,能保持独立完整的人格,能客观地评价别人,悦纳别人,取人之长,交往动机端正。对他人尊重、诚挚、热情,富于同情心和友爱心。

（七）适应能力强

较强的适应能力是心理健康的重要特征。不能有效地处理与周围现实环境的关系是导致心理障碍的重要原因。心理健康的大学生,能与社会保持良好的接触,对社会现状和未来有较清晰正确的认识,思想和行动能跟上时代的发展步伐,与社会的要求相符合。

（八）心理行为符合年龄特征

在人生发展的不同年龄阶段,都有相应不同的心理行为表现,从而形成不同年龄阶段的心理行为模式。心理健康的人,其行为习惯是与他的年龄、地位、社会角色适应的,是与社会环境相和谐的。大学生是处于特定年龄阶段的特殊群体,精力充沛、思维敏捷、情感活跃,与之相适应,行为上也应该表现为朝气蓬勃、热情洋溢、反应敏捷、勇于探索、勤学好问等。如果经常严重地偏离这些心理行为特征,则有可能是心理不健康的表现。

第二节 学生心理健康常见问题及其影响因素

大学生正处于青年中期,虽然其生理趋于成熟,但心理尚未完全成熟,人生观、世界观还处在形成过程中。面对生活环境中的种种问题、观念冲突、利益抉择,许多人因处理不当而陷入焦虑、失望和困惑之中,严重者甚至表现出激烈或异常行为。同时,在自身心理、生理发展过程中,内在体验的剧烈变化又加剧了他们的心理负担。淮安市对1 549名大学新生的精神卫生现状调查,发现有193名存在不同程度的心理问题(发生率为12.5%)。① 云南师范大学的随机抽样表明,该校26.7%的学生存在心理问题,其中轻度的为24.1%,中度的为2.3%,较严重、严重的为0.3%。② 据北京16所大学统计,在1978～1988年造成学生辍学的主要原因中,1982年以前为传染性疾病,1982年以后则转变为精神疾病,在324例精神疾病中,神经症占80%,其次为精神分裂症。③ 同济大学对1981～1994年学生死亡的原因进行分析,以意外死亡所占比例最大,意外死亡因素中,自杀者占首位,主要原因是学习紧张、考试失败、恋爱受挫,以及性心理障碍等。以上事实说明,心理健康问题已成为困扰部分大学生学习和生活的严重问题,如不及时解决,势必成为大学生健康成长的障碍。2001年3月16日,教育部发布了《关于普通高等学校大学生心理健康教育工作的意见》,强调对大学生进行心理健康教育,提高心理素质的重要性。

一、学生心理健康存在的主要问题

(一)大学生心理健康问题的主要表现

1. 入学适应问题。学校环境对大学生有着极为重要的影响。对于绝大多数新入学的大学生来说,大学集体生活既改变了他们原来的生活方式,又改变了原来所熟识的人际环境,使得每个大学生最初都会产生不同程度的应激反应,内心或多或少地感到惶惶不安,想父母、想家、想以往朝夕相处的同学或老师。这种因不适应新的生活环境而出现的不安、苦闷和孤独感,在那些应变能力较差的学生身上表现得更为明显,有些学生甚至出现一些较严重的心理问题。

2. 学习问题。大学生的学习目的、学习方式、学习内容等都有别于中学生,因而在适应大学学习环境过程中,刚入学的大学生可能在学习动机、学习兴趣、学习方法等方面不能及时调整和改变,出现心理困惑。同时,在新的学习环境中,角色地位也发生了改变,也需要每个大学生进行心理调整。多数学生在入学前,是当地中学的学习尖子、教师和家长的宠儿、同学心目中的榜样,自我感觉良好,有较强的优越感。但进入大学后,在这个集中了各地学习优等生的新集体中,原来的优越感下降或不复存在。在新集体中,能否继续保持优势,或者能否接受"自己是平等的一员"这一事实都成问题。如果对这种现实不能正确接受和对待,逃避或否认现实,就会发生心理卫生问题。

3. 人际交往问题。较之以前的青少年,作为以独生子女为主体的年青一代,本

---

① 蔡则环,等.淮阴地区大学新生精神卫生现状调查分析[J].中国心理卫生,1997(1).
② 王俊,张树兴,杨纪武.云南大学生心理健康状况调查分析[J].高教研究,1997(1).
③ 李淑然,等.1978～1987年北京16所大学本科生因精神病休学、退学情况分析[J].中国心理卫生,1989(3).

来就相对缺少思想和情感的交流,存在某种程度的封闭性,进入大学后,很多同学之间缺少心灵的沟通和情感的交流,但他们的内心又渴望友谊、理解、尊重、关心,迫切希望有知心朋友。情感的封闭与强烈的人际交往需要形成极大的反差,一旦在人际交往过程中受挫,就可能表现为自我否定而陷入苦闷与焦虑之中,或因企图对抗而陷入困境。

4. 恋爱与性心理问题。从个体的生理年龄发展阶段看,大学生处于青年中期,正是开始恋爱的时候,由于所处的时期与环境的特殊,恋爱与性的问题都不容易处理好。大学生性生理已发育成熟,性心理又相对滞后,会不断出现性意识的困扰,且能体验到对性的压抑。这些困扰,通常只带来一般程度的不安和躁动,但如果达到严重程度时,就会出现心理问题。此外,由于对性知识、性行为的不恰当地认识和理解,也会造成心理压力。

5. 择业与求职问题。大多数学生在临近毕业之时面临着择业、求职的难题。一些同学在择业时,对自己的气质、性格、兴趣与能力没有充分地考虑,急躁盲目或无所适从。有的学生在进行职业选择时,常常产生愤怒、焦虑、灰心、内疚、失望、无助、不满等消极情绪体验。在求职的过程中,容易出现独立性不够、自信心不强、面试技巧欠佳、恋爱困扰、性别歧视等各种心理问题。

6. 网络成瘾问题。网瘾是指由于长时间地和习惯性地沉浸在网络时空当中,对互联网产生强烈的依赖,以至于达到痴迷程度而难以自我解脱的心理行为状态。大学生是网络使用的主要人群之一,由于其对网络技术运用自如且有便利的上网条件,学习、求职、交际等都离不开网络,加上自身自制力等因素,容易陷入网络虚拟世界而无法自拔,成为"网瘾君子"。网络成瘾对大学生的危害主要有:损害身体健康,干扰正常学业,恶化人际关系,产生心理障碍,甚至引发社会、家庭不和谐等。

(二)中学生心理健康存在的主要问题

1. 自我概念发展问题。12、13岁到17、18岁这段时期被称为青春期,或是"心理断乳期""第二反抗期",中学生正处于这一时期。他们除了身形体态的变化外,最显著的就是自我意识飞跃发展,初中阶段就已表现出自省的萌芽,高中阶段独立意识日渐强烈。一方面,突然高涨的自我意识使中学生出现了叛逆心理,思维有些主观偏执,认为自己的想法就是正确的,听不进去他人的意见;另一方面他们却敏感地在意他人对自己的评价,总感觉他人用挑剔的眼光看待自己,甚至当别人低声说话时,都会怀疑别人是否在议论自己。

2. 学业发展问题。中学生面临的学业发展问题有:

(1)学习压力增大。有些学校将学生分为好、中、差班,考试排名次,题海战术等,使学生的心理整天处于一种认知超负荷的高度紧张状态之中,心理压力很大。有些学生出现神经衰弱、失眠、记忆力减退、注意力涣散等。

(2)厌学心理。厌学是较为普遍存在的学习心理问题,不仅是学业成绩差的学生不愿学习,有些成绩较好的学生亦不乐意学习,出现由厌恶学习发展到逃避学习,甚至离开学校,寻求其他刺激,形成一些心理行为问题及品行障碍。

(3)考试焦虑。在现行教育体制下,许多学生面临升学难、就业难、出路窄的现象,反映在考试上就容易造成学生考试焦虑,特别是遇到较为重要的考试时焦虑紧张更为严重,甚至出现焦虑泛化。

3.人际交往发展问题。中学生的人际交往发展问题主要是:

(1)与教师的关系问题。中学生希望得到老师的关心理解与爱,如果教师缺乏理解、耐心与爱心,不能以热情的态度给予指导帮助,反而横加指责,学生则会失望。更有甚者,教师对学生缺乏尊重、贬低其价值的不良态度会使学生心理遭到严重的创伤。

(2)同学之间的关系问题。中学生很希望在班级、同学间有被接纳的归属感,积极寻求同学、朋友的理解与信任,因同学关系不融洽甚至关系紧张就会产生或流露出孤独感。

(3)与父母的关系问题。中学生强烈的"成人感"要求父母尊重自己的意见和选择,希望改变先前不够独立、不平等和依附的地位,建立平等的亲子关系。若父母仍像孩提时代那样对待自己,往往会引起抵触对抗情绪,甚至还会出现家庭暴力、离家出走的严重后果。

(4)与异性交往问题。中学阶段是异性交往的敏感时期,性生理与性心理的不断成熟,使这段时期的异性交往比童年时代的异性游戏来得复杂,由于缺乏相应性知识和异性交往的经验,不能掌握处理好异性关系的技巧技能,有的中学生过分沉迷于尚不成熟的异性恋情,给学习生活带来诸多不良影响。

二、影响学生心理健康的主要因素

(一)社会因素

1.传统文化塑造的部分人格特点的影响。文艺复兴以来,西方资产阶级思想家们举起人性、人权的旗帜,提倡个性自由和人性解放,形成了西方人敢于张扬个性、热情奔放的"外倾型"特点,注重对个性心理的尊重和研究。而我国是一个封建历史特别长的国家,封建大一统思想和自给自足的封闭型小农经济,形成了腼腆、含蓄、矜持的"内倾型"的人格特征,对个性心理少有关爱和研究。这种"内倾型"特征固然有其优点,但也极易诱发心理疾患,且往往难以得到及时、有效的心理疏导。

2.文化价值观念的转变所引起的心灵振荡。我们所处的时代是一个急剧变化的时代,随着西方文明的涌入,网络时代的到来,新事物、新思想、新潮流迅速出现,给原有的传统稳定的价值体系以极大冲击。多层次经济形式带来了文化的多元性,也导致主体的、核心的价值信仰发生了变化,人们很难对什么最能体现人生的价值、什么样的生活才是幸福的一系列问题达成共识。甚至在不同年龄阶段,同一个人对同一问题的回答也不一样,这些价值观念的转变难免引起不安和焦虑,久而久之,就会成为产生心理问题的诱因。诚然,一个人的价值信仰既有它的稳定性,也有它的可变性,它会根据整个社会价值信仰体系而不断整合。大学时期是一个人世界观、人生观形成的重要阶段,在缺乏主体信仰标准,自我观念又尚不定型的情况下,要做出各种正确选择是比较困难的,要么不满意,要么犹豫不决、瞻前顾后,必然产生心理矛盾和迷茫。

(二)家庭因素

1. 家庭氛围的影响。少儿时期,父母的认知不统一,观念行为不一致,往往会使子女产生心理困惑。事实证明,父母感情和谐、兄弟姐妹相亲相爱的家庭氛围,有助于个体形成谦虚、礼貌、随和、诚恳、乐观、大方等良好的人格特征;反之,家庭成员之间如果经常吵闹、打骂,则易使个体形成粗暴、蛮横、孤僻、冷漠等不良特征。有的学生由于父母婚姻的不幸,造成了心理上的阴影。

2. 家庭教育方式问题。当今社会独生子女家庭较多,父母对子女在生活方面包办过多,但对其考试成绩、升学、成才期望又过高。在这种情形中,一方面使子女从小养成了任性、依赖、骄横的心理,适应生活能力差,社会交际能力弱;另一方面,又使子女容易产生恐慌、焦虑、内疚的心理,唯恐考试成绩不好,唯恐不能升学、不能成才而无颜面对"望子成龙"的父母。不正确的家庭教育方式延缓了子女的社会化进程,并加大了子女的心理压力。

(三)学校因素

1. 应试教育的后遗症。长期以来,中小学的应试教育使学生在身心发展的诸多方面受到严重影响,致使学生的许多发展性课题延缓到了大学,主要表现为自我管理能力差、人际沟通能力差、过于单纯和幼稚、情绪不稳定、性格懦弱、意志比较薄弱和挫折承受力低等。

2. 高等教育中的弊端。多年来,高校的专业设置和以"学科本位"为主体的课程设置,对培养大学生的专业知识、专业技能发挥了重要作用,但其弊端是学生往往专业知识较为扎实,而适应社会的综合能力、人格品质、奉献精神、创新意识和能力相对不足,从而在一定程度上影响了心理的全面发展。

第三节 心理健康教育

一、心理健康对学生成才的重要性

(一)心理健康与自我认知

心理健康的人一般有自知之明,能客观地评价自己并悦纳自己,站在现实的角度把握自己的行为,使行为与环境相适应。而有心理障碍的人,总是以歪曲的观念看待自己与环境,用偏激的方式评价自己和自己与他人的关系,使个人的心理永远无法平衡。因而,保持心理健康对于正确认识自己尤为重要。

(二) 心理健康与自我确立

自我确立就是树立自己独立的需要结构与价值观,它是一个人全面发展、走向成功所面临的一个重要课题。如果一个人长期处于未确立状态,就会陷入一种心理上的混乱,对人格的进一步发展极为不利。心理健康的人由于能正确地认识自己,知道自己的优势与不足,因而能有效地从纷繁的环境中吸取对自己有用的信息,及时调整自己的认识,顺利地确立自己的需要结构、价值观和奋斗目标。这种需要、价值观与目标将作为心理的重要决定因素,支配自己对事物的看法、想法和行动,也使个体人格得到统一发展。

(三) 心理健康与生活适应

研究表明,大学新生首先面临的是生活适应问题,而且在此后几年的大学生活里也会遇到同类问题。适应能力与学生的个性品质有极大关系,取决于他的心理素质如何。心理素质好或心理健康的同学胸怀宽阔,生活态度积极乐观,随着环境的变化能进行自我调整,在新环境中能找到自己的朋友,建立新的友谊,开拓新的人际氛围;相反,心理不健康的同学往往庸人自扰,难以适应周围生活环境。

(四) 心理健康与个人成才

成才的一个重要目标是在某一领域表现出色。心理健康的人,有顽强的意志品质,积极的情绪调控能力,能正确地对待暂时的失败与挫折,能富有成效地完成所承担的工作。但心理不健康者,即使智商很高,聪明过人,却可能因不能正确地对待和处理所面临的困难,被挫折和打击所困扰,导致学业或事业的失败。

(五) 心理健康与社会交往

在当代信息社会,个人的成功离不开群体,社会交往愈来愈显示出极为重要的作用。保持心理健康,积极地与他人交往,能宽容和接受他人,不仅能使个人拥有良好的人际环境和信息环境,从别人那里得到有益的启迪,还可以开拓自己的视野和考虑问题的角度,也能进一步促使个人心理的健康发展。

二、学校心理健康教育的基本任务

(一) 发展性心理健康教育

学校应面向全体学生,开展预防和发展性心理健康教育,这是学校心理健康教育的主体。其任务是使学生正确认识自我,增强调控自我、承受挫折和适应环境的能力,培养学生健全的人格和良好的个性品质,努力提高全体学生的心理健康水平。

(二) 矫治性心理咨询与辅导

学校应面向有心理困扰和障碍的学生开展矫治性心理辅导。其任务是使这部分学生尽快摆脱障碍，调整自我，增强发展自我的能力，恢复和提高心理健康水平。对于极少数有严重心理障碍的学生，能够及时识别并转交到专业治疗机构，同时予以密切配合，以帮助学生尽快返回正常的学习生活之中。

三、心理健康的个体维护

在人们的心理中往往存在一种倾向，即自觉或不自觉地把主体与客体之间所发生的矛盾和问题，用自己较能接受的方式加以解释和处理，以减少痛苦和不安。这种摆脱烦恼、减少不安、恢复平衡的心理反映形式就是心理防卫机制，它是个体维护自身心理健康的重要方式。心理防卫形式有很多，这里主要介绍几种。

(一) 有机变换

所谓有机变换，就是通过对外部信息的视角和强度的转换，或对原有心理认知进行重组，或迁移、升华，使外部刺激与心理认知实现协调一致，避免或减少心理矛盾激化所造成的心理困境。其方法主要有以下几种：

1. 回避法——眼不见、耳不听，则心不烦，回避刺激，转换大脑兴奋灶。转移注意力，尽可能回避、躲开导致心理困扰的外部刺激，这是个体即将或已经陷入心理困境时，最先也是最容易采取的摆脱策略。在心理困境中，人的大脑往往形成一个较强的兴奋灶。回避了相关的外部刺激，可以使这个兴奋灶让位给其他刺激引起的新的兴奋灶。兴奋中心转移了，也就摆脱了心理困境。

2. 淡化法——减少关注，改变外部信息刺激的强度。外部信息刺激与心理认知相互作用则产生心理体验，心理认知与心理体验的不一致导致心理冲突，冲突无法排解就可能出现心理问题。这说明，如果能够人为地避免导致心理冲突的外部信息刺激，做到减轻或消除外部刺激对心理认知的影响，就能弱化心理体验的强度，从而减轻心理认知和心理体验的冲突。例如，当我们小心翼翼地和某人相处的时候反而处理不好关系，处处感到别扭，造成了很大的心理负担。在这样的情况下，如果干脆随它去，顺其自然，反而没有什么问题了。

3. 自慰法——酸葡萄与甜柠檬效应，变恶性刺激为良性刺激。自慰法，心理学上又叫合理化或"文饰"。它是通过找一些理由为自己开脱，以减轻痛苦、缓解紧张，使内心获得平衡。常见的合理化有两种：一是希望达到的目的不能达到，心理便否定该目的的价值或意义，俗称"酸葡萄效应"，如想当官的人，结果没有当上一官半职，便认为"无官一身轻"；二是未达到预定的期望或目标，便提高目前现状的价值或意义，俗称"甜柠檬效应"。吃不到葡萄，只能得到柠檬，就说柠檬是甜的，于是便不感到苦恼。

4. 转视法——横看成岭侧成峰，换个视角看问题。任何事物都有积极和消极两个方面,有时候,同一客观现实或情境,如果从一个角度来看,可能引起消极的情绪体验,使人陷入心理困境,但如果改换一个角度去看,就可以发现它的积极意义,从而使消极情绪体验转化为积极情绪体验,走出心理困境。

5. 升华法——塞翁失马,焉知非福。某一问题长期得不到解决,往往与他们的心理固着有关。克服心理固着较为有效的方法是进行心理位移,即把固着的心理认知转变到另一积极的心理认知方面,变消极为积极,也就是升华。升华法往往有领悟的性质,即在长期的心理固着、心理压抑情况下,一旦用新的心理认知来替代固着,就会对原来心理认知支配下的心理体验有新的理解,产生"原来是这样一回事!""原来多么傻啊!""原来这么简单!"这样的顿悟。文豪歌德年轻时曾遭受失恋的痛苦,几次企图自杀,但他最终把破灭的感情当做素材,从爱情焚毁的灰烬中得到灵感,写出了震惊世界的名著——《少年维特之烦恼》。

6. 补偿法——改弦易辙不变初衷,失之东隅收之桑榆。个体往往难免由于一些内在的缺陷或外在的障碍以及其他种种因素的影响导致最佳目标动机受挫,此时可以采取其他方法来进行弥补,以减轻、消除心理上的困扰,这在心理学上称为补偿作用。日本著名的指挥家小泽征尔原来是专攻钢琴的,他在手指摔伤,手指灵敏度受到影响后,曾一度十分苦恼,后来他毫不犹豫地改学指挥而一举成名,从而摆脱了心理困境。

7. 降温法——退一步海阔天空,切合实际调整目标。一个人的目标或抱负水平越高,其效价就越高,但失败的可能性也越大。常言道"希望越高,失望越大"。当个体的动机不能实现,需要不能满足时,就会有受挫感,产生心理紧张或痛苦。避免这种状况的一个有效措施,就是及时调整目标,使之更加切合实际。

(二) 合理宣泄

心理调节一方面要尽可能地减少负面情绪的出现,另一方面,一旦这种情绪无法避免,合理宣泄是一种较好的调节办法。常见的合理宣泄方法有以下几种:

1. 向人倾诉。一份幸福说出来让人分享,就变成两份幸福;一个痛苦说出来让人分担,就变成半个痛苦。心中有委屈和痛苦,不妨找自己的至亲好友或陌生人,如心理热线的主持人等,尽情诉说,甚至可以独自面壁大叫一阵,你会发现紧张情绪会松弛许多,愁闷会逐渐舒缓。

2. 诉诸文字。如果有的人觉得自己不善言谈,还觉得心中的烦恼和隐私向他人说出来缺乏安全感,就可通过写信或写日记的方式,自己对自己倾吐。随着心中的痛苦顺着笔端宣泄出来,心情可能会平静许多。但要注意,写好的信件不要发出,以免再起波澜。

3. 大哭一场。生理学家和心理学家都发现,情绪低潮会在体内产生毒素,而哭泣可以让毒素排出体外。美国圣保罗市精神病学室主任威廉·弗列做了一个有趣的实验,在受试的200名男女中,有85%的女性及73%的男性,当痛苦的哭泣之后,自我感觉都比哭之前好得多,而且健康状况也有改进。心理医生认为,压力导致失衡,而哭泣可使人恢复平衡,使中枢神经系统的紧张消除。

4. 劳己筋骨。情绪不佳时投入地挥发一下体力,如上球场一搏、快速爬山、打打沙袋等,若能找一件公益性的体力活猛干半天更好,直到筋疲力尽为止,然后好好地大睡一觉,第二天醒来就会发现,今天的太阳比昨天灿烂,自己的心情也比昨天晴朗,昨天想不通的事,也许今天已能想通了。

5. 纵情一笑。经常适时开怀大笑,有益于心理健康。笑是精神的消毒剂,常能使困境和窘迫转化为轻松和自然,使精神紧张得以放松,淡化苦痛,化解误会,减轻焦虑,摆脱困境。

(三)借助外力

环境调节法是一个有效的调节方法。春光明媚,鸟语花香,使人的心境平和欢畅;阴雨绵绵、潮湿沉闷的梅雨季节,则让人心情沮丧不快。因此,在条件许可的情况下改变环境,对心理调节很重要。情绪不好时,重新布置一下居室,使之明亮宽敞,心情也会变得开朗。到大自然中欣赏一下美景,散散心,就会顿觉神清气爽。除了环境调节之外,还可以有音乐调节、活动调节等。只要适合自己,就不失为一种好方法。

四、学校心理危机干预的方式

大多数学生具有良好的心理品质,他们有能力调节和处理成长过程中所遇到的各种压力和问题,但也确实有一部分学生单靠自己的力量不能有效地面对所遇到的压力和问题,他们需要外界的帮助和引导;否则,这些学生的问题有可能进一步发展,甚至出现心理障碍。因此,需要采取有效的危机干预措施,以增进心理健康。这些措施主要包括:

(一)举办各种类型的心理健康教育讲座和社团活动

学校应根据自身条件,结合本校实际,举办各种类型的心理健康教育讲座,开设有关心理健康教育的选修课,开展丰富多彩的社团活动。大学生通过参加讲座和选修相关课程,可以学习心理健康方面的知识,正确认识心理健康和心理问题,树立科学的健康观,掌握一些心理问题的鉴别方法和常用的心理调适方法。另外,多参加有关心理健康教育方面的社团活动,丰富生活体验,增加社会阅历,也可不断增进人际关系,提高挫折承受力和社会适应力。

(二)开展心理咨询

1. 心理咨询(Psychological Consultation)的定义。心理咨询是指由受过咨询心理学专门训练的专业人员运用心理学的理论和技术,针对求询者的各种适应与发展问题,通过与求询者的信息交流并建立某种人际关系的过程,帮助求询者消除心理障碍,达到正确地认识自我与社会,自立自强,充分发挥自身潜能,有效适应周围环境的目的。心理咨询对于保持和增进个体心理健康具有重要作用,对于心理行为正常的人,心理咨询所提供的新经验可以帮助他们排除成长过程中所遇到的障碍,从而更好地发挥个人潜能;对于有心理问题的人,心理咨询可以帮助他们改变不适当的思维与行为方式,形成新的适应方式。

2. 心理咨询的形式。

(1)个体咨询。这是心理咨询的最主要形式,它在咨询者与求询者之间建立了一对一的关系。个体咨询具有保密性和针对性强的特点,咨询者与求询者之间容易建立信任关系,使求询者能够体会到一种安全感,从而能有效地降低求询者的防御反应。在个体咨询过程中,咨询者可以对求询者的一般状况、人格特征、心理问题的类型和严重程度进行直接全面的观察和诊断;求询者能够充分详尽地向咨询者倾诉自己内心的烦恼,并可与咨询者进行充分的讨论、磋商和分析。

(2)团体咨询。这是咨询者对数个有类似心理问题的求询者就共同存在或关心的问题进行咨询,人数一般没有固定的要求,以十人左右为宜。团体咨询的特点是能在较短时间里由专业人员直接面对较多的求询者,便于观察、了解和指导,求询者之间可以相互交流和讨论,从而使他们之间相互产生影响和互相提供支持。

(3)电话咨询。这是求询者就自己存在的心理问题通过电话与咨询者进行交谈,具有方便、迅速、及时和保密的特点。求询者通过电话以不见面的方式向咨询者倾诉内心的烦恼,从而缓解精神压力,并得到咨询者的心理支持,有效降低求询者的顾虑,尤其对那些不愿到咨询室进行面询、不愿暴露真实姓名或身份的人更为适用。

(4)书信咨询。这是求询者与咨询者之间通过书信进行交谈的一种咨询形式。对那些不愿意或不方便与咨询者面谈、远距离的求询者较为适用。

(5)网络咨询。网络咨询是近年来兴起的一种新的咨询形式,即求询者通过互联网与咨询者进行信息交流。随着网络技术的发展,语音和图像将很容易在网上实施传输,网络咨询将会有更大发展。

3. 心理咨询的方法。

(1)精神分析方法。精神分析或心理分析的方法是由奥地利著名精神病学家、心理学家弗洛伊德所创始。该理论认为,压抑在潜意识中的矛盾和冲突通过分析治疗,使其出现在意识层面,让来访者领悟,其病症就会随之消除。弗洛伊德的心理分析理论及治疗方法被称为经典的心理分析理论和方法,后经阿德勒、荣格和以后的许多心理学家不断地修改补充,提出了疗程短、疗效高的心理分析疗法。这种方法常用的主要有三种:

疏泄疗法,是让来访者尽情倾诉积郁心中的烦闷和内心矛盾,释放心头的重负,恢复心理平衡,防止躯体或精神发生疾病。它是心理咨询门诊中常用的一种咨询与治疗相结合的方法,也可在生活中自行疏泄。

领悟疗法,是指通过谈话、回忆来分析说明求询者潜意识中的矛盾和冲突,使其领悟到自身的心理病因与症结,消除病因,治愈心理疾病。领悟的本质是求询者对咨询者分析解释的信任,适用于具有一定领悟能力和自知力的人。

暗示疗法,即心理暗示,是通过语言、动作以含蓄的方式对自己或他人的认识、情感、意志和行为产生影响的一种心理活动形式。暗示疗法是通过心理暗示的作用解除患者的疑虑和恐惧,增强信心,改善不良心境,达到治愈目的。暗示易感性和顺从性强的人容易接受此种疗法。

(2)人本主义方法。人本主义心理疗法的主要代表是美国心理学家罗杰斯,他提出的方法称为来访者中心疗法。另外,还有交朋友小组和支持疗法等人本主义方法。

第一,来访者中心疗法。来访者中心疗法是指在咨询与治疗过程中,来访者在咨询员创造的良好环境气氛(即真诚、同感和尊重)下,不加防御地将积郁心理的隐秘畅快地倾吐出来,从而消除内心的冲突,实现人格上的积极变化与成长,提高自我形象与心理适应能力。此法运用的关键在于咨询者和来访者之间要建立一种真诚与信任的关系。

第二,交朋友小组。交朋友小组是由罗杰斯开创的集体心理咨询的一种形式。它是由背景或问题相似的来访者组成小组,通过集体活动来帮助改变其适应不良的行为或人际交往障碍等心理问题。交朋友小组一般由1~2名组织能力较强、性格开朗、知识经验丰富的心理咨询员主持,小组活动可有诉说、倾听、讨论、游戏等。通过这些活动,学习人际交往方法,增强交往能力,达到缓解内心冲突,也可适用于希望提高交往能力与适应能力的正常人。

第三,支持疗法。提供支持心理咨询与治疗内容的方法。咨询者通过支持和鼓励,使面临困难而无所适从的人看到光明,恢复自信,积压的痛苦、怨恨得以宣泄;通过解释指导,使因缺乏知识或受不正确观念影响而产生烦恼、忧虑的人调整原有认知结构与观念,形成合理的适应方式等。

(3)行为主义方法。根据行为主义的学习理论原理提出的矫正不良行为的方法,主要有系统脱敏法、厌恶疗法和放松疗法三种。

系统脱敏法由著名精神病学家沃尔帕创立,主要用于来访者在某一特定情境下产生的超出一般紧张的焦虑、恐怖状态。系统脱敏法有三个步骤:第一步,训练来访者松弛肌肉;第二步,建立焦虑层次(从最轻微的焦虑到引起最强烈的恐惧依次安排);第三步,让来访者在肌肉松弛情况下,从最低层次开始想象产生焦虑的情境,直到来访者能从想象情境转移到现实情境,并能在原来引起恐惧的情境中保持放松状态,使焦虑情绪不再出现为止。

厌恶疗法又称惩罚消除法,是应用惩罚性的厌恶刺激来矫正和消除某些适应不良行为的方法。在心理咨询门诊中可采用想象厌恶疗法,如强迫自己洗手的来访者让其想象自己的手被洗得脱皮的可怕情景,渐渐地让自己消除不断洗手的习惯;也可用具体的厌恶刺激或动作,如当不良行为出现时,立即用橡皮圈弹击皮肤,起到惩罚作用,这种方法适用于戒烟、戒酒、性变态和青少年的不良行为习惯的矫正。

放松疗法就是通过全身肌肉的放松,来缓解紧张情绪,从而保证身体的健康。常用的放松方法是:肌肉松弛法、深呼吸练习操、音乐放松法、凝神法及意念集中法等。

（4）理性情绪疗法或称认知疗法。此方法是由美国临床心理学家艾利斯创立,其基本原理是抑郁、焦虑、沮丧等不良情绪的产生不是由所发生的事件直接引起,而是由人不合理的信念、不正确的认知引起的。咨询治疗的方法主要是通过改变来访者的认知,帮助来访者用合理的思维方式代替不合理的思维方式,用合理的信念代替不合理的信念,从而减少或消除已有的情绪障碍。

认知疗法的咨询治疗过程包括四个步骤:第一步,帮助来访者寻找和认清自己存在的不合理信念;第二步,指出他目前的情绪困扰是由于自己的不合理信念造成的;第三步,帮助来访者改变不合理信念,调整认知结构,这是最重要的一环;第四步,帮助来访者学习合理的信念并使之内化为自己的观念。这四个步骤一旦完成,来访者的不合理信念及由此而引起的情绪困扰等障碍就会消除,并将建立较为合理的思维方式及信念。

案例分析

王某,大学二年级男生,21岁,性格内向,气质文静。读高中时有一次在班上上台演讲,本来准备充分且认为取胜把握很大,却由于紧张而忘掉演讲词,致使演讲没有获得他预料的结果。自尊心极强的他一想起这件事就十分懊恼,深感焦虑,觉得丢了面子,认为同学们从此就会看轻他。此后,他在多人的场合参加活动就感到紧张,上课回答教师的问题时也紧张。上大学后,发展到与老师与同学谈话都紧张、慌乱,内心非常痛苦和不安。

这位同学的紧张心理主要源自于对自己过高的要求,也就是自尊心太强所致。人无完人,谁都有可能失败,失败了重新再来也为时不晚。有时候,人们对自己的期望值太高,反而会影响到最终目的的达到,即"欲速则不达"。

对于这位同学,首先,可以采取合理情绪疗法。寻找正确的理念(人都有失误的时候)代替不正确的理念(绝对要获得周围同学的赞许,绝不能有失误)。其次,可以用行为疗法中的系统脱敏疗法:先在情绪轻松的情况下,想象自己跟同学、老师谈话和上课回答问题的情景,然后逐步发展到与个别同学谈话、适当地参加宿舍、班级同学的集体活动,依此类推,使情绪一步步地放松和适应,减少焦虑,直到自己不再紧张为止。

课后习题

一、单项选择题

1. 心理咨询的最主要形式是(　　)。
 A. 团体咨询　　B. 个体咨询　　C. 电话咨询　　D. 网络咨询

2. 让来访者尽情倾诉积郁心中的烦闷和内心矛盾,释放心头的重负,恢复心理平衡,防止躯体或精神发生疾病。这种方法是(　　)。
 A. 领悟疗法　　B. 疏泄疗法　　C. 暗示疗法　　D. 支持疗法

3. 有一种咨询方法的运用,特别强调咨询者和来访者之间要建立一种真诚与信任的关系,这种方法是(　　)。
 A. 放松疗法　　B. 系统脱敏法　　C. 厌恶疗法　　D. 来访者中心疗法

4. "改弦易辙不变初衷,失之东隅收之桑榆"属于下列哪种心理防卫机制(　　)。
 A. 回避法　　B. 升华法　　C. 自慰法　　D. 补偿法

5. "人生不如意十之八九",生活中我们难免会遇到这样那样的挫折或不顺心,合理宣泄不良情绪非常必要。下列选项中不属于合理宣泄的是(　　)。
 A. 找人倾诉,排解郁闷　　B. 诉诸日记,笔端宣泄
 C. 打球跑步,挥汗如雨　　D. 大声喧嚷,四处张扬

6. 从心理结构而言,心理健康就是个人具有健全的智力、情感、意志和(　　)。
 A. 统一的知识结构　　B. 统一的人格结构
 C. 统一的认知结构　　D. 统一的思维结构

7. 通过找一些理由为自己开脱,以减轻痛苦,缓解紧张,使内心获得平衡。这种心理防卫法是(　　)。
 A. 回避法　　B. 淡化法　　C. 自慰法　　D. 转视法

8. 希望得到的东西却没有得到,于是心里便否定这个东西的价值,这种心理是(　　)。
 A. 酸柠檬心理　　B. 甜葡萄心理　　C. 甜柠檬心理　　D. 酸葡萄心理

9. 当不良行为出现时,立即用橡皮圈弹击自己皮肤,起到惩罚作用,这种方法属于(　　)。
 A. 放松疗法　　B. 厌恶疗法　　C. 情绪疗法　　D. 认知疗法

10. 通过改变来访者的认知,帮助其用合理的思维、信念代替不合理的思维、信

念,从而减少或消除已有的情绪障碍。这种心理咨询方法属于( )。

A. 理性情绪疗法　　　　　　B. 来访者中心疗法
C. 系统脱敏疗法　　　　　　D. 强化法

11. 小玲认为做事情就应该尽善尽美,绝不容许有任何差错,因而平时稍有失误就表现出极度焦虑。王老师通过改变认知偏差来帮助她克服这种焦虑的情绪。这种心理咨询方法属于( )。

A. 暗示疗法　　B. 支持疗法　　C. 放松疗法　　D. 认知疗法

12. 以下属于心理分析疗法的是( )。

A. 惩罚消除法　　B. 放松疗法　　C. 暗示疗法　　D. 支持疗法

13. 一个人与他人相处略感困难,生活自理有些吃力,缺乏同龄人应有的愉快,若主动调节或通过专业人员帮助,可得到恢复。此人心理健康水平所处的等级是( )。

A. 心理常态　　B. 心理失调　　C. 心理病态　　D. 人格障碍

14. 塞翁失马,焉知非福。将固着的心理认知转变到另一种积极的心理认知上,变消极为积极,这种方法是( )。

A. 补偿法　　　B. 自慰法　　　C. 回避法　　　D. 升华法

15. 运用理性情绪疗法进行咨询治疗的第一步是( )。

A. 帮助来访者改变不合理信念
B. 帮助来访者寻找和认清自己存在的不合理信念
C. 帮助来访者调整认知结构
D. 帮助来访者将合理信念内化为自己的观念

二、辨析题(判断正误,并说明理由)

1. 没有疾病就是健康。
2. 心理病态就是精神病。
3. 互联网咨询是目前最好最有效的咨询形式。
4. 对心理适应属于正常范围的人来说,不需要心理咨询。
5. 来访者中心疗法运用的关键,就在于一切都要听来访者的。

三、简述题

1. 大学生心理健康的主要表现有哪些?
2. 分析影响大学生心理健康的主要因素。
3. 常见的合理宣泄方法有哪些形式?

四、论述题

李娟从偏僻的农村小镇考到某大城市一所名牌大学,第一学期期末考试完毕,她的成绩排在班上倒数第十名,加之与同宿舍其他女生相比,没有什么特长,心中极其自卑,自此忧闷伤感,不能自拔,一年以后,主动要求退学。请从心理健康角度分析李娟要求退学的原因,并提出帮助她摆脱困境的建议或做法。

五、材料分析题(阅读材料,并回答问题)

材料一:

一位高中女生接受心理辅导时的自述:进入高三以来,我就觉得自己被笼罩在一种紧张学习迎接高考的氛围中,时常感觉到心烦意乱,学习成绩也时好时坏,为此整天惴惴不安。我常常想到高考问题,感觉也与以前有所不同,心跳的剧烈程度比以前强很多,身体有种不舒服的燥热,思维不太受控制,注意力也难集中。我怕老师提问,老师一叫我回答问题,不论是答对还是答错,总是语无伦次而且声音发颤。虽然经常被老师提问,却还是消除不了这种胆怯心理。考试之前,我会非常紧张,几天前就会睡不着觉,连续失眠,考试时常因为太紧张而不能认真审题,并且考试时感到心跳加速、头脑发胀、昏昏沉沉,结果考试成绩越来越差。老师,你说我能改变这种情况吗?

问题:

1. 请结合材料,说明学生考试焦虑的主要表现和产生原因。
2. 假如你是老师,你如何帮助这位学生进行调适。

材料二:

某大学男生,无法很好地控制自己的情绪。自述原来情绪不好的时候,一两天就过去了,可这次已持续了两周多,特别难受,也很郁闷,任何事都提不起劲,情绪很低落,不想见任何人,寝室里同学的说笑声音也让他烦躁不已,他想每天快乐地生活,高效率地投入学习,可是却做不到,十分焦虑。

问题:请为该男生提出一些建议,帮助他调节情绪。

拓展阅读

1. 黄希庭,等.健全人格与心理和谐[M].重庆:重庆出版社,2010.
2. 边玉芳,钟惊雷,等.青少年心理危机干预[M].上海:华东师范大学出版社,2010.
3. 沈德立,等.中国青少年心理素质调查研究[M].北京:经济科学出版社,2009.
4. 刘华山.学校心理辅导[M].合肥:安徽人民出版社,2008.
5. 王有智,沈德立,欧阳仑.中学生心理健康素质特点研究——兼谈心理健康研究中的几个问题[J].心理科学,2008(3).
6. 王有智,晋平.对西安地区大学生自信心的研究[J].青年研究,2002(9).
7. 刘娟.心理健康教育[M].北京:清华大学出版社,2015.

8.高爽,张向葵,徐晓林.大学生自尊与心理健康的元分析——以中国大学生为样本[J].心理科学进展,2015(9).

9.俞国良,李天然,王勍.高中生心理健康的横断历史研究[J].教育研究,2016(10).

10.曹新美,刘在花.学校幸福感在中学生学业压力与学习投入之间的调节作用[J].中国特殊教育,2017(6).

11.郑希付,许锦民,肖星.中学生考试焦虑与元担忧[J].心理学报,2006(3).

12.张大均.青少年心理健康与心理素质培养的整合研究[J].心理科学,2012(3).

第十八章

教师心理

学习目标

了解教师职业角色、教师效能感、专业成长等概念,理解教师心理品质的提高、专业成长阶段和教师职业倦怠的成因,掌握防止职业倦怠、增进教师心理健康的自我调控策略途经。

当今,课程改革已经成为世界教育发展的新潮流。基于教育理念的多元化走向、教师专业化趋势以及信息化的时代背景,社会对教师提出了新的要求。教师将面临越来越大的压力,需要在心理层面上做出新的调整和应对。因此,重新认识教师职业角色,努力实现职业角色的转变和再定位,更新教育理念,提升教师的心理品质,了解教师职业倦怠的成因,缓解其心理压力,并有针对性地预防教师职业倦怠,增进教师心理健康,是保证教师成长的关键和实现基础教育课程改革基本价值取向的重要基础。

第一节 教师的职业角色

随着基础教育教师职业的专业化趋势,社会对教师职业资格的要求日益提高,教师所担任的角色也更加多元化。如何促进教师职业角色的获得,如何在基础教育课程改革的背景下实现教师职业角色的转变和再定位,已是摆在教师教育面前的一项重大课题。

一、教师职业角色的概念与获得

(一)教师职业角色的概念

现代心理学将角色(Role)定义为个人在社会关系中的特定位置和与之相关联的行为模式,它反映了社会赋予个人的身份和责任。

教师的职业角色就是教师的社会角色,是由教师的社会地位所决定的、符合社会对教师所期望的行为规范和行为模式的总和。社会按照各类社会角色所规定的行为模式去要求每个社会成员即角色期望(Role Expectancy)。当教师认识到自己在某一时刻所担当的社会角色和社会对他的角色期望时,便产生了角色意识。角色意识会调节和控制其行为,使之表现出符合职业期望的行为。

(二)教师职业角色的获得

教师职业角色是在教师按这一角色的规范要求扮演角色行为的过程中获得的。教师职业角色的获得既是一个学习过程,也是个体社会化的过程,[①]具体可分为以下三个阶段:

1. 角色认知阶段。角色认知是指教师职业角色的扮演者对教师职业角色行为规范与要求的认识和了解,其主要表现是了解教师职业角色所承担的社会职责,并将教师职业角色与社会上的其他职业角色区别开来。

2. 角色认同阶段。角色认同是指通过亲身体验接受教师职业角色的规范要求和承担的社会职责,并用来控制、约束和衡量自己的行为。对角色的认同不仅是在认识上了解教师角色的行为规范,而且在情感上有了体验并愿意接受。对教师角色的认同,是一个人履行了教师这一职责并有了一定的教育实践后才开始具有的。

3. 角色信念形成阶段。角色信念是指教师个体将教师职业角色的社会期望与规范要求转化为自己的心理需要,并以此支配自己的行为。这时,教师坚信自己对教师职业的认识是正确的,形成了教师特有的自尊心和荣誉感。

二、传统意义上教师扮演的职业角色

在传统的教育教学观念中,教师扮演着以下几种角色:

第一,家长代理人。学生对待教师的态度很像对待他们自己父母的态度,迫切地希望教师能像父母一样关心和爱护他们。

第二,知识的传授者。在学生、家长的心目中,教师的基本职责之一就是把知识和技能传授给学生,"师者,传道授业解惑也"。

第三,课堂纪律的管理者。为了保证课堂教学顺利进行并取得预期的教学效果,教师要充当课堂纪律管理者,帮助学生形成良好的课堂行为习惯。

第四,班集体的领导者。班级是学校中最主要的正式群体,教师则是班级中最具权威的领导者,良好班集体的形成有赖于教师的组织领导才能。

第五,人际关系的协调者。在教育过程中,教师要协调和建立起良好的师生关系、同学关系、教师间的关系、师生和家长之间的关系,教师是人际关系和谐的营造者和协调者。

第六,学生心理健康的辅导者。教师要关心和维护学生的心理健康,有责任帮

---

① 王大顺. 教师职业角色的获得与促进[J]. 河西学院学报,2004(1).

助、引导学生走出心理困境,减轻心理压力,提高自信心。

传统的教师职业角色期待下的教师教学行为具有封闭性和教学模式单一化的特点,虽然其基本职能依然在发挥着一定的作用,但伴随着课程改革的新潮流,教师职业角色如何适应基础教育课程改革的形势已成为关注的焦点。新课程改革体现了全新的教育理念,并从战略调整上走向优质化,从价值取向上走向人本化,从体系构建上走向终身化,从视域扩展上走向国际化。[①] 此时,传统的教师职业角色和现代的教师职业角色的矛盾日益凸显,基础教育课程改革背景对传统的教师角色观念提出了新的要求和挑战。重新认识教师职业角色,努力实现教师职业角色的转变,已成为提高教师综合素质和实现课程改革基本价值取向的基础和前提。

三、基础教育课程改革背景下的教师职业角色转变和重新定位

在基础教育课程改革背景下,教师职业角色的转变和重新定位主要是基于心理学、教育学的理论指导和信息化浪潮的现实要求。教师在教育理念上应该树立以学生为本的活动教学观;在教学方式上要运用自主学习、合作学习和探究式学习,成为学习活动的引导者、促进者和合作者;在课程设计上要加强选择性、确保均衡性,由课程的执行者转变为课程的建构者、开发者和评价者;在知识获得上成为信息的搜寻者和终身学习者;在教师的成长上,要成为教育的反思者和研究者。

具体来说,教师职业角色转变和定位表现在以下几个方面:

第一,学习情境的设计者。建构主义理论认为,学习是个体凭借自己的原有经验和现实处境对事物的主动理解和建构过程。学习环境主要由情境、协作、会话与意义建构这四大要素构成,强调学习过程的建构性、主动性、目的性、情境性和社会性。所以,教师在教学中必须创设有利于学生对所学内容进行有意义建构的学习情境,在学习全过程中贯穿协作和会话,最终使学生对事物有较深的理解,即完成意义建构。

第二,学习活动的引导者、促进者和合作者。教师的职能应从"教"转变为"导"。正如美国著名教育家杜威所说,教师是一个引导者,他掌握着舵,引导学生用力把船划向前方。[②] 学习模式的定位应该是在教师指导下的"以学生为中心"的学习,改变传统教学中学生是"孤独的苦行僧、残酷的竞争者和沮丧的失败者"的被动容器形象。[③] 同时,教师、学习者、学习任务和学习活动之间是具有相互作用的动态性系统。学习就是在教师的组织和引导下,各个学习者一起参与讨论和交

---

① 刘达中.基础教育改革发展的四大趋势[J].人民教育,2004(24).
② 成艳萍,邱服斌.信息时代教师角色的重新定位[J].山西医科大学学报(基础医学教育版),2004(1).
③ 李瑾瑜.新课程与教师专业发展[M].北京:首都师范大学出版社,2003:185.

流,在相互沟通、相互合作、共同分享和与他人对话与互动中建构或修正自己的认知结构,发展批判性和创造性思维能力的过程。学习中的互动除了处于同年龄层之间的"水平性互动"之外,还有教师与学生之间的"垂直性互动"(W. 哈特普)。教师与学生的"对话",可以是质疑、求证、建议、挑战,但它绝不是一种自上而下的"倾泻"或灌输,而是一种师生相互交流的模式。教师是学生最终完成意义建构的帮助者和促进者,教师的角色应该是"催生理解的接生婆",而不是"知识传送的机器"。[1]

第三,校本课程的开发者。校本课程就是以学校为本位,由学校自己确定的课程,是校长、教师、学生、课程专家及家长等共同参与学校课程设计、实施和评价的活动。[2] 新课程的实施强调教师、学生、内容和环境四因素的结合。课程是一个动态的、生长性的"生态环境",课程不只是"文本课程",更是"体验课程"。[3] 课程不再是特定知识的载体,而是教师和学生共同探求新知的过程,教师不再孤立于课程之外,不再是课程的忠实传递者,而成为课程的建设者、开发者和评价者。

第四,信息资源的设计者和搜寻者。在多媒体计算机和网络的信息化教育环境中,为了支持学习者主动探索和完成所学知识的意义建构,教师在学习者的学习过程中要为其提供各种学习资源,即进行信息资源的设计。这就要求教师要有较高的信息素养,具有能有效地寻找、评估、组织、处理与使用所需信息的能力。[4] 在信息搜寻过程中,教师要批判性地筛选信息,以防止信息过载。

第五,个别化学习的指导者。在信息化教育的环境下,个别化学习也是学习的主要形式。因此,为了使每个学习者都能获得适合他们各自特点的教学帮助,使其潜能都能得到最大限度发挥,教师要做学习者个别化学习的指导者。教师要扮演学生学习顾问的角色,给学生以一定的宏观引导和帮助。例如,确定学生完成学业所需要的知识和技能;帮助学生选择一种适合其特点的学习计划;检查和评价学生的学习进展等。

第六,教师是反思者。反思是教师教学能力提高的一条重要途径,教师只有不断地反思自己的行为,从实践者转化为反思者或反思探究者,才能应对出现的新问题。教师要不断地对自己的教学工作进行反思和评价,提高对自己教学活动的自我洞察力,发现和分析其中存在的问题,并提出改进的方案。

第七,教师要成为研究者(Teacher as Researcher)。教师参与研究并成为研究的主体,提出研究的问题和自己的行动策略并应用于教育实践。做研究型教师是

---

[1] Williams, Burden. Psychology for Language Teachers: a Social Constructivist Approach[M]. London: Cambridge University Press, 1977.
[2] 刘旭东,等. 校本课程与课程资源开发[M]. 北京:中国人事出版社,2003:20.
[3] 李瑾瑜. 新课程与教师专业发展[M]. 北京:首都师范大学出版社,2003:144,158.
[4] 叶澜. 全球化、信息化背景下基础教育改革研究报告集[M]. 上海:华东师范大学出版社,2004:110.

提高教师职业专业化水平的必然途径,同时也是教师自我价值实现的重要方面。

第八,教师也是学习者。未来社会是一个学习终身化的社会,"教育应贯穿于人的一生","终身学习对任何人来说都是一个需要优先考虑的课题"①。教师的职业特点决定了教师必然是终身的学习者,特别是在学习型社会(Learning Society),终身教育理念向终身学习理念转化,教师必须应情景而学,应学生而学,应自身而学。

第二节 教师的心理品质

心理品质是指一个人在心理过程和人格心理特征两方面所表现出来的本质特征。教师对学生的影响,不仅依靠教师的能力,也有赖于教师良好的心理品质。

一、教师的能力

（一）教师的能力结构

教师的特殊能力和一般能力构成了教师的能力结构。教育能力是指教师对学生进行思想品德教育的能力,教学能力是向学生传授知识所需要的能力,组织管理能力是组织学生各种活动和管理班集体等所需要的能力,这些都属于教师的特殊能力。教师的认知能力是各种教育能力中的共同成分,属于教师的一般能力。作为一名合格的教师,必须具备敏锐的观察力、良好的记忆力、丰富的想象力、深刻的思维力和灵活的注意力。

（二）教师的教学能力和认知能力

教学是教师最主要的活动形式,教学能力是教师在工作中形成的特殊能力,它直接影响教学效果,是教师必须具备的。研究表明,教师教学能力的发展水平是影响学生学习成绩的最敏感的指标。有的学者采用内隐理论的研究范式研究得出,教师的教学能力有四个方面,即教师的认知能力、操作能力、监控能力和动力系统,每个方面又包括许多子成分,这些能力是交织在一起发挥作用的。② 因此,我们把教学能力和认知能力结合起来分为以下类别:

1. 教师的专业能力。教师的专业能力既包括学科知识,又包括实践知识。学科知识是指教师所教的某一学科的内容。国外研究发现,教师的知识水平与教学效果只有很低的正相关。说明教师的知识如果超过某一水平,则其教学效果就不再随着教师的知识水平的提高而上升,这时实践知识成为影响教学效果的重要因素。

---

① 本间政雄,高雄诚.论外国的教育改革[M].日本行政出版社,2000:8.
② 申继亮,等.提高小学教师教学水平途径的内隐理论研究[J].心理发展与教育,1994(2).

所谓实践知识是指教师在面临实现有目的的行为中所具有的课堂情景知识以及与之相关的知识,即如何传授学科知识的知识。考尔德黑德(Calderhead)和米勒(Miller)提出,实践知识就是教师把他们已具有的学科知识与课堂的具体情景结合起来,形成一种与行为相关的知识。实践知识具有五个特点:①依赖内容和学生等具体情境;②经常以案例的形式记忆;③是一种跨学科的综合知识;④是一种熟练后得以自动化的知识;⑤有很多知识产生于教师个体的经验。

2. 组织教材的能力。教师组织教材的能力是指区分辨别教材中本质的和最主要的内容,并根据学生的理解水平对教材进行分析综合、加工改组,将教材恰当地概括化、系统化的能力。它包括充分理解教材的知识内容,使之转化为教师自身的知识;明确教学目的要求和重点,使之成为教师教学的指导思想;根据教学目的要求,确定可行的教学方法和步骤。

3. 言语组织和表达能力。教师主要通过言语传递知识,言语组织的条理性、表达的清晰程度直接影响到教学效果。索罗门(Solomon)等人的研究发现,学生的学习成绩与教师言语表达的清晰度呈显著的正相关。席勒(Efiller)等人的研究也表明,教师讲解得含糊不清与学生的学习成绩呈负相关。

教师的言语组织和表达能力主要表现在五个方面:第一,语句不长,语速适当,使学生能够理解而又不分散注意力;第二,注意内容之间的联系、表达的层次与顺序,使学生能够把所学到的知识组织成一个整体;第三,言语表达要富有感情,在语调的变化和面部表情上都反映出真挚的情感;第四,通俗易懂,善于把复杂的事物讲得简单,把抽象的事物讲得具体;第五,注意学生的年龄特点和知识基础,如对年龄较小的学生要采用生动形象的语言,对学生生疏的内容要用学生熟悉的事物来讲解。

4. 组织教学的能力。组织教学的能力是指如何利用各种积极因素,控制或消除学生的消极情绪和行为,上好课的能力。它包含课堂教学组织、教学媒体使用及其教学监控的能力等。通过组织教学能力的运用,克服课堂信息传递过程中的种种干扰,调动学生的积极性,以保证教学的顺利进行。现代教学媒体因其信息量大、表现力丰富等特点,对提高教学质量、提高教学效率等有积极的作用。教师除了要具有使用传统教学媒体的能力外,还必须掌握计算机、录像机等现代媒体的使用。教学监控能力是一种综合性能力,指教师对教学过程进行积极主动的策划、控制、调节、检查、评价和反馈的能力。[①] 教师教学监控能力水平的高低与学生的学业成绩和心理发展有密切的关系,是专家型教师不可缺少的能力,提高教师监控能力也是使教师由"经验型"向"专家型"转化的重要途径。有的学者将教学监控能力分为七个方面:①计划与准备能力;②课堂的组织能力;③教材呈现的水平和意识;④沟通能力;⑤对学生进步的

---

① 申继亮,辛涛. 论教师教学的监控能力[J]. 北京师范大学学报,1995(1).

敏感性;⑥对教学效果的反省能力;⑦对职业的展望。①

5. 教育机智。教育机智是指面对教学情境中的某些突然变化,教师能够迅速、正确地做出判断,妥善加以处理的能力,可以通俗地把教育机智理解成随机应变能力。教育机智主要表现为以下几方面:

(1)教育机智表现在教师能够把新情境中的一些地方与自己熟知的情境联系起来,表现出快速的模式再认。教师可以从课堂上学生的眼神、表情、动作的微小变化中发现问题,这也被称为教师的敏感性。

(2)教育机智表现在优秀教师能够很快地将出现的意外情况与正在进行的教学目标联系在一起。波克(Borlto)研究发现,优秀教师能迅速地把意外的问题与教学目标联系起来,而普通教师则把握不住教学的脉络,或者把教学放在一边去处理问题,或者把问题放置不顾而继续讲课。

(3)教育机智还表现为优秀教师在解决面临的一些实际问题时,能够灵活运用教育学、心理学的原理,而普通教师则只看到一些表面现象。优秀教师解决问题的方案综合了相关的理论,比较系统且有深度,会在很多方面都表现出教育机智,这与他们的教学技能达到高度自动化有关。

二、教师的人格特征

健全的人格是合格教师必备的心理素质。在长期的教育实践中,教师会逐渐形成教师职业角色所需要的某些人格特征,这些人格特征会赢得学生的尊敬,影响教育活动。有研究发现,与普通成人相比,优秀教师比较外向,情绪比较稳定,较少倔强性。与普通教师相比,优秀教师在处事热情、情绪稳定和待人亲切三个人格维度上表现得更为明显。

(一)处事热情是教师在完成工作任务中表现出来的人格特征

近年来很多心理学研究者都指出,教师的责任心是取得良好教育效果的首要条件,优秀教师的责任心强,备课的时间长。优秀教师对所教的学科和如何有效地教学也表现出浓厚的兴趣,这种兴趣促使教师研究学生的心理发展与学生的学习规律,探索有效的教学方法。教师在教学过程中表现出的专业兴趣会引起学生的学习兴趣。教师精神饱满地进行工作,能使学生受到情绪上的感染。优秀教师还具有顽强的毅力,工作勤勤恳恳,以自己不懈的努力去克服困难,教育学生。

(二)教师应具有控制和调节自己情绪的人格特征

优秀教师之所以情绪稳定,首先是因为他们具有良好的自我形象。劳莱特(Roilett)调查了欧美 102 位优秀教师对自己的看法后发现,这些不同文化背景下的教师都有一个共同特点:相信自己的能力,也确信教师工作的价值,具有乐观、积

---

① 林崇德,申继亮,辛涛.教师素质的构成及培养途径[J].中国教育学刊,1996(6).

极的自我形象,他们取得的成绩也使得他们良好的自我形象能保持下去。其次,他们具有良好的自我心理调节能力。他们采取现实的态度和行动去解决面临的问题,并把自己看成是命运的主人。当教育工作失败时,他们把原因归结为学生的努力程度、学生的家庭问题等可控的外部因素,这样就不会产生明显的挫折感和大的情绪波动,同时,他们又会积极地采取有效措施去加以控制。最后,优秀教师能够用意志控制情绪,表现出较强的自制力。在处理各种矛盾冲突时,他们能意识到自己所承担的教育责任,并有效地克服自己的消极情绪,约束自己的言行,表现出沉稳从容的品质。

(三)教师在处理师生关系上,应表现为热爱学生和待人诚恳

教师热爱学生需要两个条件:一是教师要认识到自己承担的社会角色,将社会要求转化为自己的心理需要,意识到自己教书育人的重大责任;二是要正确地认识学生,这样才能发现每一个学生身上的"闪光点",看到学生的成长与进步。很多研究表明,教师使学生感到亲切是教育成功的保证,教师对学生的教诲,必须在教师的所作所为充满人情味时才被学生所接受,教师"爱生",学生才能"尊师"。

三、教师效能感

(一)教师效能感的含义

效能感是个人对自己进行某一活动能力的主观判断。教师的效能感是解释教师动机的关键因素,它影响着教师对教育工作的积极性,以及碰到困难时的坚持程度。

教师的自我效能感,表现为教师对自己是否有能力对学生的学习产生积极影响所做的主观判断,它分为一般教育效能感和个人教学效能感两个方面。[1] 一般教育效能感,指教师对教育在学生发展中的作用等问题的看法与判断,即教师是否相信教育能够克服社会、家庭及学生本身素质对学生的消极影响,能够有效地促进学生的健康发展的判断。教师的个人教学效能感,指教师认为自己能够有效地指导学生,相信自己具有教好学生的能力。

(二)教师效能感的作用和机制

据有关学者的研究表明,教师的效能感是通过影响教师行为而对学生自我效能及学习能力与成绩起作用的,而学生自我效能和学习能力与成绩是相互影响、相互作用的。[2] 教师效能感在以下三个方面影响着教师的行为:

1.影响教师在工作中的努力程度。效能感强的教师相信自己的教学活动能使学生成才,会投入很大的精力来努力工作。在教学中遇到困难时,他们也能够坚持

---

[1] 辛涛,申继亮,林崇德.教师自我效能感与学校因素关系的研究[J].教育研究,1994(10).
[2] 辛涛.论教师的教学效能感[J].应用心理学,1996(2).

不懈,勇于向困难挑战。效能感低的教师则认为家庭和社会对学生的影响很大,学生个人的努力是最根本的因素,因此常放弃自己的努力。

2. 影响教师在工作中的经验总结和进一步的学习。效能感强的教师为了提高自己的教学效果,注意总结各方面的经验,不断学习有关知识,进而提高自己的教学能力;而效能感低的教师由于不相信自己在工作中也会取得成绩,难以做到在教学中不断积累、总结经验,提高教学能力。

3. 影响教师在工作中的情绪。效能感强的教师在工作中精神饱满、心情愉快,因而工作效率高,教学效果好;效能感低的老师感到不能胜任工作,常常焦虑和紧张,陷入烦恼之中。

(三) 教师效能感的提高

影响教师效能感的因素有外部因素和教师自身因素。外部因素包括社会风气、为教师发展提供的条件、人际关系等;内部因素主要包括教师的教育观和自信心。外部因素对教师效能感的影响是通过内部因素而起作用的,因此,内部因素是影响教师效能感的关键。教师要形成科学的教育观,需要不断地学习和掌握教育学与心理学知识,并在教育实践中运用、验证和发展这些知识。教师要增强自信心,一是要向他人学习,二是注意不断地对自己的教学进行总结和反思。例如,阿什顿(Ashton)等人的研究表明,效能感强的教师对学生寄予较高的期望,认为自己对学生的成长负有责任,并相信自己能教好所有的学生。效能感强的教师由于采取了有效的教育行为,因而能够促进学生学业成就的提高。在师生互动过程中,学生的成绩和各种学习行为也会促进教师效能感的进一步提高。

第三节　教师的专业成长

教师专业化是世界教育的发展趋势与潮流,也是我国教师教育改革的需求和方向。随着教育本身的发展,社会对教师提出了更高的要求,"好教师""好教学"的标准和内涵不断地被重新阐释,并将这种期望直接转嫁给教师;教师必须不断地从态度、价值、理念、知识技能和教学行为等方面调整自己,促进自己从"新手型教师"到"经验型教师"再到"专家型教师"的转变与成长。

一、教师专业化的概念

教师专业化是指在教育不断发展和教育改革不断深入的前提下,在教师自身不断地主动学习的基础上,经过严格的专业选拔和有效的专业训练后,具备全面、系统的专业理论和实践知识基础、较高水平的专业判断和决策能力,成长为一名专业人员的发展过程。

二、教师专业成长的影响因素

从一名新手到专家型教师的成长过程中,有许多影响因素。葛拉松(Glatthorn)认为在此过程中有三类因素:个人因素(Personal Factors)、情景因素(Contextual Factors)和系统过程(Systematic Processes)。[①] 个人因素涉及教师自身的职业与能力等方面的特征,包括教师的自我评价、师德状况、人际关系、认知能力、职业发展和动机水平等,其中认知能力是关键因素;情景因素即教师学习或生活环境,分为社会与社区、学校体制、学校氛围、教学小组或部门和课堂五个层面;系统过程即有目的地影响教师成长的特定方法和手段,具体包括课堂教学观摩、教师评课与教学笔记等。此外,教师也可采用自我导向、合作小组、专家指导等方式促进教学能力的发展。

三、教师专业成长的过程

教师的专业发展,从某一领域的"新手"发展成为这个领域的"专家",一般要经过以下五个发展阶段[②]:

新手阶段(Novice):个体已经掌握了一些基本行为规则,但规则的运用还不能随环境的变化而做出变通;已经能够辨认某项举措在实际情景中的风险和好处,但在操作程序上还需要直接的督导,在解决问题时需要帮助。

高级新手阶段(Advanced Beginner):个体已经有了很好的知识基础,并能够辨识工作中的某些带有普遍性的模式和各种要素之间的关系;能够根据掌握的材料设计合宜的行动方案,开始表现出一定的技术熟练水平,并能根据具体情境做出调整,但还不能取得稳定性的成功。

胜任者阶段(Competent):个体已经有了较为宽广的知识基础,并能运用理论分析现实情境,能够在某种比较可行的理论基础上设计行动方案;能独立地对现实情境中的信息进行区分,关注重要信息,并能对现实情景做出恰当的评价;遇到非典型性的情境时,知道从哪些渠道获得帮助,已经熟练掌握了技术,能够取得持续性的成功。

精熟者阶段(Proficient):个体能够在已有的宽广知识的基础上,批判地吸收和整合新的知识;不但能够将科学规则运用于具体情境,而且能够提出多种可能的方案并在整体上予以整合;能够成功地预见可能发生的结果,并有效地对可能事件进行管理;即使是在压力很大或非常规的情境下,也能够表现出高效能;能够作为某个小组的成员解决一些重大课题,并意识到自己的局限性。

---

① 吴庆麟.教育心理学[M].上海:华东师范大学出版社,2003:8.
② Benner. From novice to expert menlo park [M]. Addison Wesley Publishing,1984.

专家阶段(Expert):个体有突出的知识基础,并知道当前研究的前沿和方向;能够建构科学知识并运用于自己的实践中;能够直觉地把握情境,对问题表现出很强的洞察力,只有在出现了特殊情况时,才结合本领域的规则,运用分析思维方式进行判断;技术上达到了精熟,并能通过有效的沟通和有效的问题解决策略,平衡各种不同要求,专业地对待复杂环境。

四、专家型教师的特征

目前,教师培养问题已经从教师培训观转变到教师教育观和教师成长观。当代教师职业发展的一个重要趋势是促使教师从"新手型教师"和"经验型教师"向"专家型教师"成长,"专家型教师"成为教师专业成长与发展的最高目标。

专家型教师是指在教学领域中,具有丰富的和组织化了的专门知识,能高效率地解决教学中的各种问题,富有敏锐的洞察力和创造力的教师。[①] 他们具有以下基本特征:

第一,有丰富的组织化专门知识,并能有效运用。专家和新手之间最基本的差异在于专业知识方面。舒尔曼提出了专家型教师所必备的知识类型:所教学科知识;教学方法和理论、教学策略;课程材料;学习者的性格特征与文化背景;教学目标和目的等。专家型教师除了拥有广泛的、组织良好的知识之外,最关键的是能在实际教学过程中恰当地提取应用。

第二,高效率地解决教学领域内的问题。专家解决问题的高效率不仅与他们熟练的技能、自动化的能力有关,而且与他们有效地监控自己的认知执行过程和修正问题解决途径的能力有关。贝瑞特(Bereiter)等人认为,专家型教师在问题解决模型的逐步建立过程中更重视认知资源的再投资。专家型教师能用同样的或者更少的时间和精力完成比新手更多的事情,并善于将"节约"的认知资源再投入到更高水平的、超出非专家的能力范围的认知活动中去。

第三,善于创造性地解决问题,有很强的洞察力。与新手相比,专家型教师更能够采用新颖而有效的方法创造性地解决问题。专家型教师在解决问题的过程中能将有关信息和无关信息区分开来,能按照有利于问题解决的方式整合并运用信息。

当然,教学专长也是专家型教师的重要特征。专家型教师所具备的有关教学的知识和能力,叫教学专长(Teaching Expertise)或教学法知识(Pedagogical Knowledge)。伯利纳(Berliner)认为,专家型教师所具备的教学专长可分为四类:①学科知识专长,即教师所教学科的内容知识,包括一个组织良好的和易于提取的知识体系;②课堂管理专长,即支持有效教学和有效学习的课堂条件的程序性知

---

① 张大均.教育心理学[M].北京:人民教育出版社,1999:342.

识;③教授专长,即为了达到目标,所拥有的有关教学策略与教学方法的内隐知识和外显知识的总和;④诊断专长,指获得关于全部学生和个别学生的信息状况的方法。①

五、促进教师专业成长的基本途径

促进教师专业成长和发展,使之成为专家型教师的途径主要有以下几个:

(一)观摩与分析优秀教师的教学活动

研究表明,专家型教师所具有的教学常规和教学策略是可以教给普通教师的。课堂教学观摩是一种有效的教师训练方法,可以分为组织化观摩和非组织化观摩两种方式。组织化观摩一般在观摩之前指定了比较详细的观察计划,确定了观察的主要对象、角度以及观察的大致程序。通过观摩分析,观摩者学习优秀教师在驾驭专业知识、进行课堂教学管理、调动学生积极性等方面的教育机智和教学能力。

(二)微型教学模式

微型教学(Micro Teaching)指以少数学生为对象,在较短的时间内(5~20分钟),尝试做小型的课堂教学,可把这种教学过程摄制成录像,在课后进行分析。微型教学的具体程序如下:①明确选定特定的教学行为作为重点分析的问题(如提问方法等);②观看有关的教学录像,指导者说明这种教学行为具有的特征,保证新手教师能理解要点;③新手教师制定微型教学计划,实际进行微型教学并录像;④与指导者一起观看录像,分析自己的教学行为并提出改进教学的方案;⑤在分析、评论、反思和改进的基础上,选择另外的学生再次进行微型教学;⑥与指导者一起分析第二次微型教学。

(三)教学决策训练

课堂教学过程中包含着一系列的决策,有效的决策应该在以后继续使用,不良的决策要及时矫正。维尔克(Twelker)提出决策训练的基本程序:①向接受训练的教师提供班级的相关信息,如学业水平、学习风格、班级氛围等;②让受训者观看教学实况录像,从中吸取自己认为重要的成分;③指导者一面呈现更恰当的教学行为,一面给予说明,并加以分析。

(四)通过反思来提高教学能力

教学反思是教师以自己的教学活动过程为思考对象,来对自己的行为、决策以及由此产生的结果进行审视和分析的过程,是一种通过提高参与者的自我觉察水平来促进能力发展的途径。② 波斯纳(G. J. Posner)指出:"没有反思的经验是狭隘的经验,至多只能形成肤浅的认识。如果教师仅仅满足于获得经验而不对经验进

---

① 吴庆麟.教育心理学[M].上海:华东师范大学出版社,2003:8-9.
② 李铮,姚本先.心理学新论[M].北京:高等教育出版社,2001:72.

行深入的思考,那么他的发展将受到很大的限制。"进行反思教学有利于教师对教学从感性认识上升到理性认识;有利于教师深入开展教学研究;有利于教师形成自己的教学风格和特色;有利于教师提升理论水平和拓展知识层面。①

教师应该如何进行教学反思呢?布鲁巴奇(J. W. Blubacher)提出了教学反思的几种方法:①反思日记,即教师在每一天教学结束后写下自己的经验,并与其指导教师共同分析;②详细描述,即教师互相观摩彼此的教学,详细地描述他们所看到的情景,并对此进行讨论分析;③交流讨论,即来自不同学校的教师聚集在一起,提出问题,并共同讨论解决的办法,最后得出可行的解决方案;④行动研究,即以解决工作情景中特定的实际问题为主要目的,在现实情景中自主进行反思性探索活动,强调研究和活动的一体性,包括建立计划、采取行动执行计划、成效评价和结果批判反省等过程,教师能在教学过程中学习、思考、尝试和解决问题。

(五) 校本培训

所谓校本培训就是以校为本促进教师成长的一种方式,即通过各中小学与大学、教研部门、师资培训机构等各种教育力量的联合,以学校为基地,以提高教师教育教学能力为主要目标,通过教育教学和教育科研活动来培训全体教师的一种全员性的继续教育形式。② 校本培训在目标上,重视培养"研究型"教师;在内容上,注重教师专业能力的提高;在场所上,重视学校资源的优势。因而是促进教师专业成长的主要途径。

(六) 专业成长档案袋

专业成长档案袋是收集、展示以及反思教师专业成长经历的一个手段,或者说是一个专业成长活动。教师专业成长档案袋为加强教师与学校之间的兴趣和目标之间的联系,提供了一个改革、计划和促进的框架。③ 伯克(Burke)指出,建立一个教师专业发展档案袋需要教师做以下几件事:清楚地表达他们的教学观点,制定专业成长目标和计划;选取以学习者为中心的目标;在努力实现目标的过程中以文件形式记录下自己所取得的进步;在整个过程中保持教师间的互动;对学习经历和实现的目标进行反思;与他人交流看法。

第四节 教师的职业倦怠与心理健康

新课程改革背景下,对教师的要求越来越高,教师的压力也越来越大,在教师

---

① 王水玉,徐晓光.教师专业成长策论[M].北京:中国大地出版社,2004:157-160.
② 王水玉,徐晓光.教师专业成长策论[M].北京:中国大地出版社,2004:272.
③ [美]夏洛特·丹尼尔森,等.教师评价——提高教师专业实践能力[M].周俏纨,等,译.北京:中国轻工业出版社,2005:112.

成长过程中不可避免地出现职业倦怠。了解职业倦怠的成因,关注教师的心理健康,缓解教师的心理压力,并有针对性地提出预防职业倦怠的策略,是保证教师健康成长的关键。

一、教师职业倦怠的概念

职业倦怠(Job Burnout)最早是由临床心理学家弗鲁登伯格(Freudenberger)于1974年提出的。他首次将它应用于心理健康领域,特指从事助人职业、助人行业(Helping Professions)的工作者无法应付外界超出个人能量和资源的过度要求而产生的生理、心智、情绪情感、行为等方面的疲惫不堪和身心耗竭状态。[①]"职业倦怠"也称为"工作倦怠""职业枯竭""心理枯竭",这一概念一经提出,立即引起了广泛关注,被视为现代社会的一种职业疾病。教师就是这一现象的高发群体之一。

教师职业倦怠是指教师不能顺利地应对工作压力时的一种极端反应,是教师在长期压力体验下所产生的情绪、态度和行为的衰竭状态。对于教师职业倦怠可以从动态和静态两个角度来认识。[②] 从动态角度上讲,职业倦怠是个体的职业态度和行为以负性形式发生改变的过程,具体分为应激过程、疲劳过程、个体防御性应对三个阶段;从静态角度讲,职业倦怠表现为情感耗竭、人格解体和个人成就感降低的症状。

二、教师职业倦怠的类型与表现症状

(一)教师职业倦怠的类型

按照不同分类标准,可以将教师职业倦怠分为以下几种。

1. 按照职业倦怠的性质与强度标志,可以把职业倦怠分为三个水平:

(1)一级倦怠:表现为烦躁、担忧与挫折。此水平的倦怠是短期的、可恢复的;

(2)二级倦怠:表现为耗竭、玩世不恭、无效能、脾气起伏不定,此级的倦怠比较固定、持久、不易克服;

(3)三级倦怠:表现为生理、心理问题,自尊降低,从工作与人际交往中退却,此程度是弥散的、剧烈的、难以处理的。

2. 按照个体差异性来划分,可以把职业倦怠分为三种类型:

(1)筋疲力尽型教师。这类教师认为不管自己在工作上付出多大的努力,结果都是令人失望的,因而不再相信自己的行为努力将有助于目标的实现,有类似于"习得性无助"的心理。

---

① 王国香,刘长江,伍新春. 教师职业倦怠量表的修编[J]. 心理发展与教育,2003(3).
② 李永鑫. 工作倦怠及其测量[J]. 心理科学,2003(3).

（2）狂热型教师。这类教师面对困境和预期的失败,试图做任何可能的努力,他们有着极强的成功信念,能狂热地投入工作,但理想与现实间的巨大反差,使他们的这种热情通常难以坚持长久。部分狂热型教师还具有自恋的特点,倦怠前通常对学生不错,但与同事间的关系很差,认为只有自己是无私奉献者并指责那些"不愿"全身心奉献的同事。

（3）低挑战型教师。对于这类教师而言,对每天和每年面对单调、缺乏激情的工作感到厌倦。他们觉得工作本身缺乏刺激,尤其是心理上难以从工作中获得满足,以自己的能力来做当前的工作是大材小用,由此感到自尊受到较大伤害,因而厌倦工作,对工作敷衍塞责,并考虑跳槽。

（二）教师职业倦怠的表现症状

教师职业倦怠极大地危害着教师的身心健康,使教师情绪疲惫不堪,自我成就感降低,且以消极的负面态度面对学生和同事,主要表现为以下症状：

1. 生理层面：出现慢性的疲倦,长期感冒、头痛、睡眠不足、失眠,经常小病不断等等。

2. 情绪层面：感觉沮丧、意志消沉、易怒、情绪失控、愧疚感、妄想,有逐渐远离同事、学生与领导的倾向。

3. 行为层面：常常会出现不合理的暴躁,增加抽烟和喝酒的频度,频繁地使用药品和咖啡,并会出现高度危险性的行为和有害的嗜好,暴力及攻击性行为增多。

4. 价值层面：经常突然地、戏剧性地改变个人的价值与信念。

三、教师职业倦怠的成因分析

（一）社会根源

导致教师产生职业倦怠的社会根源主要有以下几方面：

1. 整个社会对教师的期望越来越高,并直接转嫁给教师,导致教师的压力增加。教师一旦觉得工作没有了新鲜感,就容易产生厌倦、疲劳、懈怠和丧失职业信心。

2. 整个教育体制的改革,如职称评定、学历指标、科研压力、教师聘任制度等给教师带来了前所未有的压力。

3. 与社会其他职业相比,部分教师的经济和社会地位仍相对较低,教师职业社会认可度和利益回报率不高,这种对比和差异挫伤了教师的热情,他们不甘寂寞但又无可奈何,不满足于现状但又无法突破,产生观望、彷徨、不安和躁动的心态。[1]

---

[1] 张济洲.论教师职业倦怠的成因及其对策[J].教学与管理,2003(4).

（二）组织根源

导致教师产生职业倦怠的组织根源主要有以下几方面：

1. 学生问题。1979年美国教育协会的调查认为,学生的纪律对教师的教学效率有很大影响,管教学生的困难已成为教师压力及倦怠的主要因素。[①] 弗瑞德曼与法伯的研究也表明学生的品行不端、对事情漠不关心、对学习缺乏热情、学习能力参差不齐等成为教师产生倦怠的根源之一。

2. 工作负荷过重。它包括数量和质量两个方面。在数量方面,教师需要付出大量的时间和精力;在工作质量方面,需要教师按照高标准完成复杂程度更高的工作。

3. 角色冲突与角色模糊。所有对他人高度负责的角色,都要经受相当多的内在冲突和不安全感,教师职业就是角色冲突的一种典型情境。如果教师不能妥善调和这种不和谐,压力就会随之产生。角色模糊则是指个体由于对其职业的权利、义务、责任等缺乏清晰的、一致的认识而感到对工作无法胜任,从而导致压力的产生、情感衰竭和个人成就感下降。

4. 自由度与自主权。斯可瓦布(Schwabetal)与其他一些学者发现,在下述情况下,教师的倦怠感会降低许多:其一,当教师个体感到在教学中有更大的自由度与更多的自主权时;其二,当教师确信他们能够参与学校决策时;其三,当教师感到他们的学校组织有一套对教师教学赏罚分明的激励机制时。

5. 社会支持。如果教师的工作情境中缺乏一种有效的社会支持网络和资源,会导致教师的职业倦怠。这种社会支持系统主要有来自领导的支持和同事的信息支持、实践支持以及情绪性社会支持。

6. 人际情绪压力。教师作为一种特殊的助人行业,更容易产生情绪上的极度疲劳,情绪衰竭正是教师职业倦怠的开始和最典型的特征。

（三）个人根源

导致教师产生职业倦怠的个人根源主要与以下因素有关:

1. 与教师主体对职业特征的认知有关。教师职业本身是一种无阶梯的生涯,教师在一种相对与社会较为隔离的环境中独自承担教学工作,其社会效果具有隐蔽性和滞后性,教师实际的付出和获得的回报之间也具有不对等性,加之教师的经济地位和社会地位不高,教师在教学过程中内心容易产生不平衡感和与社会的隔离感,导致职业倦怠。

2. 与教师的人口统计学变量有关。有研究表明,男性教师出现职业倦怠的概率普遍高于女教师,40岁以下的教师比年长教师更易产生职业倦怠感,高年级、担任大班级教学任务、学生数量过多的教师更易导致职业倦怠。年轻教师比年长教

---

① 李江霞.国外教师职业倦怠理论对我国的启示[J].教育科学,2003(1).

师显示出更高水平的情绪衰竭。教师的教龄、婚姻家庭状况和学生类型等也影响着教师职业倦怠。[①]

3. 与教师的人格特征有关。研究表明,某些人格特征很容易受到职业倦怠的伤害,如缺乏自信心、自尊心低,相信外控制点、具有 A 型人格的教师更容易发生职业倦怠。

四、教师职业倦怠的形成过程

比尤凯格(Beaucage)将倦怠视为个体从事一项活动的进程性结局,主要包括以下四个阶段:

第一,狂热期。个体表现出雄心勃勃、忘我投入。新手型教师大致都有一段狂热期。

第二,徘徊停滞期。个体做事开始缺乏效率,工作满意度下降,觉得实现当初确定的目标越来越困难,某些躯体问题开始出现,但其往往无视躯体警戒信号,仍以加倍的努力来回避问题;当一个人力图做出更多努力,而不是调整不现实的期望时,枯竭就真正开始了。

第三,迷惘挫折期。个体开始明确而强烈地体验着情绪、生理与行为问题。虽然还力图否认问题,但已被身心疲惫所控制。此时,个体表现出与年龄不相称的衰老,这是工作压力大、自我效能低的心理负重在生理上的显现。在这种精神颓废的心态下,个体会通过物质滥用和放纵情感以寻求麻醉和解脱。

第四,冷漠抑郁期。个体彻底放弃乃至嘲弄自己当初追求的理想目标,在无所用心、不负责任的精神状态下生活,不再在乎自己的公众形象和未来前途。至此,倦怠已达到最大限度,身心健康严重受损。

五、教师的心理健康标准

教师的心理健康是学生心理健康的先决条件之一。教师心理健康的标准主要有以下几个指标:

第一,良好的教育认知水平。这是指教师的认知过程,它集中表现为智力或智力活动。一个心理健康的教师,能够正确地认识和对待周围事物和客观环境,使个人的行为符合社会的要求,与自然环境和社会环境保持平衡,能在教育岗位上发挥自己的能力。

第二,良好的自我意识。这是指能正确地认识自我、悦纳自我,有较强的自我调控能力。正确地认识自我,就是客观地认识自己拥有的优势和存在的不足和缺点;悦纳自我就是要平静而理智地对待自己的长短优劣、得失成败,以发展的眼光

---

① 曾玲娟,伍新春. 教师职业倦怠研究综述[J]. 辽宁教育研究,2003(11).

来看待自己;自我调控能力就是能主动调控自我,积极适应环境,能根据自身的实际情况确定工作目标和个人抱负,具有较高的教育效能感,能在教学活动中进行自我监控,并据此调整自己的教育观念,完善自己的知识结构和教学行为。

第三,良好的职业角色认同。这是指教师角色的认识和接纳。心理健康的教师应热爱教师事业,对教育工作充满信心和热爱,愉快地接纳这一职业,有足够的职业自居心理,积极地投入到工作中,能理解教师这一职业的价值,热爱学生,并了解自身作为教师所具有的优势和劣势。

第四,稳定而积极的教育心境。一个具有长期稳定、乐观积极的教育心境的教师会对教育工作充满信心,对学生充满爱意,能充分地发挥自己的才能。教师积极稳定的情绪、情感主要体现为:①以愉快、乐观为主导心境,在生活、工作中能保持饱满、高涨的热情,对学生能表现出关切、尊重、高度负责的态度;②情绪较稳定,具有较强的情绪调节能力,不喜怒无常,不将生活中不愉快的情绪带入课堂,不因个人的情绪波动而随意迁怒于学生;③具有高尚的情操,包括对教师职业的热爱,对学生的关爱,对高尚道德的崇尚,富有正义感、责任感、荣誉感和同情心等。

第五,坚强的教育意志。在教育工作中,要求教师不仅要有良好的心理承受力和敢于面对困难、不屈不挠的心理品质,而且必须具有坚强的意志,有自觉性、果断性、自制力、坚持性等良好的意志品质,能够用坚忍不拔的毅力克服困难,勇往直前。

第六,良好的教育人际关系。教师良好的人际关系在师生互动中表现为师生关系融洽,能理解并乐于帮助学生,冷落、不满、惩戒行为较少。心理健康的教师乐于与人交往,能够正确处理各种教育人际关系,能为学生、家长、同事等所理解和接受,能与他人相互沟通和交往,人际关系协调和谐。

第七,积极适应和创造教育环境。教师能对教育环境做出客观的认识和评价,接受教育领域的新事物,积极地适应和创造发展、变革的教育环境,主动迎接各种困难与挑战。心理不健康的教师则逃避现实,无法适应环境,不敢面对变革,不敢创新。

第八,丰富的创造力。教育对象的个体差异性、教育条件的多变性、教育情境的突发性等职业特点要求教师具有丰富的创造力,以便在教育教学过程中能熟练地运用各种各样的方法和手段,随机应变地处理课堂突发事件和教学难题,机智地处理个别学生问题。新一轮基础教育课程改革,留给教师创新的空间与余地将不断加大,教师只有具有较强的创造性,才能很好地把握和驾驭。

六、防止教师职业倦怠,增进教师心理健康的途径

教师的职业倦怠会给教师个人、学生和社会带来极大的负面影响。美国教育协会主席麦克古瑞曾经感叹:"职业枯竭的感受正在打击着无数有爱心、有理想、乐

于奉献的教师们——教师们已在逐渐地放弃他们的专业工作。"要有针对性地消除教师的职业倦怠,必须从社会、组织和个人三个方面寻求对策。

(一)社会支持

社会支持主要有以下几种途径:

1. 对教师职业持合理期待。教师是一个真实而普通的人,其能力也是有限的。因此,社会要积极优化社会舆论,倡导新型职业价值观,确立对教师的合理期待水平,建立社会支持网络,给教师创造一个宽松的舆论环境。

2. 教学改革要注重教师的需求和要求。基础教育课程改革对教师如何应对新的课程、新的教材以及怎样改进自己的教学方法等提出了新的挑战。在制定相关政策法规时,要充分地了解教师在新时代所面临的各种压力,切实地保护教师权益,贯彻教师职业专门化,使教师真正感受到这一群体为社会所尊重。

3. 提高教师的社会地位和经济待遇。教师职业倦怠的产生与其社会经济地位较低有很大关系。继续提高教师待遇,为教师职业创造良好的社会环境是解决教师产生职业倦怠问题的有效途径。

4. 提供高质量的培训。教师培训部门应探索高质量的培训策略,包括职前培训和在职培训。不仅培训教师和未来教师的智力因素,而且要加强非智力因素的培训,即不仅要教给他们教学技能方法,还应通过培训唤起他们对教育的责任感和兴趣,学会人际交往的技巧,学会如何恰当地处理与上级、同事、家长和学生的关系。

(二)组织支持

组织支持主要包括以下几方面:

1. 校长要实行开放式的民主管理,关心教师,同教师建立良好的人际关系,赋予教师更多的专业自主权与更大的自由度,使教师具有更强的责任感与归属感。

2. 建立赏罚分明的激励机制,以区别教师的教学效果,充分体现公平竞争与效益意识。

3. 教师教学评价体系以形成性评价代替终结性评价,保障建立公平合理的激励机制,激发教师的热情和工作动力。

4. 建立教师定期进修制度,以缓解教师的工作压力,更新教师的教育理念,提高教育教学技能。

5. 对新任教师实行导师制,定期进行教师之间的交流,对处于不同职业生涯阶段的教师给予不同方式的支持。

6. 建立发展型学校、学习型学校,定期举办培训,邀请专家讲学,进行全员学习、全程学习和团队学习,重视教师未来的发展和促进教师自身不断的成长,正如费斯勒所讲,教师行业要想吸引好的教师并留住他们,非常紧要的是通过培训项目帮助教师成长。

(三)教师个人努力

教师个人可以从以下方面努力：

1. 要主动地争取广泛的社会支持,建立合理期望。例如,多参与社会活动,多与同事联系,分享教学经验等。教师还要对自己所从事的职业有清醒的认识,以免由于现实的震撼而带来压力和倦怠感。

2. 要客观地认识自我、悦纳自我。教师要积极、愉快、主动地迎接生活的挑战。

3. 坚持正确的信念和职业理想。教师信念和职业理想是教师在压力下维持心理健康的重要保证。对事业的信念和理想是职业倦怠的最好解毒剂。

4. 应正确认识倦怠问题,勇于面对现实,反思自己的压力来源,主动地寻求情感上和工作上的支持,采用积极的应对策略。

5. 以开放的态度来学习新的策略,以便应对将来可能出现的压力。教师不要害怕改变自己,危机就是转机。

案例分析[①]

傅道春(访谈人,教育学教授):多年来,在教师行为研究中,我一直在思考着,一个优秀教师的成长大体要经过几个阶段?每个阶段需要有哪些主客观条件?需要具有哪些个性的表现?成长期通常的时间和较短时间是多少?他们在起点、中点和达到目标过程中有哪些特点和差异?这些在教师成长的个案研究中已看到了一些眉目。在这里,我向大家介绍一位有着16年教龄的特级教师,从他身上我们可以看到一批优秀教师成长中共有的印记。

刘老师,成为优秀教师的人,大多不是在匀速运动中"磨"出来的,而是最初就具有爆发力的人,他们往往是"一炮打响"。因此,优秀教师是在一个不太长的时期里走完这个过程的。我想了解一下你的成长过程,并想知道你刚当教师时的作为。

刘大伟(被访谈人,中学特级教师):我在教学上的发展大体可以分为三个阶段。第一个阶段是头三年,我称这个阶段为"探索期"。在这个阶段里,我完成了由学生到教师的角色转换,而且有了我比较满意的起跑。那是我工作不满三个月参加的区"教学百花奖"比赛。我工作不满百天,正处在"摸着石头过河"阶段,教学经验和教学技能无从谈起,我有的只是年轻人"初生牛犊不怕虎"的勇气。幸运的是,当时组内的两位特级教师和两位高级教师都是在政治教学领域颇有影响的教师。老教师们手把手地教我备课,教学中的每一个环节都替我考虑得无微不至。比赛结果,我居然战胜了所有的竞争对手,获得了一等奖第一名。这次成功给了我信心,使我感悟到"我行","我能成为一个好老师"。

[①] 资料来源:傅道春.教师的成长与发展[M].北京:教育科学出版社,2001:46-49.

第十八章 教师心理

傅道春:新教师起跑的"爆发力"源于师范教育所给予的底蕴。我想知道你当时是一位怎样的师范生？你为后来做教师准备了什么？

刘大伟:第一次参赛活动,老教师们固然功不可没,但也在于我自身较为全面的素质。我喜欢文学,擅长文艺。我的口才很好,曾获过全国大学生演讲比赛一等奖。我说这些是要说明一点,全面的素质对于一个有发展前途的青年教师来说是至关重要的。一个好教师应当"博"一点,"杂"一点,高素质决定了高起点,这样的教师完全可以缩短甚至跨越"影响质量期",迅速地走向成熟。

傅道春:许多事情起始决定着结局。优秀教师有优秀教师的起始。我在教师培训中特别强调"起点"给予。因为,在这里已经开始形成"优秀"与"一般"教师的差别。不知道你成长的初始状态能否说明这一点。

刘大伟:是的。从心理学上讲,新生儿如果在出生后的 3~4 年中没能正常地接触社会,便错过了智力发展的关键时期,日后很难形成正常人的思维及语言能力。教师也是如此,如果在参加工作的前三年不能很快进入角色,并初步树立自己的教学形象,那么在以后的日子里,他充其量也只能成为一个"教书匠",很难有大的作为。如果把教师的成长比做一座大厦的话,那么"探索期"是奠基的工程。

傅道春:在度过了"探索期"后,你的教学过程发生了哪些变化,又有哪些突破？

刘大伟:我教学生涯发展的第二阶段,我把它称为"成熟期"。其标志:一是我开始注意对教学实践的理论总结;二是我已经形成了自己的教学风格。在这个阶段里,我对国家颁布的"教学大纲"已心领神会,对高中教材也已了如指掌。在教学实践中,我越来越体会到简单的模仿和对课堂教学的一些皮毛的改革,已经在一定程度上束缚了我的发展。于是,我开始有了对自身教学理性的分析。认识上的提高,带来了教学实践的革命。

备课,我有了"三部曲":第一步,"有它(教材)没我";第二步,"有我有它";第三步,"有我没它"。上课,我有了"三境界":第一境界是"形动",即千方百计地吸引学生,让学生喜欢上政治课;第二境界是"心动",即用我的真情打动学生,可以创设特定的课堂情感氛围;第三境界是"神动",即把我的观点变成学生的思想,进而导之以行。

傅道春:由"探索期"到"成熟期"是一次飞跃,能谈谈实现这一飞跃的条件吗？

刘大伟:我想实现这一飞跃的条件至少应当有三个:第一是在师德上,教师应当有强烈的进取意识、责任感和使命感,应当是其教学乐章中两个最强劲的音符;第二是在教学上,他必须有自己独到的教学风格,能实现教师的职业共性与教师本人特性的和谐统一;第三是对教育理论的运用,教师必须摆脱教育行为中的盲目性和随意性,对教育理论的运用从自发性升华到自觉。

傅道春:教师到了成熟阶段,怎样进一步规划自己,怎样着手处理新的工作现实？

刘大伟：最近几年我不再满足于上好一堂课或者写好一篇论文，我的内心深处常常涌动着一种创造的冲动和开拓的渴望。当我读过《管理新论——无为管理学》这本新书时，产生了极大的渴望。我联想到，相当多的政治课空洞、枯燥，教育效果事倍功半，甚至事与愿违，正是与我们的教育方式和目标过于直露有关。于是，我开始探索把"无为管理"引入课堂教学，开展了"无为教育"的试验。实施方法是：有意地把政治课的某些教育目的隐藏起来，虽然教师是看似无意地触动学生的心灵，促使其觉悟，但这种无形的教育比直白的说教更有力量。由于我在教学领域的不断创新，先后两次获省级科研成果一等奖，还被评为"哈尔滨市十大杰出青年"。我把优秀教师发展的第三个阶段称为"创造期"，这个时期具有以下三个方面的特点：第一，对事业、对学生的挚爱，这是走向成功的动力；第二，对教育发展的前瞻性和预见性，这直接关系到一个教师的发展方向；第三，具有较强的科研能力，这标志着一个创造性教师的水平。

傅道春：刘大伟老师的成长经历说明，任何事物的发展都是一个辩证否定的过程，从肯定到否定、再到否定之否定是事物发展的一般规律。教师的发展过程自然也不例外，是一个不断地自我否定、自我超越的过程。"探索期"是一个教师完成职业肯定的阶段，"成熟期"是对"探索期"的否定，也是一种发展。教师在"创造期"对未知东西的探索，表现上似乎与第一阶段"探索期"雷同，但两者有本质的区别，前者是学习和模仿，后者是开拓和升华。

课后习题

一、单项选择题

1. 教师职业角色的获得既是一个学习过程，也是个体社会化的过程，具体包括角色认知阶段、角色认同阶段和（　　）。

　　A. 角色扮演阶段　　　　　　B. 角色信念形成阶段
　　C. 角色期望阶段　　　　　　D. 角色意识阶段

2. 目前把教师不能顺利应对工作压力时的一种极端反应，及在长期压力下所产生的情绪、态度和行为的衰竭状态称为（　　）。

　　A. 教师职业倦怠　　　　　　B. 教师情感耗竭
　　C. 教师成就感降低　　　　　D. 教师职业

3. 张老师坚信自己能教好学生，数学教学中表现出很高的工作热情，这反映了张老师具有较强的（　　）。

　　A. 教学能力　　B. 认知能力　　C. 教学效能感　　D. 组织能力

4. 教师期望的预测效应也称做（　　）。

A. 定势效应　　　B. 晕轮效应　　　C. 罗森塔尔效应　　D. 首因效应

5. 衡量一个教师是否成熟的主要标志是其教学能否自觉地关注(　　)。
A. 教材　　　　B. 作业　　　　C. 复习资料　　　D. 学生

6. "师者,传道授业解惑也",这说明教师扮演的角色主要是(　　)。
A. 家长代理人　　　　　　　B. 知识传授者
C. 人际关系协调者　　　　　D. 心理健康辅导者

7. 当教师认识到自己在某一时刻所担当的社会角色和社会对她(他)的角色期望时,便产生了(　　)。
A. 角色意识　　B. 角色认同　　C. 角色行为　　D. 角色信念

8. 通过亲身体验接受教师职业角色的规范要求和承担社会职责,并控制、约束和衡量自己的行为,这时教师职业角色获得的阶段是(　　)。
A. 角色认知阶段　　　　　B. 角色认同阶段
C. 角色信念形成阶段　　　D. 角色定型阶段

9. 教师能够在已有宽广知识的基础上,批判地吸收和整合新的知识,这是教师专业成长的(　　)。
A. 新手阶段　　B. 胜任者阶段　　C. 专家阶段　　D. 精熟者阶段

10. 教师面对教学情境中某些突然的变化,能够迅速正确的做出判断、妥善加以处理的能力叫做(　　)。
A. 教育能力　　B. 专业能力　　C. 监控能力　　D. 教育机智

11. 有的教师认为不管自己在工作上付出多大努力,结果都是让人失望的,不再相信自己的努力有助于目标的实现,有类似"习得性无助"的心理,这种职业倦怠的类型是(　　)。
A. 筋疲力尽型　　B. 狂热型　　C. 冷漠型　　D. 低挑战型

12. 个体彻底放弃乃至嘲弄自己当初追求的理想目标,在无所用心、不负责任的精神状态下生活,不再在乎自己的公众形象和未来前途。此时个体处于职业倦怠的时期是(　　)。
A. 狂热期　　B. 徘徊停滞期　　C. 迷惘挫折期　　D. 冷漠抑郁期

13. 教师的心理健康是学生心理健康的先决条件之一。教师心理健康的标准除了应具有稳定而积极的教育心境、坚强的教育意志、良好的教育人际关系等外,还应具有(　　)。
A. 良好的教育认知水平　　　B. 良好的自我意识
C. 良好的职业角色认同　　　D. 以上都是

14. 教师对教学过程进行积极主动地策划、控制、调节、检查、评价和反馈的能力是(　　)。
A. 教学反馈能力　　　　　B. 教学监控能力

C. 自我完善能力 D. 自我教育能力

15. 专家型教师的基本特征是(　　)。
  A. 有丰富的组织化专门知识,并能有效运用
  B. 高效率地解决教学领域内的问题
  C. 善于创造性地解决问题,有很强的洞察力
  D. 以上都是

16. 张同学在课堂上说话,扰乱课堂秩序,老师让其下课后到办公室。张某来到办公室后,老师先给他一块糖说:"这块糖奖励你能遵守我们的约定,按时到来"。张某听后羞愧万分,主动向老师道歉,并保证再不扰乱课堂秩序。这位教师表现了出色的(　　)。
  A. 教学技能　　B. 教学知识　　C. 教育机智　　D. 教研能力

17. 孙老师工作勤勤恳恳,每次上课都不辞辛苦地从上课讲到下课,教学效果却一直不理想,这令他百思不得其解。孙老师最应该反思的是(　　)。
  A. 教学态度　　B. 教学方法　　C. 教学技术　　D. 教学管理

18. 平时嗓门很大的小杨,在回答老师的提问时声音却很小,老师批评说:"声音这么小,难道你是蚊子吗?"全班学生哄堂大笑。该老师的做法(　　)。
  A. 合理,有助于促进学生自主学习　　B. 合理,有助于鼓励学生主动反思
  C. 不合理,没有体现对学生的尊重　　D. 不合理,歧视学生的生理缺陷

19. 班主任马老师经常对学生说:"先学做人,后学做事,社会需要的是身心健康、和谐发展的建设者和接班人,而不是只会死读书的人。"这表明马老师具有(　　)。
  A. 开拓创新的理念　　　　　　　　B. 素质教育的理念
  C. 自主发展的意识　　　　　　　　D. 因材施教的意识

20. 在教育活动中,教师负责组织、引导学生沿着正确的方向,采用科学的方法,获得良好的发展。这句话的意思是(　　)。
  A. 学生在教育活动中是被动的客体
  B. 教师在教育活动中是被动的客体
  C. 要充分发挥教师在教育活动中的主导作用
  D. 教师在教育活动中不能起到主导作用

二、辨析题(判断正误,并说明理由)

1. 强调学生的主体地位,必然削弱教师的主导作用。
2. 教师的任务就是传授科学文化知识,培养学生基本技能技巧。
3. 健全的人格是合格教师必备的心理素质。
4. 成为"专家型教师"是教师专业成长与发展的最高目标。
5. 教师心理健康,学生必然心理健康,反之亦然。

三、简述题

1. 简述教师应具有的能力和人格特征。
2. 如何实现从"新手型"教师向"专家型"教师的转变？
3. 分析说明专家型教师的特征。
4. 教师效能感如何影响教师的行为？

四、论述题

谈谈你对教师专业化的理解，假如你想成为一名优秀教师应从哪些方面去努力？

五、材料分析题（阅读材料，并回答问题）

金老师是初中数学教师，男，参加工作11年。自述事情的起因是这次期中考试，考前看到模拟试卷中有一道题目是从来没有教过学生的，当时很想在复习时讲给学生，但又怕违反纪律就没讲。考试成绩出来后，发现自己所带班级学生此题得分率很低，其他班得分率高且成绩比自己班高，于是猜想其他教师一定都在考前复习了这样的题目，感到很失落，觉得自己太傻，联想到领导以"分"取人的态度就更加沮丧。本来自己对教师职业充满热情，但现在感觉当教师太辛苦，从早到晚守着学生，苦口婆心却不一定有效果。而且近两三年来经常由于和学生生气而夜不能寐，因学生成绩低于年级平均分而大发雷霆，曾让全班学生罚站一节课，还动手打过调皮的学生，但仍然不见起色。现在感觉工作压力大，很累，厌倦教师职业，可离开学校又不知自己能做什么。

问题：请结合上述材料，分析如何防止教师职业倦怠。

拓展阅读

1. 荆卫东. 教育课题与研究型教师成长[M]. 北京：光明日报出版社，2010.
2. 罗小兰. 教师心理学[M]. 北京：中国社会科学出版社，2008.
3. 赵希斌. 优秀教师的四项核心素质[M]. 上海：华东师范大学出版社，2011.
4. 付八军. 大学教师的培养与成长[M]. 北京：中国社会科学出版社，2010.
5. 金忠明，林炊利. 教师，走出职业倦怠的误区[M]. 上海：华东师范大学出版社，2011.
6. 王有智. 农村中小学青年教师心理健康状况调查分析[J]. 青年研究，2000(9).
7. 衣新发，赵倩，胡卫平，李骏. 中国教师心理健康状况的横断历史研究：1994~2011[J]. 北京师范大学学报(社会科学版)，2014(3).
8. 李明军，王振宏，刘亚. 中小学教师工作家庭冲突与职业倦怠的关系：自我决定动机的中介作用[J].心理发展与教育,2015(3).

9.雷浩,徐瑰瑰,邵朝友,桑金琰.教师关怀行为与学生学业成绩的关系:学习效能感的中介作用[J].心理发展与教育,2015(2).

10.胡琳梅,张扩滕,龚少英,李晔.情绪调节策略对教师工作投入的影响——课堂情绪和教师效能感的中介作用[J].教师教育研究,2016(1).

11.曹慧英.我国小学教师专业化发展战略与路径选择[J].教育研究,2014(3).

参 考 文 献

1. 林崇德,杨治良,黄希庭.心理学大词典(上、下)[M].上海:上海教育出版社,2003.
2. 彭聃龄.普通心理学[M].4版.北京:北京师范大学出版集团,2012.
3. 林崇德.发展心理学[M].2版.北京:人民教育出版社,2010.
4. 林崇德.学习与发展:中小学生心理能力发展与培养[M].北京:北京师范大学出版社,2000.
5. 沈德立,等.中国青少年心理素质调查研究[M].北京:经济科学出版社,2009.
6. 黄希庭.人格心理学[M].杭州:浙江教育出版社,2005.
7. 董奇.心理与教育研究方法[M].修订版.北京:北京师范大学出版社,2004.
8. 杨治良.记忆的探索[M].北京:北京师范大学出版社,2009.
9. 舒华,张亚旭.心理学研究方法[M].北京:人民教育出版社,2013.
10. 莫雷.心理学[M].广州:广东高等教育出版社,2000.
11. 陈琦,刘儒德.当代教育心理学[M].北京:北京师范大学出版社,2007.
12. 方富熹,方格.儿童发展心理学[M].北京:人民教育出版社,2008.
13. 卢家楣.心理学与教育:理论与实践[M].上海:上海教育出版社,2011.
14. 王登峰.心理学研究的中国化:理论与策略[M].北京:中国轻工业出版社,2012.
15. 张春兴.教育心理学[M].杭州:浙江教育出版社,2005.
16. 张积家.普通心理学[M].广州:广东高等教育出版社,2004.
17. 全国十二所重点师范大学联合编写组.心理学基础[M].北京:教育科学出版社,2002.
18. 叶浩生.西方心理学的历史与体系[M].2版.北京:人民教育出版社,2014.
19. 姚本先.心理学[M].北京:高等教育出版社,2005.
20. 郭本禹.当代心理学的新进展[M].济南:山东教育出版社,2003.
21. 郭秀艳.实验心理学[M].北京:人民教育出版社,2005.
22. 郭秀艳.内隐学习[M].上海:华东师范大学出版社,2003.
23. 蔡笑岳.心理学[M].北京:高等教育出版社,2000.
24. 李伯黍,燕国材.教育心理学[M].2版.上海:华东师范大学出版社,2001.
25. 杨永明,王有智,王淑兰.心理学[M].西安:陕西人民教育出版社,2002.
26. 尹文刚.神经心理学[M].北京:科学出版社,2007.
27. 张卫东.生物心理学[M].上海:上海社会科学院出版社,2007.
28. 韩世辉,朱滢.认知神经科学[M].广州:广东高等教育出版社,2007.
29. 史忠植.认知科学[M].合肥:中国科学技术大学出版社,2008.
30. 沈政,方方,杨炯炯,等.认知神经科学导论[M].北京:北京大学出版社,2010.
31. 雷雳.发展心理学[M].北京:中国人民大学出版社,2010.
32. 桑标.当代儿童发展心理学[M].上海:上海教育出版社,2003.
33. 张文新.青少年发展心理学[M].济南:山东人民出版社,2002.

34. 郑雪.人格心理学[M].广州:暨南大学出版社,2003.
35. 顾海根.应用心理测量学[M].北京:北京大学出版社,2010.
36. 高湘萍.知觉心理学[M].北京:人民教育出版社,2011.
37. 李伯约,黄希庭.时间记忆表征研究[M].北京:新华出版社,2006.
38. 丁锦红,张钦,郭春彦.认知心理学[M].北京:中国人民大学出版社,2010.
39. 王向东.思维训练[M].上海:复旦大学出版社,2009.
40. 王有智.学习心理学[M].北京:中国社会科学出版社,2010.
41. 李维.小学儿童教育心理学[M].北京:高等教育出版社,2001.
42. 王振宏,李彩娜.教育心理学[M].北京:高等教育出版社,2013.
43. 郑雪,许思安,严标宾.和谐心理学[M].广州:广东教育出版社,2012.
44. 任俊.积极心理学[M].上海:上海教育出版社,2006.
45. 孟昭兰.情绪心理学[M].北京:北京大学出版社,2005.
46. 蒋秀玲,杨智馨.情绪管理[M].合肥:安徽人民出版社,2001.
47. 龚敏.组织行为学[M].上海:上海财经大学出版社,2002.
48. 孙时进.社会心理学[M].上海:复旦大学出版社,2003.
49. 吴江霖,戴健林,等.社会心理学[M].广州:广东高等教育出版社,2000.
50. 吴增强.学习心理辅导[M].上海:上海世纪出版集团,上海教育出版社,2001.
51. 沈致隆.加德纳·艺术·多元智能[M].北京:北京师范大学出版社,2004.
52. 游敏惠,刘秀伦.大学生创造力培养与开发[M].北京:人民邮电出版社,2004.
53. 赵小红.学生品德问题与教育方案[M].北京:中国轻工业出版社,2009.
54. 刘华山.学校心理辅导[M].合肥:安徽人民出版社,2008.
55. 沙莲香.社会心理学[M].北京:中国人民大学出版社,2004.
56. 李维.社会心理学新发展[M].上海:上海教育出版社,2006.
57. 李铮,姚本先.心理学新论[M].北京:高等教育出版社,2002.
58. 李有华,等.大学生心理健康教育[M].北京:中国林业出版社,2000.
59. 钱铭怡.变态心理学[M].北京:北京大学出版社,2010.
60. 张玲,等.心理健康研究与指导[M].北京:教育科学出版社,2002.
61. 陈安福.中学心理学[M].北京:高等教育出版社,2006.
62. 吴增强.当代青少年心理辅导[M].上海:上海科学技术文献出版社,2003.
63. 边玉芳,钟惊雷,等.青少年心理危机干预[M].上海:华东师范大学出版社,2010.
64. 李维青.心理健康与自我调适[M].乌鲁木齐:新疆人民出版社,2001.
65. 黄训美.大学生心理保健[M].北京:人民出版社,2001.
66. 汪首之.心理医生[M].北京:中国商业出版社,2001.
67. 王水玉,徐晓光.教师专业成长策论[M].北京:中国大地出版社,2004.
68. 张大均.教育心理学[M].北京:人民教育出版社,2003.
69. 吴庆麟.教育心理学[M].上海:华东师范大学出版社,2003.
70. 李瑾瑜.新课程与教师专业发展[M].北京:首都师范大学出版社,2003.
71. 张文新.高等教育心理学[M].济南:山东人民出版社,2004.

72. 刘旭东,等.校本课程与课程资源开发[M].北京:中国人事出版社,2003.

73. 俞海燕,郑金洲.教师角色转变与校本培训[M].上海:华东师范大学出版社,2003.

74. 闵卫国,傅淳.教育心理学[M].昆明:云南人民出版社,2004.

75. 丁家永.现代教育心理学[M].广州:广东高等教育出版社,2004.

76. 范安平,等.教育应用心理学[M].武汉:武汉大学出版社,2003.

77. 傅建明.校本课程开发中的教师与校长[M].广州:广东教育出版社,2003.

78. 王荣德.现代教师人格塑造[M].天津:天津教育出版社,2004.

79. 郑慧琦,胡兴宏.教师成为研究者[M].2版.上海:上海教育出版社,2005.

80. 戚万学.高等教育学[M].济南:山东人民出版社,2004.

81. 叶澜.全球化、信息化背景下基础教育改革研究报告集[M].上海:华东师范大学出版社,2004.

82. 黄甫全.新课程中的教师角色与教师培训[M].北京:人民教育出版社,2003.

83. 王建军.课程变革与教师专业发展[M].成都:四川教育出版社,2004.

84. 唐迅.现代教师心理素质[M].广州:广东高等教育出版社,2000.

85. 傅道春.教师的成长与发展[M].北京:教育科学出版社,2001.

86. 荆卫东.教育课题与研究型教师成长[M].北京:光明日报出版社,2010.

87. 罗小兰.教师心理学[M].北京:中国社会科学出版社,2008.

88. 赵希斌.优秀教师的四项核心素质[M].上海:华东师范大学出版社,2011.

89. [美]理查德·格里格,菲利普·津巴多.心理学与生活[M].16版.王垒,王甦,等,译.北京:人民邮电出版社,2003.

90. [美]菲利普·津巴多,等.津巴多普通心理学[M].王佳艺,译.北京:中国人民大学出版社,2008.

91. [美]丹尼斯·库恩.心理学导论:思想与行为的认识之路[M].9版.郑钢,等,译.北京:中国轻工业出版社,2004.

92. [美]霍华德·加德纳.大师的创造力:成就人生的七种智能[M].沈致隆,崔蓉晖,陈为峰,译.北京:中国人民大学出版社,2012.

93. [美]汤姆·斯塔福德,马特·韦布.心理和脑[M].O'Reilly Taiwan公司,译.北京:科学出版社,2007.

94. [美]斯腾伯格.教育心理学[M].张厚粲,等,译.北京:中国轻工业出版社,2003.

95. [美]罗伯特·斯莱文.教育心理学:理论与实践[M].姚梅林,等,译.北京:人民邮电出版社,2004.

96. [美]纽曼,等.发展心理学(上)[M].白学军,等,译.西安:陕西师范大学出版社,2005.

97. [美]里赫曼·R.M.人格理论[M].8版.高峰强,等,译.西安:陕西师范大学出版社,2005.

98. [美]霍华德·弗里德曼,等.人格心理学:经典理论和当代研究[M].许燕,王芳,等,译.北京:机械工业出版社,2011.

99. [美]戴维·迈尔斯.社会心理学[M].侯玉波,乐国安,张智勇,等,译.北京:人民邮电出版社,2006.

100. [英]戴维·冯塔纳. 教师心理学[M]. 王新超,译. 谢东,校. 北京:北京大学出版社,2000.

101. [美]夏洛特·丹尼尔森,等. 教师评价:提高教师专业实践能力[M]. 周俏纨,等,译. 北京:中国轻工业出版社,2005.

102. [美]芭芭拉·弗雷德里克森. 积极情绪的力量[M]. 王珺,译. 阳志平,校. 北京:中国人民大学出版社,2010.

103. [美]哈多克. 意志力训练手册[M]. 高潮,译. 北京:中国发展出版社,2005.

104. [奥]阿德勒. 自卑与超越[M]. 曹晚红,魏雪萍,译. 汕头:汕头大学出版社,2009.

105. [俄]巴甫洛夫. 条件反射[M]. 北京:北京大学出版社,2010.

106. 教育部. 教育部关于印发《幼儿园教师专业标准(试行)》《小学教师专业标准(试行)》和《中学教师专业标准(试行)》的通知[EB/OL]. [2012-09-14] http://www.moe.gov.cn/srcsite/A10/s6991/201209/t20120913_145603.html.

107. 教育部. 教育部关于印发《中小学教师资格考试暂行办法》《中小学教师资格定期注册暂行办法》的通知. [EB-OL]. [2013-09-02] http://www.moe.gov.cn/srcsite/A10/s7151/201308/t20130821_156643.html.

108. 中公教育教师资格考试研究院. 国家教师资格考试专用教材·教育知识与能力·中学[M]. 北京:世界图书出版公司北京分公司,2017.